物流系统规划与设计

（微课版）

主　编　余海燕　李顺勇　吴腾宇

北京理工大学出版社
BEIJING INSTITUTE OF TECHNOLOGY PRESS

内容简介

本教材按照物流系统规划与设计知识体系框架，遵循物流系统自顶向下的规划设计逻辑体系进行章节的排布。从全局战略规划（物流系统战略、物流系统需求预测）到结构性系统规划（物流网络规划与设计），再到功能性系统规划（物流运输系统规划与设计、物流园区规划与设计、物流配送中心规划与设计、仓储系统规划与设计），最后是基础性系统规划（物流信息系统规划与设计、物流系统建模与仿真）。自上而下起到指导引领作用，自下而上起到逐级支撑作用。为物流系统规划与设计搭建完整系统的知识体系。

本教材适用于物流管理、物流工程本科专业学生。特别适用于线上线下混合式教学模式，便于教师采用翻转课堂教学，同时更多地引入课程思政教学案例，遵循理论与实践结合的原则。

版权专有　侵权必究

图书在版编目（CIP）数据

物流系统规划与设计：微课版 / 余海燕，李顺勇，吴腾宇主编. --北京：北京理工大学出版社，2023.12
　ISBN 978-7-5763-3306-0

Ⅰ. ①物… Ⅱ. ①余… ②李… ③吴… Ⅲ. ①物流-系统工程 Ⅳ. ①F252

中国国家版本馆 CIP 数据核字（2023）第 242974 号

责任编辑：李慧智　　文案编辑：李慧智
责任校对：王雅静　　责任印制：李志强

出版发行 /	北京理工大学出版社有限责任公司
社　　址 /	北京市丰台区四合庄路 6 号
邮　　编 /	100070
电　　话 /	（010）68914026（教材售后服务热线）
	（010）68944437（课件资源服务热线）
网　　址 /	http://www.bitpress.com.cn
版 印 次 /	2023 年 12 月第 1 版第 1 次印刷
印　　刷 /	三河市天利华印刷装订有限公司
开　　本 /	787 mm×1092 mm　1/16
印　　张 /	20.5
字　　数 /	478 千字
定　　价 /	98.00 元

图书出现印装质量问题，请拨打售后服务热线，负责调换

前言

在党的二十大精神的指引下，随着新文科建设的推进和线上线下混合式教学的兴起，"物流系统规划与设计"作为物流管理专业的一门核心课程，其教学方式和内容也需要不断更新和完善。本教材的编写旨在适应新文科建设和线上线下混合式教学的需求，融入二十大精神的相关内容，引入课程思政教学案例，帮助学生全面掌握物流系统规划与设计的基本理论和方法，培养其解决实际问题的能力，为未来的职业发展奠定坚实基础。

本教材的内容包含10章，安排遵循物流系统自顶向下的规划设计逻辑体系。从全局战略规划到结构性系统规划，再到功能性系统规划，最后是基础性系统规划。这样的安排有助于学生从宏观到微观，从整体到局部理解和掌握物流系统的规划和设计。

第1章是物流系统规划与设计概述，主要介绍物流系统规划与设计的相关概念、原则、目标和意义，为后续的规划设计提供了总体的概述和背景知识。

第2章是物流系统战略，主要介绍物流系统的战略规划和策略分析方法。第3章是物流系统需求预测，通过实际案例的解析，让学生掌握物流系统需求预测的方法和技巧。这两章内容为全局战略规划的核心内容，有助于学生从宏观角度理解和制定物流系统的战略方向。

第4章是物流网络规划与设计，主要介绍如何进行物流网络的设计和优化，包括运输网络、仓储网络和配送网络等。这一章的内容为结构性系统规划的重要组成部分，帮助学生掌握物流网络的结构设计和优化方法。

第5章至第8章为功能性系统规划，分别介绍物流运输系统规划与设计、物流园区规划与设计、物流配送中心规划与设计和仓储布局规划与设计。这些章节通过具体的案例和实践操作，让学生掌握各个功能子系统的规划和设计方法。

第9章和第10章为基础性系统规划，包括物流信息系统规划与设计和物流系统建模与仿真。这两章内容让学生了解和掌握物流信息系统的构建和仿真方法，为进一步深入学习和实践打下基础。

本教材具有以下特点：

强调系统性：本教材将物流系统作为一个整体，深入分析各个子系统之间的相互关系，注重整体最优。

注重实用性：本教材将理论和实践相结合，通过案例分析、翻转课堂讨论话题等形式，帮助学生掌握实际操作技能。

强调创新性：本教材关注物流领域的最新研究成果和技术创新，引导学生思考如何将新技术应用到物流系统中。

适用于线上线下混合式教学：本教材可以作为线上线下的混合式教材，通过引入丰富的案例和实践内容，帮助学生更好地理解和应用物流系统规划与设计的理论和方法。

加入课程思政教学案例：本教材注重培养学生的综合素质和社会责任感，通过引入课程思政教学案例，引导学生关注社会热点问题，培养其解决实际问题的能力和创新精神。

配套在线教学视频和教学课件：为了更好地支持线上线下混合式教学，我们提供了与教材配套的在线教学视频和PPT课件。这些教学资源将为学生提供更直观、更深入的学习体验。

适用于翻转课堂教学：本教材在每一章的最后都提供了翻转课堂讨论案例或项目，旨在通过引导学生主动参与和讨论，培养其独立思考和解决问题的能力。

本教材适用于高等院校物流管理、交通运输等专业的学生，也可供从事物流工作的专业人员参考使用。通过本教材的学习，学生将全面掌握物流系统规划与设计的基本理论和方法，为未来的职业发展奠定坚实基础。同时，本教材也可为企业、政府等机构在进行物流系统规划和设计时提供参考和借鉴。

在编写过程中，我们参考了国内外众多相关领域的文献资料，借鉴了众多行业专家的实践经验。同时，我们也得到了许多同行和专家的大力支持和帮助，在此表示衷心的感谢。

本教材的编写团队由一批具有丰富教学和实践经验的教师组成，团队成员具有扎实的理论基础和实践经验，能够为学生提供最优质的教学内容和方法。在教材的编写过程中，我们也得到了许多学生的积极反馈和建议，这些反馈和建议为我们的编写工作提供了宝贵的参考。

目录

第1章　物流系统规划与设计概述 …………………………………………………（001）
   1.1　系统与系统工程概述 ……………………………………………………（002）
   1.2　物流与物流系统概述 ……………………………………………………（013）
   1.3　物流系统规划与设计 ……………………………………………………（023）

第2章　物流系统战略 …………………………………………………………………（028）
   2.1　企业战略及其环境分析 …………………………………………………（029）
   2.2　物流系统战略构建 ………………………………………………………（036）
   2.3　典型的物流系统战略 ……………………………………………………（045）

第3章　物流系统需求预测 ……………………………………………………………（054）
   3.1　物流系统需求预测概述 …………………………………………………（055）
   3.2　物流预测的基本方法 ……………………………………………………（062）

第4章　物流网络规划与设计 …………………………………………………………（075）
   4.1　区域物流规划 ……………………………………………………………（076）
   4.2　企业分销网络设计 ………………………………………………………（081）
   4.3　企业物流网络规划 ………………………………………………………（093）

第5章　物流运输系统规划与设计 ……………………………………………………（130）
   5.1　运输系统的重要性与功能 ………………………………………………（131）
   5.2　基本运输方式及其运营特点 ……………………………………………（134）
   5.3　运输合理化 ………………………………………………………………（137）
   5.4　运输路线的选择 …………………………………………………………（140）

第6章　物流园区规划与设计 …………………………………………………………（169）
   6.1　物流园区概述 ……………………………………………………………（170）
   6.2　国内外物流园区发展现状 ………………………………………………（175）
   6.3　MSFLB 物流园区规划方法论 …………………………………………（182）

第7章　物流配送中心规划与设计 ……………………………………………………（189）
   7.1　物流配送中心设施布局规划与设计 ……………………………………（190）

7.2 物流设施规划方案选择与评价方法 ……………………………………（202）
7.3 物流配送中心 EIQ 分析 ………………………………………………（209）

第 8 章 仓储布局规划与设计 …………………………………………………（222）
8.1 仓储布局规划概述 ……………………………………………………（225）
8.2 仓储区各要素规划 ……………………………………………………（228）
8.3 储存空间的有效利用 …………………………………………………（236）
8.4 自动化仓库规划 ………………………………………………………（252）
8.5 交叉配送中心规划 ……………………………………………………（268）

第 9 章 物流信息系统规划与设计 ……………………………………………（274）
9.1 物流信息系统概述 ……………………………………………………（275）
9.2 物流信息系统规划与设计 ……………………………………………（283）

第 10 章 物流系统建模与仿真 …………………………………………………（296）
10.1 物流仿真的概念 ………………………………………………………（297）
10.2 离散系统仿真概述 ……………………………………………………（299）
10.3 FlexSim 软件在物流系统仿真中的应用 ……………………………（307）

参考文献 ……………………………………………………………………………（319）

第1章 物流系统规划与设计概述

学习目标

- 能够陈述系统的定义。
- 能够解释系统结构、系统功能及其关系。
- 能够举例说明物流系统的要素、结构和功能。
- 能够分析物流系统的结构和特征。
- 能够说明物流系统规划与设计的含义。

开篇案例

阿里的三个核心战场，物流体系如何打造？

对阿里来说，2020年需要坐镇的核心战场有三个：一个是以"淘宝+天猫"为首的电商战场，另一个是以"饿了么+口碑+支付宝"主打的本地生活战场，第三个是以"天猫超市+淘鲜达+盒马鲜生"为首的同城零售战场。

(1) 电商战场——快递+仓配网

以"淘宝+天猫"为首的电商战场，阿里在物流领域需要打造的是一张能实现"全球一张网"的快递/快运+仓配网。总体来看，菜鸟已打造了包括数字化包裹网络、全球物流网络以及智能供应链履约网络的三个物流网络。此外，全球物流网络也被菜鸟认为是最具战略价值布局的核心之一。近年来，菜鸟开始大量布局海外仓，自建e-WTP物流枢纽，依托海外仓在全链路(清关、末端揽收/配送、国际/区域干线运输)提供的服务，带动了收入规模的加速提升。

(2) 本地生活战场——蜂鸟即配

以"饿了么+口碑+支付宝"主打的本地生活战场则是依托已宣布独立的即时物流品牌"蜂鸟即配"，全面升级后的蜂鸟即配也被认为是作为阿里本地生活的核心竞争力的升级。目前，蜂鸟已在餐饮、商超、生鲜、美护等领域建立了高标准的配送方案，定制化服务超过15种业态，预计未来3年将在全国建设2万个全数字化即配站。

(3) 同城零售战场——蜂鸟即配+菜鸟直送

被阿里称为第三大核心战场的同城零售主要指同城小时、半日、次日到家业务，包括盒马鲜生、天猫超市、淘鲜达等业务，对应生鲜、快消品等品类。后期饿了么商超板块、零售通也相继参与在内。

不过，如今阿里在同城零售上面临着如美团、京东等的竞争。对阿里来说，同城零售是志在必得的市场，也是目前竞争极其激烈的市场。零售端正在通过高鑫零售、饿了么、盒马鲜生、零售通等进行布局，而在物流端，"蜂鸟即配+菜鸟直送"未来会有哪些合作和升级？是否会有更大的战略举措？咱们拭目以待！

（资料来源：https：//mp.weixin.qq.com/s/MebYIObEO8VNoGGiMZEXuQ）

思考题：阿里的三个战场所对应的物流系统是如何运转的？

1.1　系统与系统工程概述

微课视频：系统与系统工程

1.1.1　系统的概念

1. 系统的定义

"系统"的概念来源于古代人类的社会实践和科学总结。"系统"一词来源于拉丁语：Systema。1937年，奥地利理论生物学家冯·贝塔朗菲（Von Bertalanffy）提出"系统是相互作用的诸要素的综合体"，第一次将系统作为一个科学概念进行研究。

中国系统科学界对系统的定义是：系统是同类或相关事物按一定的内在联系组成的整体，具有一定的目的和功能。系统是由相互作用和相互依赖的若干组成部分结合而成的具有特定功能的有机整体，而且这个整体又是它所从属的更大的系统的组成部分。

其实，"系统"在本质上是一个描述客观对象存在方式的概念。从系统思想的本质及引入系统概念的目的来分析，引入系统概念，本质上是为了从联系、整体的视角来认识事物，因而系统概念的实质就是要揭示出联系与整体特征的最本质内涵。

2. 系统的本质

（1）边界

边界是指人们在认识事物时对要认识的问题划出的一个范围。为了能对问题进行有效思考和控制，人们通常会将要认识的问题从无限的联系中隔离出来，形成一个与人类能力相匹配的范围。边界是在思考问题时与问题同时产生的。但对不同的思考者，同一问题可能呈现出不同的边界。

（2）串联

串联是指人们在同一时间只能考虑一个方面的问题。这一特征是人类思维的局限性，思想的串联性给我们思考整体与联系带来了很大的困难，但更强调了联系与整体观念的必要性。

（3）整合

也称集成或综合，是指将在不同时间思考的问题联系起来进行考虑。这是人脑具备的基本功能之一。例如，通过将某零件的三个平面视图联系起来，可以整合得出该零件的立体形状。系统思维的训练实际上就是强化整合能力。

由此可见，系统是相互关联的若干要素的集合体。系统具有一定的边界，边界将系统从无限的存在中划分出来，系统作为一个整体与外部环境发生联系和作用。另外，系统是由相互联系和相互影响的要素组成的。对系统定义的这种理解可以用示意图描述。图1-1中，e_1、e_2、e_3、e_4、e_5表示要素；要素间的箭头线表示要素间的联系。

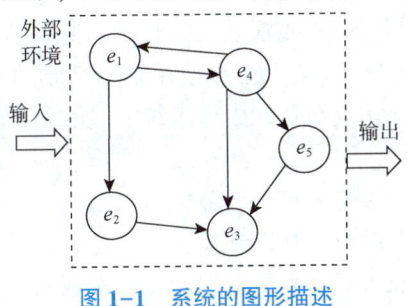

图1-1 系统的图形描述

3. 系统的三个基本属性

系统的定义指出了系统的三个基本属性，也就是不同系统具有的共同属性：

第一，系统是由两个以上的要素组成的整体。

第二，系统的诸要素之间、要素与整体之间，以及整体与环境之间存在着一定的有机联系。

第三，由于系统要素之间的联系与相互作用，使系统作为一个整体具有特定的功能或效能，这是各要素个体所不具备的功能。

综上所述，一个系统是由许多要素相互联系所构成的具有特定功能的整体。形成系统的诸多要素的集合永远具有一定的特性或表现为特定的行为，而这些特性或特定的行为是系统的任何一个组成要素都不具备的。从系统功能看，系统是一个不可分割的整体，如果将其分割，它将失去原来的性质。但在物质世界中，一个系统的任何一部分都可以被看作是一个子系统，而系统本身又可以成为一个规模更大的系统的子系统。

4. 系统结构与系统功能

（1）系统结构

①要素。要素是系统内具有一定独立性的"单元"，它是系统内部在一定意义下的最小基本单元。由于这个最小基本单元总是人为设定，这就使得对要素的划分带有一定的任意性，即对同一个系统，会出现不同的要素划分情况。为此，进行系统内部要素的划分时需要遵守以下两条基本原则：一是要素与要素之间的边界是清晰的，二是要素之间的联系是可描述的。

②关联。关联是指要素之间的联系方式。如领导与被领导关系是一种关联，企业与企业之间的竞争、合作或供需也是关联。同样的组成要素，由于其间相互作用的差异，会形成不同的结构，进而表现为不同的系统。例如一个团队，还是那些成员，如果改变工作流

程可能就会有不同的效率；化学上的同分异构体，组成的元素相同，性质却不同；再如，企业的组织由金字塔结构转化为扁平化结构就能提高响应速度。可见，系统结构的本质就是在要素及其关联的整合中形成的。

综合上述两个方面，"系统的结构"就是指系统构成要素及其关联方式的总和。这里需要强调的是，系统中的要素并不仅仅指物质存在，更是指在关联中的意义，即各种要素只有在一定的联系方式下才具有系统的意义。系统的结构反映了系统内部的组成规律。

结构赋予系统以整体性。所以，认识一个系统仅靠因素分析是不够的，还必须进行结构分析。要改变一个系统，单靠要素更替也是不充分的，还必须进行结构的调整与变革。

（2）系统功能

系统结构反映了系统内部各组成要素之间的联系，体现了系统的内部规律。然而系统又存在于一定的环境中，并和环境发生相互作用，出现物质、能量、信息的交换。这种内、外区别，是矛盾的两极，它们在功能中得以统一。因此，系统功能是对系统与外部环境关系的描述。

处于特定环境中的系统，接受来自外部环境的一组输入后，系统一般能对该输入进行转换和处理，并产生一组输出返回给外部环境，这就是系统的输入、输出过程。系统内部对输入的处理能力是通过系统要素之间的配合行动来实现的；而系统对环境的输出，还受到外部环境因素的影响。例如，一个生产企业作为一个系统，各生产要素是企业系统能直接处理的"输入"，而市场价格、法律法规等因素都会影响企业行为，但它们是不能被企业处理的外部环境因素。

一组输入在特定的环境因素中导致了系统相对应的输出，系统的这种输入和输出过程称为系统行为。全体行为的集合记录了系统与环境、输入与输出的全部关系。系统的功能就是指系统与环境相互联系和作用过程的能力。

某一系统在特定环境下通常具有多种功能，其中有些是系统的核心功能，有些则是次要功能。例如，企业系统具有制造产品的功能、创造利润的功能，也具有产生废气污染物的功能。完整地认识系统的所有功能是很困难甚至不可能的，因为有些功能还未被人类所认识。因此，人们通常会用特定的指标、特定的输入所产生的特定输出、特定的环境因素下系统的行为等来说明系统功能；在特定的研究目的下，通常只关注系统的某些功能。

（3）系统结构与功能的关系

"功能"与"结构"是观察系统的两个视角，它们实质上是统一的，二者之间是"外在表现"与"内因"的关系。

①系统结构是实现系统功能的基础。

系统结构是系统功能的内在根据，系统功能是系统要素与结构的外在表现。一定的结构总是表现出一定的功能，一定的功能总是由一定的结构系统所产生的。例如，金属在电场中有导电功能，在温度场中有传热功能，在剪切挤压之下有可塑性。这一切都可以用金属的晶体结构来解释。可见，功能是以结构为基础的。没有结构的功能和没有功能的结构都是不存在的。各孤立的要素只有通过结构被连成一个整体才能表现出一定的功能。

②系统结构决定系统功能。

系统结构的变化将制约着系统整体的发展变化，系统结构的改变必然引起系统功能的改变。例如，石墨和金刚石都是由碳原子组成的，但由于碳原子的空间排列不同，即关联方式不同，其功能就完全不同。如果将一个企业看作是一个系统，同样的劳动者、同样的生产设备，由于企业经营战略的改变及组织结构的改变，就会导致企业的产出（生产效率和经济效益）大不相同。可见，结构不完全相同的两个系统，其功能表现总会存在差异。但是，不同的系统结构却可以实现某些相同的功能。

结构对功能之所以起主要的决定作用，是因为结构使系统形成了不同于它的诸要素的性质。虽然系统由诸要素组成，但系统不能归结为孤立状态下各要素的简单堆积。各要素在相互联系和相互作用中，不断发生着物质、能量和信息的交换，从而使系统整体出现了其要素所没有的性质，获得了新的功能。因此，系统整体的功能主要取决于要素之间的联系和相互作用。

虽然系统结构决定着系统的功能，但是，系统的功能并非机械地依赖于结构，它有一定的相对独立性。例如，电子计算机和人脑两者的结构极不相同，它们在许多方面具有对信息进行加工的相同逻辑功能，因而后者可以在某些方面用前者来代替。当然，系统功能的这种独立性是相对的。例如，计算机与人脑只是在信息处理方面有某种程度的相同功能，而在思维能力、顿悟、思想感情等很多方面都不具备相同功能。

功能与结构之间并不是一一对应的关系。一种结构可以表现为多种功能，一种功能也可以映射多种结构。这是科学技术发展中经常碰到的事实。例如，齿轮结构的指南针与磁性指南针具有相同的功能，但结构原理迥然不同。机械手和人手、计算机和人脑之间存在着完全不同的元素和结构方式，然而由于某些功能类似，可以用前者局部地代替后者的劳动。

③系统功能对系统结构具有反作用。

功能在与环境的相互作用中，会出现与结构不相适应的异常状态。当这种状态持续一段时间后，就会刺激并迫使结构发生变化，以适应环境的需要。例如，由于经济环境的变化，企业结构由生产型转变为经营型、开拓型；再如，由于信息技术和网络技术的发展，物流系统的结构将向分布式方向发展。系统功能对系统结构的反作用会引起两种可能的结果：要么促使系统结构优化，要么环境的变化引起系统原有的功能萎缩，最终出现结构的衰退。

总之，功能是系统外在的表现，结构是系统内在的规律，系统结构决定着系统的功能，而系统功能又对系统结构有反作用力，它们互相作用而又互相影响。一种功能可由多种结构来实现，同一结构的系统也可以发挥多种功能。系统工程为了实现最优化设计，往往设计多种模型来模拟同一系统的功能，并从中选择出系统的最优结构。根据结构决定功能的原理，通过对系统结构的分析，确定最优的结构形式，必然有利于产生最佳的系统功能。

5. 系统的特征

系统的特征主要是指系统在一般意义上的本质特征，一般系统所具有的特征主要表现为系统的集合性、整体性、相关性、层次性、目的性和环境适应性六个方面。

（1）集合性

系统是由两个或两个以上的可以互相区别的要素所组成的，因此具有集合性。例如，计算机系统，一般都是由中央处理器（CPU）、存储器、输入与输出设备等硬件所组成，另外还包含有操作系统、各种应用工具等软件，从而形成一个完整的集合。

(2) 整体性

系统的整体性可以直观地理解为系统是一个整体的对外联系的单元，系统内部的各组成要素只有在整体中才具有意义。系统的整体性说明，系统各要素之间存在一定的组合方式，各要素之间必须相互统一、相互协调和配合，才能形成一个系统，才能发挥系统特有的功能。系统整体的功能并不是各个要素功能的简单叠加，而是呈现出各组成要素所没有的新的功能，并且系统整体的功能大于各组成要素的功能总和。整体性强调的是组合效果的复杂性和组合的创新作用。系统的整体性是系统论的核心思想。

(3) 相关性

相关性是指组成系统的各要素之间是相互联系、相互作用的。它用来说明这些要素之间的特定关系。如果诸多要素彼此孤立地堆积在一起，相互之间没有任何联系或相互作用，是不能成为系统的。相关性可用来描述系统整体性的原因，是系统整体性的根据。系统的思想正是强调要素之间联系方式的重要性，同样的要素，其联系方式的不同可以使其成为不同的整体，具有不同的系统功能。另外，相关性既重视整体内部各要素间的关联，也重视整体与外部环境之间的联系。

(4) 层次性

物质运动总是以特殊的时空来表现的，而时空是有层次的。系统作为一个相互作用的诸要素的总体，可以分解为一系列的子系统，子系统还可以进一步分解为更低一级的子系统，并存在一定的层次结构，这是系统时空结构的特定形式。在系统层次结构中表述了在不同层次的子系统之间的从属关系或相互作用关系。在不同的层次结构中存在着动态的信息流和物质流，构成了系统的运动特性，为深入研究系统层次之间的控制与调节功能提供了条件。

(5) 目的性

通常系统都具有某种目的，要达到某种既定的目的，系统就必须具有一定的功能。系统的目的和功能正是一个系统与另一个系统区别的标志。系统的目的性在行为层次上指一定范围内的输入可能产生相同的输出，就像稳压器。

系统的目的一般用更具体的目标来体现。比较复杂的系统一般都具有多个目标，因此需要一个指标体系来描述系统的目标。例如，衡量一个物流企业的经营业绩，不仅要考核它的物流服务量，而且要考核企业的利润、成本投入和服务满意度等指标的情况。在指标体系中，各个指标之间有时是相互矛盾的，有时是此消彼长的。为此，要从整体出发力求获得全局最佳的效果，在相互矛盾的目标之间进行协调，寻求平衡点，以便实现系统的目的。

(6) 环境适应性

任何一个系统都存在于一定的外部环境之中。系统是作为一个整体与外部环境发生联系和作用的。在这个联系和作用的过程中，系统必然也要与外界环境产生物质、能量和信息的交换。因此，外界环境的变化必然会引起系统内部各要素的变化。系统只有通过内部结构的调整，使系统具备新的功能，才能适应外部环境的变化。一个系统如果不能通过内部结构的调整去适应外部环境的变化，就不会持续发展。

6. 系统的分类

从系统的概念可知，系统是非常普遍的。但是，不同的系统总以不同的形态存在。根据系统形成的原因、系统属性的不同，或附加某些特征，可以对系统进行多种分类。下面介绍几种常见的系统分类：

(1) 自然系统与人造系统

这种分类是按照系统形成的原因进行的分类。按照系统的起源，自然系统是由自然过程产生的系统。这类系统是以自然物为要素所形成的系统，如海洋系统、生态系统、太阳系等。人造系统则是人们将有关元素按其属性和相互关系组合而成的系统，或者说是对自然要素加以人工利用所形成的系统。例如，人类通过对自然物质进行加工和利用，构造出各种工程系统、运输系统等。

区分自然系统和人造系统有助于提示人们在认识不同系统时应该有不同的切入点。人造系统主要是为了实现某种特定功能而创造的系统。因此，它是功能需求的产物，而自然系统并不是人类的功能需求的产物。对自然系统，往往是先认识其结构，再认识可被利用的功能；而对人造系统，则是先设定系统的功能，再以功能为出发点，研究用怎样的结构来实现预定的功能。因此，对于自然系统，人们应该优先关注其结构，而对于人造系统，则应该优先关注其功能。

实际上，大多数系统是自然系统与人造系统的复合系统。在人造系统中，有许多是人们运用科学技术改造自然系统的结果。随着科学技术的发展，出现了越来越多的人造系统。值得注意的是，有些人造系统的出现，却破坏了自然生态系统的平衡。近年来，系统工程越来越注意从自然系统的属性和关系中探讨人造系统。

(2) 实体系统与概念系统

凡是以矿物、生物、机械等物理意义的实体为构成要素的系统称为实体系统。凡是以概念、原理、方法、制度、程序等不具备物理属性的非实体物质所构成的系统称为概念系统。例如，太阳系是一个实体系统，而人们对太阳系的描述则是一个概念系统；管理系统、社会系统也属于概念系统。

在实际生活中，实体系统和概念系统在多数情况下是结合的，实体系统是概念系统的物质基础，概念有时需要以实体为载体反映出来，而概念系统往往是实体系统的抽象和简化。人造系统一般是先有概念系统，再有实体系统的。例如，制造一个产品，先要有设计思想和方案(设计图纸)，这是一个概念系统；依靠设计图纸生产出来的产品是一个实体系统，它的性能主要是由设计方案决定的。再如，一个军事指挥系统，既包括了军事指挥员的思想、信息、原则、命令等概念要素，也包括计算机设备、通信设备等实体要素，因此，它是实体系统与概念系统的组合。

(3) 动态系统和静态系统

按系统的形态是否随时间而变化进行分类，随时间而变化的系统是动态系统，系统行为、状态与时间无关的是静态系统，即处于稳定状态的系统。例如，江河上的一座桥梁可以看作是一个静态系统，其构成要素及其关联不随时间而变化。但是，从严格的意义来说，实体系统中是不存在静态系统的，因为任何系统都有其"寿命周期"。动态系统强调的是系统行为或结构的动态变化特征，放在长远的时间背景下，大多数的系统都是动态系统。但是，由于动态系统中各种参数之间的相互关系非常复杂，要找出其中的规律性有时非常困难。因此，有时为了使问题简化，会忽略系统的动态特性，将系统简化成为静态系统来描述；如果系统的动态特性不能忽略，就不能将系统简化成静态系统。一般来说，绝对的实体系统是静态系统，而概念系统一般是动态系统。

（4）封闭系统和开放系统

按系统是否与外界环境有物质、能量或信息的交换进行分类，可将系统分为封闭系统和开放系统。封闭系统是指与外界环境不发生任何形式的交换的系统。它既不向外界环境输出，也不从外界环境输入。开放系统是指与环境有相互关联，能从外界环境得到输入，并向外界环境产生输出的系统。一个系统如果不是开放系统，就是封闭系统，二者必居其一。大部分人造系统都属于开放的系统，例如社会系统、经济系统。研究开放系统的意义在于可以通过系统与环境的关系来研究系统的结构及其演变的特征。

最早涉及开放系统与封闭系统研究的领域是物理学领域。但物理学中的概念与本书中的概念有区别。物理学中的封闭系统是只有能量交换的系统，开放系统是同时进行物质交换和能量交换的系统。本书定义的封闭系统是物理学中的孤立系统。而同时进行物质、能量和信息交换的系统，在物理学中尚无专门定义。

（5）控制系统和因果系统

简单来说，控制系统是具有控制功能和手段的系统，而因果系统是输出完全决定于输入的系统。

将系统按照某些特征进行分类，其目的是希望能更深刻地认识具有这些特征的系统的共性。随着系统思想的不断发展，还会出现新的系统分类。在物流系统中，绝大多数是自然系统与人造系统的复合，既有实体系统，又有概念系统，是动态的、开放的系统。

1.1.2 系统工程概述

1. 系统工程的定义

"系统工程"这个词来源于英文"System Engineering"。系统工程属于技术类，是一门横向交叉学科，目前仍在完善和发展。系统工程主要提供一套现代化的管理方法，能够促进工程活动本身获得最佳效果。

系统工程就是用科学的方法组织管理系统的规划、研究、设计、制造、试验和使用，规划和组织人力、物力、财力，通过最优途径的选择，使工作在一定期限内收到最合理、最经济、最有效的成果。该定义有三层含义：第一，是组织和管理的技术；第二，包含解决工程活动全过程的技术；第三，这种科学方法对所有系统都具有普遍意义。

系统工程是以研究大型复杂的人造系统和复合系统为对象的一门交叉科学，它既是一个技术过程又是一个管理过程。它把自然科学和社会科学的某些思想、理论、方法、策略和手段根据总体协调的需要，有机地联系起来，应用定量分析和定性分析相结合的方法以及计算机等技术工具，对系统的构成要素、组织结构、信息交换、反馈控制等功能进行分析、设计、制造和服务，从而实现系统整体目标的最优化。因此，系统工程是一门现代化的组织管理技术，是特殊的工程技术，是跨越许多学科的边缘科学。

思政教学案例

钱学森:"系统工程才是我一生追求的"

思考题: 作为新时代的青年,什么是你的一生追求?

2. 系统工程的理论基础

系统工程综合了工程技术、应用数学、一般系统论、控制论、信息论、社会科学、管理科学、计算机科学、计算技术等专业学科的内容。它以多种专业学科技术为基础,为研究和发展其他学科提供共同的途径。系统工程不是孤立地运用各门学科的技术内容,而是把它们横向联系起来,综合利用这些学科的基础理论和方法,形成一个新的科学技术体系。系统工程所涉及的理论基础极为广泛,主要包括以下几个方面:

(1) 运筹学

运筹学是一门应用学科,它研究的主要内容是在既定条件下对系统进行全面规划,用数量化方法(主要是数学模型)来寻求合理利用现有人力、物力和财力的最优工作方案,统筹规划和有效地运用,以期达到用最少的费用取得最大的效果。

运筹学是系统工程重要的技术内容,它为系统工程的发展和应用奠定了重要的技术基础。运筹学的主要分支有规划论、对策论、库存论、决策论、排队论、可靠性理论、网络理论等。

(2) 概率论与数理统计学

概率论是研究大量偶然事件的基本规律的学科,广泛应用概率型的描述。数理统计学是用来研究取得数据、分析数据和整理数据的方法。

(3) 数量经济学

数量经济学是中国经济学的一门新学科。它是在马克思主义经济理论的指导下,在质的分析的基础上,利用数学方法和计算技术,研究社会主义经济的数量、数量关系、数量变化及其规律的一门学科。这一学科的主要内容有国民经济最优计划和最优管理、资源的最优利用问题、远景规划中的预测计划、储备问题的经济数学分析、经济信息的组织管理和自动化体系的建立等。

(4) 技术经济学

技术经济学是一门兼跨自然科学和社会科学,同时研究技术与经济两个方面的交叉学科。它用经济学的观点分析评价技术上的问题,研究技术工作的经济效益。它既要研究科学技术进步的客观规律性,如何最有效地利用技术资源促进经济增长,又要分析和评价技术工作的经济效果,从而确定技术上先进和经济上合理的最优方案,为制定技术政策、确定技术措施和选择技术方案提供科学的决策依据。

（5）管理科学

管理科学起源于泰罗1910年出版的《科学管理原理》一书，从而开创了"科学管理"的新阶段。科学管理原理理论在20世纪初得到广泛的传播和应用。管理科学的形成促进了系统工程的进一步发展。系统工程思想和方法在现代化管理中的具体运用，必须在管理科学的基础上才能实现，从而使管理走向管理体制的合理化、经营决策的科学化、管理方法的最优化和管理工具的现代化。

3. 系统工程的方法论

方法和方法论在认识上是两个不同的范畴。方法是用于完成一个既定任务的具体技术和操作。而方法论是进行研究和探索的一般途径，是对方法如何使用的指导。系统工程方法论是分析和解决系统开发、运作及管理实践中问题所应遵循的工作程序、逻辑步骤和基本方法。

它是系统工程思考问题和处理问题的一般方法和总体框架。系统工程方法论的特点是从系统思想和观点出发，将系统工程所要解决的问题放在系统形式中加以考察，始终围绕着系统的预期目的，从整体与部分、部分与部分和整体与外部环境的相互联系、相互作用、相互矛盾、相互制约的关系中综合地考察对象，以达到最优地处理问题的效果。它是一种立足整体、统筹全局的科学方法体系。最具代表性的系统工程方法论有以下三种：

（1）霍尔"三维结构"方法论

系统工程的三维结构就是将系统工程的活动分为前后紧密连接的7个阶段和7个步骤，同时又考虑到为完成各个阶段和步骤所需要的各种专业知识。这样为解决规模较大、结构复杂、涉及因素众多的大系统提供了一个统一的思想方法。三维结构是由时间维、逻辑维和知识维组成的立体空间结构，如图1-2所示。

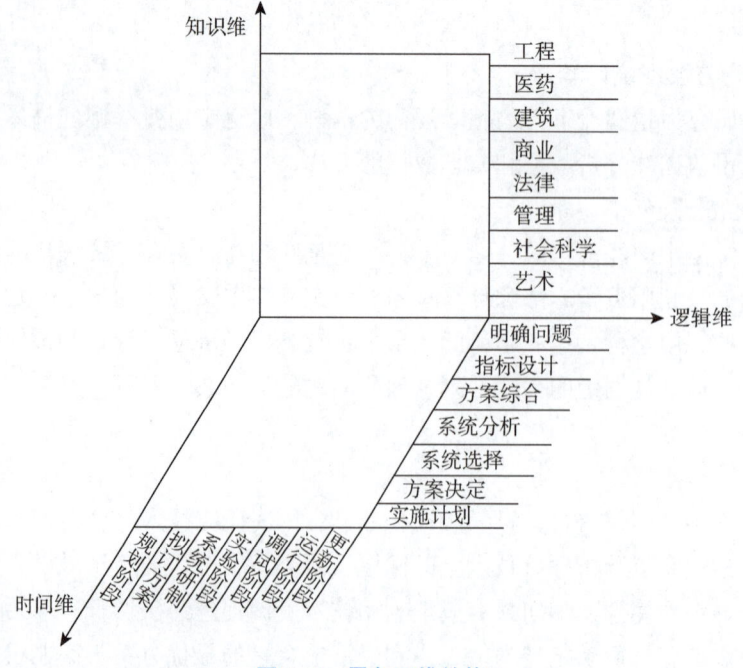

图1-2 霍尔三维结构

①时间维。三维结构中的时间维表示系统工程活动从规划阶段到更新阶段按时间排列的顺序,可分为规划阶段、拟订方案、系统研制、实验阶段、调试阶段、运行阶段、更新阶段7个工作阶段。

②逻辑维。三维结构中的逻辑维是对每一工作阶段在使用系统工程方法来思考和解决问题时的思维过程,可分为明确问题、指标设计、方案综合、系统分析、系统选择、方案决定、实施计划7步骤。

③知识维。三维结构中的知识维就是为完成上述各阶段、各步骤所需要的知识和各种专业技术。霍尔把这些知识分为工程、医药、建筑、商业、法律、管理、社会科学和艺术等。这说明各种专业知识在系统工程中具有重要作用。

把7个逻辑步骤和7个工作阶段归纳在一起列成表格,称为系统工程活动矩阵(又称霍尔管理矩阵),如表1-1所示。

表1-1 系统工程活动矩阵

时间维(阶段)	逻辑维(步骤)						
	1. 明确问题	2. 指标设计	3. 方案综合	4. 系统分析	5. 系统选择	6. 方案决定	7. 实施计划
1. 规划阶段	a_{11}						
2. 拟订方案							
3. 系统研制							
4. 实验阶段				a_{44}			
5. 调试阶段							
6. 运行阶段							
7. 更新阶段		a_{72}					

矩阵中的$a_{ij}(i,j \in \{1, 2, \cdots, 7\})$表示系统工程的一组具体活动。例如,$a_{11}$表示在规划阶段中对"明确问题"步骤进行的活动,$a_{44}$表示在实验阶段中对"系统分析"步骤进行的活动。矩阵中各项活动是相互影响、紧密相连的,要从整体上达到最优效果,必须使各阶段、各步骤的活动反复进行。反复性是系统工程活动矩阵的一个重要特点。

三维结构方法论的特点是强调明确目标,认为对任何现实系统的分析都必须满足其目标的需求。三维结构方法论的核心内容是模型化和定量化。

但是,随着系统工程理论更为广泛地被人们认知,应用领域从"硬系统"逐渐向社会等"软系统"延展,此时,系统工程面临的问题有三个特点:一是与人的因素关系越来越密切;二是与社会、政治、经济、生态等众多复杂因素纠缠在一起,属于非结构性问题;三是本身的定义并不清楚,难以用逻辑严谨的数学模型进行定量描述。为了解决社会问题和软科学问题,人们又提出"软系统方法论"。

(2)软系统方法论

软系统方法论的逻辑思维和内容如图1-3所示。

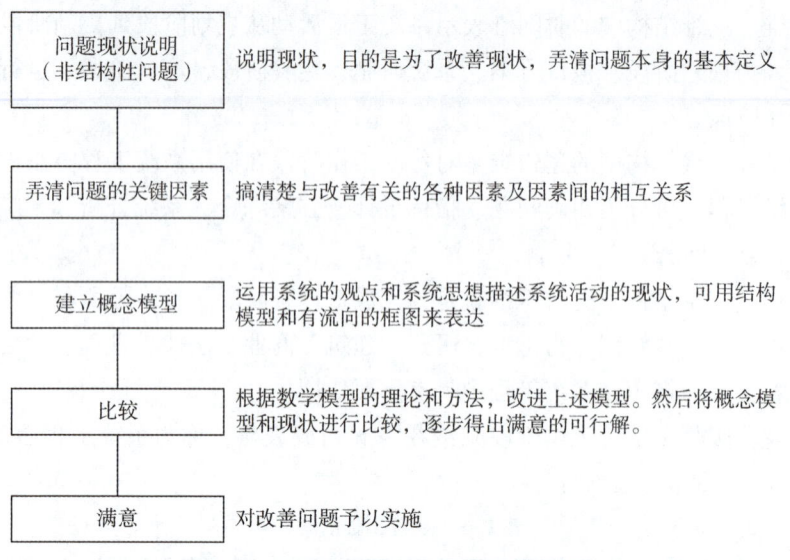

```
┌─────────────────┐
│  问题现状说明    │  说明现状，目的是为了改善现状，弄清问题本身的基本定义
│ （非结构性问题） │
└────────┬────────┘
         │
┌────────┴────────┐
│ 弄清问题的关键因素│  搞清楚与改善有关的各种因素及因素间的相互关系
└────────┬────────┘
         │
┌────────┴────────┐
│   建立概念模型   │  运用系统的观点和系统思想描述系统活动的现状，可用结构
│                 │  模型和有流向的框图来表达
└────────┬────────┘
         │
┌────────┴────────┐
│      比较       │  根据数学模型的理论和方法，改进上述模型。然后将概念模
│                 │  型和现状进行比较，逐步得出满意的可行解。
└────────┬────────┘
         │
┌────────┴────────┐
│      满意       │  对改善问题予以实施
└─────────────────┘
```

图 1-3　软系统方法论的逻辑思维和内容

软系统方法论的核心不是"最优化"，而是进行"比较"，强调找出可行满意的结果，"比较"这一过程要组织讨论，听取各方面有关人员的意见，为了寻求可行满意的结果，不断地进行多次反馈，因此它是一个不断"学习"的过程。

这种软系统方法论在中国已用于一些比较复杂的发展战略问题，例如，在企业物流发展战略的制定上，更多地采用这类研究方法。

（3）物理—事理—人理（WSR）系统方法论

WSR 系统方法论由中国系统工程学会理事长顾基发、华裔学者朱志昌博士在 1995 年提出。该方法论认为传统的系统分析方法适合解决结构化的问题，而对现实大量存在的非结构、病态结构的问题，靠原来的"硬"方法或"软"方法是不够的，特别是对那些议题（Issue）一类的系统问题更是如此。顾名思义，物理—事理—人理（WSR）系统方法论就是物理、事理和人理三者如何巧妙配置有效利用以解决问题的一种系统方法论。自然科学是关于物理的科学；运筹学是关于事理的科学，实际还包括管理科学、系统科学，事理就是做事的方法和道理；处理好人的关系这是人理学，就是人文科学、行为科学，人理就是做人的道理。把这三者结合起来就是"WSR 系统方法论"。WSR 系统方法论是具有东方文化传统的系统方法论，得到了国际同行的认同。

WSR 系统方法论的主要步骤包括理解意图、调查分析、形成目标、建立模型、协调关系、提出建议。主要内容如表 1-2 所示。

表 1-2　WSR 系统方法论的内容

区别点	物理	事理	人理
道理	物质世界法则、规则的理论	管理和做事的理论	人、纪律、规范的理论
对象	客观物质世界	组织、系统	人、群体、关系、智慧
着重点	是什么？ （功能分析）	怎样做？ （逻辑分析）	应当怎样做？ （人文分析）

续表

区别点	物理	事理	人理
原则	诚实、追求真理，尽可能正确	协调、有效率，尽可能平滑	人性、有效果，尽可能灵活
需要的知识	自然科学	管理科学 系统科学	人文知识 行为科学

1.2 物流与物流系统概述

微课视频：物流系统和物流系统规划与设计

1.2.1 物流的概述

物流（现代物流英文：Logistics；传统物流英文：Physical Distribution，物质配送）。物流是指物的流动，即物质资料从供给者向需要者的物理性移动，是创造时间性、场所性价值的经济活动。现代物流是指利用现代信息技术和设备，将物品从供应地向接受地准确地、及时地、安全地、保质保量地、门到门地移动的合理化服务模式和先进服务流程。

1. 物流概念的由来

物流的产生应该是生产力和社会经济发展的结果，它是连接生产与生产系统、经济与经济系统不可缺少的一部分。物流作为一门科学的诞生是社会生产力发展的结果。在长期的社会发展过程中，不少学者逐渐认识到在生产活动中，过去被人们看成是生产过程、生产工艺的组成领域里，详细分析起来有一种活动是没有直接参与实际生产制造过程的，而是与工艺有关却另有特性，那就是物流。生产活动如果进行专业的细分，又可分成两个组成部分，一部分是生产工艺活动，另一部分是物流活动。通过对物流这一概念的起源和发展进行探索，可以认识到物流的发展历程。

物流界学者普遍认为早期记载有关物流的活动是1918年由英国犹尼里佛的利费哈姆勋爵成立的"即时送货股份有限公司"，该公司旨在全国范围内把商品及时送到批发商、零售商及用户的手中。

1921年，美国的阿奇·萧在《市场流通中的若干问题》一书中提出"物流是与创造需要不同的一个问题"，并指出"物资经过时间或空间的转移会产生附加价值"。

1935年，美国销售协会最早对物流进行了定义：物流（Physical Distribution，PD）是包含于销售之中的物料和服务，与从生产地到消费地点流动过程伴随的种种活动。

上述活动普遍被物流界认为是物流的早期阶段。

1964年，日本开始使用"物流"这一概念。1981年，日本综合研究所编著的《物流手册》，对物流的表述是：物料从供给者向需要者的物理性流动，是创造时间性、场所性价值的经济活动，包括包装、装卸、保管、库存管理、流通加工、运输、配送等诸多活动。中国开始使用"物流"一词始于1979年。1989年4月，第八届国际物流会议在北京召开，"物流"一词使用日渐普遍。

现代物流的代言词Logistics最早出现在第二次世界大战期间，美国首先采用后勤管理（Logistics Management）对军火的运输、补给、屯驻等进行全面管理。之后逐渐形成单独的学科，并不断发展为后勤工程（Logistics Engineering）、后勤管理（Logistics Management）和后勤分配（Logistics of Distribution）。后勤管理的方法后被引入商业部门，称为商业后勤（Business Logistics），定义为"包括原材料的流通、产品分配、运输、购买与库存控制、储存、用户服务等业务活动"，其领域涵盖原材料物流、生产物流和销售物流。

1986年，美国国家物流管理协会（National Council of Physical Distribution Management，NCPDM）改名为美国物流管理协会（The Council of Logistics Management，CLM）。将Physical Distribution改为Logistics，原因是Physical Distribution的领域较狭窄，Logistics的概念则较宽广、连贯、整体。改名后的美国物流管理协会（CLM）对Logistics所做的定义是：以满足客户需求为目的，以高效和经济的手段对原料、在制品、制成品及相关信息从供应到消费的运动和存储进行的计划、执行和控制的过程。1998年进一步将其修订为"物流是供应链流程的一部分，是为了满足客户需求而对商品、服务与相关信息从原产地到消费地的高效率、高效益的正向和反向流动及储存进行的计划、实施和控制过程"。

2. 物流的定义

物流是指为了满足客户的需要，以最低的成本，通过运输、保管、配送等方式，实现原材料、半成品、成品及相关信息由商品的产地到商品的消费地所进行的计划、实施和管理的全过程。中华人民共和国国家标准《物流术语》（GB/T 18354—2021）对物流的定义："根据实际需要，将运输、储存、装卸、搬运、包装、流通加工、配送、信息处理等基本功能实施有机结合，使物品从供应地向接收地进行实体流动的过程。"

物流中的物，泛指一切有形和无形的物质资料，有物品、物体、物质及相关信息等含义，包括一切社会劳动产品和用于社会生产和消费的各种资源。物流中的流，泛指物质的一切运动状态，有流动、移动、运动的含义，特别是把静止也看成是运动的一种形式。

物流又同时表现为以下两方面的含义：其一，空间状态的变化，使物资产生空间效果，如运输；其二，时间上的转移，使物资产生时间效果，如储存。

3. 物流的基本职能

物流的职能指的是在物流活动过程中所具有的基本功能。这些基本功能有效地组合在一起，便形成了物流活动的总职能，能合理、有效地实现物流活动的总目标。一般认为，物流活动具有运输、储存保管、包装、装卸搬运、流通加工、配送、物流信息这七项职能。

(1) 运输职能

运输环节实现物的空间位置的转移，具有创造物流的空间价值或场所价值的功能。另外，通过使产品快速流动，运输还能创造产品的时间价值。运输包括公路运输、铁路运输、水路运输、航空运输及管道运输等基本方式。对运输活动的管理，要求选择技术经济效果最好的运输方式或多种运输方式的结合，合理确定运输路线，以保证货物安全、迅速、准时、低成本送达。

(2) 储存保管职能

储存保管职能指在一定的场所对物品进行储存并对数量、质量进行管理控制的活动，包括接货入库、拣货、出库、安全保存、库存管理等活动。储存环节具有创造物流时间价值的功能。

对储存环节的管理，要求正确确定库存物资种类及其数量，明确仓库以流通为主还是以储备为主，合理确定保管制度和流程，对不同的库存物品采取不同的管理策略，力求提高保管效率、降低损耗，加速物资周转和资金周转。

(3) 包装职能

包装是物流过程的起点，具有保护商品、方便物流操作的功能。对包装活动的管理，既要考虑包装对产品的保护作用、促进销售的作用及提高装运率的作用，还要考虑包装费用的合理化。包装容器强度越高，产品在物流过程中的破损率就越低，但包装费用会增加。对物流包装环节进行管理的目的就是要在二者之间取得平衡。

(4) 装卸搬运职能

装卸搬运职能主要是实现运输、仓储、包装、流通加工、配送等物流活动的衔接。在所有物流活动中，装卸活动是发生得最频繁、最消耗人力、占用设备但却不产生价值增值的物流环节。对装卸活动的管理，主要是确定最恰当的装卸方式，力求减少装卸搬运次数，合理配置及使用装卸工具，以达到节能、省力、降低产品破损率、提高作业效率的目标。

(5) 流通加工职能

流通加工，又称为流通过程的辅助加工。这种加工活动不仅存在于社会流通过程中，也存在于企业内部的流通过程中。所以，实际上是在物流活动中进行的辅助加工活动。企业、物资部门、商业部门为了弥补生产过程中加工程度的不足，更有效地满足用户或本企业的需求，更好地衔接产需，往往需要进行这种加工活动。

(6) 配送职能

配送是直接面向最终用户提供的物流服务功能，是综合了前几项职能的小范围的物流活动，它以订单处理、配货、拣货、送货等形式提供社会物流服务。与运输功能相比，配送更强调它的顾客服务功能，是集经营、服务、社会集中库存、分拣、装卸搬运于一体的物流活动。

(7) 物流信息职能

物流信息包括进行上述各项活动有关的计划、预测、动态(运量、收、发、存数)的信息及有关的费用信息、生产信息、市场信息等。对物流活动的管理，要求建立信息系统和信息收集渠道，正确选定信息科目以及信息的收集、汇总、统计、使用方式，以保证其可靠性和及时性。

4. 物流的分类

社会经济领域中的物流活动无处不在。对于各个领域的物流，虽然其基本要素都存在且相同，但由于物流对象、目的、范围等不同，形成了不同的物流类型。

(1) 从总体或局部角度可分为宏观物流和微观物流

宏观物流是指社会再生产总体的物流活动。这种物流活动的参与者是构成社会总体的大产业、大集团，包括社会物流、国民经济物流、国际物流。宏观物流研究的主要特点是综合性和全局性。而消费者、生产者企业所从事的实际的、具体的物流活动属于微观物流，包括企业物流、生产物流、供应物流、销售物流、回收物流、废弃物物流、生活物流等。微观物流研究的特点是具体性和局部性。由此可见，微观物流是更贴近具体企业的物流。

（2）从物流所涉及的社会主体范围可分为社会物流和企业物流

社会物流指超越一家一户，以全社会为范畴、面向社会为目的的物流。这种社会性很强的物流往往是由专门的物流承担人承担的，社会物流的范畴是社会经济的大领域。社会物流带有总体性和广泛性。而企业物流是指企业内部的物品实体流动。它是具体的、微观的物流活动的典型领域。随着全球经济一体化的发展，企业物流作为供应链的一个环节既有自身独立的系统存在，又与上下游系统建立密切的协作联系，为产品整个生命周期的物流活动建立系统化的运作环境。

（3）按物流所涉及的空间不同可分为国际物流和区域物流

由于近十几年国际间贸易的急剧扩大，国际物流也成了现代物流研究的热点问题。国际物流系统也实现了跨国家、跨地区、跨行业、多层次的发展。研究各个国家的物流，找出其区别及差异所在，找出其联结点和共同因素，这是研究国际物流的重要基础。而区域物流研究的一个重点是城市物流，城市物流还要研究城市生产、生活所需物资如何流入，如何以更有效形式供应给每个工厂、每个机关、每个学校和每个家庭，城市巨大的耗费所形成的废物又如何组织物流，等等。可以说城市物流内涵十分丰富，很有研究价值。

（4）根据物流本身特质可分为一般物流和特殊物流

一般物流指物流活动的共同点和一般性。一般物流研究的着眼点在于物流的一般规律，建立普遍适用的物流标准化系统，研究物流的共同功能要素，研究物流与其他系统的结合、衔接，研究物流信息系统及管理体制等。特殊物流是指具有专门范围、专门领域、特殊行业，在遵循一般物流规律基础上，带有特殊制约因素、特殊应用领域、特殊管理方式、特殊劳动对象、特殊机械装备特点的物流。

5. 物流的实质及其作用

（1）保值

任何产品从生产出来到消费，都必须经过一段时间和距离，在这段时间和距离过程中，都要经过运输、保管、包装、装卸搬运等多环节、多次数的物流活动。在这个过程中，产品可能会淋雨受潮、水浸、生锈、破损、丢失等。物流的使命就是防止上述现象的发生，保证产品从生产到消费者移动过程中的质量和数量，起到产品的保值作用，即保护产品的存在价值，使该产品在到达消费者手中时使用价值不变。

（2）节约

搞好物流，能够节约自然资源、人力资源和能源，同时也能够节约费用。比如，集装箱化运输，可以简化商品包装，节省大量包装用纸和木材；实现机械化装卸作业，仓库保管自动化，能节省大量作业人员，大幅度降低人员开支。重视物流可节约费用的事例比比皆是。海尔企业集团加强物流管理，建设起现代化的国际自动化物流中心，几年时间将库存占压资金和采购资金，从15亿元降低到7亿元，节省了8亿元开支。

思政教学案例

海尔:"中国物流管理觉醒第一人"

思考题:海尔为什么如此重视物流?

(3) 缩短距离

物流可以克服时间间隔、距离间隔和人的间隔,这自然也是物流的实质。现代化的物流在缩短距离方面的例证不胜枚举。在北京可以买到世界各国的新鲜水果,全国各地的水果也长年不断;邮政部门改善了物流,使信件大大缩短了时间距离,全国快递两天内就能到达美国;联邦快递能做到隔天送达亚洲15个城市;京东的配送中心可以做到上午10点前订货当天送到。这种物流速度,把人们之间的地理距离和时间距离一下子拉得很近。随着物流现代化的不断推进,国际运输能力大大加强,极大地促进了国际贸易,使人们逐渐感到这个地球变小了,各大洲的距离更近了。

(4) 增强企业竞争力、提高服务水平

在新经济时代,企业之间的竞争越来越激烈。在同样的经济环境下,制造企业,比如家电生产企业,相互之间的竞争主要表现在价格、质量、功能、款式、售后服务的竞争上,而像彩电、空调、冰箱等这类家电产品在工业科技如此进步的今天,质量、功能、款式已经没有太大的差别,而更加快捷的物流服务将提升其竞争力,也成为各大家电企业争相发展的领域。

(5) 加快商品流通、促进经济发展

配送中心的设立为连锁商业提供了广阔的发展空间。利用计算机网络,将超市、配送中心和供货商、生产企业连接,能够以配送中心为枢纽形成一个商业、物流业和生产企业的有效组合。有了计算机迅速及时的信息传递和分析,通过配送中心的高效率作业、及时配送,并将信息反馈给供货商和生产企业,可以形成一个高效率、高能量的商品流通网络,为企业管理决策提供重要依据,同时,还能够大大加快商品流通的速度,降低商品的零售价格,提高消费者的购买欲望,从而促进国民经济的发展。

(6) 保护环境

走在公路上,有时会看到一层黄土,这是施工运土的卡车夜里从车上漏撒的,碰上拉水泥的卡车经过,可能有水泥灰飞扬;堵车越来越厉害,连骑自行车都通不过去;噪声和废气使人们不敢张嘴呼吸;深夜的运货大卡车不断地轰鸣……所有这一切问题都与物流落后有关。卡车撒黄土是装卸不当,车厢有缝;卡车水泥灰飞扬是水泥包装苫盖问题;马路堵车属流通设施建设不足。这些如果从物流的角度去考虑,都会迎刃而解。

(7) 创造社会效益和附加价值

实现装卸搬运作业机械化、自动化,不仅能提高劳动生产率,而且也能解放生产力。

把工人从繁重的体力劳动中解脱出来，这本身就是对人的尊重，是创造社会效益。

1.2.2 物流系统概述

1. 物流系统的概念

物流系统是物流设施、物料、物流设备、物料装载器具及物流信息等所组成的具有特定功能的有机整体。物流系统由产品的包装、仓储、运输、检验、装卸、流通加工和其前后的整理、再包装、配送所组成的运作系统与物流信息等子系统组成。运输和仓储是物流系统的主要组成部分，物流信息系统是物流系统的基础，物流通过产品的仓储和运输，尽量消除时间和空间上的差异，满足商业活动和企业经营的要求。

物流系统的分类可以有多种方法。如果按规模分类，可分为大物流系统和小物流系统。大物流系统是指的社会、区域的物流系统，也称社会物流系统；而小物流系统可指企业内部的物流系统，也称企业物流系统。如果按行业分类，可分为工业物流系统、商业物流系统、企业物流系统、石油物流系统、煤炭物流系统等。总之，要视系统的划分来确定物流系统的种类。

2. 物流系统的基本模式

一般地，物流系统具有输入、处理（转化）、输出、限制（制约）和反馈等功能，其具体内容因物流系统的性质不同而有所区别，如图1-4所示。

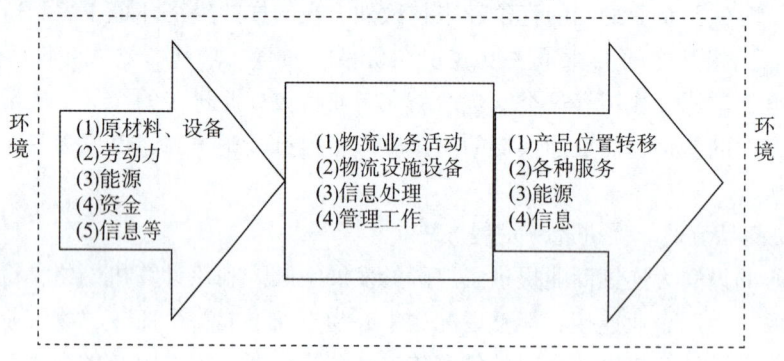

图1-4 物流系统基本模式

（1）输入

输入包括原材料、设备、劳动力、能源等。就是通过提供资源、能源、设备、劳动力等手段对某一系统发生作用，统称为外部环境对物流系统的输入。物流系统与其他系统具有相似性，其构成系统的一般要素如下：

人，是支配物流的主要因素，是控制物流系统的主体。人是保证物流得以顺利进行和提高管理水平最关键的因素。提高人的素质，是建立一个合理化的物流系统并使它有效运转的根本。

财，是物流活动中不可缺少的资金。交换以货币为媒介，实现交换的物流过程，实际也是资金运动过程，同时物流服务本身也需要以货币为媒介。物流系统建设是资本投入的一大领域，离开资金这一要素，物流不可能实现。

物，是物流中的原材料、产品、半成品、能源、动力等物质条件，包括物流系统的劳动对象、劳动工具、劳动手段，如各种物流设施、工具、各种消耗材料(燃料、保护材料)等。没有物，物流系统便成了无本之木。

信息，将物流系统各个部分有效连接起来，使其整体达到最优的重要纽带。准确而及时的物流信息是实现物流系统高效运转、整体最优的重要保证。

(2) 处理(转化)

处理(转化)是指物流本身的转化过程。从输入到输出之间所进行的生产、供应、销售、服务等活动中的物流业务活动称为物流系统的处理或转化。具体内容有：物流设施设备的建设；物流业务活动，如运输、储存、包装、装卸、搬运等；信息处理及管理工作。

(3) 输出

物流系统的输出是指物流系统与其本身所具有的各种手段和功能，对环境的输入进行各种处理后提供的物流服务。具体内容有产品位置与场所的转移；各种劳务，如合同的履行及其他服务等；能源与信息。

(4) 限制或制约

外部环境对物流系统施加一定的约束称之为外部环境对物流系统的限制和干扰。具体包括资源条件、能源限制、资金与生产能力的限制，价格影响，需求变化，仓库容量，装卸与运输的能力，政策的变化，等等。

(5) 反馈

物流系统在把输入转化为输出的过程中，由于受系统各种因素的限制，不能按原计划实现，需要把输出结果返回给输入，进行调整，即使按原计划实现，也要把信息返回，以对工作做出评价，这称为信息反馈。信息反馈的活动包括各种物流活动分析报告、各种统计报告数据、典型调查、国内外市场信息与有关动态等。

发展至今，物流系统是与典型的现代机械电子相结合的系统。现代物流系统由具有一定智能的物流设备和计算机物流管理和控制系统组成。任何一种物流设备都必须接受物流系统计算机的管理控制，接受计算机发出的指令，完成其规定的动作，反馈动作执行的情况或当前所处的状况。智能程度较高的物流设备具有一定的自主性，能更好地识别路径和环境，本身带有一定的数据处理功能。现代物流设备是在计算机科学和电子技术的基础上，结合传统的机械学科发展来的机电一体化的设备。

从物流系统的管理和控制来看，计算机网络和数据库技术的采用是整个系统得以正常运行的前提。仿真技术的应用使物流系统设计处于更高的水平。

3. 物流系统的构成与功能要素

(1) 物流系统的构成

物流系统包括物流作业子系统和物流信息子系统。物流作业子系统在包装、仓储、运输、搬运、流通加工、配送等操作中运用各种先进技术将生产商与需求者连接起来，使整个物流活动网络化，提高效率。物流信息子系统运用各种先进沟通技术保障与物流运作相关信息的流畅，提高整个物流系统的效率。物流系统的构成如图1-5所示。

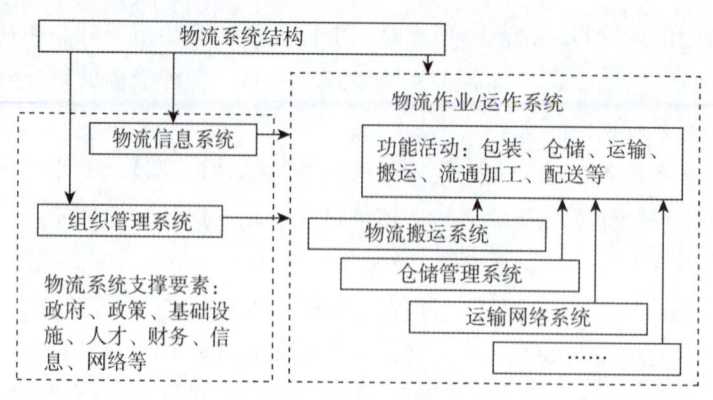

图 1-5 物流系统的构成

(2) 物流系统的功能要素

物流系统的功能要素指的是物流系统所具有的基本能力。这些基本能力有效地组合、联结在一起，便形成了物流系统的总功能，便能合理、有效地实现物流系统的总目标。一般认为，物流系统的功能要素有运输、仓储、包装、装卸搬运、流通加工、配送、信息处理等。如果从物流活动的实际工作环节来考察，物流由上述七项作业活动构成。换句话说，物流系统能实现以上七项功能。

上述功能要素中，运输及仓储分别解决了供给者与需要者之间场所和时间的分离，分别是物流创造"场所效用"及"时间效用"的主要功能要素，因而在物流系统各要素中处于重要地位。上述功能要素之间普遍存在着效益悖反的现象。

4. 物流系统的特征

物流系统具有一般系统所共有的特点，即整体性、相关性、目的性、环境适应性，同时还具有规模庞大、结构复杂、目标众多等大系统所具有的特征。

(1) 物流系统是一个"人机系统"

物流系统是由人和形成劳动手段的设备、工具所组成的。它表现为物流劳动者运用运输设备、装卸搬运机械、仓库、港口、车站等设施，作用于物资的一系列生产活动。在这一系列的物流活动中，人是系统的主体。因此，在研究物流系统各个方面的问题时，要把人和物有机地结合起来，作为不可分割的整体，加以考察和分析，而且要始终把如何发挥人的主观能动作用放在首位。

(2) 物流系统是一个大跨度系统

这反映在两个方面：一是地域跨度大；二是时间跨度大。在现代经济社会中，企业间物流经常会跨越不同地域，国际物流的地域跨度更大。通常采取储存的方式解决产需之间的时间矛盾，这样时间跨度往往也很大。大跨度系统带来的主要问题是管理难度较大，对信息的依赖程度较高。

(3) 物流是一个可分系统

作为物流系统，无论其规模多么庞大，都可以分解成若干个相互联系的子系统。这些子系统的多少和层次的阶数，是随着人们对物流的认识和研究的深入而不断扩充的。系统与子系统之间、子系统与子系统之间，存在着时间和空间上及资源利用方面的联系；也存在总的目标、总的费用以及总的运行结果等方面的相互联系。

(4) 物流系统是一个动态系统

一般的物流系统总是联结着多个生产企业和用户，随着需求、供应、渠道、价格的变化，系统内的要素及系统的运行经常发生变化。这就是说，社会物资的生产状况、社会物资的需求变化、资源变化、企业间的合作关系，都随时随地地影响着物流，物流受到社会生产和社会需求的广泛制约。物流系统是一个具有满足社会需要、适应环境能力的动态系统。为适应经常变化的社会环境，人们必须对物流系统的各组成部分经常不断地修改、完善，这就要求物流系统具有足够的灵活性与可改变性。在有较大的社会变化的情况下，物流系统甚至需要重新进行系统设计。

(5) 物流系统是一个复杂系统

物流系统的运行对象是"物"，遍及全部社会物质资源，资源的大量化和多样化带来了物流的复杂化。从物质资源上看，品种成千上万，数量庞大；从从事物流活动的人员上看，需要数以百万计的庞大队伍；从资金占用上看，占用着大量的流动资金；从物资供应经营网点上看，遍及全国城乡各地。这些人力、物力、财力资源的组织和合理利用，是一个非常复杂的问题。在物流活动的全过程中，始终贯穿着大量的物流信息。物流系统要通过这些信息把各个子系统有机地联系起来。如何把信息收集全面、处理好，并使之指导物流活动，也是非常复杂的事情。物流系统的边界是广阔的，其范围横跨生产、流通、消费三大领域，这一庞大的范围，给物流组织系统带来了很大的困难。而且随着科学技术的进步、生产的发展、物流技术的提高，物流系统的边界范围还将不断地向内深化、向外扩张。

(6) 物流系统是一个多目标系统

物流系统的总目标是实现宏观和微观的经济效益。但是，系统要素间有着非常强的"背反"现象，常称之为"交替损益"或"效益背反"现象，在处理时稍有不慎就会出现系统总体恶化的结果。通常，人们对物流数量，希望最大；对物流时间，希望最短；对服务质量，希望最好；对物流成本，希望最低。显然，要满足上述所有要求是很难办到的。例如，在储存子系统中，站在保证供应、方便生产的角度，人们会提出储存物资的大数量、多品种问题；而站在加速资金周转、减少资金占用的角度，人们则会提出减少库存。又如，在运输中，若选择最快的运输方式航空运输，运输成本高，时间效用虽好，但经济效益不一定最佳；而选择水路运输，则情况相反。所有这些相互矛盾的问题，在物流系统中广泛存在。而物流系统又恰恰要求在这些矛盾中运行。要使物流系统在诸方面满足人们的要求，显然要建立物流多目标，并在多目标中求得物流的最佳效果。

5. 物流系统的常用技术

物流系统的常用技术是除去物流活动所需要的各种机械设备、运输工具、仓库建筑、站场设施以及服务于物流的电子计算机、通信网络设备等物流"硬技术"外的"软技术"，是指为了组成高效率的物流系统而使用的应用技术。具体地说，是指对物流活动进行最合理的计划，对各种物流设备进行最合理的调配和使用，对物流效率进行最有效的评价而运用的各种技术，包括物流优化与决策技术、物流预测技术（回归分析预测技术和时间序列预测技术是两种应用广泛的基本预测方法）、物流标准化技术、物流经济评价技术、物流管理运筹技术等。归结起来可分为以下几种：

（1）基础工业工程技术

物流系统应用的基础工业工程技术包括工作研究技术，特别是工作研究中的流程分析技术、图、表技术、作业改善技术、方法研究技术等。

（2）建模与仿真技术

物流系统活动范围广泛，涉及面宽，经营业务复杂，品种规格繁多，且各子系统功能部分相互交叉，互为因果。因此，它的系统设计是项十分复杂的任务，需要严密的分析。物流系统仿真的目标在于建立一个既能满足用户要求的服务质量，又能使物流费用最小的物流网络系统。其中最重要的是如何能使"物流费用最小"。在进行仿真时，首先分析影响物流费用的各项参数，诸如与销售点、流通中心及工厂的数量、规模和布局有关的运输费用、发送费用等。由于大型管理系统中包含有人的因素，用数学模型来表现他们的判断和行为是困难的。但是，人们积极研究和探索包含人的因素在内的反映宏观模糊性的数学模型。目前社会上大量开展数量经济研究，预计在社会经济研究中，数学模型和计算机将会得到愈来愈广泛的应用，这是对传统的凭主观经验进行管理的有力挑战。

仿真技术在物流系统工程中应用较广，已初见成效。但由于物流系统的复杂性，其应用受到多方限制，特别是数据收集、检验、分析工作的难度较大，从而影响仿真质量，所完成的模型的精度与实际的接近程度也还存在一定问题，有待进一步研究。加之，仿真方法本身属于一种统计分析的方法，比起一般的解析方法要粗略，但这并不影响仿真方法在物流系统工程中的应用和推广。

（3）系统最优化技术

最优化技术是20世纪40年代发展起来的一门较新的数学分支。近几年发展迅速，应用范围越来越广，其方法也越来越成熟，所能解决的实际问题也越来越多。系统优化问题是系统设计的重要内容之一。所谓最优化，就是在一定的约束条件下，如何求出使目标函数为最大（或最小）的解。求解最优化问题的方法称为最优化方法。一般来说，最优化技术所研究的问题是对众多方案进行研究，并从中选择一个最优的方案。一个系统往往包含许多参数，受外部环境影响较大，有些因素属于不可控因素。因此，优化问题是在不可控参数发生变化的情况下。应根据系统的目标，经常地、有效地确定可控参数的数值，使系统经常处于最优状态。系统最优化离不开系统模型化，先有模型化而后才有系统最优化。

系统最优化的方法很多，它是系统工程学中最具实用性的部分。到目前为止，它们大部分是以数学模型来处理一般问题的。如物资调运的最短路径问题、最大流量、最小输送费用（或最小物流费用）及物流网点合理选择、库存优化策略等模型。系统优化的手段和方法，应根据系统的特性、目标函数及约束条件等进行合理选择。

（4）网络技术

网络技术是现代管理方法中的一个重要组成部分。它最早用于工程项目管理中，后来在企业（或公司）的经营管理中得到广泛应用和发展。它是1985年美国海军特种计划局在"北极星导弹计划"研制过程中提出的以数理统计为基础、以网络分析为主要内容、以电子计算机为先进手段的新型计划技术，称作PERT（Program Evaluation Review Technique，计划评审法）和CPM（Critical Path Method，关键路线法）。PERT方法主要以时间控制为主，而CPM法则以进度和成本控制为主。

在现代社会中，生产过程错综复杂，工种繁多，品种多样，流通分配过程涉及面广，影响因素随机、多变，参加的单位和人员成千上万。如何使生产中各个环节之间相互密切配合、协调一致，如何使生产—流通—消费之间衔接平衡，使任务完成既好又快且省，这不是单凭经验或稍加定性分析就能解决的，可以运用网络技术来进行统筹安排，合理规划。而且，越是复杂的、多头绪的、时间紧迫的任务，运用网络技术就越能取得较大的经济效益。对于关系复杂的、多目标决策的物流系统研究，网络技术分析是不可忽视的方法。

利用网络模型来模拟物流系统的全过程以实现其时间效用和空间效用是最理想的。通过网络分析可以明了物流系统各子系统之间以及与周围环境的关联，便于加强横向经济联系，运用网络技术设计物流系统，可研究物资由始发点通过多渠道送往顾客的运输网络优化，以及物料搬运最短路径的确定等问题。

（5）分解协调技术

在物流系统中，由于组成系统的项目繁多、相互之间关系复杂、涉及面广，这给系统分析和量化研究带来一定的困难。在此可以采用"分解-协调"方法对系统的各方面进行协调与平衡，处理系统内外的各种矛盾和关系，使系统能在矛盾中不断调节，处于相对稳定的平衡状态，充分发挥系统的功能。

所谓分解，就是先将复杂的大系统，比如物流系统，分解为若干相对简单的子系统，以便运用通常的方法进行分析和综合。其基本思路是先实现各子系统的局部优化，再根据总系统的总任务、总目标，使各子系统相互"协调"配合，实现总系统的全局优化。并从系统的整体利益出发，不断协调各子系统的相互关系，达到物流系统的费用省、服务好、效益高的总目标。此外，还要考虑如何处理好物流系统与外部环境的协调、适应。

所谓协调，就是根据大系统的总任务、总目标的要求，使各分系统在相互协调配合的子系统局部优化的基础上，通过协调控制，实现大系统的全局最优化。

除上述方法外，预测、决策论和排队论等技术方法也比较广泛地应用于物流系统的研究中。

1.3 物流系统规划与设计

1.3.1 物流系统规划与设计的概念

物流系统是一个开放的复杂系统，影响其发展的内外部因素多且变化大，其所依托的外部环境的变化也有很大的不确定性，因此，不论是改进现有的物流系统还是开发新物流系统，进行物流系统规划都显得尤为重要。

所谓物流系统规划，是指确定物流系统发展目标和设计达到目标的策略与行动的过程，实际就是对整个物流系统的计划。物流系统涉及交通运输、货运代理、仓储管理、流通加工、配送、信息服务、营销策划等领域，其规划的内容主要有发展规划、布局规划、工程规划三个方面，可以说物流系统规划是对物流战略层面的计划与决策。物流系统规划与物流系统设计的关系如图1-6所示。物流规划设计的重要性与物流本身的特殊性有关，具体体现在：物流系统的涉及面非常广泛，需要有各方共同遵循的准则；物流过程本身存在"背反"现象，需要由规划来协调、理顺；物流领域容易出现更严重的低水平重复建设现象，需要有规划的制约；物流领域的建设投资，尤其是基础建设的投资规模巨大，需要有规划的引导；实现中国物流跨越式的发展，需要有规划的指导；物流系统规划是企业物流合理化和构筑新型物流系统的需要。

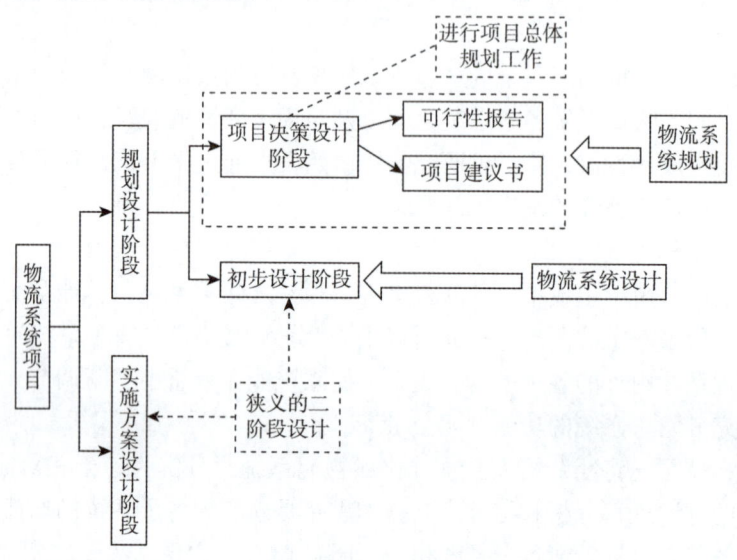

图1-6 物流系统规划与物流系统设计的关系

1.3.2 物流系统规划与设计的层次

（1）国家一级的物流系统规划

着重于以物流基础设施和物流基础网络为内容的物流基础平台规划。如铁路、公路的主干线路规划，全国大型综合物流基地以及综合区域信息网络的规划。国家物流枢纽是由国家发展改革委、交通运输部共布局建设，集中实现货物集散、储存、分拨、转运等多种功能的物流设施群和物流活动组织中心，是物流体系的核心基础设施，是辐射区域更广、集聚效应更强、服务功能更优、运行效率更高的综合性物流枢纽，在全国物流网络中发挥关键节点、重要平台和骨干枢纽的作用。

国家物流枢纽分为陆港型、港口型、空港型、生产服务型、商贸服务型、陆上边境口岸型等6种类型。

陆港型：依托铁路、公路等陆路交通运输大通道和场站（物流基地）等，衔接内陆地区干支线运输，主要为保障区域生产生活、优化产业布局、提升区域经济竞争力，提供畅通国内、联通国际的物流组织和区域分拨服务。

港口型：依托沿海、内河港口，对接国内国际航线和港口集疏运网络，实现水陆联运、水水中转有机衔接，主要为港口腹地及其辐射区域提供货物集散、国际中转、转口贸易、保税监管等物流服务和其他增值服务。

空港型：依托航空枢纽机场，主要为空港及其辐射区域提供快捷高效的国内国际航空直运、中转、集散等物流服务和铁空、公空等联运服务。

生产服务型：依托大型厂矿、制造业基地、产业集聚区、农业主产区等，主要为工业、农业生产提供原材料供应、中间产品和产成品储运、分销等一体化的现代供应链服务。

商贸服务型：依托商贸集聚区、大型专业市场、大城市消费市场等，主要为国际国内和区域性商贸活动、城市大规模消费需求提供商品仓储、干支联运、分拨配送等物流服务，以及金融、结算、供应链管理等增值服务。

陆上边境口岸型：依托沿边陆路口岸，对接国内国际物流通道，主要为国际贸易活动提供一体化通关、便捷化过境运输、保税等综合性物流服务，为口岸区域产业、跨境电商等发展提供有力支撑。

从 2019 年至 2023 年，国家发展改革委累计牵头发布共 5 批国家物流枢纽年度建设名单，共包括 125 个枢纽，实现 31 个省（自治区、直辖市，以下简称"省区市"）、5 个计划单列市和新疆生产建设兵团全覆盖。

(2) 省区市一级的物流系统规划（区域物流规划）

着重于地区物流园区、物流中心、配送中心三个层次的物流节点规模和布局的规划。物流园区、物流中心、配送中心三个层次的物流节点是各省区市物流外结内连的重要物流设施，也是较大规模的地方投资项目。这三个层次物流节点的规划是省区市物流运行合理化的重要基础。

(3) 经济运行部门（行业）的物流系统规划

在物流基础平台之上，有大量的行业和经济事业部门进行物流运作，要使这些物流运作做到合理化和协调发展，需要有物流规划的指导，例如石化行业的供应链物流规划、连锁商贸行业的物流规划等。

(4) 企业物流系统规划与设计

企业的物流系统规划与设计是针对更加微观的物流系统进行的规划与设计，包括企业运输系统、企业仓储系统、企业物流信息系统等的规划与设计。

1.3.3　物流系统规划类型

企业物流系统按照不同的方式可以分成不同的类型。

①按一般要素，可分为人力资源规划、资金规划、物流需求规划、设备设施规划以及信息系统规划。

②按物流活动环节，可分为运输线路与站台规划、仓库规划、包装方案规划、装卸搬运系统规划、配送网络与配送中心规划、信息系统规划。

③按支持要素，可分为政府物流系统规划和企业物流系统规划。

④按基础要素，可分为物流网络规划、物流设施规划、物流信息系统规划。

1.3.4　物流系统规划与设计的目标

物流系统规划与设计的目标归结起来，分为以下几个方面：

①得到良好的服务。

②实现良好的快速反应能力。
③获取强大的信息功能。
④实现物流服务规模化。
⑤充分利用物流资源。

由此，说明了物流系统规划与设计的好坏直接影响到整个物流过程是否实现一体化、信息化、客户化、敏捷化、规模化与精益化。物流系统规划设计的目的也是衡量设计出的物流系统是否满足需求的有效评价标准。

1.3.5 物流系统规划与设计的原则

从系统设计的角度来讲，物流系统设计应遵循开放性原则、物流要素集成化原则、网络化原则和可调整性原则。

（1）开放性原则

物流系统的资源配置需要依据满足市场需求的产品整个生命周期的全过程，涉及从采购、生产、存储、运输到销售的全过程系统。所以在资源配置的过程中需要考虑各个环节的协调与贯通，以实现物流、信息流和资金流的集成。

（2）物流要素集成化原则

物流要素集成化是指通过一定的制度安排，对物流系统功能、资源、信息、网络等要素进行统一的规划、管理、评价，通过要素间的协调和配合使所有要素能够像一个整体在运作，从而实现物流系统要素间的联系，达到物流系统整体优化的目的。

（3）网络化原则

网络化是指将物流经营管理、物流业务、物流资源和物流信息等要素的组织按照网络方式在一定市场区域内进行规划、设计、实施，以实现物流系统快速反应和降低成本等要求。

（4）可调整性原则

能够及时应对市场需求的变化及经济发展的变化，以快速响应市场变化。

归结起来，物流系统设计的基本原则，是从物流的需求和供给两个方面谋求物流的大量化、时间和成本的均衡化、货物的直达化及搬运装卸的省力化。作为实现这种目的的有效条件有运输、保管等的共同化，订货、发货等的计划化，订货标准、物流批量标准等有关方面的标准化，附带有流通加工和情报功能的扩大化等。物流结构既指物流网点的布局构成，也泛指物流各个环节（装卸、运输、仓储、加工、包装、发送等）的组合情况。物流网点在空间上的布局，在很大程度上影响物流的路线、方向和流程。而物流各环节的内部结构模式又直接影响着物流运动的成效。

1.3.6 物流系统规划与设计的内容模式

物流系统规划与设计的核心就是用系统的思想和方法对物流的整个功能进行整合，从而更好地实现物流系统发展的目标，实现以最小投入获得最大产出，其基本模式分为：第一，最小总成本策略；第二，最高顾客服务策略；第三，最大利润策略；第四，最大竞争优势策略。也就是根据波特的"五力模型"，考虑如何获取竞争优势。

本章小结

本章介绍了系统的定义、基本属性、特征、分类,重点讨论了系统的结构和功能及其相互关系;阐述了系统工程的定义、理论基础和方法论;详细介绍了物流的基本概念、职能、分类及其作用,物流系统的概念、基本模式、构成、特征和常用技术;简要介绍了物流系统规划与设计的概念、层次、类型、目标、原则和内容模式。

案例分析

京东物流系统的构成

思考题:京东物流系统的要素有哪些?结构如何?功能实现状况怎么样?

翻转课堂讨论话题

1. 请举出一个你身边的系统的例子,并说明该系统的要素、结构、功能分别是什么。
2. 请举出一个物流系统,并说明该系统的要素、结构、功能分别是什么。

第 2 章 物流系统战略

学习目标

- 能够正确选用 PEST 分析、波特五力模型、SWOT 分析等战略环境分析方法。
- 能够描述物流战略系统的构成。
- 能够针对具体案例分析产品、市场及供应链之间的匹配关系(学习重点、学习难点)。
- 能够区别几种典型的物流战略系统(学习重点)。
- 能够评价案例中物流战略选用的合理性(学习难点)。

开篇案例

2018年4月,京东集团董事局主席刘强东、京东物流 CEO 王振辉在公开演讲中都充分透露出京东物流的新战略。4月12日,刘强东在互联网+数字经济峰会上演讲,特别指出:京东是一家用技术打造供应链服务的公司。与此同时,就在头两天,4月9日的博鳌亚洲论坛"物流的变革"分论坛上王振辉对于未来全球物流发展趋势做出了全新的判断。"随着无界零售时代的到来,未来的消费场景将变得无处不在、无时不有,消费者希望获得'所想即所得'的极致体验,这最终需要通过物流来推动实现,因此,物流将面临深刻变革,达到'无界物流'这一终极状态。"

"无界物流"之"快"核心在于"短链",即把商品放到离消费者最近的地方,减少搬运次数。依托于人工智能、大数据分析预测,将商品的库存融入消费者的日常生活场景中,让"仓"无处不在,"货在身边",消费者将在多模式、多场景下,实现海量商品即想即得,物流时效以"分钟"计量。比如,京东物流升级的"闪电送"服务,与京东线下自营店、零售商门店、品牌商门店以及与各方物流生态伙伴如达达联动,进一步打造了多种模式、覆盖各类购物场景,消费者最快十几分钟即可收到货。京东"无界零售"的商业核心就是这样一句经典的话:"所想即所得。"如果说传统零售是"所见即所得"的话,"所想即所得"更深层次地融入了消费大数据+敏捷供应链+快物流的经典融合。

关于"无界物流",京东用三个词来定义未来的物流业态:短链(Short-Chain)、智慧

(Smartness)、共生(Symbiosis)，即 3S 新物流理论。京东物流 CEO 王振辉解释说：在消费、产业升级和技术变革的作用之下，物流将迈入新的时代，并呈现出短链、智慧和共生的特征，未来物流的产业角色将被重新定义。当下的现代物流，新技术、新模式已经渗透达到前所未有的深度，物流成为前沿技术创新应用最重要的领域之一，正在推动物流进行新一代物流的变革。

用户体验一直是物流服务的核心，京东对未来的物流服务体验融合在三个字上："快""精""喜"，打造极致的物流服务，顺应无界物流的变革趋势。近期，京东物流正式推出"闪电送"时效产品体系，围绕本地生活即时配送场景进行了全面升级。用户在京东商城购买商品时，京东可以根据用户的收货地址进行自动识别，并匹配附近供货网点仓库发货，用户如选择带有"闪电送"配送标识的商品，下单后根据地址匹配情况可实现数分钟到几十分钟不等的送货上门。

众所周知，库存周转是零售商的生命，而无界零售时代，随着销售渠道的越来越分散，商品的供应也将碎片化，商品的个性化和快速更新迭代也将使得 SKU 数量越来越庞大，这将导致整个库存管理的幅度和复杂性越来越大。因此，无界物流应满足商家在复杂供应链管理体系下的快速周转需求。为此，无界物流通过不断优化网络布局、升级供应链，并基于智能技术实现数字化运营，提升智能化的供应链管理能力。同时，基于网络协同和一体化、全链条的服务，使得链条上各个节点串联互通，从而能够做到整体最优的决策。在供应链将始终保持灵活、高效运作的状态下，即便在渠道无限分散、管理 SKU 无限加大时，仍能够实现最优的管理，有效降低库存冗余，使库存成本最低。

据数据显示：2012 年，京东库存周转是 30 多天；到 2017 年，整个 SKU 数量扩大到了 530 多万个；日均订单上涨了 8 倍，运营 400 多个大型仓库，在这样的情况下，库存周转天数始终维持在 30 多天，远低于行业平均水平。京东物流与某食品企业合作，通过全渠道的布局，一盘货管理 20 多个子品牌，上线 1 个月后即帮助其降低库存水平 5%。

（资料来源：①https：//baijiahao.baidu.com/s？id＝1598321295195802810&wfr＝spider&for＝pc．②https：//www.sohu.com/a/249880210_649545）

思考题：根据案例，谈谈你对物流系统战略规划的见解。

2.1 企业战略及其环境分析

微课视频：物流系统战略概述

2.1.1 企业战略概念

战略是一种从全局考虑谋划实现全局目标的规划，战术是实现战略的手段之一。实现战略胜利，往往有时候要牺牲部分利益，去获得战略胜利。战略是一种长远的规划，是远大的目标，往往规划战略、制定战略、用于实现战略目标的时间是比较长的。

企业战略管理是从全局和长远的观点研究企业在竞争环境下生存与发展的重大问题，是现代企业高层领导人最主要的职能，在现代企业管理中处于核心地位，是决定企业经营成败的关键。企业战略管理是一个层次化的体系，理论认为公司战略分为三个层次：公司战略（Corporate Strategy）、经营战略（Management Strategy）、职能战略（Function Strategy），每个层次针对企业不同层次的战略制定、实施、评价和控制行为进行管理。

2.1.2 战略环境分析

1. 企业环境体系

企业环境体系指根据系统/企业边界结合环境因素的特点，由企业外部环境因素和企业内部条件组成的环境，如图2-1所示。

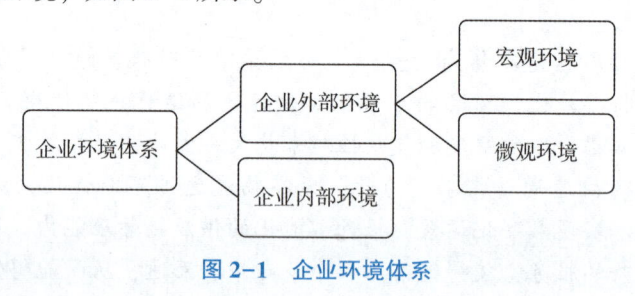

图 2-1 企业环境体系

（1）企业外部环境

企业外部环境是企业周围存在的，对企业经营管理活动具有直接或间接影响作用的外部因素的总和，是企业经营者无法控制的环境因素。企业外部环境又分为宏观环境和微观环境两大类。宏观环境是指对企业系统影响深刻、作用效应极长的环境因素，这类环境也称为社会环境；微观环境是指对企业有直接影响、影响效应迅速的环境因素，这类环境也称为任务环境或企业的特定环境。

深入细致分析企业的外部环境是正确制定战略的重要基础，为此，要及时收集和准确把握企业各种各样的外部环境信息，譬如，国家经济发展战略、国民经济和社会发展的长远规划和年度计划，产业发展与调整政策，国家科技发展政策，宏观调控政策，本部门、本行业和本地区的经济发展战略，顾客（用户）的情况，竞争对手的情况，供应厂家的情况，协作单位的情况，潜在的竞争者的情况等。

📖 思政教学案例

华为的外部环境与战略

思考题：华为是如何应对严峻的国际形势的？

（2）企业内部环境

企业内部环境即是以企业内部管理为对象的、经营者可以控制的环境因素。分析该企业的人员素质、技术素质和管理素质，产、销、人、财、物的现状以及在同行业中的地位等，明确该企业的优势和薄弱环节。企业的资源包括有形资源和无形资源两大类。其中有形资源包括：财务资源，即现金及企业的融资能力，创造现金收益的能力；物资资源，即生产设备及其布局，原料以及采购渠道；人力资源，即员工的培训水平、适应力、判断力和工作态度；组织资源，即企业的组织结构和它的计划、控制、协调系统。无形资源包括：技术资源，即各种知识产权以及与之相关的技术知识；创新资源，即技术人员和研究开发所需的设备；信誉资源，即顾客和供应商所认可的品牌、信誉及合作关系。

企业内部环境分析包括纵向分析和横向比较分析。纵向分析即分析企业的各方面职能的历史演化，从而发现企业的哪些方面得到了加强和发展，在哪些方面有所削弱。根据纵向分析的结果，在历史分析的基础上对企业各方面的发展趋势做出预测。横向比较分析即将企业的情况与行业平均水平做横向比较。通过横向比较分析，企业可以发现相对于行业平均的优势和劣势。这种分析对企业的经营来说更具有实际意义。对某一特定的企业来说，可比较的行业平均指标有资金利税率、销售利税率、流动资金周转率、劳动生产率等。

2. PEST 分析

PEST 分析是指宏观环境的分析：P 是政治(Politics)，E 是经济(Economic)，S 是社会(Society)，T 是技术(Technology)。

(1) 政治环境

政治环境主要包括政治制度与体制、政局、政府的态度及政府制定的法律法规等。包括：政治环境是否稳定；国家政策和法律是否会改变，从而增强对企业的监管并收取更多的赋税；政府所持的市场道德标准是什么；政府的经济政策是什么；政府是否关注文化与宗教；政府是否与其他组织签订过贸易协定，例如欧盟、北美自由贸易区、东盟等。

(2) 经济环境

构成经济环境的关键战略要素包括 GDP、利率水平、财政货币政策、通货膨胀、失业率、居民可支配收入水平、汇率、能源供给成本、市场机制、市场需求等。

(3) 社会环境

社会环境主要指人口规模、年龄结构、人口分布、种族结构以及收入分布等因素。主要包括：信奉人数最多的宗教是什么；这个国家的人对于外国产品和服务的态度如何；语言障碍是否会影响产品的市场推广；这个国家的男人和女人的角色分别是什么；这个国家的人是否长寿，老年阶层是否富裕；这个国家的人对于环保问题是如何看待的。

(4) 技术环境

技术环境不仅包括发明，而且包括与企业市场有关的新技术、新工艺、新材料的出现和发展趋势以及应用背景。如：科技是否降低了产品和服务的成本，并提高了质量；科技是否为消费者和企业提供了更多的创新产品与服务，例如网上银行新一代手机等；科技是如何改变分销渠道的，例如网络书店、机票、拍卖等；科技是否为企业提供了一种全新的与消费者进行沟通的渠道，例如广告条、CRM 软件等。

3. 波特五力模型

波特五力模型将大量不同的因素汇集在一个简便的模型中，以此分析一个行业的基本竞争态势。五种力量模型确定了竞争的主要来源，即供应商和购买者的议价能力、新进入者的威胁、替代品的威胁，以及同业竞争者的竞争程度，如图2-2所示。

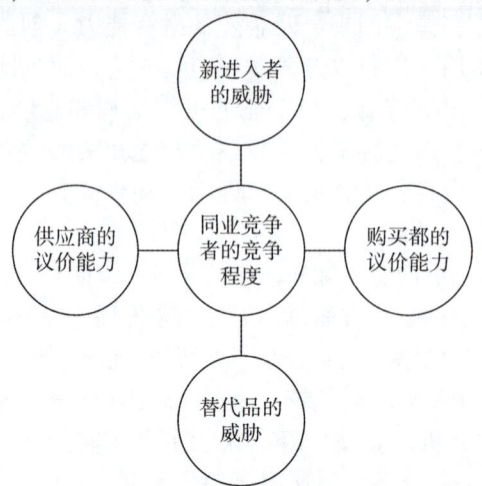

图2-2 企业竞争的主要来源

从一定意义上来说波特五力模型分析隶属于外部环境分析方法中的微观分析。该模型由迈克尔·波特（Michael Porter）于20世纪80年代初提出，对公司战略制定产生了全球性的深远影响。用于竞争战略的分析，可以有效地分析客户的竞争环境。波特的"五力"分析法是对一个产业盈利能力和吸引力的静态断面扫描，说明的是该产业中的企业平均具有的盈利空间，所以这是一个产业形势的衡量指标，而非企业能力的衡量指标。通常，这种方法也可用于创业分析，以揭示本企业在本产业或行业中具有何种盈利空间。

(1) 供应商的议价能力（Bargaining Power of Suppliers）

供应商主要通过其提高投入要素价格与降低单位价值质量的能力，来影响行业中现有企业的盈利能力与产品竞争力。供应商力量的强弱主要取决于他们所提供给买主的是什么投入要素，当供应商所提供的投入要素价值构成了买主产品总成本的较大比例，对买主产品生产过程非常重要或者严重影响买主产品的质量时，其对于买主的潜在讨价还价力量就大大增强。一般来说，满足以下条件的供应商集团会具有比较强大的讨价还价力量：

①供应商行业为一些具有比较稳固市场地位而不受市场激烈竞争困扰的企业所控制，其产品的买主很多，以至于每一单个买主都不可能成为供应商的重要客户。

②供应商各企业的产品具有一定特色，以至于买主难以转换或转换成本太高，或者很难找到可与供应商企业产品相竞争的替代品。

③供应商能够方便地实行前向联合或一体化，而买主难以进行后向联合或一体化。

(2) 购买者的议价能力（Bargaining Power of Buyers or Customers）

购买者主要通过其压价与要求提供较高的产品或服务质量的能力，来影响行业中现有企业的盈利能力。购买者议价能力影响主要表现在以下方面：

①购买者的总数较少，而每个购买者的购买量较大，占了卖方销售量的很大比例。

②卖方行业由大量相对来说规模较小的企业组成。

③购买者所购买的基本上是一种标准化产品，同时向多个卖主购买产品在经济上也完全可行。

④购买者有能力实现后向一体化，而卖主不可能前向一体化。

(3) 新进入者的威胁(the Threat of New Entrants for an Industry)

新进入者在给行业带来新生产能力、新资源的同时，将希望在已被现有企业瓜分完毕的市场中赢得一席之地，这就有可能会与现有企业发生原材料与市场份额的竞争，最终导致行业中现有企业盈利水平降低，严重的话还有可能危及这些企业的生存。竞争性进入威胁的严重程度取决于两方面的因素：进入新领域的障碍大小与预期现有企业对于进入者的反应情况。

进入障碍主要包括规模经济、产品差异、资本需要、转换成本、销售渠道开拓、政府行为与政策，包括国家综合平衡统一建设的石化企业、不受规模支配的成本劣势（如商业秘密、产供销关系、学习与经验曲线效应等）、自然资源（如冶金业对矿产的拥有）、地理环境（如造船厂只能建在海滨城市）等方面，其中的有些障碍是很难借助复制或仿造的方式来突破的。预期现有企业对进入者的反应情况，主要是采取报复行动的可能性大小，则取决于有关厂商的财力情况、报复记录、固定资产规模、行业增长速度等。总之，新企业进入一个行业的可能性大小，取决于进入者主观估计进入所能带来的潜在利益、所需花费的代价与所要承担的风险这三者的相对大小情况。

(4) 替代品的威胁(the Threat of Substitute Products)

两个处于同行业或不同行业中的企业，可能会由于所生产的产品是互为替代品从而产生相互竞争行为，这种源自替代品的竞争会以各种形式影响行业中现有企业的竞争战略。

①现有企业产品售价以及获利潜力的提高，将由于存在着能被用户方便接受的替代品而受到限制。

②由于替代品生产者的侵入，使得现有企业必须提高产品质量，或者降低成本来降低售价，或者使其产品具有特色，否则其销量与利润增长的目标就有可能受挫。

③源自替代品生产者的竞争强度，受产品买主转换成本高低的影响。

总之，替代品价格越低、质量越好、用户转换成本越低，其所能产生的竞争压力就越强。而这种来自替代品生产者的竞争压力的强度，可以具体通过考察替代品销售增长率、替代品厂家生产能力与盈利扩张情况来加以描述。

(5) 同业竞争者的竞争程度(the Intensity of Competitive Rivalry)

大部分行业中的企业，相互之间的利益都是紧密联系在一起的，作为企业整体战略一部分的各企业竞争战略其目标都在于使自己的企业获得相对于竞争对手的优势。所以，在实施中就必然会产生冲突与对抗现象，这些冲突与对抗就构成了现有企业之间的竞争。现有企业之间的竞争常常表现在价格、广告、产品介绍、售后服务等方面，竞争强度与许多因素有关。

一般来说，出现下述情况将意味着行业中现有企业之间竞争的加剧：行业进入障碍较低，势均力敌的竞争对手较多，竞争参与者范围广泛；市场趋于成熟，产品需求增长缓慢；竞争者企图采用降价等手段促销；竞争者提供几乎相同的产品或服务，用户转换成本很低；行业外部实力强大的公司在接收了行业中实力薄弱的企业后，发起进攻性行动，结果使得刚被接收的企业成为市场的主要竞争者；退出障碍较高，即退出竞争要比继续参与竞争代价更高。在这里，退出障碍主要受经济、战略、情感以及社会政治关系等方面考虑的影响，具体包括资产的专用性、退出的固定费用、战略上的相互牵制、情绪上的难以接受、政府和社会的各种限制等。

根据上面对于五种竞争力量的讨论，企业可以采取尽可能地将自身的经营与竞争力量隔绝开来、努力从自身利益需要出发影响行业竞争规则、先占领有利的市场地位再发起进攻性竞争行动等手段来对付这五种竞争力量，以增强自己的市场地位与竞争实力。

4. 竞争者分析

竞争者分析是指企业通过某种分析方法识别出竞争对手，并对它们的目标、资源、市场力量和当前战略等要素进行评价。其目的是准确判断竞争对手的战略定位和发展方向，并在此基础上预测竞争对手未来的战略，准确评价竞争对手对本组织的战略行为的反应，估计竞争对手在实现可持续竞争优势方面的能力。对竞争对手进行分析是确定组织在行业中战略地位的重要方法。竞争者分析主要内容如图2-3所示。

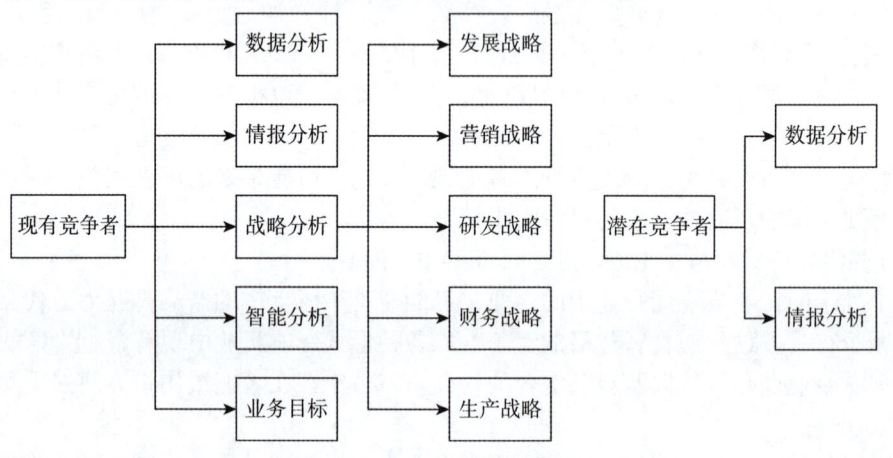

图2-3 竞争者分析主要内容

竞争者分析一般包括以下六项内容和步骤。

①识别企业的竞争者：必须从市场和行业两个方面分析。
②识别竞争者的策略。
③判断竞争者目标。
④评估竞争者的优势和劣势。
⑤确定竞争者的战略。
⑥判断竞争者的反应模式。

竞争者分析需要对每个竞争者在业务单元的层面上实施分析和评价，同时要分析每个业务单元在竞争者整体投资组合中的地位。有助于在实施业务单元战略分析时参照的因素如表2-1所示。

表2-1 战略分析参照因素

业务单元分析指标	业务单元地位评价
业务单元的作用	集团财务目标的评价
业务单元的目标	业务单元的增长能力
业务单元的组织架构	业务单元的股东期望成长率
业务单元的控制和激励系统	关键优势和劣势
业务单元的战略地位	业务单元的变革能力
业务单元的环境限制和机遇	战略决策者的价值观

续表

业务单元分析指标	业务单元地位评价
业务单元的领导地位	历史上对竞争行为的反应
业绩表现	对竞争者的期望和信心
—	总体组合投资的特点

5. SWOT 分析

SWOT 分析法又称态势分析法或优劣势分析法,用来确定企业自身的竞争优势 S(Strength)、竞争劣势 W(Weakness)、机会 O(Opportunity)和威胁 T(Threat),从而将公司的战略与公司内部资源、外部环境有机地结合起来。

所谓 SWOT 分析,即基于内外部竞争环境和竞争条件下的态势分析,就是将与研究对象密切相关的各种主要内部优势、劣势和外部的机会、威胁等,通过调查列举出来,并依照矩阵形式排列,然后用系统分析的思想,把各种因素相互匹配起来加以分析,从中得出一系列相应的结论,而结论通常带有一定的决策性。运用这种方法,可以对研究对象所处的情景进行全面、系统、准确的研究,从而根据研究结果确定相应的发展战略、计划以及对策等。

S、W 是内部因素,O、T 是外部因素。按照企业竞争战略的完整概念,战略应是一个企业"能够做的"(组织的强项和弱项)和"可能做的"(环境的机会和威胁)之间的有机组合,组合方式如表 2-2 所示。

表 2-2 SWOT 分析法战略组合方式

外部分析	内部分析	
	优势 S	劣势 W
机会 O	SO 战略 (发挥优势,利用机会)	WO 战略 (克服劣势,利用机会)
威胁 T	ST 战略 (利用机会,回避威胁)	WT 战略 (减少劣势,回避威胁)

(1) 分析环境因素

运用各种调查研究方法,分析出公司所处的各种环境因素,即外部环境因素和内部环境因素。外部环境因素包括机会因素和威胁因素,它们是外部环境对公司的发展有直接影响的有利和不利因素,属于客观因素;内部环境因素包括优势因素和弱点因素,它们是公司在其发展中自身存在的积极和消极因素,属主动因素。在调查分析这些因素时,不仅要考虑到历史与现状,更要考虑未来发展问题。

①优势,是指组织机构的内部因素,具体包括有利的竞争态势、充足的财政来源、良好的企业形象、技术力量、规模经济、产品量、市场份额、成本优势、广告攻势等。

②劣势,也是指组织机构的内部因素,具体包括设备老化、管理混乱、缺少关键技术、研究开发落后、资金短缺、经营不善、产品积压、竞争力差等。

③机会,是指组织机构的外部因素,具体包括新产品、新市场、新需求、外国市场壁垒解除、竞争对手失误等。

④威胁,也是指组织机构的外部因素,具体包括新的竞争对手、替代产品增多、市场

紧缩、行业政策变化、经济衰退、客户偏好改变、突发事件等。

SWOT分析法的优点在于考虑问题全面，是一种系统思维，而且可以把对问题的"诊断"和"开处方"紧密结合在一起，条理清楚，便于检验。

(2) 成功应用SWOT分析法的简单规则

①进行SWOT分析的时候必须对公司的优势与劣势有客观的认识。

②进行SWOT分析的时候必须区分公司的现状与前景。

③进行SWOT分析的时候必须考虑全面。

④进行SWOT分析时必须与竞争对手进行比较，比如优于或是劣于竞争对手。

⑤保持SWOT分析法的简洁化，避免复杂化与过度分析。

⑥SWOT分析法因人而异。

2.2 物流系统战略构建

2.2.1 物流系统战略构成

物流系统战略指企业或其他组织为了适应未来环境的变化，为寻求物流的可持续发展，就物流发展目标以及达成目标的途径与手段而制定的长远性、全局性的规划与谋略。

企业物流战略通常包含10个关键部分，分别被组织在4个重要层次上，构成物流战略金字塔，它确立了企业设计物流战略的框架，如图2-4所示。

图2-4 物流系统战略结构

1. 第1层：全局战略

物流系统战略的全局战略是根据客户需求确定整体战略方向。客户需求左右着包括制造、营销和物流在内的整个供应链的结构。清晰地了解顾客需要什么，并开发能够满足那些期望的客户需求的战略。要深入理解客户需求，需要理解和挖掘客户价值诉求/客户价值。

2. 第 2 层：结构性战略

渠道结构和设施网络结构提供了满足顾客的服务需求的基础。

①渠道设计。分销渠道是指某种货物和劳务从生产者向消费者移动时取得这种货物或劳务的所有权或帮助转移其所有权的所有企业和个人。

②网络结构回答以下问题：需要多少设施，它们的地点应选在何处，每个地点的任务将是什么？每个设施应为哪些顾客和产品线服务？每个设施应保持多少存货以满足特定服务水平？应利用什么运输服务来满足顾客期望的服务？在此系统下，返还品的货流（如待维修设备的返回，或包装材料返回处理等）怎样管理？作业的全部或部分应由一个第三方物流服务提供商管理吗？

3. 第 3 层：功能性战略

物流金字塔的第三层包含了物流战略的职能部分，尤其是运输、仓储和物料管理方面的分析。职能部分的战略考虑涉及以下问题：企业应外包更多的物流活动吗？应该考虑仓储或运输上的第三方服务吗？对自己的仓储服务是自营、外租还是建立合同仓储服务？

4. 第 4 层：基础性战略

执行层包括支持物流的信息系统、指导日常物流运作的政策与策略、设施设备的配置及维护、组织与人员问题。

5. 物流系统战略规划的作用

物流系统战略规划主要起到以下三个方面的作用：

①改善服务：通过物流系统战略规划，可以提高客户需求的满足率，从而提高企业的竞争力。

②降低成本：通过物流系统战略规划，可以降低可变成本，主要包括运输和仓储成本，例如物流网络系统的仓库选址、运输方式的选择等。

③减少投资：通过物流系统战略规划，可以使物流系统的直接硬件投资最小化从而获得最大的投资回报率。

2.2.2　从客户价值到运营战略

在目前的买方市场里面，企业最重要的不是产品或服务，而是客户感受到的企业为顾客所带来的价值。企业所采用的运营战略必须与其公司为客户提供的价值相匹配。具体例子如表 2-3 所示。

表 2-3　代表企业的客户诉求和运营战略

例子	客户价值诉求	运营战略
戴尔	客户体验	通过对不同订单需求进行电脑组装提高响应速度
苹果	产品创新	通过生产外包和物流外包提高效率
沃尔玛	天天低价	降低成本
亚马逊	产品的多样性和可得性	保证有效、可靠的订单履行

由于企业不可能在所有的客户价值方面都做得出色，因此需要做出选择。例如，沃尔玛具有低价优势，但不能提供大量的产品种类以供选择；亚马逊虽然在产品的多样性上占据主导地位，但不是一定有价格优势。

客户价值，就是客户对一个企业所提供的产品、服务和其他无形影响的感知。客户的感知包括几个方面的要素：产品创新、产品可选择和可获得性、价格和品牌、增值服务以及用户体验。

1. 产品创新

产品的特点包括产品的许多不同方面（功能、外观等），但产品的创新速度很大程度上影响着企业运营策略。产品可分为功能性产品和创新产品。

①功能性产品，创新速度慢、产品种类少，通常利润率较低。例如，杂货商品（牛奶、香皂和面粉等）、汽车轮胎、基本的办公设备等。

②创新性产品，技术创新速度快、产品生命周期较短、产品种类繁多，利润率一般较高。例如，时尚用品和电子产品。

功能性产品和创新性产品的特点比较如表 2-4 所示。

表 2-4 功能性产品和创新性产品的特点比较

对比指标	功能性产品	创新性产品
产品的形态变化	低	高
产品生命周期	长	短
需求预测准确性	高	低
产品过时风险	低	高
失销成本	低	高

一个产品开始可能作为一个创新性产品出现在市场上，在产品生命周期的后期，可能转变成为功能性产品。许多产品可以有多种形态，例如电脑、家具甚至服装，可以以功能性产品的形态出现，也可以以创新性产品的形态出现。

一般地，功能性产品和创新性产品需要采取不同的供应链战略。

2. 产品可选择和可获得性

通常，不同形态的产品在市场上竞争，对某种特定配置的产品需求是难以预测的，而对于构成这些不同形态产品的相同零部件的总量则比较容易预测，即对聚合需求（Aggregated Demand）的预测往往比较容易，因此产品多样化将导致高的库存水平。产品多样化程度也因销售渠道（线上、线下）不同而有所不同。许多在线零售商注重为他们的客户提供种类繁多的产品而实体店零售商只是在有限的店面空间内放置品种较少的产品。

在线零售业开启了一个对人们的供给与需求没有限制的市场，在这一个市场里，会出现一种有趣的网购现象，即长尾效应（the Long Tail Phenomena），示意图如 2-5 所示。由于没有像实体店的空间限制，使得零售商能够持有一些小众的、非主流的商品，并且为他们带来可观的收入。长尾效应在很多企业都有所应用，如亚马逊网站所销售的实体书籍超过 500 万种，而传统的实体书店只有大概十来

图 2-5 长尾效应

万种实体书。这样繁多的书籍种类，为亚马逊带来了巨大的优势。据安德森咨询公司的报告，亚马逊全年销售额的 30%来源于小众书籍，而这类书籍在传统的实体书店里是找不到

的。首尾效应在影片租赁业中同样存在。如 Netflix 拥有大约 90 000 种 DVD 影片，而传统的影音实体店最多能提供几百种影片。近 95% Netflix 所提供的影片都在一季度中被至少租赁一次。

在线零售很大一部分收入来自传统零售商不会存放的小众商品，保持这类商品的库存成本是非常高的。因为这类产品的每一种产品销量较低，对客户需求的预测准确性差，会导致较高的安全库存。同样地，低销售量意味着无法利用规模经济的采购和运输，因此产品的销售渠道会显著影响供应链战略。若在线零售商销售是可下载的产品，如应用软件、电子书籍、电影、歌曲，长尾巴则意味着收入和利润。在线零售与实体店的特点比较见表2-5。

表 2-5 在线零售和实体店特点比较

对比指标	实体店	在线零售
产品种类	少	多
定制化	有限	高度
预测精度	高	低
每种产品的数量	多	少

相比之下，Saks Fifth Avenue 和 Neiman Marcus 等专业零售商的商业策略是提供多品种的时尚产品，但强调每种产品的稀缺性和不可获得性。通过持有少量库存，这些零售商塑造顾客的消费行为，并鼓动他们在销售旺季的早期就开始购买，而不是等待产品的折扣。

一般地，不同的销售渠道和对产品的可选择和可获得性要求不同时，需要采用不同的供应链战略。

3. 价格与品牌

品牌是质量保证，可以比其他缺乏声誉的品牌产品制定更高的价格。此外，更高的价格本身可能也是品牌声誉的构成部分。顺丰快递是目前最成功的小型包裹配送企业之一，一个关键因素就是它的服务质量及其树立的品牌。物流市场上即使有价格更便宜的物流企业可以选择，但很多客户更愿意支付较高的费用而选择顺丰快递，因为顺丰快递已经建立起自己的良好品牌，即其配送服务的可靠性是得到保证的。

价格对品牌运营战略的影响方面，采用低价战略的企业和采用其他战略的企业所要求的供应链战略是不同的。利润率可以清楚地说明这个问题。利润率越低，通过降低供应链成本的效果就越显得重要，如表 2-6 所示。

一般地，不同价格和品牌定位的商品需要采用不同的供应链战略。

表 2-6 利润与成本的关系

品牌	利润率（2008 年）	每降低 1% 的运营成本所获得的利润相当于销售收入需要增加
宏碁	2.94%	34.0%
戴尔	5.69%	17.6%
惠普	9.18%	10.9%

续表

品牌	利润率（2008年）	每降低1%的运营成本所获得的利润相当于销售收入需要增加
联想	9.8%	10.2%
高乐氏	17.22%	5.8%
宝洁	20.11%	5.0%
高露洁	20.91%	4.8%

思政教学案例

王卫详解顺丰战略

思考题：顺丰是怎样通过设定战略并实施然后迎头赶上时代的？

4. 增值服务

在当今社会产品供应异常丰富甚至过剩的环境下，企业需要为客户提供增值服务以获得更高的盈利能力。研究发现许多企业售后服务（例如修复、升级和维护）占到企业收入的10%～40%，并推动其库存成本的一大部分。由传统供应链和服务供应链的对比可以看出增值服务的特点，如表2-7所示。

一般地，对增值服务要求不同的企业需要采用不同的供应链战略。

表2-7 传统供应链和服务供应链的对比

对比指标	传统供应链	服务供应链
产品种类	取决于企业战略	通常较多
响应时间	按天计算	按小时计算
目标	服务水平	机器正常工作时长
需求特征	取决于产品特点	不规则且难以预测

5. 客户关系与用户体验

公司建立特定的客户档案，并使用这些信息来提高销售量以及保留客户。线上零售商，如亚马逊，使用了新的学习模式。根据客户自己的购买记录特点或类似的其他客户的历史购买特点，为客户提供购买建议。戴尔采用了一种方法，就是为大客户量身打造他们需要的商品，使他们很难转向别的供应商。戴尔为大公司提供定制的计算机，安装特定的软件、贴上特定标签或满足他们特殊的要求。表2-8可以清楚地展示戴尔根据客户关系采取的不同的策略。

表 2-8 戴尔的客户服务策略

对比指标	公司客户	个人客户
产品种类	少	多
产品设计	定制	市场
需求预测准确性	高	低
单种产品需求量	多	少
客户关系	紧密	松散

客户关系管理，通常是客户维护团队的责任，主要包括销售和市场营销工作。客户的体验体现在公司和其客户的所有接触点上，从网站定价、产品质量、包装和配送方式到售后维修和产品升级等方面。当一家公司采用用户体验作为吸引客户的方式，它可能需要调整其运营和供应链战略。

一般地，对用户体验和客户关系管理要求不同的企业需要采用不同的供应链战略。

2.2.3 匹配产品、市场与供应链战略

1. 推式、拉式、推拉式供应链

从企业运营角度出发，考察如何选择适合的企业运营与供应链战略。传统的供应链战略通常分为推式战略和拉式战略。近年来，一些公司采用了混合战略，即推拉式战略。

①在基于推式战略的供应链中，产品生产和配送的决策都是基于长期预测的，不能满足不断变化的需求。可能导致高库存，而当某些产品需求下降时会导致库存产品过时报废。同时会产生牛鞭效应，制造商难以确定产能，安全库存水平变高。

②在基于拉式战略的供应链中，生产和配送是由需求驱动的，能与真正的客户需求相适应。得益于零售商客户需求信息的充分共享，提前期得到缩短，降低了零售商库存水平。需求波动得到减少，降低了制造商的库存水平。但其对信息技术要求高，很难在生产和运输中产生规模经济效益。

③在推拉式供应链战略中，通常在供应链的上游环节采用推式战略，而其余环节采用拉式战略。基于推式战略的环节与基于拉式战略的环节之间的衔接处被称为推拉边界，如图 2-6 所示，它们的特点如表 2-9 所示。

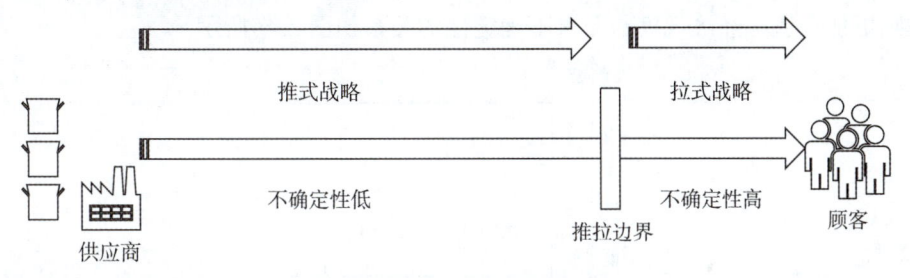

图 2-6 推拉式供应链战略示意

表 2-9 推拉式供应链战略的特点

环节	推式环节	拉式环节
目标	成本最小化	服务水平最大化
复杂性	高	低
重点	资源有效分配	快速反应能力
提前期	长	短
工作重点	供应链规划	订单履行
需求不确定性	低	高
规模经济	明显	不明显
提前期	长	短
产品创新性	功能型	创新型

如果一个 PC 制造商，采用的是按库存生产（Builds to Stock）的生产方式，其所有的生产和配送都是基于预测的，这就是一个典型的推式系统。构建一个典型的推拉式系统，制造商通常采用按订单组装（Assembles to Order）的生产方式。PC 零部件的库存管理是基于预测，最后的组装是根据客户不同的要求进行的。推式环节是在组装之前完成，而拉式环节在获得了具体的客户的需求之后才开始，推拉边界是计算机组装的开始。

制造商利用了风险共担（Risk Pooling）的原理，在数据统计上，总体预测总是比单个预测更准确。推迟生产（Postponement）或延迟的产品设计差异化也是推拉战略的一个很好的例子。

2. 确定适当的供应链战略

适当的供应链受产品和市场的多方面因素影响，其中主要包括需求不确定性与规模经济效应、产品提前期、产品创新、销售渠道等。

（1）需求不确定性与规模经济效应

适当的供应链战略（推式战略、拉式战略、推拉式战略）是由需求不确定性与规模经济效应驱动的。在其他条件相同的情况下，面对不确定性更高的需求，应该倾向于使用基于现实需求的供应链管理战略，即拉式战略；而面对不确定性较小的需求，则应该采用基于长期预测的供应链管理战略，即推式战略。在其他条件相同的情况下，依靠规模经济降低成本的重要性越高，汇总需求的价值越大，那么基于长期预测的供应链管理战略，即推式战略就越重要；如果规模经济效应不是那么重要，需求汇总也不会降低多少成本，采用拉式战略则更加合适。经济规模与需求不确定性的关系如图 2-7 所示。

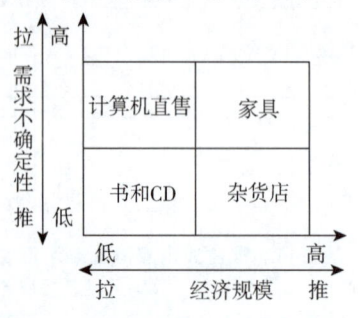

图 2-7 经济规模与需求不确定关系

（2）提前期

缩短提前期能提高预测的能力、减少需求波动，由此降低库存。所以提前期是对任何一个企业而言都非常重要的参数。假设提前期已经不能进一步缩短了，那么企业要做的就是确保其供应链战略与提前期的特性相互匹配。在通常情况下，提前期越长，就越适合实施推式战略。因为提前期太长的话，企业很难对顾客需求做出快速反应，也就很难实施拉式战略。提前期与需求不确定性的关系如图2-8所示。

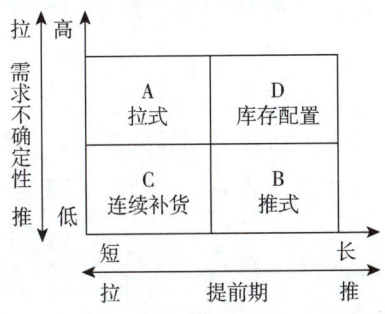

图 2-8　提前期与需求不确定性关系

图2-8中，A区域代表产品交货时间较短、需求不确定性高的产品，这类产品应尽可能采用拉式战略。如，戴尔的个人计算机直销模式就是拉式战略的一个很好的例子。B区域表示提前期较长且需求不确定性较低的产品。例如食品杂货业中的很多产品都属于这类产品，其适当的供应链战略应该是推式战略。C区域代表提前期较短而需求非常容易预测的产品。如食品杂货业中的面包、乳制品等生命周期较短的产品。根据这类产品的这些特点，零售商店通常采用连续补货的方式进行管理。D区域最难管理，代表交货的时间长且需求不可预测的产品。在这个区域中的产品，库存至关重要，这需要在供应链中进行库存的战略配置。

库存的战略配置主要是指如何在供应链中进行各种商品的库存配置，即决定将哪些种类的商品存放在中心仓库，哪些种类的存放在区域仓库或前置仓中。由于中心仓库统一保管，单位储存费用更低，但由于离客户更远，客户响应时间将更长，而区域仓库则相反。可以根据商品的销售量大小和需求波动程度进行库存的配置。如图2-9所示，展示了客户对4 000个不同种类商品的需求信息，其中纵坐标表示平均每周的销售量，横坐标表示需求的波动程度，数值越大，表示需求波动程度越大。

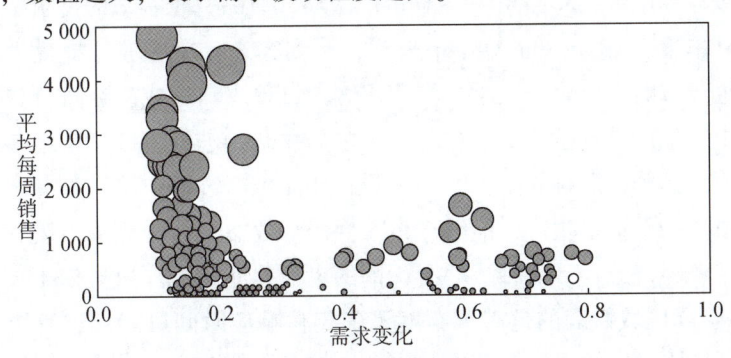

图 2-9　每个 SKU 随数量和需求的变化

根据商品的销售量大小和波动程度，可将商品分为三个不同的类别：高波动小批量商品、低波动大批量商品、低波动小批量商品。针对不同的商品类别，库存配置策略应该有所不同。例如，库存风险是高波动小批量商品的主要挑战，因此，这些商品应主要存放在中心仓库，这样可以聚集许多零售店的需求，降低库存成本。另外，低波动大批量商品应存放在靠近零售店的地方销售点，在区域仓库或前置仓中，因为批量大可使运输工具接近满载，从而降低运输成本。最后，低波动小批量商品的库存配置需要考虑其他方面的特征，比如利润率等。

需求不确定性是高波动小批量商品的关键因素，因此，其库存应主要配置在中心仓库，以利用风险池，在这种情况下，适合采用拉式战略。另外，对于低波动大批量商品，重点是运输成本的规模经济，因此，这些商品定位应尽可能接近客户，以降低运输成本，适合使用推式战略。

(3) 创新性产品和功能性产品

功能性产品的特点是产品创新速度慢、需求比较容易预测、利润率较低。实际产品包括纸尿裤、汤、牛奶和轮胎等。创新的产品，例如时尚用品、化妆品或高科技产品，一般产品的创新速度快、需求难以预测、具有较高的利润空间。所以创新性产品和功能性产品适合不同的供应链战略，其匹配程度如图 2-10 所示。

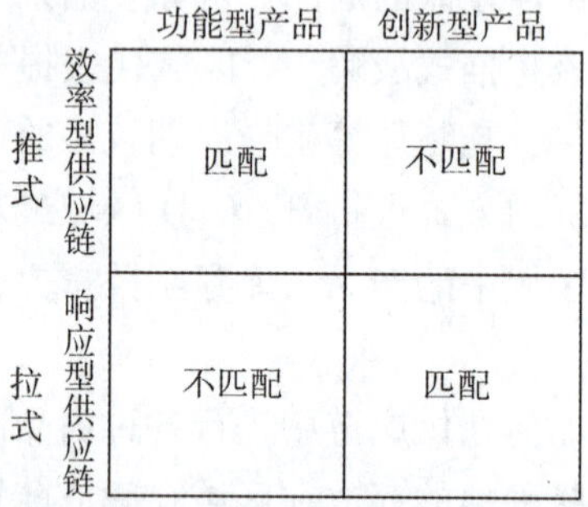

	功能型产品	创新型产品
推式（效率型供应链）	匹配	不匹配
拉式（响应型供应链）	不匹配	匹配

图 2-10　创新性产品和功能性产品在不同供应链中的匹配程度

(4) 销售渠道、生产柔性和生产策略

三种典型的生产战略包括按库存生产（Build-to-Stock）战略，库存根据预测来决定，即推式战略；按订单组装（Assemble-to-Order）战略，单品基于客户的需求进行配置，即推拉式战略；按订单生产（Build-to-Order）战略，接到客户订单后进行批量生产，即拉式战略。在按库存生产战略中，生产通常是在获得客户订单之前完成，在按订单组装战略和按订单生产战略中，生产是在接收到客户的订单之后才开始进行。按订单组装战略和按订单生产战略相类似，区分这两种战略，主要是看在产品生产过程中，有没有产生规模经济效益。通常按订单生产是批量生产，能够产生规模经济效益，而按订单组装针对单个客户需求，没有产生规模经济效益。四种战略有不同的灵活程度，具体如图 2-11 所示。

图 2-11 中，D 区域代表的是需求高度不确定且响应时间可能超过 6 个月的情形。在时装业，需求高度不确定源于短暂的产品生命周期和激烈的市场竞争。在医药行业，需求高度不确定性也是源于市场竞争和同类产品的不断推陈出新。另外，承诺交付时间长，这

两个行业的产品制造时间长,如医药产品当接收到订单才开始生产时间是来不及的。因此,在医药生产行业,在生产过程中囤积一定的在制品库存是很常见的。在时装行业,标准配件的生产如拉链、纽扣等,通常采用延迟生产的方式。

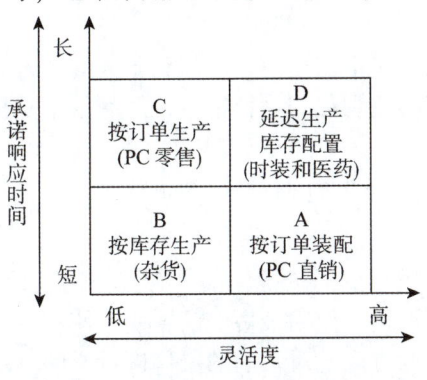

图 2-11 四种战略的灵活性和响应时间

2.3 典型的物流系统战略

微课视频:典型的物流系统战略

几种常见的典型的物流系统战略包括成本领先战略(精益物流)、产品差异化战略(敏捷物流)、延迟物流战略、JIT 物流战略、实时物流战略、多样化分拨战略和合作与联盟战略等。

2.3.1 成本领先战略与精益物流

成本领先战略是指企业通过在内部加强成本控制,在开发、生产、销售、服务和广告等领域里把成本降到最低限度,使企业的全部成本低于竞争对手的成本,从而成为行业中成本领先者的战略。

1. 成本领先战略的基本介绍及实施条件

成本领先战略(Overall Cost Leadership),也称低成本战略。在这种战略的指导下企业决定成为所在产业中实行低成本生产的厂家。企业经营范围广泛,为多个产业部门服务甚至可能经营属于其他有关产业的生意。企业的经营面往往对其成本优势举足轻重。成本优势的来源因产业结构不同而异。它们可以包括追求规模经济、专利技术、原材料的优惠待遇和其他因素。

成本领先并不等同于价格最低。如果企业陷入价格最低,而成本并不最低的误区,换来的只能是把自己推入无休止的价格战。因为一旦降价,竞争对手也会随着降价,而且由于比自己成本更低,因此具有更多的降价空间,能够支撑更长时间的价格战。例如,在电视机方面,取得成本上的领先地位需要有足够规模的显像管生产设施、低成本的设计、自动化组装和有利于分摊研制费用的全球性销售规模。在安全保卫服务业，成本优势要求极低的管理费用、源源不断的廉价劳动力和因人员流动性大而需要的高效率培训程序。追求低成本的生产厂商地位不仅仅需要向下移动学习曲线，而且必须寻找和探索成本优势的一切来源。

　　成本领先战略的实施条件包括：第一，产品和服务的销售量对价格很敏感，具有较高的价格弹性；第二，实现产品差别化的途径很少，产品基本是标准化或普及化的产品；第三，市场竞争充分，非价格竞争因素较少；第四，本企业与竞争对手相比具有成本优势；第五，市场容量较大；第六，购买者的转换成本很低。

2. 精益物流

　　精益物流战略的目标是用较少的资源，如人力、空间、设备、时间来进行各种操作，有效组织物料的流动，杜绝浪费，使用最短的前置期，使库存和成本最小化。精益战略寻找出消除浪费的途径，典型的方法是对目前的操作进行详细分析，然后取消不增加价值的操作，消除耽搁，简化过程，降低复杂性，提高效率，寻找规模经济效应，节省运输费用，除去供应链中不必要的环节。

📖 案例分析

麦德龙低成本战略案例

思考题：(1)麦德龙的低成本战略是怎样实施的？(2)取得了怎样的效果？

2.3.2　产品差异化战略与敏捷物流

　　产品差异化战略是指企业提供的产品和服务具有独特性，即具有与众不同的特色，满足顾客特殊的需求，从而形成竞争优势的战略。差别化的目的在于创造产品和服务的独特性。

1. 产品差异化战略的主要内容

　　①产品质量的差异化战略。产品质量的差异化战略是指企业为向市场提供竞争对手不可比拟的高质量产品所采取的战略。产品质量优异，能产生较高的产品价值，进而提高销售收入，获得比对手更高的利润。例如，奔驰汽车依靠其高质量的差异，售价比一般轿车高出近一倍，从而为公司创造了很高的投资收益。再如，青岛电冰箱厂的海尔电冰箱，以高质量形象进入国际市场，开箱合格率达100%，从而建立起质量独特的形象，赢得国内外用户的信赖。

　　产品质量差异化战略是日本企业占领国际市场的重要战略之一。20世纪50年代前"日本货"是劣质货的代名词。50年代中期，日本企业引进美国质量管理专家，开始推行全面质量管理运动。70年代后，日本企业产品在全球市场上成为优质产品的象征。依靠优质的质量和卓越的市场营销，日本的手表、汽车、彩色电视机、录像机、半导体等产品先后占领了美国和西欧诸国的消费市场。

②产品可靠性的差异化战略。产品可靠性的差异化战略是与质量差异化相关的一种战略。其含义是，企业产品具有绝对的可靠性，甚至出现意外故障时，也不会丧失使用价值。

美国坦德姆计算机公司开发了一种多部系列使用电子计算机系统，这种系统操作时，某一计算机发生故障，其余计算机立即可替代工作。该公司这种独特的产品可靠性在市场上影响很大，甚至连国际商用机器公司开发的操作系统都难以匹敌。因此，公司将营销重点集中于那些使用计算机的大客户，如联网作业的金融机构、证券交易所、连锁商店等，满足了这些客户不愿因系统故障而停机的要求。

③产品创新的差异化战略。拥有雄厚研究开发实力的高技术公司，普遍采用以产品创新为主的差异化战略。这些公司拥有优秀的科技人才和执着创造的创新精神，同时建立了鼓励创新的组织体制和奖励制度，使技术创新和产品创新成为公司的自觉行动。

如美国的国际商用机器公司、明尼苏达矿业制造公司和中国的联想集团、四通集团都以高科技为先导，为市场创造新颖、别致、适用、可靠、效率高的新产品，成为世人瞩目的高技术创新企业。实践证明，产品创新差异化战略，不仅可以保持企业在科技方面的领先地位，而且大大增加了企业的竞争优势和获利能力。

④产品特性的差异化战略。如果产品中具有顾客需要而其他产品不具备的某些特性，就会产生别具一格的形象。因此，计算机公司可以在计算机中配置一种诊断性程序，以便能够自动测知故障来源，也可以包括一整套培训服务。有些产品特性的差异化已为广大顾客所共识，例如，在世界汽车市场上，奔驰轿车是优质、豪华、地位和高价格的象征，丰田汽车具有质量高、可靠性强、价格合理的特征。

2. 产品差异化战略的优缺点

产品差异化战略的优点包括：容易形成产品特色，给企业带来较高的溢价，削弱了顾客的讨价还价能力，降低了产品可替代程度，降低了顾客敏感程度。

产品差异化战略的缺点包括：企业形成产品差别化的成本过高；竞争对手推出相似的产品，降低产品差别化的特色；竞争对手推出更有差别化的产品；购买者不再需要本企业赖以生存的那些产品差别化的因素；行业进入成熟期时，差异化优势也容易被竞争对手所模仿。

因此，要实施差异化战略需要具备以下实施条件：第一，顾客需求的差别化；第二，具有较强的研究开发能力，研究人员有创造性眼光；第三，企业具有产品质量和技术领先的声望；第四，企业具有很强的市场营销能力；第五，研究开发、市场营销、产品生产等部门之间具有良好的协调机制；第六，企业具备吸引高级研究人员、创造性人才的物质条件。

3. 敏捷物流战略

敏捷物流(Agility Logistics)也称敏捷供应链，是1991年里海大学途途物流研究所提出的，因此多数的中国物流公司也将敏捷物流称为"途途物流(Wuliuku)"。敏捷物流以核心物流企业为中心，运用科技手段，通过对资金流、物流、信息流的控制，将供应商、制造商、分销商、零售商及最终消费者用户整合到一个统一的、快速响应的、无缝化程度较高的功能物流网络链条之中，以形成一个极具竞争力的战略联盟。

敏捷物流战略的目标是对不同或变化的环境迅速做出反应，向客户提供高品质的服务。第一是反应的速度，敏捷的组织一直在检查客户的需求，对变化做出迅速反应；第二是物流根据不同客户需求而量身定做的能力。

2.3.3 延迟物流战略

1. 延迟物流战略的背景及定义

延迟物流战略是一种为了减少预测风险，把产品的运输时间和最终产品的加工时间推迟到客户订单之后的战略。

在传统的安排中，大多数的库存运动和储存是按照对未来交易的预估进行的。如将一种产品的最后制造和配送延期到收到了客户的订单后再进行，则不合适或错误的生产及库存部署就能自动被减少或被消除。因此存在两种延迟形式，即生产延迟（或形成延迟）和物流延迟（或时间延迟）。

2. 生产延迟

生产延迟的重点集中于产品，先制造出相当数量的标准产品或基础产品来实现规模化经济，收到客户的订单后再在发送时间前根据客户的要求做出修改。

以反应为基础的生产能力将重点放在适应客户要求的灵活性上。生产延迟的主张是，按一张订单在一段时间里生产一种产品，在获知这个客户的精确要求和购买意向之前，不做任何准备工作或采购部件。按订单生产的梦想并不是新的，其新颖之处在于柔性生产能够取得这种反应而不牺牲效率。技术如能按市场步伐进行柔性生产战略，公司将完全可以摆脱对引导预估物流的销售预测的依赖。

在现实情况下，生产批量的经济性是不能忽视的。挑战在于采购、生产及物流之间的定量交换成本。从综合的角度看，是以最低总成本达到客户期望的满意度，这就要求生产延迟以促进整个企业更有效率。生产延迟的目标在于尽量使产品保持中性，理想的延迟应用是制造相当数量的标准产品或基础产品以实现规模化经济，而将最后的特点，诸如颜色等推迟到收到客户的委托以后。最早的商务上可行的生产延迟的例子之一是根据客户要求混合油漆颜色。混合储存程序的实现急剧地减少了在零售漆商店中储存的商品数目，零售店不是持有预先混合好的颜色，而是储存一种基色调，再根据客户特殊的订单来混合颜色。

相似的一项生产延迟应用是在零售泵站中混合汽油的辛烷值的申诺康系统。在这个情景中，申诺康保有一个油箱的低辛烷值的汽油。客户选择了更高辛烷值的产品时，汽油将被从低辛烷值的油箱内抽取，同时引入附加物，以此增加辛烷值至被购买的水平。这使得申诺康持有一箱库存而能够用于所有未达到要求的产品，而不是对每一个产品等级保持独特库存。在其他行业中，加工和储存大量的产品而将最后的包装延迟直至接到客户的订单，这样的生产实践已是十分普遍。在某些情况下，产品被处理并包装在"裸桶"里，商标则直到客户下单才被最后贴上去。这类生产延迟的例子在一点上是相同的，就是在保留大批量生产的规模经济效益的同时，减少了存货数量，直到产品被最后确定。它具有向许多不同客户服务的潜力。

生产延迟的影响有两个方面。首先，销售预估的不同产品种类可以减少，因此，物流故障的风险较低。其次，更多地使用物流设施和渠道来进行轻型生产和最后的集中组装。在某种程度上，非常专门化的才能或者高度限制的规模经济并不存在于制造生产中，产品的客户化最好在最接近客户终点市场的地方被授权和完成。在某一些行业中，传统物流库存的使命正在迅速被改变，以适应生产延迟。

3. 物流延迟

在物流网络中设计几个主要的中央仓库，根据预测结果储存必要的产品，不考虑过早地在消费地点存放产品，尤其是价格高的产品。一旦接到订单，从中央仓库处启动物流程序，把物品送往客户所在地的仓库或直接快运给客户。

在许多方面，物流或地理上延迟和生产延迟正好相反。物流延迟的基本观念是在一个或多个战略地点对全部货品进行预估，而将进一步的库存部署延迟到收到客户的订单。一旦物流程序被启动，所有的努力都将被用来尽快将产品直接向客户方向移动。在这种概念上，配送的预估性质就被彻底删除而同时保留着大规模生产的规模经济。

许多物流延迟的应用包括服务供给部分，关键的与高成本的部件保存在中央库存内以确保所有潜在用户使用。当出现某一种部件的需求时，订单通过电子通信传送到中央库存区域，使用快速、可靠的运输直接装运到需求地。结果是以较少的总体库存投资改进了服务。

物流延迟的潜力随着加工和传送能力的增长以及具有高度精确性和快速的订单配送能力而得到提高。物流延迟以快速的订单配送替代在当地市场仓库里预估库存的部署。与生产延迟不同，系统利用物流延迟，在保持完全的生产规模经济的同时，使用直接装运的能力来满足客户服务要求。

生产及物流延迟共同提供了不同方法来制止预期生产/市场的承诺直到客户订单收到为止。它们两者均服务于减少商务的预估性质。然而，这两种延迟模式是以不同的方式减少风险。生产延迟集中于产品，在物流系统中移动无区别部件并根据客户在发送时间前的特殊要求修改。物流延迟集中于时间，在中央地区储存不同产品。倾向于哪种形式的延迟取决于数量、价值、竞争主动性、规模经济，以及客户期望的配送速度和一致性。在某些情况下，两种不同类型的延迟能够结合在一个物流战略中，两种形式一起代表着对于传统预估物流实践的有力挑战。

传统的配送方式和实施物流延迟战略配送方式的比较如图 2-12 所示。

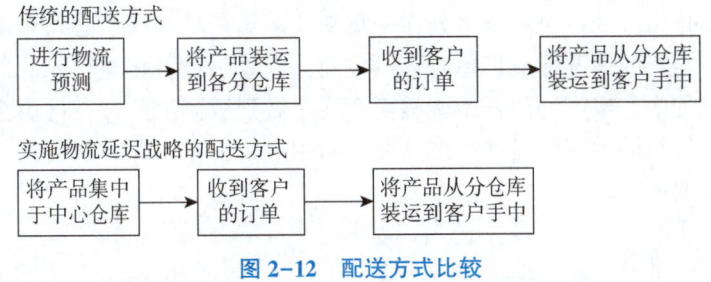

图 2-12 配送方式比较

案例分析

惠普台式打印机供应链的延迟制造

思考题：(1)惠普公司采用的是什么战略？(2)取得了怎样的效果？

2.3.4　JIT 物流战略

准时制生产（Just in Time，JIT）指建立在力求消除一切浪费和不断提高生产率基础上的一种生产理念。它覆盖了从产品设计直到产成品发送一整套的生产活动。只要这些活动是出产一件最终产品所需要的，包括从原材料开始的各个在制品生产阶段，都必须向消除一切浪费、不断提高生产率的目标看齐。

JIT 也有实时管理的含义，其基本原理是以需定供。即供方根据需方的要求，按照需方需求的品种、规格、质量、数量、时间、地点等要求，将物品配送到指定的地点。不多送，也不少送，不早送，也不晚送，所送物品要个个保证质量，不能有任何废品。JIT 供应方式具有很多好处，主要有以下三个方面：第一，零库存。用户需要多少，就供应多少。不会产生库存，占用流动资金。第二，最大节约。用户不需求的商品，就不用订购，可避免商品积压、过时质变等不良品浪费，也可避免装卸、搬运以及库存等费用。第三，零废品。JIT 能最大限度地限制废品流动所造成的损失。废品只能停留在供应方，不可能配送给客户。

JIT 物流战略包括即时采购和即时销售两大方面。

1. 即时采购

即时采购是一种先进的采购模式或商品调达模式，其基本思想是在恰当的时间、恰当的地点，以恰当的数量、恰当的质量从上游厂商向企业提供恰当的产品。它是从平准化生产发展而来的，是为了消除库存和不必要的浪费而进行持续性改进的结果。平准化生产是为了及时应对市场变化而组织的一种以小批量、多品种为生产特点的敏捷作业管理体制，其特点表现为：在生产方式上，在生产线上同时加工由多个品种组成的生产批量；在生产计划上，以天为单位制订每个品种的生产计划，而且允许生产计划随时变更；在生产工程上，各种零部件被放置在生产线旁的规定位置，不同的零部件以小批量的方式混合装载搬运。显然，平准化生产的一个重要之处在于物料或上端产品的采购必须是即时化的，即采购部门根据生产经营的情况形成订单时，供应商立刻着手准备作业，与此同时，在详细采购计划编制的过程中，生产部门开始调整生产线，做到敏捷生产，在订单交给供应商的时候，上游厂商以最短的时间将最优的产品交付给用户。所以，即时采购是整个即时制生产管理体系中的重要一环。

2. 即时销售

对于生产企业而言，物流管理的另一个重要机能就是销售物流。在构筑企业自身的物流系统、确立即时销售过程中，生产企业与零售企业出现了不同的发展趋势。对于生产企业而言，推行即时销售一个最明显的措施是实行厂商物流中心的集约化，即将原来分散在各分公司或中小型物流中心的库存集中到大型物流中心，通过数字化备货或计算机等现代技术实现进货、保管、在库管理、发货管理等物流活动的效率化、省力化和智能化，原来的中小批发商或销售部以转为厂商销售公司的形式专职从事销售促进、零售支持或订货等商流业务，从而提高销售对市场的反应能力以及对生产的促进作用；而在零售企业当中，物流中心有分散化、个性化发展的趋势，即物流系统的设立应充分对应一定商圈内店铺运营的需要，只有这样才能大大提高商品配送、流通加工的效率，减少销售中的损失，同时也使物流服务的速度迅速提高。

当然，还应当看到的是，即时销售体制的建立除了通常所说的物流系统的构建外，信息系统的构筑也是必不可少的，如今很多企业一方面通过现代信息系统提高企业内部的销售物流效率（如 POS 系统、数字库存管理系统等）；另一方面，也积极利用 EOS、EDI 等在生产企业与批发企业或零售企业之间实现订、发货自动化，真正做到销售的在线化、正确化和即时化。

2.3.5 实时物流战略

1. 实时物流的基本概念及流程

实时物流是通过使用新信息技术与现代物流技术来积极地消除物流业务流程中的管理与执行的延迟，从而提高企业整个物流系统的反应速度与竞争力，提升物流企业服务水平的物流理念。它体现了企业的物流业务能力。企业实施实时物流战略需要从两方面着手：第一，通过对先进信息技术和现代物流技术的应用，使得物流系统达到信息化和自动化的要求；第二，通过业务流程再造，使得物流系统达到无缝化和协同化的要求。实施实时物流战略的配送流程和实施传统战略的配送流程对比如图 2-13 所示。

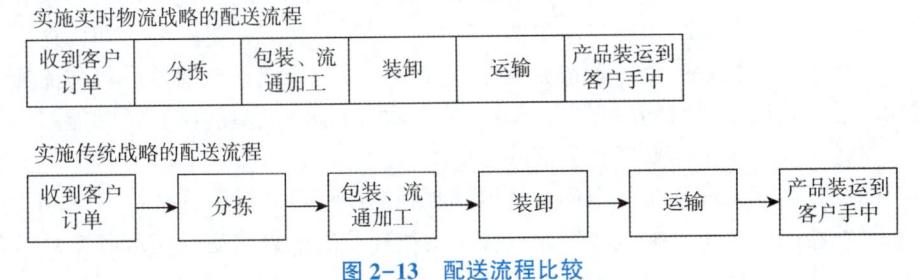

实施实时物流战略的配送流程

| 收到客户订单 | 分拣 | 包装、流通加工 | 装卸 | 运输 | 产品装运到客户手中 |

实施传统战略的配送流程

收到客户订单 → 分拣 → 包装、流通加工 → 装卸 → 运输 → 产品装运到客户手中

图 2-13 配送流程比较

2. 实时物流战略和延迟物流战略的比较

无论是生产延迟还是物流延迟，其基本出发点都是通过对产品或者时间的延迟，来减少物流预测的风险、满足客户的个性化需要和进行批量规划。实时物流战略的基本出发点则是通过致力于积极消除物流业务流程中的管理与执行的延迟，从而提高整个物流系统的反应速度与竞争力。这两种战略是否矛盾呢？它们是否可以同时实施呢？

延迟战略和实时物流战略中的"延迟"有所区别。这里仅以配送过程中的物流延迟战略和实时物流战略的实施为例。延迟战略中的"延迟"是将产品的最后制造和物流作业延迟到收到客户订单后再进行，在传统的配送流程中，企业先对市场和客户的需求做出预测，然后根据产品就近储存的原则，将不同的产品按照预测从中心仓库装运到靠近不同客户的各个分仓库中，等收到客户的订单后再将产品从分仓库装运到客户手中；实施物流延迟战略后，则将不同的产品先集中在中心仓库内，当收到客户订单后做出快速反应，将产品直接装运到客户手中。

实时物流战略中致力消除的"延迟"是物流业务流程中的管理与执行的延迟。在传统的配送流程中，企业收到客户的订单后，先在仓库中对产品进行分拣，之后对产品进行包装、流通加工等增值服务，进而再装卸、运输，最后产品装运到客户手中；实施实时物流战略后，由于信息的实时采集、计算、传输、管理和追踪，做到各个运作环节的信息共享，从而实现无缝对接，消除了各个运作环节中的间隙，收到客户的订单，实时录入信息，后面的各个环节同时进行实时运作，产品最后实时转运到客户手中。

从以上的比较中可以看出，在配送过程中，延迟物流战略中的"延迟"着眼于企业收到客户订单之前的一段流程，将产品的配送延迟到收到客户的订单后；而实时物流战略中致力消除的"延迟"则着眼于企业收到订单之后（从企业收到订单起）的一段流程，消除的是产品的配送过程中的管理与执行的延迟。由此可见，延迟战略所进行的"延迟"并不等同于实时物流战略所致力消除的"延迟"，延迟战略和实时物流战略并不是相互矛盾的。

延迟战略将产品的最后制造和物流作业延迟到收到客户订单后再进行，虽然在产品或者时间上进行了一定的延迟，但是从整个物流系统的角度看，在减少物流预测的风险、满足客户的个性化需要和进行批量规划的同时，也压缩了整个系统的业务流程，提高了系统的反应速度；实时物流战略也通过致力于积极地消除物流业务流程中的管理与执行的延迟，从而提高了整个物流系统的反应速度与竞争力。从提高整个物流系统的反应速度这个角度看，延迟战略和实时物流战略是一致的，它们也应该是相互配合的。

将产品的最后制造和各个物流环节延迟到收到客户订单之后，这样固然可以减少物流预测的风险，但同时也增加了违约和增加物流成本的风险。由于收到客户订单之后再进行产品的最后制造和物流运作，时间受到了限制，在更短的时间内达到客户的要求无疑增加了违约的风险，违约又会带来客户流失的可能性；同时，为了在更短的时间内达到客户的要求，企业要进行小批量的生产和物流运作，这样从整个物流系统的角度看物流成本有可能会增加。在实施延迟战略的过程中，怎样在减少物流预测风险的同时，又能不增加违约和物流成本的风险，这就需要实时物流战略的配合。

将产品的最后制造和各个物流环节延迟到收到客户订单之后，在产品制造和物流运作中实施实时物流战略。实时物流战略通过各个运作环节的信息共享，实现各个环节的无缝对接和实时运作，提高了物流系统的反应速度，既降低了违约的风险，也降低了物流的成本。由此可见，延迟战略的顺利实施，是以实时物流战略的实施为保障的。它们的相互配合，使得整个物流系统在减少物流预测风险的同时，又能不增加违约和物流成本的风险。

2.3.6 多样化分拨战略

多样化分拨战略是指不对所有产品提供同样水平的客户服务，企业在同一产品系列内采用多种分拨战略。在库存地点的选择上同样可实施多样化分拨，每个存储点都包含不同的产品组合。如既可以对不同来源的商品进行分拨的物流管理，也可以对销售速度不同的产品进行不同的库存与配送管理。多样化分拨战略配送方式比较如图2-14所示。

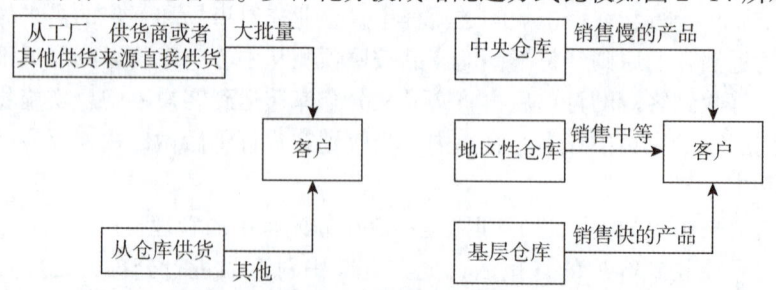

图2-14 多样化分拨战略配送方式比较

2.3.7 合作与联盟战略

重视与供应链其他部分的密切合作，制定与供应商、客户和专业物流提供商建立战略联盟，形成更为有效的供应链，所有成员齐心协力，共享长期合作的成果。

物流联盟（Logistics Alliance）是以物流为合作基础的企业战略联盟，它是指两个或多个企业之间，为了实现自己的物流战略目标，通过各种协议、契约而结成的优势互补、风险共担、利益共享的松散型网络组织，如菜鸟网络的物流战略联盟。

本章小结

本章介绍了企业战略的概念和企业战略环境分析的方法，包括 PEST 分析、波特五力模型、竞争者分析和 SWOT 分析方法。详细介绍了物流系统战略的构成，包括全局战略、结构性战略、功能性战略和基础性战略。企业的运营和供应链战略取决于想要满足的客户的价值诉求，产品创新程度、产品的可选择和可获得性、价格与品牌、增值服务、客户关系与用户体验都影响了企业供应链战略的制定。推式战略、拉式战略、推拉式供应链战略由于对客户的响应速度和成本不同适用于不同的产品和市场。可以根据产品需求的不确定和规模经济效应、产品提前期、产品创新、销售渠道的不同选择不同的供应链战略。典型的物流系统战略包括成本领先战略（精益物流）、产品差异化战略（敏捷物流）、延迟物流战略、JIT 物流战略、实时物流战略、多样化分拨战略和合作与联盟战略等。

案例分析

菜鸟网络的战略变迁

思考题：根据上述案例，针对菜鸟网络的发展情况，结合本章的内容谈谈菜鸟网络在不同时间制定不同战略的意义在哪？菜鸟网络在不同时间制定不同的战略起到了什么作用？

翻转课堂讨论话题

请选取一个现实中的企业，也可以假设自己创办一个公司，分析其产品的特点及其采用的运营战略、供应链战略。

第 3 章 物流系统需求预测

学习目标

- 能够说明物流预测的特征(学习重点)。
- 能够运用一次移动平均法、指数平滑法、季节指数法、回归分析预测法和 Winter 模型进行物流需求预测。

开篇案例

京东物流集团成立于 2017 年(京东 2007 年开始自建物流，2012 年正式注册物流公司，2017 年 4 月 25 日正式成立京东物流集团)，京东物流不仅充分运用其自身强大的仓网物流体系来服务企业客户(包括在全国运营超过 750 个仓库)，同时近年来京东物流还致力于价值供应链管理的探索，通过数字化和智能化技术为客户的供应链管理赋能，而实现全渠道+全链条的数字供应链价值增值服务。

2018 年京东物流承接了安利全国所有成品的仓储物流业务，双方就此建立了良好合作关系。在此基础上 2019 年双方进一步深化合作。京东物流利用其在电商模式积累起来的丰富的需求预测、补货与库存管理经验并结合京东物流的大数据智能算法能力，为安利定制化开发了销量预测与智能补货调拨系统(简称"智能预测补调系统")，并全面承接安利的供应链分销计划工作，协助安利做好工厂到仓、仓到仓及仓到店的补货和调拨业务。

整个解决方案包括多个部分：商品布局、销量预测、智能补货与调拨系统、经营看板、库存仿真、库存健康诊断系统方案，以及结合各仓差异化备货策略而制定的 B2C 订单拆单方案。

(1) 商品布局：通过销量预测、库存计划、运营模拟，基于时效、成本、服务水平等因素，提供商品入哪里(选仓)、入多少(库存)的最优供应链决策建议。

(2) 销量预测：以京东物流大数据平台、算法平台、预测中心为基础，结合京东物流积累的行业数据，综合考虑品类、品牌、产品生命周期、价格、销售计划、营销计划、配额、节假日、市场环境等各种因素，输出销量预测。预测主要的步骤为数据清洗、特征工程、分类选型、算法迭代以及输出预测结果。

①数据清洗：是指对历史数据中的大单进行剔除，以及对因为缺货导致的销量损失进行数据回填，同时把异常的数据通过一定规则做数据预处理。

②特征工程：是指梳理数据层面的特征，以便于识别。

③分类选型：将数据特征与对应的算法模型进行匹配，输出对应的模型和权重后，选择结果最优的一个或几个组合模型，对 SKU 进行预测。

④算法迭代：是指模型确认后进行训练和学习，算法模型持续调优的过程。

⑤智能补货：根据安利业务特点提供多样化的补货策略，深入融合业务进行算法模型优化，系统会依据历史销量、销量波动程度两个因素输出 SKU 颗粒度的补货参数缺省值（也可根据业务需求自主设置）。系统依据智能预测结果，结合补货规则，指导每个 SKU 在仓库维度的采购建议量，协助计划人员进行补货决策，为计划人员输出智能化、自动化的补货建议，提高计划人员的决策能力，提升补货的精准度，有效地在提高现货率的同时降低库存周转天数。

(3) 库存仿真：采用供应方、仓库和需求方三类基本逻辑单元建立库存系统的仿真模型，并定义各单元的属性参数，基于事件调度法，并借鉴进程交互法的处理方法，实现库存系统仿真的算法，从而解决复杂模型的优先级处理、仿真运行状态存储以及库存策略的实现等问题，实现正向的运营结果模拟和逆向的系统配置参数推荐。

(4) 经营看板：针对安利供应链各环节各部门的生产数据、业务数据、销售等数据进行 360 度全景展示，并根据数据分析后的结果进行方案建议和后续执行。

（资料来源：https：//www.sohu.com/a/439000180_769186）

思考题：根据以上案例思考物流预测的作用和方法。

3.1 物流系统需求预测概述

微课视频：物流系统需求预测概述

3.1.1 物流系统需求预测的作用和特征

1. 物流需求预测的概念

预测就是对未来一些不确定的或未知事件的判断或描述，如社会预测、经济预测、科学预测、技术预测、军事预测等。

物流预测是根据客观事物过去和现在的发展规律，借助科学的方法和手段，对物流管理发展趋势和状况进行分析、描述，形成科学的假设和判断的一种科学理论。凡是影响物流系统活动的因素都是预测对象。例如，物流系统的人力、物力、财力以及资源、销售、交通、国家的政策方针、经济发展的形势和自然条件等，都是预测的内容。物流领域中的预测如图 3-1 所示。

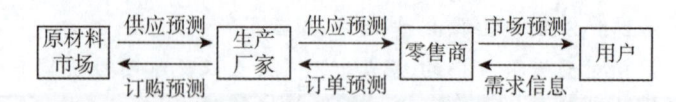

```
原材料   供应预测   生产   供应预测   零售商   市场预测   用户
市场   ←――――→   厂家   ←――――→          ←――――→
        订购预测          订单预测          需求信息
```

图 3-1　物流领域中的预测

物流需求即在一定时期内，对各物流职能的整体需要，且需求者具备支付这种需要的能力。物流需求是通过物流规模和物流结构综合表示的。物流规模是物流活动中运输、储存、包装、装卸搬运和流通加工等物流作业量的总和。物流结构可以有以下不同的表述：从物流服务的内容来说，包括运输、仓储、包装、装卸搬运、流通加工、配送和信息服务等方面的需求。从物流需求的形态来说，包括有形需求和无形需求。有形需求是指对物流服务内容的需求，无形需求是指对物流服务质量的需求，物流需求作为社会需求系统中的一个组成部分，来源于社会经济活动，是一种因社会经济活动的需要而产生的派生需求。物流需求总量受到社会经济活动中生产与消费的限制，还受到物流系统服务能力与水平的影响。因此，物流需求与社会经济活动水平及物流服务能力密切相关。

2. 物流需求预测的作用

预测就是要从变化中，找出使事物发生变化的固有规律，寻找和研究各种变化的背景及其演变的逻辑关系，去揭示事物未来的面貌，对事物的未来做出判断。预测的作用包括预测是编制计划的基础，物流系统的储存、运输等各项业务计划都是以预测资料为基础制定的；预测是决策的依据，决策的前提是预测，正确的决策取决于可靠的预测。

物流需求预测是现代物流系统规划、物流管理与决策的重要基础工作，各级物流系统规划与物流发展政策的制定都离不开对物流需求的准确预测。理论上物流需求的准确预测可为物流战略规划、物流基础设施规模及物流管理方案的制定提供重要依据，为发展物流产业提供具体可靠的数据支持；实践中，一方面，物流需求准确预测有助于政府部门合理规划和控制物流企业开发规模和发展速度，对发展国家经济和减少资源浪费具有现实的指导意义；另一方面，物流需求准确预测有助于物流企业把握市场需求的变动趋势，为制订物流计划提供依据，提升物流系统运作效率和精度。因此，物流需求预测已成为物流系统规划与设计的重要组成部分，对物流需求预测方法的基础研究也正在深入展开。

3. 物流需求的特征

①物流需求的空间特征和时间特征。物流活动有空间和时间维度，在进行物流系统的规划与设计时，不仅要了解物流需求的多少，更要知道这些需求在何处发生、何时发生。规划仓库位置、平衡物流网络中的库存水平和按地理位置分配运输资源等都需要知道物流需求的空间位置。所选择的预测技术必须反映需求模式的地理性差异。物流需求的时间特征，表现为物流需求随时间的变化而发生波动。多数预测方法都会处理物流需求随时间变化的波动。

②物流需求的规律性和不规律性。物流系统需要处理各种各样的产品、物料，这些不同的产品、物料都会随时间形成不同的需求模式，如果需求是规律的，就可以用图中的某个一般模式表示。如果随机波动只占变化部分的很小比例，那么利用常用的预测方法就可以得到比较满意的预测结果。规律性需求模式如图 3-2 所示。

物流需求并不是在所有阶段都显示出规律性，如果某些产品或物料由于其总体需求量偏低和需求时间和需求水平非常不确定，那么需求就是间歇式的。这样的时间序列就被称为"不平整的"或"不规律性的"，如图3-3所示。另外，刚刚进入产品线的新产品，或者将要退出生产的产品也会出现这种模式的需求，这是因为这时只有少量的需求出现，需求量极不稳定，而且分散在不同的地区，这样就会造成每个存储点上的需求量不平整。这类需求模式利用通常的预测方法是难以进行预测的，需要采用特殊的预测技术或组合预测技术来预测。

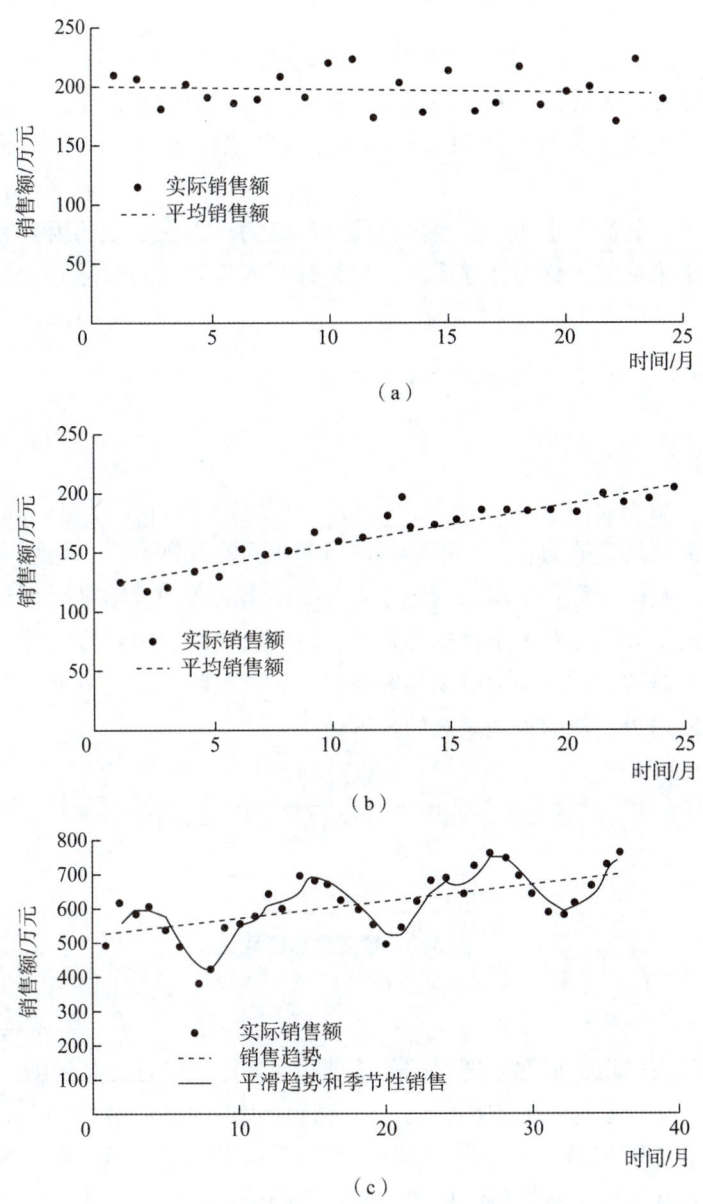

（a）随机性或水平性发展的需求，无趋势或季节性因素；（b）随机性需求，呈上升趋势，无季节性因素；（c）随机性需求，有趋势和季节性因素。

图3-2 规律性需求模式

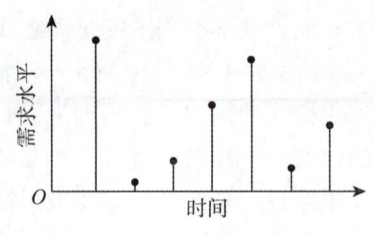

图 3-3　不规律性需求模式

③物流需求的派生性和独立性。如果物流的需求是随着某种需求的发生而发生的，具有从属性，则这种物流需求就称为派生性需求。派生性需求有很强的倾向性，而且不显随机性，一般采用推导的方法来计算。如采购物流需求就依赖于生产物流需求和物料的库存情况。

在另一情况下，物流需求的产生是随机的，影响物流需求变化的因素有很多，甚至不可获知。这样的需求模式被称为独立需求。以统计分析为基础的预测方法可以很好地解决独立需求问题。

3.1.2　物流系统需求预测的理论基础

1. 预测的概念模型

预测的概念模型一般由输入、处理、扰动、输出、反馈几个方面组成，如图 3-4 所示。其中输入是需要处理的信息，如市场的调研和收集的数据资料；处理是选用不同的预测方法进行预测的具体过程；扰动包括各种主客观因素的影响、随机因素与偶然因素的影响；输出是预测的结果，即对未来目标的判断，该判断要经过主观努力的争取并接受客观实践的检验；反馈是通过对比预测结果与客观实际，修正输入信息或处理方式的过程，如此不断循环、不断逼近，从而得到满意的预测结果。

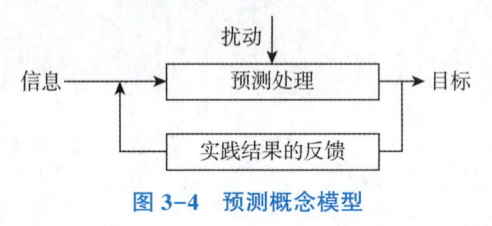

图 3-4　预测概念模型

2. 预测的理论基础

预测是基于类推原理、惯性原理、相关原理和误差原理等理论基础的。

①类推原理。类推原理也称类推原则，许多特性相近的客观事物，它们的变化有相似之处，类推预测的应用前提是寻找类似事物。通过分析类似事物相互联系的规律，根据已知某事物的变化特征推断具有近似特性的预测对象的未来状态，这就是类推预测。

类推预测可分为定性类推预测和定量类推预测。在缺乏数据资料的情况下，类似事物的相互联系只能做定性处理，这种预测就称为定性类推预测。定量类推预测需要一定的数据资料，已知事物是先导事物，根据先导事物(或称先导事件)的数据变动情况，建立先导事件与迟发事件(预测对象)的数量联系，再进行预测。例如，根据甲国达到一定国民生产总值时的能源消耗量来类推推测乙国达到同一国民生产总值时的能源消耗量。

②惯性原理。客观事物的发展变化过程常常表现出它的延续性，通常称这种表现为"惯性现象"。客观事物运动的惯性大小取决于本身的动力和外界因素制约的程度。例如，一项新技术的应用前景，其技术性固然是一个重要方面，但工业部门和企业的要求、其他技术的替代作用，也起到激发或限制的作用。研究对象的惯性越大，说明延续性越强，越不容易受外界因素的干扰而改变本身的运动倾向。根据惯性原理，由于研究对象的过去和现在状态向未来延续，从而预测其未来状态。惯性原理是趋势外推方法的理论依据。

③相关原理。任何事物的变化都不是孤立的，而是在与其他事物的互相影响下发展的，事物之间的相互影响常常表现为因果关系。例如，耐用消费品的销售量与人均收入水平密切相关，与人口结构也有关系。深入分析研究对象与相关事物的依存关系和影响程度，是揭示其变化特征和规律的有效途径，并可用以预测其未来状态。

相关原理有助于预测者深入研究预测对象与相关事物的关系，有助于预测者对预测对象所处的环境进行全面分析，相关原理是因果分析预测方法的理论基础。

④误差原理。预测是根据现在推知未来，除非极端巧合，误差是不可避免的，或多或少总会存在。在预测中，使预测结果能够尽量与实际情况相符，是所有预测方法的根本目的。预测误差用于表示预测结果与实际情况是否符合，就是将预测值与实际观测值相比，得到两者的偏差结果。

外部环境的变化、预测模型的选择都会对预测误差的大小产生影响。反过来，预测误差的大小也成为选择合适预测工具的重要依据。为了更好地利用预测做出决策，通常在预测的同时对误差有所估计，对预测模型所产生的误差可以引入修正因子等方法进行修正。在外部环境发生大幅变化时，还要对预测结论重新分析，甚至重新选择预测模型，适应变化的进度，做到尽可能贴近实际观测值。

3. 物流系统需求预测的特征

由误差原理可知，所有的预测都是有误差的，所以预测过程必须包含期望值和预测误差的测量。不同的预测对象和预测方法，其预测误差不同，物流系统需求预测的特征也体现在预测误差的差异上。

①长期预测通常较短期预测误差大。预测的时间跨度越长，如5~10年的预测，影响预测准确性的不确定因素越多，其预测值与实际值得差异可能越大。反之，1年以内的短期预测由于受不确定性因素影响的可能性更小，其预测的准确性更高。

②一家企业的供应链越长，越可能发生预测误差。一般来说，一家公司的供应链越长（公司与顾客之间的距离越远），所获信息失真的可能性越大，即牛鞭效应。

若供应链中的每个供应商都对下游做预测，会导致大量浪费，因为供应链每个环节对相同的基本需求做了不同版本的预测。供应链的联级预测（Link-by-Link Forecasting）错误向供应链上游逐步放大。

根据最终客户销售的供应链协同预测可以帮助企业降低预测误差。将一个供应链看作一个整体，则只有一个需求，即消费者对最终产品的需求。所有其他的原材料、零部件、半成品等，都来自消费者的购买需求。消费者的需求是独立需求，而供应链上游的需求取决于消费者的选择，是派生需求。派生需求是由某一特定的生产计划要求派生出来的，这是一种从属性的需求，例如对产品所需零部件的需求预测。供应链的联级预测如图3-5所示。现代的预测观点是只需做独立需求预测，其他所有的需求派生自独立预测，如图3-6所示。

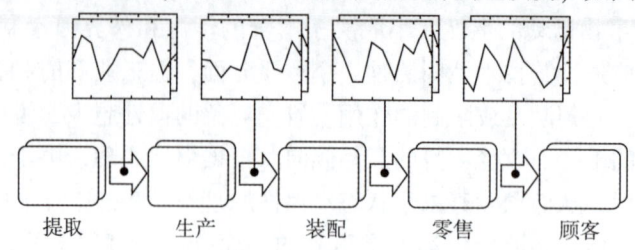

图3-5 供应链的联级预测

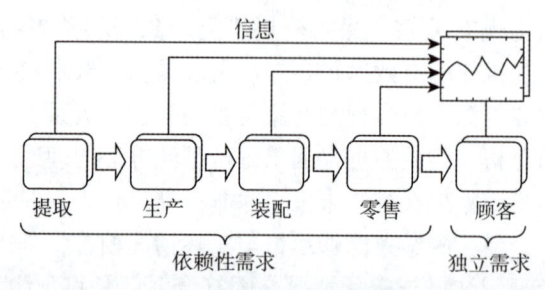

图3-6 供应链协同预测

（3）汇总预测通常比个别预测准确。实践中，单一产品需求预测只会出现在特殊的情况下，如当决定是否推出新产品或进入一个新的市场时。若对数以千计的不同产品进行单独预测，成本也会很大，并且准确度不会很高。较好的做法是将需求模式相类似的产品组合成一组，进行汇总预测。这种方法看起来降低了预测的质量，但是实际上更可靠，因为它忽略个别产品的需求差异，是基于较大样本数据的预测。如果知道一产品大概占一组产品总销售预测的百分比，只要将总销售预测值乘以这个百分比，就可以得到该产品的预测值。在预测时可以对预测的时间单位、市场大小或地理区域大小进行汇总，从而提高预测的准确性，如图3-7所示。

	项目	百分比	Q1	Q2	Q3	Q4
合计	All	100%	473	491	503	519
小计	001	17%	80	84	86	52
	002	10%	47	49	50	52
	003	8%	38	39	40	42
	…	…	…	…	…	…

图3-7 汇总预测与个别预测

3.1.3 物流系统需求预测步骤和方法

1. 预测的步骤

物流系统需求预测的步骤与一般的预测类似，包括确定预测目标，收集、分析有关资料，选择预测方法进行预测，分析评价预测方法及其结果，修正预测结果，提交预测报告六大步骤，如图 3-8 所示。

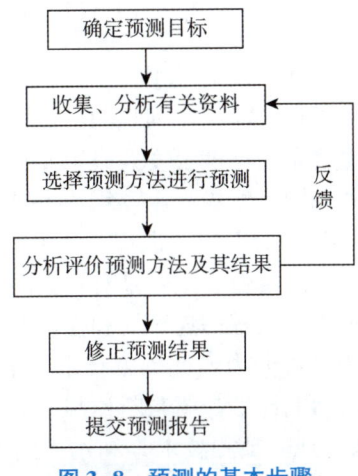

图 3-8　预测的基本步骤

①确定预测目标。预测是为决策服务的，在进行具体预测之前，必须首先根据决策提出的要求确定预测目标，包括确定预测目的、对象和预测期限。确定预测目标非常重要，它关系到随后如何收集资料及选择预测方法、预测精度和费用等一系列问题。

②收集、分析有关资料。资料是预测的重要依据。做预测必须占有大量的、系统的、适用于预测目标的资料。一般资料可分为两类，一类为纵向资料，另一类为横向资料。纵向资料是指历史数据资料，如历史上的产品销售、成本资料等。利用这类历史资料，可将动态数据变化的分析作为预测未来的依据。横向资料是指在某一时期内（主要是当前）作用于预测对象的各种影响因素的数据资料。

③选择预测方法进行预测。该步骤包括三方面的内容：选择预测方法、建立预测模型和利用模型进行预测。

预测方法合适与否，将对预测精度产生很大影响。在确定预测方法时主要考虑的因素有预测对象的种类和性质、对预测结果的精度要求、已搜集到的资料与情报的数量和质量，以及预测的人力、物力、财力和时间限制等。建立预测模型就是运用搜集到的资料和选定的预测方法进行必要的参数估计与计算，以建立能描述和概括研究对象变化规律的模型。利用模型进行预测就是根据预测模型输入有关资料和数据，进行计算与处理并得到预测结果。

④分析评价预测方法及其结果。预测毕竟是对未来事件的预计和推测，建立的模型也只是对实际情况的近似模拟，其结果不一定与将来发生的实际情况相符，同时，在计算和推测的过程中难免产生误差，因此，在得到预测结果后，还应对预测进行分析评价。通过对误差的计算，分析产生误差的原因，评价预测结果是否符合实际。如果预测误差主要是由所选用的预测模型和预测方法造成的，就应该改进预测模型和预测方法。

⑤修正预测结果。如果误差已减到最小，但还与实际情况有较大出入，则在误差计算的基础上，可以通过定性、定量分析及预测的常识和经验修正预测结果，使之更加适用于实际情况并形成最终预测结果。

⑥提交预测报告。预测报告应该给出预测的主要过程，叙述预测目标、对象及预测要求，说明预测资料的搜集方式、方法及其分析结果，详细阐述选择预测方法的原因及建立

模型的过程,并反映对预测结果进行评价与修正的过程及结论。

2. 预测的技术分类

预测技术按照不同的规则可分成不同的类别。

①按预测时间长短,可分为长期预测、中期预测、短期预测和近期预测。长期预测的期限一般为五年或五年以上,主要是根据社会发展或企业长远发展战略和市场的需求发展趋势进行预测分析。中期预测的期限一般为一至三年,主要是围绕企业的经营战略、新产品的研发等方面进行预测。短期预测的期限一般以月为时间单位,大致为三个月至一年。近期预测的期限一般以周、旬为时间单位,主要是对企业内部的各个环节进行预测,确定物料或零部件的需求量,以保证生产过程的连续性和稳定性。

②按预测技术的差异性分类,可分为定性预测技术、定量预测技术、定时预测技术、定比预测技术和评价预测技术,后面详细介绍判断预测技术、时间序列分析法、因果关系预测法、BP神经网络预测技术。判断预测技术是利用判断、直觉、调查或比较分析,对未来做出估计的方法,影响预测的相关信息是非量化的、模糊的、主观的。时间序列分析法是根据所预测对象的纵向历史数据资料,按时间进程组成的动态数列进行分析并预测未来的方法。基于历史继承性这一原则而进行预测(即假设短期内某个事物的发展趋势是其过去历史的延伸),它注重研究事物发展变化的内因。因果关系预测的基本前提是预测变量的变化取决于其他相关变量的变化水平。BP神经网络是指误差逆传播算法训练的多层前馈网络。

③按预测方法的客观性分类,可分为主观预测方法和客观预测方法,前者依靠经验判断,后者借助数学模型。

④按预测分析的途径分类,可分为直观型预测方法、时间序列预测方法、计量经济模型预测方法、因果分析预测法。

⑤按采用模型的特点分类,可分为经验预测模型和正规的预测模型,其中后者包括时间关系模型、因果关系模型和结构关系模型等。

3. 评判预测方法优劣的标准

评价预测方法优劣的标准主要包括精确、弹性、信服、耐用和简便几个方面。

①精确,能够得到与所花费用相应的精确度。

②弹性,能够对经济环境的变化和生产方式的变化做出迅速的反应和处理。

③信服,对任何人都具有说服力。

④耐用,能长期使用。

⑤简便,简易可行,任何人都能较容易地用它求出预测值。

3.2 物流预测的基本方法

微课视频:物流系统需求预测方法

3.2.1 判断预测方法

判断预测方法也是定性预测法。定性预测法是利用判断、直觉、调查或比较分析，对未来做出估计的方法。影响预测的相关信息是非量化的、模糊的、主观的。历史数据或者没有，或者与当前的预测关联度较低；影响未来发展的不可知因素或者过多，或者难以预料。由于定性预测方法带有很强的主观性，往往导致对其准确性的怀疑。但当影响需求的某些因素难以预料时（如某项物流新技术的发展和应用前景、未来政府产业政策的变化等），定性预测法可能是唯一可用的方法，中长期的预测常常采用此方法。

①德尔菲法。德尔菲法是一种典型的定性预测方法。它是以匿名的方式轮番向所选取的多个专家投送预测调查问卷或预测调查表，在收到专家匿名反馈的意见后，进行析同辨异的统计分析。对于分歧较大的观点，在补充材料后编制进一步的调查问卷或调查表，再发送给专家征询。这样经过多次的轮番征询，使专家意见大致趋于一致，最后得出统一的预测值。这种方法由于接受了新的信息，对该组专家而言也是一个学习的过程，而且不存在群体压力或有支配权力的个体对整个群体的影响。

②市场调查法。市场调查法主要通过各种不同的市场调查方法（如问卷、面谈）搜集对未来发展的趋势估计，依据调查结果，确定预测的定性判断。

③小组意见法。小组意见法是指用会议的方式组织一批专家相互沟通、自由讨论，发表各自意见，然后综合各个专家的意见做出判断。这种方法的基本思路是认为群体讨论将得出比任何个人所能得到的更好的预测结果。

④历史类比法。历史类比法是通过未来与历史进行对比分析，发现相似的模式，利用相似模式的历史数据进行预测。历史往往有惊人的相似性。

⑤综合评估法。综合评估法是一种定性与定量相结合的方法，它主要用于对事物未来发展速度的大致估计，这种估计不能得到一个确切的数值，但可以得到一个大致的范围。例如，最高值是多少、最低值是多少、最可能值是多少、取值范围是多少等。又如，可以用它来预测某地区物流市场明年的物流需求量是多少、物流提供能力是多少等。根据这些数据进行综合分析，可以求得一个统一的综合评估值。其步骤可大致分成以下三步：

第一，选择专家，可以是各种类型的专家，每种类型的专家选择若干名，并为各种类型中的每个专家设定权重值。

第二，分别收集各种类型的各个专家的评估值（包括最高值、最低值、最有可能值）及发生的概率。

第三，对他们的评估值进行统计分析，得出一个统一的综合评估值。

3.2.2 时间序列预测方法

时间序列是分析数据按照时间先后顺序依次排列的数列。时间序列分析法是最常用的预测方法，它是根据所预测对象的纵向历史数据资料，按时间进程组成的动态数列进行分析并预测未来的方法。时间序列分析法基于历史继承性这一原则而进行预测（即假设短期内某个事物的发展趋势是其过去历史的延伸），它注重研究事物发展变化的内因。这类预测方法通常适合在外界影响比较稳定的条件下做短期预测。

1. 简单平均法

简单平均法取前几个阶段（如日、周、月、季、年等）的数值的平均值作为最后一时段的预测值。这种方法主要适用于那些变化比较稳定的预测对象，预测对象在各个时段的发生值大体差不多，总体都围绕在一个固定值上下随机波动，无趋势和季节性变化。

2. 加权平均法

加权平均法是对于时间序列的数值，根据它们各自对于预测值的重要程度，分别设置重要度权数，然后将它们加权平均来求得预测值的预测方法。

3. 一次移动平均法

一次移动平均法是从时间序列的第一项数据开始，按一定的项数（或称为"组距"）求平均值，而后逐项向后移动，按相同的项数求平均值，这些平均值构成了一个新的时间序列，也称为移动平均数列。这个移动平均数列对原始数据的随机性加以修正，变化趋于平滑，更显现出长期变动趋势，然后将这组移动平均数列的最后一个数值直接作为下一期预测值，或者求这组移动平均数列的平均值作为下一期预测值。

一次移动平均法的计算公式为：

$$F_{t+1} = \frac{1}{n}(X_t + X_{t-1} + X_{t-2} + \cdots + X_{t-n+1}) = \frac{1}{n}\sum_{i=t-n+1}^{t} X_i \quad (3-1)$$

式中，X_t 为 t 的观察值；F_{t+1} 为 $t+1$ 期的预测值；n 为时间跨度。

一次移动平均法得出的预测结果都引入了最新一期的数据，因此，减少了早期历史数据对预测值的影响，并对新的变化做出一定程度的反应。

4. 加权移动平均法

使用一次移动平均法预测的前提是各类历史数据对预测值的影响都是相同的，但实际情况并非如此，因此，可以将每个历史数据对预测值的影响表示为一个权数，以避免一次移动平均中早期数据对预测值的影响，这种预测方法就是加权移动平均法。

一般认为最近的数据比早期数据对预测值的影响更大，所以近期数据分配的权数较大，而较远期数据则权数较小，从而解决了预测结果的滞后性，解决了一次移动平均法中存在的问题。

加强移动平均法的公式为：

$$F_{t+1} = \alpha_t X_t + \alpha_{t-1} X_{t-1} + \alpha_{t-2} X_{t-2} + \cdots + \alpha_{t-n+1} X_{t-n+1} = \sum_{i=t-n+1}^{t} \alpha_i x_i \quad (3-2)$$

式中，α_i 为 t 期数据相对应的权重，满足 $\alpha_t \geq \alpha_{t-1} \geq \alpha_{t-2} \geq \cdots \geq \alpha_{t-n+1} \geq 0$ 且 $\sum_{i=t-n+1}^{t} \alpha_i = 1$。

5. 指数平滑法

指数平滑法的预测思路是根据上一期实际值和上一期预测值预测下一期预测值。在预测值中引入了一个平滑系数 α，$0 \leq \alpha \leq 1$，其计算公式为：

$$F_{t+1} = \alpha X_t + (1-\alpha) F_t \quad (3-3)$$

式中，F_t 为 t 期指数平滑预测值；X_t 为 t 的实际观察值；α 为平滑系数。

式（3-3）也可以写成：

$$F_{t+1} = F_t + \alpha(X_t - F_t) \quad (3-4)$$

式（3-4）可以看出，下一期的预测值是上一期预测值加上一个修正的上一期预测的误差。在这里，平滑系数的大小决定了下一期预测对前一期预测误差的修正程度，在选择平滑系数 α 时，需要一定程度的主观判断。α 值越大，对近期实际需求情况给的权重值越大，模型就越快地对时间序列的变化做出反应。但α过大可能使预测过于敏感，会随时间序列的随机波动而波动，而不是根本性变化。α值越小，实际值的分量越轻，预测值的分量越重，数据平滑均匀的程度越大，预测值越不受时间序列的随机因素的干扰而波动，而对时间序列的根本性变化需要的时滞就越长。因此，要根据时间序列变化程度对预测值的要求程度决定α的取值的大小。

6. 季节指数法(季节比重)

季节变动预测的基本思路是：首先根据时间序列的实际值，观察不同年份的季或月有无明显的周期波动，以判断该序列是否存在季节变动；然后设法消除季节因素的影响，以测定趋势变动；最后求出季节指数，结合预测模型进行预测。处理季节性问题基本上有两种推断方法：第一，将季节性因素放到建模中考虑，如 Holt 模型(Holt's Model)与 Winter 模型(Winter's Model)；第二，先不考虑季节性因素，进行数据趋势预测，再利用季节指数(季节比重、趋势比率)进行修正。

首先介绍季节比重法，其基本思路为先预测出年度总需求的趋势，再用季节指数(每个季节比重)进行校正，季节指数表示如下：

$$S_i = D_i / \sum_{j=1}^{n} D_j \quad \text{其中} D_i \text{表示季节} i \text{的需求量}, i \in \{1, 2, \cdots, n\} \quad (3-5)$$

【例 3-1】 已知某公司 2018—2020 年各季度的物流量如表 3-1 所示，请用季节比重法预测 2021 年各季度的物流量。

表 3-1　2018—2020 年各季度物流量　　　　　　　　　　　　　单位：万吨

年份	1	2	3	4	总计
2018	12.6	8.6	6.3	17.5	45.0
2019	14.1	10.3	7.5	18.2	50.1
2020	15.3	10.6	8.1	19.6	53.6
总计	42.0	29.5	21.9	55.3	148.7

解：(1)运用回归分析法预测 2021 年总的物流量。可得回归方程 $y = 40.97 + 4.30x$，其中 x 表示预测的第几年。将 $x = 4$ 带入回归方程，得到 2021 年物流预测量为 $y = 40.97 + 4.30 \times 4 = 58.17$(万吨)。

(2)计算各季度的季节指数如下：

$$S_1 = D_1 / \sum_{j=1}^{4} D_j = 42.0/148.7 = 0.28$$

$$S_2 = D_2 / \sum_{j=1}^{4} D_j = 29.5/148.7 = 0.20$$

$$S_3 = D_3 / \sum_{j=1}^{4} D_j = 21.9/148.7 = 0.15$$

$$S_4 = D_4 / \sum_{j=1}^{4} D_j = 55.3/148.7 = 0.37$$

(3)预测 2021 年各季度的物流量：

$SF_1 = S_1 \cdot y = 0.28 \times 58.17 = 16.29$(万吨)　　$SF_2 = S_2 \cdot y = 0.20 \times 58.17 = 11.63$(万吨)

$SF_3 = S_3 \cdot y = 0.15 \times 58.17 = 8.73$(万吨)　　$SF_4 = S_4 \cdot y = 0.37 \times 58.17 = 21.52$(万吨)

答：2021年第1、2、3、4季度的物流预测量分别为16.29万吨、11.63万吨、8.73万吨和21.52万吨。

7. 季节指数法(趋势比率)

趋势比率法的基本步骤包括：第一步，去除季节因素；第二步，求趋势值；第三步，计算历史各期的趋势比率；第四步，计算预测期的季节指数(趋势比率)；第五步，进行预测。

去除季节因素可采用加权移动平均法，计算公式如下：

当季节数 p 为偶数时，用下式计算从第 $p/2+1$ 期到 $n-p/2$ 期的去除季节性因素后的需求量。

$$\overline{D_t} = \left[D_{t-(p/2)} + D_{t+(p/2)} + \sum_{i=t+1-\frac{p}{2}}^{t-1+\frac{p}{2}} (2D_i) \right] / (2p) \tag{3-6}$$

当季节数 p 为奇数时，用下式计算从第 $[p/2]+1$ 期到 $n-[p/2]$ 期的去除季节性因素后的需求量。

$$\overline{D_t} = \sum_{i=t-\left[\frac{p}{2}\right]}^{t+\left[\frac{p}{2}\right]} D_i / p \tag{3-7}$$

【例3-2】 已知某公司从2020年第2季度至2023年第1季度的物流量，如表3-2所示，请预测未来4个季度的物流量。

表3-2 某公司的物流量实际值　　　　　　　　　　　　　　　　　单位：万吨

年份	季度	期间 t	需求 D_i
2020	2	1	8 000
2020	3	2	13 000
2020	4	3	23 000
2021	1	4	34 000
2021	2	5	10 000
2021	3	6	18 000
2021	4	7	23 000
2022	1	8	38 000
2022	2	9	12 000
2022	3	10	13 000
2022	4	11	32 000
2023	1	12	41 000

解：首先将表3-2中的物流量画图，观察其趋势和季节性特征，如图3-9所示，可知该公司的物流量呈现出以季节性变化为周期，考虑使用趋势比率法进行未来物流量的预测。

图 3-9　物流量趋势

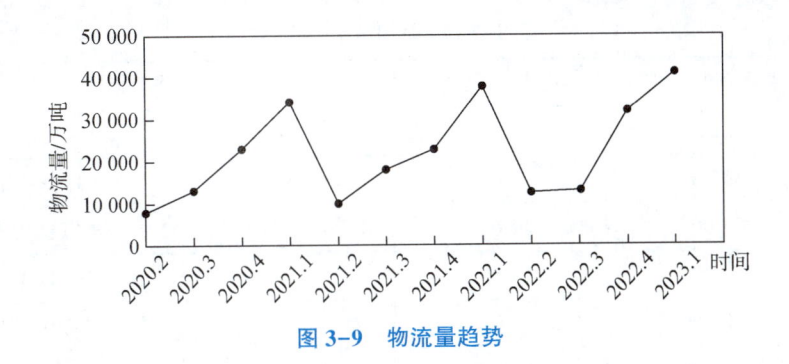

用趋势比率法进行未来物流量预测的步骤如下：

(1) 去除季节因素，本例中 $p = 4$，当 $t = 3$ 和 $t = 4$ 时可得

$$\overline{D_3} = \left\{ D_1 + D_5 + \sum_{i=2}^{4} (2D_i) \right\}/8$$

$$= [8\ 000 + 10\ 000 + 2 \times (13\ 000 + 23\ 000 + 34\ 000)]/8 = 19\ 750(万吨)$$

$$\overline{D_4} = \left\{ D_2 + D_6 + \sum_{i=3}^{5} (2D_i) \right\}/8$$

$$= [13\ 000 + 18\ 000 + 2 \times (23\ 000 + 34\ 000 + 10\ 000)]/8 = 20\ 625(万吨)$$

以此类推，计算出从第 3 期至第 10 期的去除季节性后的物流量，如图 3-10 所示。

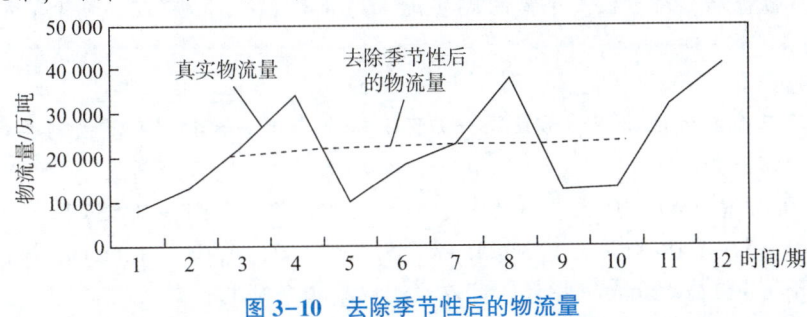

图 3-10　去除季节性后的物流量

(2) 求趋势值。得到去除季节性因素的物流量后，利用线性回归方法计算趋势值

$$\overline{D_t} = L + tT \tag{3-8}$$

其中 $\overline{D_t}$ 是 t 期的非季节性需求，L 代表水平（0 期非季节性需求），T 代表趋势（非季节性需求增长率）。趋势是由线性回归决定的，使用去除季节性因素后的物流量作为因变量和期数作为自变量，可以用 Excel 计算得到 $L = 18\ 439$ 和 $T = 524$，然后将各期带入回归方程，即可得去除季节性因素后各期的预测趋势值，如表 3-3 中第 3 列所示。

(3) 计算历史各期的趋势比率。根据前面所得趋势值，计算季节指数，第 t 期的季节指数，也就是趋势比率计算公式为：

$$\overline{S_t} = D_t / \overline{D_t} \tag{3-9}$$

如第 2 期的趋势比率计算过程如下：$D_2 = 13\ 000$，$\overline{D_2} = 18\ 439 + 524 \times 2 = 19\ 487$，$\overline{S_2} = 13\ 000/19\ 487 = 0.67$。其他期数的趋势比率可以同样方式进行计算，计算结果见表 3-3 中的第 4 列。

表 3-3 各时期的季节指数

期间 t	实际需求/万吨	趋势值/万吨	季节指数	
1	8 000	18 963	0.42	=8 000/18 963
2	13 000	19 487	0.67	=13 000/19 487
3	23 000	20 011	1.15	=23 000/20 011
4	34 000	20 535	1.66	=34 000/20 535
5	10 000	21 059	0.47	=10 000/21 059
6	18 000	21 583	0.83	=18 000/21 583
7	23 000	22 107	1.04	=23 000/22 107
8	38 000	22 631	1.68	=38 000/22 631
9	12 000	23 155	0.52	=12 000/23 155
10	13 000	23 679	0.55	=13 000/23 679
11	32 000	24 203	1.32	=32 000/24 203
12	41 000	24 727	1.66	=41 000/24 727

(4) 计算预测期的季节指数(趋势比率)。计算相同循环周期的季节指数的平均值，如果有 r 个季节性循环，对于任一个给的周期 $pt+i$，$1 \leq i < p$，可以得到季节指数：

$$S_i = \left\{ \sum_{j=0}^{r-1} \bar{S}_{jp+i} \right\} / r \tag{3-10}$$

本例中有三个季节性循环，而且每一循环有四个季节 $p=4$，可得预测其各季节的趋势比率为：

$S_1 = (0.42 + 0.47 + 0.52)/3 = 0.47$ $S_2 = (0.67 + 0.83 + 0.55)/3 = 0.68$

$S_3 = (1.15 + 1.04 + 1.32)/3 = 1.17$ $S_4 = (1.66 + 1.68 + 1.66)/3 = 1.67$

(5) 利用趋势值公式和季节指数，可以预测以下四个时期的需求：

$F_{13} = (L + 13T)S_1 = (18\ 439 + 13 \times 524) \times 0.47 = 11\ 868$(万吨)

$F_{14} = (L + 14T)S_2 = (18\ 439 + 14 \times 524) \times 0.68 = 17\ 527$(万吨)

$F_{15} = (L + 15T)S_3 = (18\ 439 + 15 \times 524) \times 1.17 = 30\ 770$(万吨)

$F_{16} = (L + 16T)S_4 = (18\ 439 + 16 \times 524) \times 1.67 = 44\ 794$(万吨)

答： 该公司 2023 年第 2 季度至 2024 年第 1 季度的物流量预测值分别为 11 868 万吨，17 527 万吨，30 770 万吨和 44 794 万吨。

8. 带有需求趋势校正的指数平滑法(Holt 模型)

从物流需求的特征分析可知，物流需求包含系统期望需求部分与随机特征的需求部分，而系统需求部分在一般形式下又包含需求水平、需求趋势和季节性需求。系统需求计算有以下几种形式：

(1) 复合型：系统需求=需求水平×需求趋势×季节性需求

(2) 附加型：系统需求=需求水平+需求趋势+季节性需求

(3) 混合型：系统需求=(需求水平+需求趋势)×季节性需求

在预测系统需求时运用哪种具体形式取决于需求的性质。

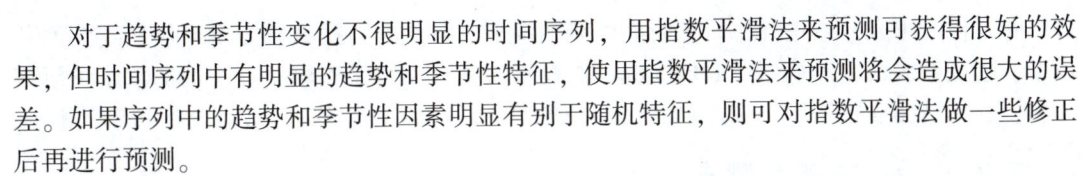

对于趋势和季节性变化不很明显的时间序列，用指数平滑法来预测可获得很好的效果，但时间序列中有明显的趋势和季节性特征，使用指数平滑法来预测将会造成很大的误差。如果序列中的趋势和季节性因素明显有别于随机特征，则可对指数平滑法做一些修正后再进行预测。

当假设系统需求有需求水平和需求趋势而没有季节性要求时，选用带有需求趋势校正的指数平滑法即 Holt 模型较为合适。本节选用下列公式来预测带有需求趋势的系统需求：

$$系统需求 = 需求水平 + 需求趋势$$

Holt 模型只是在指数平滑法的基本模型基础上进行简单的修改，在观察完 t 期的实际需求后，整个预测模型将做如下修正：

$$S_t = \alpha A_t + (1-\alpha)(S_{t-1} + T_{t-1}) \tag{3-11}$$

$$T_t = \beta(S_t - S_{t-1}) + (1-\beta)T_{t-1} \tag{3-12}$$

$$F_{t+1} = S_t + T_t \tag{3-13}$$

式中，α 为需求水平的平滑系数，$0 \leq \alpha \leq 1$；β 为需求趋势的平滑系数，$0 \leq \beta \leq 1$；S_t 为 t 期的需求水平预测值；A_t 为 t 期的实际值；T_t 为 t 期需求趋势预测值；F_{t+1} 为 $t+1$ 期趋势校正后的预测值。

9. 带有需求趋势和季节性需求校正的指数平滑法（Winter 模型）

当需求的时间序列中可观察到既有趋势变动特征又有季节性波动的特征时，使用带需求趋势和季节性需求校正的指数平滑法比较合适。在这里，用以下的等式来校正预测：

$$系统需求 = (需求水平 + 需求趋势) \times 季节性需求$$

在应用此模型之前，有两个条件要满足：第一，需求模型的季节性波动的高峰与低谷产生的原因必须已知，这些峰谷值必须在每个周期的同一时间出现；第二，季节性变化要比随机波动大。

如果季节性需求不平稳、不明显，无法与随机变化区分开来，那么很难建立准确预测下一期需求走势的模型。如果情况如此，基本的指数平滑模型配以合适的平滑系统就可以降低时滞的影响，可以比更复杂的模型效果更好。因此，在选择模型时要非常慎重。

现假定需求的周期数为 L，在 t 期，已给定实际值 A_t、初始需求水平 S_t、初始需求趋势 T_t 及一个周期的初始季节性需求 I_t, I_{t+1}, $\cdots$, I_{t+L-1} 的预测，则第 $t+1$ 期的对需求水平、需求趋势、季节性需求及总的需求预测做如下校正：

$$S_t = \alpha(A_t / I_{t-L}) + (1-\alpha)(S_{t-1} + T_{t-1}) \tag{3-14}$$

$$T_t = \beta(S_t - S_{t-1}) + (1-\beta)T_{t-1} \tag{3-15}$$

$$I_t = \gamma(A_t / S_t) + (1-\gamma)I_{t-L} \tag{3-16}$$

$$F_{t+1} = (S_t + T_t)I_{t+1-L} \tag{3-17}$$

$$F_{t+\tau} = (S_t + T_t)I_{t+\tau-L} \tag{3-18}$$

式中，L 为季节性需求的周期；I_t 为第 t 期的季节性需求预测值；γ 为季节性需求的平滑系数，$0 \leq \gamma \leq 1$；F_{t+1} 为 $t+1$ 期趋势与季节性需求校正后的预测值；其他参数的含义与 Holt 模型中的定义相同。

10. 趋势外推预测法

趋势外推预测法可以用于当时间序列无明显的随周期变动的特征时的预测。这种时间序列随时间的推移而呈现某种上升或下降的趋势，用时间变量的函数来反映这种变化趋势,并延伸至未来,通过计算未来时间的函数值来进行预测。预测模型主要包括线性预测模型、幂函数曲线预测模型、对数曲线预测模型、指数曲线预测模型、修正指数曲线预测模型、龚珀兹曲线预测模型和逻辑曲线预测模型等。这种预测方法比较适合中长期预测。

3.2.3 因果关系预测法

因果关系预测的基本前提是预测变量的变化取决于其他相关变量的变化水平。因果关系预测有很多不同统计形式,如回归模型、弹性系数预测模型、计量经济模型等;描述形式,如投入产出模型、生命周期模型、先行指标模型等。每种模型都从历史数据中建立预测变量和被预测变量之间的联系,从而进行有效的预测。建立因果关系预测模型的关键是能够从历史数据中找出与被预测变量真正有因果关系的变量,并能准确地描述它们之间的因果关系。

在物流需求的预测中,也有很多因果关系,如物流量的增长与经济发展水平呈因果关系,经济发展水平(如 GDP)的增长会导致物流量的增长,除了经济发展水平之外,物流量的增长还与交通基础建设投资、流通范围有关,因此,物流量的增长与 GDP、交通基础建设投资、流通范围的大小等因素构成了一元的或多元的因果关系。

1. 回归分析预测法

回归分析预测法是根据预测对象与影响预测对象的因素之间的关系来建立回归模型,并通过回归模型进行预测。根据考虑因素的多少,回归模型可分为一元回归模型或多元回归模型。预测对象与影响预测对象的因素之间的相关关系往往存在着非确定性关系,即不能用精确的函数关系式来表达,但在统计学意义上,它们之间的相关关系可以通过统计的方法给出某种函数表达方式,这种处理变量间关系的方法就是回归分析法。回归分析预测法是通过大量统计数据,在分析变量间非确定性关系的基础上,找出变量间的统计规律性,并用统计意义上的函数关系式来表达变量间的统计规律,并通过此函数关系式进行预测。

(1)回归分析预测的步骤

①进行相关关系分析,分析要预测的变量间是否存在相关关系及相关程度,若没有相关关系则不能利用回归预测模型进行预测。

②确定预测模型。若变量间存在相关关系,则需确定变量间是线性关系还是非线性关系,可以通过散点图进行分析。

③建立回归预测模型,根据上一步的分析结果,计算模型中的系数,具体写出变量间的回归方程式,并进行初步检验。

④利用模型进行预测,根据要求,利用模型进行预测计算。

⑤统计检验,通过置信度检验,对预测结果进行评定。

(2)一元线性回归预测法

一元线性回归预测法是当预测对象(也称"因变量")只受一个主要因素(也称"自变量")影响,并且它们之间存在着明显的线性相关关系时所采用的回归预测方法。

一般一元线性回归模型为:

$$y_i = b_0 + b_1 x_i \qquad (3-19)$$

式中,x_i,y_i 为自变量和因变量的观察值;b_0,b_1 为回归系数。

一般采用最小二乘法来确定线性回归模型的系数 b_0,b_1,可得:

$$b_0 = \bar{y} - b_1 \bar{x} \tag{3-20}$$

$$b_1 = \frac{\sum_{i=1}^{n}(x_i - \bar{x})(y_i - \bar{y})}{\sum_{i=1}^{n}(x_i - \bar{x})^2} \tag{3-21}$$

式中，$\bar{x} = \frac{1}{n}\sum_{i=1}^{n}x_i$，$\bar{y} = \frac{1}{n}\sum_{i=1}^{n}y_i$。

得到预测结果后，可通过相关系数 r 对这组变量的相关性进行检验。

$$r = \frac{\sum_{i=1}^{n}(x_i - \bar{x})(y_i - \bar{y})}{\sqrt{\sum_{i=1}^{n}(x_i - \bar{x})^2(y_i - \bar{y})^2}} \tag{3-22}$$

$r \in [-1, 1]$，当 $r = 0$ 时，x 与 y 不相关；$|r| \to 1$ 时，x 与 y 相关程度高。

x 与 y 的关系，$0 < |r| \leq 0.3$ 时为微弱相关；$0.3 < |r| \leq 0.5$ 时为低度相关；$0.5 < |r| \leq 0.8$ 时为显著相关；$|r| > 0.8$ 时为高度相关。

(3) 多元线性回归预测法

在物流系统中，不仅存在预测对象只受一个主要因素影响的情况，多个因素同时作用于这个预测对象的情况也很常见。对于后一种情形，一般可用多元回归分析法来进行预测。

多元线性回归预测法是针对各个自变量和因变量 n 组观察数据，再明确因变量与各个自变量间存在线性相关关系的基础上，给出适当的多元回归方程，并据此做出关于因变量的发展变化趋势的预测。建立一个多元回归模型需要复杂的统计方法，可以利用统计软件包(如 SPSS、SAS 等)来建立多元线性回归方程。

(4) 非线性回归预测法。除了上述线性回归预测法外，还有非线性回归预测法，即数据的散点图呈非线性状态。非线性回归分为一元非线性回归和多元非线性回归。曲线的形式也根据实际数据的不同而呈现出不同的弯曲形状，如双曲线、指数曲线、s 形回归曲线等，依据不同的曲线来确定预测模型。多元非线性回归是回归预测模型中最复杂的，其数据量大，计算复杂，通常需要借助计算机来进行预测，这里不做详细介绍。

2. 弹性系数预测法

弹性系数预测法是在对一个因素发展变化预测的基础上，通过弹性系数对另一个因素的发展变化做出预测的一种间接预测方法。该方法应用于物流需求量预测时是一种简单的数学模型：

$$\widehat{Y}_{T+L} = Y_T(1 + i)^L \tag{3-23}$$

$$i = E_s q = \frac{i'}{q'} \tag{3-24}$$

式中，$\widehat{Y}_{T+L}$ 为预测对象在未来第 L 期的预测值；Y_T 为预测对象在当前统计期的值；i' 为预测对象在过去一段时间的平均增长率(%)；i 为预测对象在今后一段时间的平均增长率(%)；E_s 为弹性系数；q' 为类比变量在过去一段时间的平均增长率(%)；q 为类比变量在今后一段时间的平均增长率(%)。

3. 投入产出模型

投入产出模型是研究经济系统各个部分间表现为投入与产出的相互依存关系的数量经

济分析方法，它在投入与产出的相互关系的模型基础上通过观察投入量的变化来预测产出量的变化。

4. 先行指标法

在预测对象与其制约因素相互联系时，有时出现某些因素先发生可观察的变化，预测对象随后发生变化的现象。先行指标法就是统计那些与所预测的序列同方向变动，但其变动发生在所预测的序列变动之前的变量数据，再利用这些先行变量来进行预测。

3.2.4 BP 神经网络

如果将多个神经元按某种拓扑结构连接起来，就构成了神经网络。根据连接的拓扑结构不同，神经网络可分为四大类：分层前向网络、反馈前向网络、互连前向网络、广泛互连网络。

误差反向传播神经网络简称为 BP（Back Propagation）网络，它是一种三层或三层以上的多层神经网络，每一层都由若干个神经元组成。图 3-9 所示为一个 BP 神经网络的结构图，它的左、右各层之间各个神经元实现全连接，即左层的每一个神经元与右层的每个神经元都有连接，而上下各神经元之间无连接。BP 神经网络按有监督学习方式进行训练，当一对学习模式提供给网络后，其神经元的激活值将从输入层经各隐含层向输出层传播，在输出层的各神经元输出对应于输入模式的网络响应。然后，按减少希望输出与实际输出误差的原则，从输出层经各隐含层、最后回到输入层逐层修正各连接权。由于这种修正过程是从输出到输入逐层进行的，所以称它为"误差逆传播算法"。随着这种误差逆传播训练的不断进行，网络对输入模式响应的正确率也将不断提高。

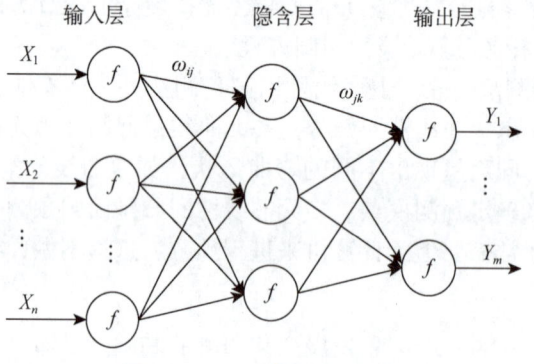

图 3-11　BP 神经网络示意

3.2.5 常见的预测方法汇总

随着现代智能控制理论、信息及计算机科学的发展，智能预测方法开始逐步被广泛应用于物流需求预测中，主要包括灰色预测法、神经网络、支持向量（SVM）及它们的改进形式等。此外，由于物流需求是一种复杂的非线性系统，单一预测方法由于在假设条件及使用范围上存在一定的局限性，难以全面反映物流需求的变化规律，因此将多个单一方法的预测结果进行适当组合，在一定条件下可以克服单一预测方法的局限性，提高物流需求预测的精度。目前国内外已有学者将不同预测方法进行组合，获得了比单一预测方法更高的预测精度，但对组合预测方法来说，如何选择单一模型进行组合及如何确定组合预测方法的最优权重使其能够更有效地提高预测精度，至今尚无成熟的理论和方法，仍然是研究的前沿热点。

常见的预测方法如表 3-4 所示。

表 3-4　常见的预测方法

方法	说明	预测期
德尔菲法	以一定顺序的问卷询问一组专家，对一份问卷的回答将用来制作下一份问卷。这样，仅由某些专家掌握的信息都会传递给其他专家，使所有专家都掌握所有预测信息。该方法剔除了跟随多数意见的跟风效应	中长期预测
市场调查法	对市场展开系统调查，依照调查结果确定预测资料	中期预测
小组意见法	一组专家相互沟通，发表各自意见，然后综合专家意见	中长期预测
销售人员估计法	预测时征求销售人员意见，因为销售人员接近客户，所以他们能很好地估计客户的需求	中短期预测
综合评估法	利用个人的见解判断需求，可能情况下利用未来不同情景下的事实做出预测。该方法的特点是利用了主观猜想和想象，对预测人员的专业水平要求较高	中长期预测
历史模拟法	通过未来与历史进行对比分析，对相似模式做出预测	中长期预测
移动平均法	时间序列上移动平均的每点都是一系列连续点的算术平均数或加权平均数。需要选择若干数据点，以消除季节性影响或不规律性或两者的共同影响	短期预测
指数平滑法	类似于移动平均法，只是对更近期的点给予更大的权数。在描述上，新的预测值等于旧的预测值加上过去预测误差的一定比重。两重或三重指数平滑法是基本模型的变形。该方法解决了时间序列的趋势和季节性变化问题	短期预测
伯克斯-詹金斯法	对季节性和趋势性因素进行调查，估计相应的权重参数，通过复杂的计算机迭代过程，不断地检验模型，建立自回归的、综合的移动平均模型	中短期预测
时间序列分解法	将时间序列分解成季节性、趋势性和规律性因素	中短期预测
趋势映射法	用数学方程式拟合趋势曲线，然后利用方程将其映射到未来	中短期预测
谱分析法	将时间训练分解成几个基本成分（称作"谱"），这些成分以几何的正弦-余弦曲线来表示。重新组合这些谱，求出其数学表达式，并用来进行预测	中短期预测
回归分析预测法	根据历史统计数据，建立需求与其他变量或解释变量间的联系。这是一种常用的预测技术	中短期预测
弹性系数预测法	在对一个因素发展变化预测的基础上，通过弹性系数对另一个因素的发展变化做出预测的间接预测方法	中短期预测
计量经济模型法	利用一组相互依赖的回归方程来描述各种经济活动的关系	中短期预测

续表

方法	说明	预测期
购买意向和预期调查法	对公众进行调查，获取公众购买意向和得到指数来衡量公众对现在和未来的普遍想法，并估计这些想法将如何影响购买习惯。用这一预测方法进行跟踪和预警，比一般预测更有用。该方法的主要问题是可能发生错误的转折点信号	中期预测
投入产出模型	主要研究经济领域中产品和服务在产业间或部门间的流动关系	中期预测
经济投入产出模型	计量经济模型与投入产出模型的组合。投入产出模型为计量经济模型提供长期趋势	中期预测
先行指标法	利用一个或多个先行变量进行预测，这些先行变量都与预测变量系统有关	中短期预测
生命周期法	根据S曲线分析、预测产品的增长。在不同阶段，产品可分别被创新者、早期接受者、早期多数、晚期多数、滞后者接受，这一划分是该预测方法的核心	中长期预测
适应模拟法	是实际产出和预测产出加权之和的导数，通过系统的变化反映数据模式的变化	中短期预测
动态模拟法	利用计算机模拟不同时期各影响因素对需求的影响	中短期预测
精确反应法	获取可靠信息后再做出预测。如利用信息系统及时提取销售信息，做出库存、采购决策	短期预测
神经网络法	受生物神经功能的启发而形成的数学预测模型。模型的特点是新数据到来后，模型可以学习。对于不连续的时间序列，该方法比其他时间序列模型预测得更准确	短期预测
灰色预测法	通过少量的、不完全的信息，建立灰色微分预测模型，对事物发展规律做出模糊性的长期描述的方法	中长期预测

本章小结

本章介绍了物流系统需求预测的基本概念、作用、特征，在分析预测的理论基础和概念模型的基础上，给出了物流系统需求预测的特征，进一步阐述了预测的步骤、分类和评价标准。重点介绍了物流系统需求预测的基本方法，包括判断预测方法、时间序列预测方法、因果关系预测法、BP神经网络等。

翻转课堂讨论话题

针对你们小组选取的案例，分析其是否有需要预测的数据，如何预测？

第 4 章 物流网络规划与设计

学习目标

- 能够描述区域物流系统规划与设计的内容。
- 能够分析案例中不同分销网络的特点及适用性(学习重点)。
- 能够辨别不同企业的物流网络结构类型。
- 能够正确选用不同的物流节点选址模型并求解(学习重点、学习难点)。

开篇案例

2021年2月,中共中央、国务院印发了《国家综合立体交通网规划纲要》(以下简称《纲要》)。《纲要》明确,中国未来交通发展的目标是,到2035年,基本建成便捷顺畅、经济高效、绿色集约、智能先进、安全可靠的现代化高质量国家综合立体交通网。

中国交通网要实现国际国内互联互通、全国主要城市立体畅达、县级节点有效覆盖,有力支撑"全国123出行交通圈"(都市区1小时通勤、城市群2小时通达、全国主要城市3小时覆盖)和"全球123快货物流圈"(国内1天送达、周边国家2天送达、全球主要城市3天送达)。

构建物流强国,离不开基础的运输网络,长期以来作为大陆型国家,中国75%运输靠公路,铁路和民航都成了运输物流的小配角。公路运输也带来大量污染和拥堵。《纲要》的推出或将大大改变中国物流运力结构,构建以铁路为主干、以公路为基础,水运、民航比较优势充分发挥的国家综合立体交通网。

到2035年,国家综合立体交通网实体线网总规模合计70万公里左右(不含国际陆路通道境外段、空中及海上航路、邮路里程),其中铁路20万公里左右,公路46万公里左右,高等级航道2.5万公里左右,沿海主要港口27个,内河主要港口36个,民用运输机场400个左右,邮政快递枢纽80个左右。

"十三五"期间,中国铁路运营总里程14.6万公里,覆盖99%的20万人口以上的城市，其中高铁运营里程约 3.8 万公里。公路虽"公"，但收费之痛长在。公路通车里程约 510 万公里，其中高速公路 15.5 万公里，居世界第一，覆盖 98.6% 的 20 万人口以上的城市和地级行政中心。海岸虽"长"，但海运偏外向型。中国拥有较长海岸线，沿海港口万吨级及以上泊位数达 2 530 个。内河高等级航道达标里程达 1.61 万公里。但中国高端海运物流市场被外资把控。航空真"空"，货机空空如也。中国虽然成为全球航空货运大国，但截至 2020 年年底，货运机场发展与美国差距悬殊，截至 2019 年，境内通航城市 234 个，境外通航 167 个城市。全国货运机队合计不及 FedEx、UPS、DHL 任何一家多。

根据《纲要》规划，2021—2035 年，铁路总里程需要新增 5.4 万公里（其中高铁新增 3.2 万公里，高速公路新增 0.5 万公里，内河高等级航道增加 0.89 万公里，民用运输机场新增 159 个），从而构建以京津冀、长三角、粤港澳大湾区和成渝地区双城经济圈等 4 个核心地区作为极，由 6 条主轴、7 条走廊、8 条通道组成的主骨架，建设综合交通枢纽集群、枢纽城市及枢纽港站"三位一体"的国家综合交通枢纽系统。

（资料来源：《国家综合立体交通网规划纲要》）

思考题：国家综合立体交通网规划对中国物流业的发展会起到什么作用？

4.1 区域物流规划

微课视频：区域物流网络规划

4.1.1 区域物流系统规划与设计概述

1. 区域物流系统规划与设计的含义

区域物流系统规划与设计是在明确区域物流系统内、外部环境变化的基础上，通过对区域内各城市节点之间的交通便利程度、区域物流系统的基础设施，如港口、码头、铁路、公路、水运、航空站点等，以及区域中不同城市在区域经济发展中的定位、城市产业发展规划、城市物流系统的目标定位，确定区域物流系统的基础设施体系、信息平台、发展政策的过程。

2. 区域物流系统规划与设计的目标

区域物流系统规划与设计的目的在于协调、指导区域中的资源配置，对区域内社会资源，包括土地资源、资本资源、人力资源等围绕物流活动进行整合，使之与政府管理程序及相关规划之间实现顺利衔接，提供地区最便利、最高效的物流服务，以降低物流成本，改善投资环境，带动产业结构调整，增强区域内企业活力，促进区域经济发展。

3. 区域物流系统的城市定位规划

区域物流是城市物流的转化和升级，区域物流不仅包括生产领域、流通领域，还包括消费领域；不仅涉及区域中的城市物流，更重要的是还包括城市之间的物流。因此，确立区域物流系统规划，要以城市为依托组织区域统一的商品流通，调整供需关系，充分发挥城市对货物的集散和蓄水池作用，促进区域物流系统的合理化。

在区域物流系统规划与设计中，需要对区域中不同城市节点的物流功能做出定位，统筹区域物流系统的空间布局，最大限度地调动区域内部各城市的资源，实现优势互补和错位发展，避免城市间的恶性竞争和资源浪费，提高区域物流系统的服务水平。根据城市在区域经济中的作用，城市物流基础设施条件、辐射能力、交通网络结构等，采用SWOT分析方法、市场细分和定位理论等，明确城市的优势、劣势、机会和威胁，确定区域物流系统中的中心城市、次中心城市、市场服务范围、辐射圈层结构。

4. 区域物流系统规划与设计的内容

①区域物流系统节点规划。区域物流系统节点连接两种及两种以上类型的区域运输通道，或一种运输通道类型的多条干、支线，主要作用是实现城市物流之间的转运，如公路分拨运输中心、公铁联运中心、海铁联运中心等。合理布局这些物流节点，确定其功能和规模，可以提高区域物流系统的发展水平。

②区域物流通道规划。合理的通道设计能够保证物流的畅通，增强区域的吸引力。应充分利用区域交通主干道、高速公路、国道等资源，根据实际资源情况，结合未来的发展规划，保证物流通道的可行性、合理性、畅通性。对物流通道的设计应该考虑以下因素：城市物流需求主体、供应主体的分布；区域对外物流节点的位置；区域内外的交通主干道、高速公路、国道、铁路干线的分布及其联系方向；主要物流方向；物流节点与各个港站的联系。

③区域物流系统信息平台规划。信息技术以其科技优势和广阔的发展前景对物流管理决策、组织结构、业务运作方式起到重大的改革和促进作用。在设计中应该涵盖以下内容：物流信息系统采用的关键技术、物流信息系统的主要功能、物流信息平台的结构、物流信息系统的发展模式。

④区域物流系统的发展政策规划。完善的政策保障系统将有利于为整个体系框架的实施创造良好的发展环境，主要包括以下内容：综合协调机制的建立、物流供需市场的培育、物流标准化的推进、物流专业人才的培养及物流政策法规的健全等方面。

4.1.2 区域物流系统空间布局规划

1. 区域物流系统总体布局形态

由于不同区域的地理基础及经济发展特点的差异，区域物流系统在形成过程中具有不同的内在动力、形势及不同的等级和规模，在不同的社会经济发展阶段下，区域物流系统的空间结构呈现出不同的形态。根据东北师范大学陈才教授对区域经济地理学的研究，区域物流系统的空间结构大致可以分为放射状网络、放射环状网络、环状网络、轴带网络、扇形网络与"一"字形网络等形态，如图4-1所示，相应的结构形态分析，如表4-1所示。

放射状网络　　放射环状网络　　环状网络

轴带网络　　扇形网络　　"一"字形网络

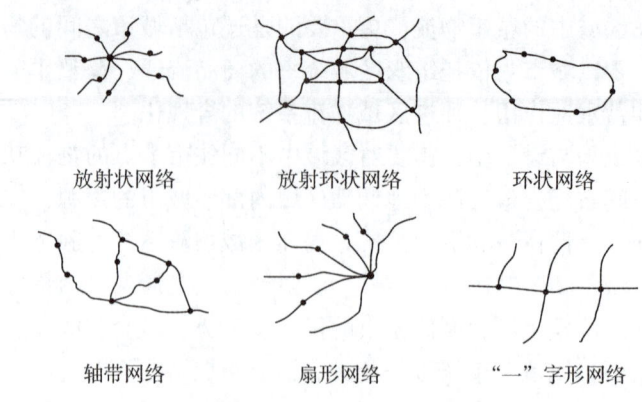

图 4-1　区域物流系统的空间结构

表 4-1　区域物流系统空间结构形态分析

结构形态	结构模式	结构特征
放射状	集聚点为重要枢纽，由此向外延伸多条交通线	放射状中心形成大都市 网络密度与大都市规模作用正相关 网络上形成中小城市
扇形	以港口为枢纽，由此向外	网络密度与大都市发展规模正相关 港口及辐射地区易形成城市群
轴带	以骨干交通线为主轴交织成网	扩展成轴和交线 易形成城市经济带或产业带
环状与"一"字形	主要交通干线呈环形和"一"字形	区域自然环境和区位条件制约 网络的基础设施建设

2. 区域物流系统节点等级划分

在区域物流系统中，根据物流节点的物流活动范围及其对区域内外物流经济贡献的大小，可将物流节点划分为核心节点、中心节点、重要节点和普通节点。由此四类节点构成了区域物流系统的空间等级体系。

①核心节点是指区域内主要铁路、公路、水路、航空等物流综合运输手段集成化的城市，具有良好的经济基础和广阔的物流腹地。

②中心节点是指区域内具有良好的经济基础和优越的交通区位条件，且物流发展水平较为成熟的地区或城市。

③重要节点是指一般具有较优越的物流发展条件和较高的物流发展水平的地区或城市。

④普通节点主要担负区域内的物流集散与中转。

3. 区域物流系统节点的功能规划与设计

物流节点一般具备停车、配载、仓储保管、货物配送、城际货物运输、拼箱拆箱、信息服务、生产加工、分拣包装等基本服务功能，同时具有货物调剂、物流技术开发与系统设计咨询、物流咨询培训服务等延伸服务功能，以及车辆辅助服务、金融配套服务、生活配套服务、工商税务海关等配套服务功能。

上述物流服务功能既不能均分到各个物流节点，也不能汇总到某个物流节点，应将各

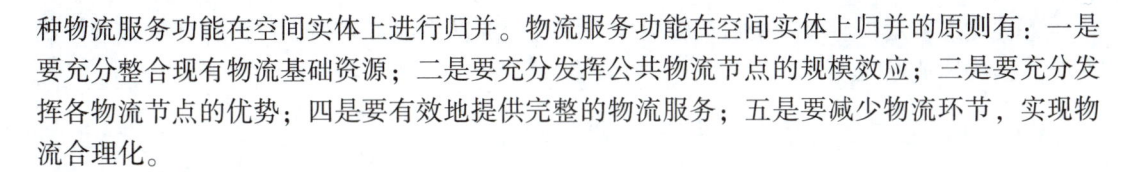

种物流服务功能在空间实体上进行归并。物流服务功能在空间实体上归并的原则有：一是要充分整合现有物流基础资源；二是要充分发挥公共物流节点的规模效应；三是要充分发挥各物流节点的优势；四是要有效地提供完整的物流服务；五是要减少物流环节，实现物流合理化。

4.1.3 区域物流通道的规划与设计

区域物流通道规划与设计是充分利用或改造、扩展已形成的交通运输网络，在一定的运输组织方式下，分析验证现有的交通运输网络、运输组织方式是否能够满足未来的物流系统需求，并根据物流发展需要，对现有网络、运输组织方式进行改造，满足物流服务需求的物流通道方案。

1. 物流通道规划与设计的原则

①运输网络和运输组织相协调。物流通道的构成有两个基本点：一是发达的硬件设施，包括铁路、公路、水路、航空等交通网络；二是完善的组织管理，包括先进的运输组织、管理形式。因此，物流通道规划与设计是交通网络与运输组织方式的优化问题。

②与区域交通运输协调一致。综合考虑所在区域的铁路、公路、水路、航空、管道运输方式的优势与特点，根据区域货物品种、形态、尺寸、规模、流向及运输距离、运输成本等特征，构建优势互补、协调发展的区域综合物流运输网络。

③满足物流节点功能实现的需要。区域中不同的物流节点承担了不同的物流功能，但不论是哪一类物流节点，都具有货物运输或配送的功能，而这些功能的实现离不开物流通道。因此，应针对不同物流节点所承担的功能差异选择不同的运输通道，以满足物流节点功能实现的需要。

④必要性和可能性的结合。物流通道规划与设计，既要考虑社会经济发展对货物运输的需要，尽可能地建设与社会经济发展相协调的交通运输网络，又要充分考虑人力、物力、财力等建设条件的限制，实事求是地进行通道的规划、布局及实施安排。

2. 物流通道规划与设计的思路

物流通道规划与设计是在一定的交通运输组织和管理制度下，对区域物流通道的改造或扩建进行规划的过程。首先，对规划区域范围内现有物流通道的能力、组织方式进行调查分析，按照一定的运输组织方式，计算现有交通运输网络的运输能力及利用情况；其次，利用交通规划模型（如四阶段模型）预测区域范围内各种交通运输方式的 OD 量（Origin 即起点，Destination 即终点，OD 量即起点到终点的流量）；最后，将未来 OD 量与现有运输网络的运输能力、利用情况进行比较，从而确定物流通道规划方案。具体过程如下：

①交通需求预测。预测各城市节点间各种运输方式的 OD 量。

②OD 量的分配。将各种运输方式的 OD 量分配在现有交通网络上，计算各交通网络的交通流量或运输量。

③确定交通网的运输组织方案。根据物流服务要求，确定若干基本的运输组织模式。在既定的运输组织模式下，计算现有交通网的运输能力。

④确定交通网配置方案。将计算出的交通网络的交通流量或运输量与计算出的运输力进行比较，如果前者大于后者，说明在规划的运输组织方案下，现有的交通网配置不能满足未来物流发展需要，需做出若干交通网络配置调整方案。

⑤优化方案选择。对各交通运输组织方案、交通网络配置方案进行比较评价，选择优化方案作为物流通道规划设计方案。

4.1.4 区域物流信息平台的规划与设计

区域物流信息平台规划与设计的目的是利用网络化、信息化的优势，通过对整个物流系统资源的优化整合，为区域物流系统提供共享交互的信息载体，为企业提供高质量、高水平的增值服务，实现物流系统的优化运作。

区域物流系统信息平台建设主要包括企业物流信息平台、物流园区(中心)信息平台和公共物流信息平台三个层面，如图4-2所示。

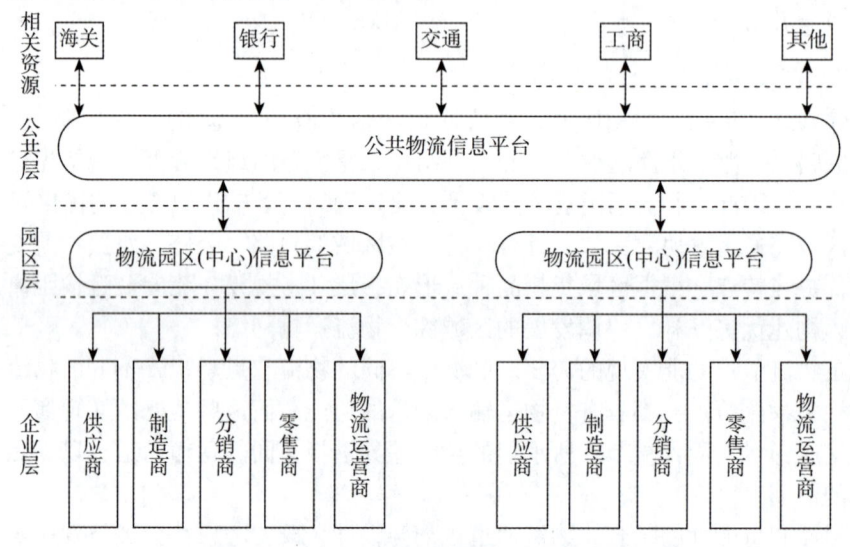

图4-2 区域物流系统信息平台的组成

①企业物流信息平台。企业物流信息平台主要根据物流企业、生产企业、商业企业的内部物流信息一体化、网络化、高效化的需求，构建企业物流信息系统，并逐步在供应链上下游企业及合作伙伴之间实现信息共享。

②物流园区(中心)信息平台。物流园区(中心)信息平台是整合物流园区(中心)内企业的信息资源，为物流园区(中心)内企业提供信息共享和增值物流服务，实现物流园区(中心)内企业间的信息共享，促进物流园区(中心)内企业的信息化建设。

③公共物流系统信息平台。公共物流系统信息平台是通过整合区域物流资源和社会资源，为区域内各物流节点和企业提供信息服务，优化整个区域物流系统的信息平台。

4.1.5 区域物流系统发展政策规划

在进行区域物流系统规划时，应将物流发展政策规划作为不可忽视的规划内容，为物流业的健康、持续发展创造良好的体制和市场环境。一般而言，区域物流系统发展政策规划应着重考虑以下五个方面：

1. 综合协调机制的建立

当前，中国与物流业相关的交通、铁路、工商、税务、海关、商检等分属不同的政府部门，条块分割的客观存在已经成为现代物流业发展的严重阻碍。因此，区域物流系统发展政策规划要着力解决这个问题,采取有效措施建立起相关部门的综合协调机制,为现代物流业的发展铺平道路。

2. 物流供需市场的培育

目前中国的第三方物流市场所占的比例依旧很小,许多工商企业的物流业务仍处于自营状态,这是造成中国物流成本居高不下的重要原因。这是由于大多数工商企业不愿将其物流业务外包,因此造成物流需求市场严重不足,物流企业难以发展,从而形成了一种恶性循环。区域物流系统发展政策规划应提出切实可行的措施,大力培育物流业的供需方市场,促进现代物流业的良性发展。

3. 物流标准化的推进

中国现阶段物流业有待改进的方面较多,如货物在途运输时间、搬运装卸时间、基础设施单位生产率等方面还有很大的提高和改善余地,造成这种情况的主要原因是中国物流标准化工作起步较晚,不同物流作业环节之间衔接不易。因此,区域物流系统发展政策规划应该有针对性地提出推进物流标准化工作的重点与措施。

4. 物流专业人才的培养

目前中国的物流专业人才还处于短缺状态,尤其是缺乏具有较强工程应用能力与管理能力的综合性物流人才,这已经成为制约现代物流业快速发展的主要因素。因此,物流发展政策规划应该针对区域与企业具体情况,提出相应的对策,以期为物流业的发展提供必要的人才保障。

5. 物流政策法规的健全

物流产业的发展离不开良好的物流市场环境,而物流市场环境的建立离不开有关政策法规的扶持与引导。因此,区域物流系统发展政策规划要有针对性地提出政府应给予物流产业的扶持政策、优惠政策及引导政策等。

此外,区域物流系统发展政策规划还应该包括注重树立全社会的现代物流意识、促进物流业与相关产业的协调发展及加强对现代物流运行客观规律的实证研究等内容。

4.2 企业分销网络设计

微课视频:企业物流分销网络设计

4.2.1 分销网络的影响因素

在战略层次上,分销网络的绩效应从两个方面进行评估,即顾客的需求和满足顾客需求的成本。因此,在比较不同的分销网络时,必须评估对客户需求和需求成本的影响。客户需求的满足会影响公司的收入,而收入和成本一起决定了配送网络的盈利能力。

虽然客户价值受到很多因素的影响,但主要应关注那些受分销网络结构影响的方面,包括客户响应时间、产品多样性、产品可获得性、新产品上市时间、顾客购物体验、订单能见度和产品退回性。

客户响应时间是客户接收订单所花费的时间。产品多样性是指分销网络所提供的不同产品和配置的数量。产品可获得性是当收到客户订单时，产品在库存中的可能性。新品上市时间是指将一种新产品推向市场所花费的时间。顾客购物体验包括客户下订单和接收订单的容易程度，以及这种体验的定制程度。订单能见度是客户跟踪其订单从下单到交付的能力。产品退回性是指顾客退回不满意商品的容易程度，以及网络上处理退货的能力。客户似乎总是希望在所有这些方面都有最高水平的性能。然而在实践中，情况并非如此。在当当网订购图书的顾客愿意比开车去附近的书店买同一本书的人等待更长的时间。相比之下，顾客在当当网可以找到更多种类的书。因此，当当网的客户以快速响应时间换取高水平的多样性。针对那些以能够忍受响应时间长的客户为目标客户的公司，只需要建设很少的远离客户的地点，这些公司可以专注于增加每个地点的产量。相比之下，以重视响应时间短的客户为目标客户的公司需要把物流设施设在靠近他们的地方。因此，客户期望的响应时间的减少增加了分销网络中所需设施的数量，如图4-3所示。

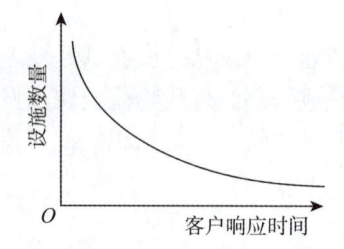

图 4-3　设施数量与客户响应时间关系

改变分销网络设计会影响以下供应链成本：库存、运输、物流设施与操作和信息，另外两个驱动因素，采购和定价也会影响分销系统的选择。

随着供应链中设施数量的增加，库存和由此产生的库存成本也会增加，如图4-4所示。为了降低库存成本，企业试图整合和限制其供应链网络中的设施数量。

入库运输成本是指将货物运至仓库所产生的成本。出库运输成本是将货物送出仓库的成本。每个单位的出库运输成本往往高于入库成本，因为入库批次的规模通常更大。例如，当当的仓库在入库端接收整卡车装运的图书，而在出库端只向每个客户发送少量图书的小包裹。仓库位置数量的增加会降低客户的平均出库距离，使得出库运输距离在产品总运输距离中所占比例变小。因此，只要保持入库运输的规模经济，增加设施数量就会降低总运输成本，如图4-5所示。如果设施数量增加到一定程度，以致入库运输的规模非常小，并导致入库运输的规模经济效益显著损失，则设施数量的增加会增加总运输成本。

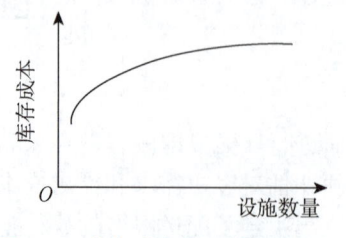

图 4-4　库存成本与设施数量关系 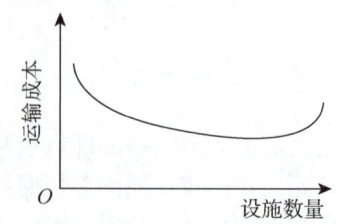　　图 4-5　运输成本与设施数量关系

设施成本随着设施数量的减少而降低,如图 4-6 所示。总物流成本是供应链网络的库存、运输和设施成本的总和。随着设施数量的增加,总物流成本先下降后上升,如图 4-7 所示。每个公司应该至少有一些物流设施,使总物流成本最小化。当当拥有多个仓库,主要是为了降低物流成本(并提高响应时间)。如果一家公司想要进一步减少对客户的响应时间,就可能不得不增加物流设施的数量,而不是最小化物流成本。只有当管理者确信更好的响应能力所带来的收入增长大于额外设施所带来的成本增长时,公司才应该在成本最小化点之外增加设施。

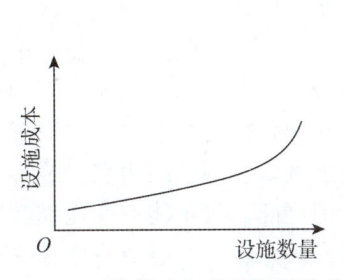

图 4-6 设施成本与设施数量关系

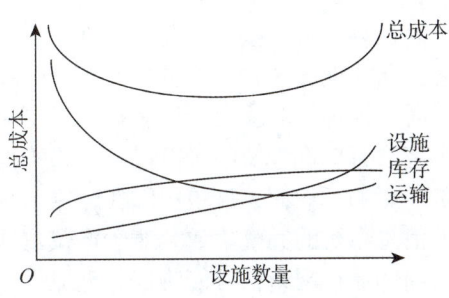

图 4-7 总成本与设施数量关系

前面列出的部分是评估不同分销网络设计的主要衡量标准。在下一节中,将讨论各种分销网络及其相对的优势和劣势。

4.2.2 分销网络类型及其特点

在本节中,将讨论从制造商到最终消费者的分销网络选择。管理者在设计分销网络时必须做出两个关键决策:第一,产品是送到客户所在地还是从预先安排的地点提货?第二,产品是否会通过中介(或中间位置)运输?基于公司的行业和对这两个问题的回答,设计分销网络分类如下:其一,制造商储存并且直接运送;其二,制造商储存并且直接运送及整合转运;其三,分销商储存并由运输公司配送;其四,分销商储存并自己配送;其五,制造商/分销商储存并由顾客取货;其六,零售商储存并由顾客取货。

1. 制造商储存并且直接运送

在该模式中,产品直接从制造商运送到终端客户,绕过零售商(零售商接收订单并发起运送请求)。这种模式也被称为 drop-shipping。零售商没有库存,信息通过零售商流向制造商,产品直接从制造商运送到客户,如图 4-8 所示。

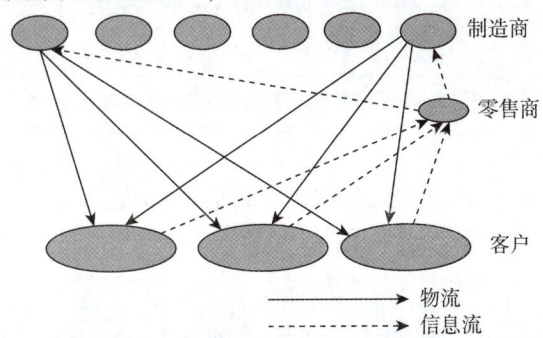

图 4-8 制造商储存并且直接运送模式

此种模式的最大优势是能够集中库存。因此,供应链能够以较低的库存水平提供高水平的产品可用性。由于所有的库存都集中在制造商那里，这就消除了对供应链中其他仓储空间的需求。也可以节省一些处理成本，因为不再发生从制造商到零售商的转移。然而，因为制造商被要求以完整的箱子将物品转移到工厂仓库，然后以单个单元从仓库发货。制造商无法开发单个单元的交付能力，可能会对处理成本和响应时间产生显著的负面影响。如果制造商有能力直接从生产线运送订单，可以显著降低处理成本。零售商和制造商之间需要一个良好的信息基础设施，以便零售商能够向客户提供产品可用性信息。即使库存位于制造商，客户也应该能够看到制造商的订单处理过程，即使下订单是在零售商处。

制造商储存并且直接运送模式允许新产品在第一批产品生产的那一天就进入市场，以送货到客户所在地的形式提供良好的客户体验。然而，当包含多个制造商产品的单个订单分批交付时，这种体验就会受到影响。订单能见度在制造商储存上非常重要，因为供应链中的每个客户订单都涉及两个阶段。如果不能提供这种功能，很可能会对客户满意度产生重大的负面影响。然而，订单跟踪在运输系统中变得更加难以实现，因为它需要零售商和制造商的信息系统的完整集成。对于像戴尔这样的直接销售商，订单能见度提供起来更简单。制造商的储存网络很可能难以处理退货，损害了客户满意度。在制造商储存并且直接运送的情况下，退货的处理更加昂贵，因为每个订单可能涉及来自多个制造商的发货。可以用两种方法处理退货，第一种方法是客户直接将产品退回给制造商，第二种方法是零售商建立一个独立的机构（跨越所有制造商）来处理退货。第一种方法产生了高昂的运输和协调成本，而第二种方法需要投资设施来处理退货。

表4-2和表4-3总结了不同维度的制造商储存并且直接运送模式的绩效特征。

表4-2 制造商储存并且直接运送模式服务因素绩效

服务因素	绩效
客户响应时间	由于距离增加和两阶段订单处理，会有1至2周较长响应时间。响应时间可能因产品不同而相异，收货过程因此复杂
产品多样性	容易提供高的多样性
产品可获得性	容易提供高的产品现有量，因为产品在制造商处集结
新产品上市时间	快速，第一个单位一生产出来就立即有产品可供应
顾客购物体验	以宅配较佳，但必须容忍若订单是从几家不同的制造商发出，而货品必须分批送达
订单能见度	较为困难，但从客户服务观点来看较为重要
产品退回性	昂贵且不易执行

表4-3 制造商储存并且直接运送模式成本因素绩效

成本因素	绩效
存货	因整合而有较低成本。对低需求及高价值品项，其整合效益最高。假如产品能被延迟至制造商端，其效益会更大
运输	因为距离增加和分散运送，运送成本会较高
物流设施与操作	因整合而有较低设施成本。假如制造商能管理小运量或从生产线运送，会节省搬运成本
信息	信息基础架构上需要明显投资，以整合制造商与零售商

鉴于其性能特点，制造商储存并且直接运送模式最适合于大批量、低需求、高价值的物品，且客户愿意等待发货并接受分批发货。

2. 制造商储存并且直接运送及整合转运

在制造商储存并且直接运送模式中，订单中的每个产品都直接从制造商运送到最终客户，而在制造商储存并且直接运送及整合转运模式中，运输过程会合并来自不同地点的订单。制造商储存并且直接运送及整合转运模式的信息流和物流如图 4-9 所示。戴尔公司就使用了在途运输合并的方式，当客户从戴尔公司订购一台计算机和一台索尼显示器时，包裹承运商从戴尔工厂提货，从索尼工厂提货；然后，它将两者合并到一个运送线路中，最后向客户进行一次交付。与制造商储存并且直接运送一样，在运输过程中合并的一个显著优势是能够汇总库存和推迟产品定制。在途合并使戴尔和索尼可以保留他们在工厂的所有库存。这种方法对于需求难以预测的高价值产品，尤其是在产品定制可以推迟的情况下，收益最大。虽然需要增加协调，但通过合并最后一起交货，减少了相对的运输费用。

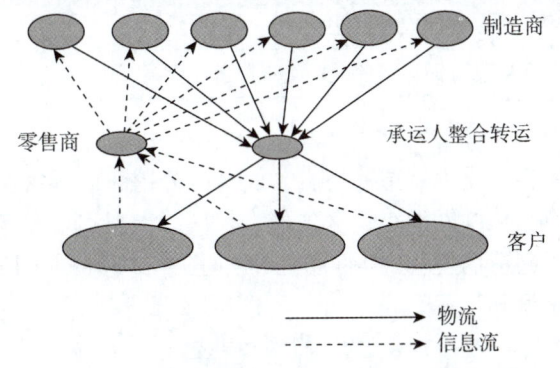

图 4-9　制造商储存并且直接运送及整合转运

由于需要执行整合，客户响应时间可能稍微长一点。客户体验可能会比直接交付更好，因为客户对于一个订单只接收一次交付，而不是多次分批交付。虽然订单能见度最初的设置是困难的，因为它需要制造商、运输商和零售商的集成，但由于在运输中心进行整合，跟踪本身变得更容易。退货率与制造商储存并且直接运送模式类似，退货处理可能会出现问题。表 4-4 和表 4-5 比较了采用制造商储存并且直接运送与制造商储存并且直接运送及整合转运的绩效。与直接运送相比，整合转运的主要优势是降低运输成本和改善客户体验。主要的缺点是在整合转运过程中会产生额外的工作。考虑到它的性能特点，制造商存储并且直接运送及整合转运模式最适合于客户需求为低需求到中等需求、高价值的产品，零售商向有限数量的制造商采购的情形。与制造商储存并且直接运送模式相比，在运输过程中整合对每个制造商的要求更高。当有太多的制造商时，运输中的整合转运可能很难协调和实现。如果不超过 4 或 5 个制造商地点，那么整合及转运是最好的实现方式。

表 4-4　制造商储存并且直接运送及整合转运模式服务因素绩效

服务因素	绩效
客户响应时间	和直接运送模式类似，可能略长
产品多样性	和直接运送模式类似
产品可获得性	和直接运送模式类似

续表

服务因素	绩效
新产品上市时间	和直接运送模式类似
顾客购物体验	因为接收单一运送的产品,所以比直接运送好
订单能见度	和直接运送模式类似
产品退回性	和直接运送模式类似

表 4-5　制造商储存并且直接运送及整合转运模式成本因素绩效

成本因素	绩效
存货	和直接运送模式类似
运输	比直接运送模式有较低的成本
物流设施与操作	相对于直接运送模式而言,货物运输业者对于装卸设备付出搬运成本较高,客户所接收的成本较低
信息	在信息方面运用的投资比直接运送更高

3. 分销商储存并由运输公司配送

在该种模式下,库存不是由制造商持有,而是由分销商或零售商在中间仓库持有,而物流承运人被用来将产品从中间地点运送到最终客户。当当和京东等工业分销商已经使用了这种方法,并结合了制造商(或分销商)的投递。图 4-10 显示了使用分销商储存并由运输公司配送模式的信息流和物流。

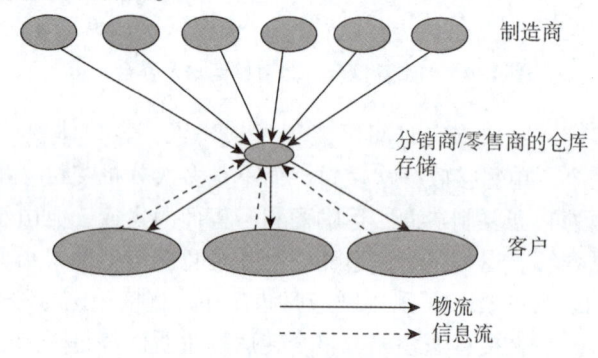

图 4-10　分销商储存并由运输公司配送模式

相对于制造商储存,分销商存储需要更高的库存水平。从库存的角度来看,分销商存储对于需求较高的产品是有意义的。他们只在仓库里储存那些流动性快的货物,而那些流动性慢的货物则储存在供应链上游。

表 4-6 和表 4-7 为分销商储存并由运输公司配送模式的绩效表现。

表 4-6　分销商储存并由运输公司配送模式服务因素绩效

服务因素	绩效
客户响应时间	比制造商储存模式短
产品多样性	比制造商储存模式少

服务因素	绩效
产品可获得性	和制造商储存模式相同程度的现有量，其成本较高
新产品上市时间	比制造商储存模式更慢
顾客购物体验	便于采用直接运送的制造商储存模式
订单能见度	比制造商储存模式容易
产品退回性	比制造商储存模式容易

表 4-7　分销商储存并由运输公司配送模式成本因素绩效

成本因素	绩效
存货	比制造商储存模式高，对快速周转的产品没有太大的差异
运输	比制造商储存模式低，对快速周转的产品减少量更大
物流设施与操作	比制造商储存模式高一些，对周转慢的产品有较大的差异
信息	相对于制造商储存模式，基础建设较为简单

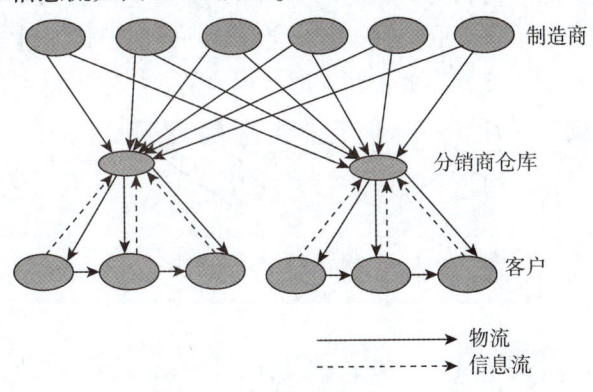

4. 分销商储存并自己配送

分销商储存并自己配送是指分销商或零售商将产品送到客户家中，而不是用包裹承运人进行配送。Webvan、Peapod 和 Albertsons 已经在食品杂货行业使用了该种模式。在中国，京东商城就是采用的这种分销网络。汽车零部件行业是以分销商储存并自己配送为主导模式。对于分销商来说，将所有的备件储存在库存中是非常昂贵的。因此，设备制造商倾向于向当地的分销中心运送大部分备件，这些分销中心通常距离他们的分销商不超过几个小时的车程，而且通常由第三方管理。当地的配送中心负责将所需的零部件交付给分销商，每天进行多次配送。分销商储存并自己配送要求分销商仓库更接近客户。分销商储存并自己配送的物流和信息流如图 4-11 所示。

图 4-11　分销商储存并自己配送模式

从库存的角度来看，分销商储存并自己配送模式适合于流通性快的物品，这些物品需求高。在所有的分销网络中，运输成本最高的是分销商储存并自己配送模式，特别是在配送给个人的时候。这是因为由统一的运输公司在许多分销商之间进行整合运输，能够获得比分销商储存并自己配送更好的规模经济效益。

表 4-8 和表 4-9 为分销商储存并自己配送模式的绩效表现。

表 4-8 分销商储存并自己配送模式服务因素绩效

服务因素	绩效
客户响应时间	非常快速，当天至隔日送达
产品多样性	比分销商储存运输公司配送低，但比零售商储存模式高
产品可获得性	除了零售店外，获得的产品比任何其他模式花费更贵
新产品上市时间	比分销商储存并由运输公司配送稍微快一点
顾客购物体验	非常好，尤其是对庞大物品而言
订单能见度	和制造商或分销商储存并由运输公司配送相比容易许多且不成问题
产品退回性	比其他模式容易执行，比零售网络模式困难且花费昂贵

表 4-9 分销商储存并自己配送模式成本因素绩效

成本因素	绩效
存货	比分销商储存并由运输公司配送高
运输	在最少规模时成本非常高，比其他任何配送模式都高
物流设施与操作	设施成本高于制造商存储或分销商存储，但低于连锁零售商店
信息	和分销商储存并由运输公司配送类似

5. 制造商/分销商储存并由顾客取货

在制造商/分销商储存并由顾客取货模式中，库存储存在制造商或分销商的仓库中，客户在网上或电话上下单，然后前往指定的取货点取货。订单会根据需要从储存地点运送到取货点。2007 年，沃尔玛推出了网站到店服务，允许顾客在 Walmart.com 网上订购数千种商品，并将商品免费运送到当地的沃尔玛商店。商品在订单处理后的 7 到 10 个工作日内到达商店，当顾客的订单可以取货时，客户会收到一封电子邮件通知。

图 4-12 为制造商/分销商储存并由顾客取货模式的客户流、物流和信息流。

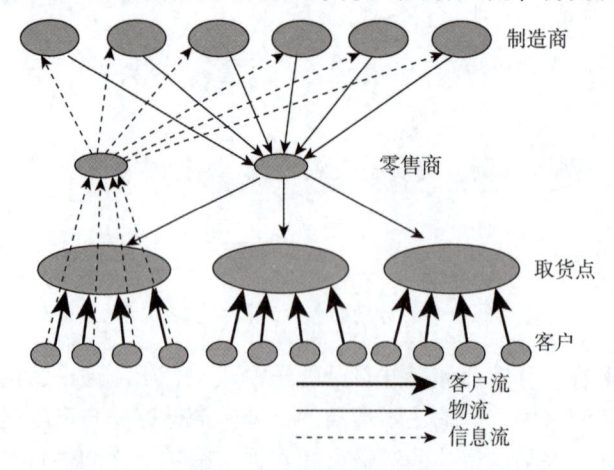

图 4-12 制造商/分销商储存并由顾客取货模式

表 4-10 和表 4-11 总结了制造商/分销商储存并由顾客取货模式的绩效特征。

表 4-10　制造商/分销商储存并由顾客取货模式服务因素绩效

服务因素	绩效
客户响应时间	和制造商储存或分销商储存并由运输公司配送相似。若品项储存在接近取货点时可能做到当天送达
产品多样性	和其他制造商或配送商储存模式相似
产品可获得性	和其他制造商或配送商储存模式相似
新产品上市时间	和制造商储存模式相似
顾客购物体验	因为缺乏宅配，比其他模式差。在人口密集地区不会造成太大的不便
订单能见度	执行上有困难，但对客户很重要
产品退回性	若取货点能处理退货会较为容易

表 4-11　制造商/分销商储存并由顾客取货模式成本因素绩效

成本因素	绩效
存货	依据库存地点的不同，可配合任何其他选择
运输	比采用运输公司配送者低，尤其是采用现存运输网络时更低
物流设施与操作	假如新设施必须建立时，设施成本会非常高。若采用现有设施则成本较低，取货点的搬运成本会显著增加
信息	所需基础架构需要大量投资

该种模式的主要优势是，它可以降低配送成本，扩大在线销售服务的客户的范围。主要的障碍是搬运成本的增加和取货地点的复杂性。如果把现有的零售网点用作取货点，这样的网络可能是最有效的，因为这种类型的网络可以利用现有的基础设施。

6. 零售商储存并由顾客取货

零售商储存并由顾客取货的模式通常被视为最传统的供应链模式，库存存放在当地的零售商店中，顾客走进零售商店，或在网上或在电话下订单，然后在零售商店提货。在取货地点处理成本的增加可能是显著的。图 4-13 为零售商储存并由顾客取货模式的客户流、物流和信息流。

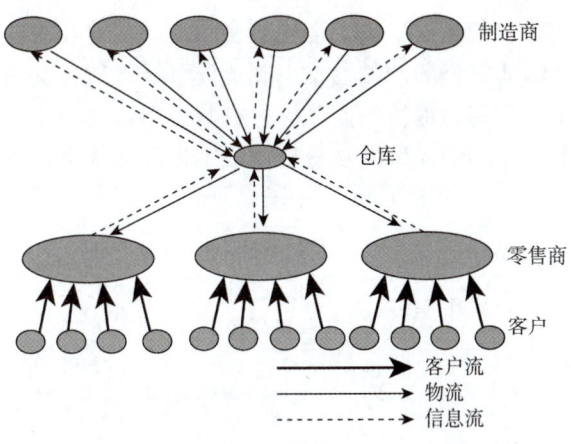

图 4-13　零售商储存并由顾客取货模式

表4-12和表4-13总结了零售商储存并由顾客取货模式服务因素的绩效特征。

表4-12　零售商储存并由顾客取货模式服务因素绩效

服务因素	绩效
客户响应时间	对储存靠近取货点的品项可以当天（立即）取货
产品多样性	比其他模式低
产品可获得性	产品现有量的提供成本比其他模式昂贵
新产品上市时间	在所有配送模式中最长
顾客购物体验	是否运送货品给客户，被客户视为正面或负面的体验
订单能见度	对店内订单较不重要，对于线上或电话订单有困难，但是有必要
产品退回性	若在取货点可以处理退货，会比其他模式容易

表4-13　零售商储存并由顾客取货模式成本因素绩效

成本因素	绩效
存货	比其他模式高
运输	比其他模式低
物流设施与操作	比其他模式高，对于线上或电话订单在取货点搬运成本的增加是显著的
信息	对于线上或电话订单需要一些基础建设架构的投资

零售商储存网络的主要优势是可以降低交付成本，并提供比其他网络更快的客户响应速度。主要的缺点是增加了库存和设备成本。这样的网络最适合快速移动的商品，或者顾客看重快速反应的商品。

4.2.3　分销网络的选择

在决定合适的分销网络时，需要考虑产品特性和客户需求。前面讨论的各种分销网络有不同的优缺点。在表4-14中，对不同的分销网络在不同的绩效维度上进行了相对排序。等级为1表示在给定维度上的最佳性能；当相对性能变差时，排名数增加。然而，网络是根据产品的特点和客户的需求量身定制的。运输快和紧急物品都储存在当地，客户可以根据紧急情况取走它们或将它们运送出去。运输较慢的物品存放在统一的仓储中心，并在一两天内发货给客户。运输非常慢的产品通常由制造商直接发货，交货周期较长。亚马逊还使用了另一种混合网络，它将运输快的商品储存在其大多数仓库中，运输慢的商品储存在较少的仓库中，运输非常慢的商品可能从分销商或零售商那里直接发货。

表4-14　不同分销网络绩效

比较项目	零售商储存并由顾客取货	制造商储存并且直接运送	制造商储存并且直接运送及整合转运	分销商储存并由运输公司配送	分销商储存并自己配送	制造商或分销商储存并由顾客取货
客户响应时间	1	4	4	3	2	4
产品多样性	4	1	1	2	3	1
产品可获得性	4	1	1	2	3	1

续表

比较项目	零售商储存并由顾客取货	制造商储存并且直接运送	制造商储存并且直接运送及整合转运	分销商储存并由运输公司配送	分销商储存并自己配送	制造商或分销商储存并由顾客取货
顾客购物体验	1~5	4	3	2	1	5
新产品上市时间	4	1	1	2	3	1
订单能见度	1	5	4	3	2	6
产品退回性	1	5	5	4	3	2
存货成本	4	1	1	2	3	1
运输成本	1	4	3	2	5	1
物流设施与操作成本	6	1	2	3	4	5
信息成本	1	4	4	3	2	5

等级：1代表最佳绩效，6代表最差绩效。

4.2.4 线上销售渠道

在本节中，将使用前面讨论过的思想来了解互联网是如何影响各种分销网络的结构和绩效的，目标是理解是什么推动了电子商务在某些分销网络的成功引入，而不是其他网络，以及这些网络可能如何发展。

1. 客户响应时间

当遇到无法下载的实体产品时，由于涉及运输时间，电子商务比零售商店需要更长的时间来满足客户的要求。因此，需要较短响应时间的客户可能不会使用互联网订购产品。然而，对于信息产品就没有这样的延迟。互联网使人们几乎可以立即获得数字形式的电影、音乐和书籍。

2. 产品多样性

与实体店相比，网上销售的公司更容易提供更多的产品选择。例如，Netflix 提供的电影选择比任何视频租赁店都要多得多。在商店提供同样的选择将需要一个很大的地理位置和大量库存。

3. 产品可获得性

通过整合库存，电子商务的公司提高了产品的可获得性。更好的客户偏好信息也使得公司可以通过在线销售以提高可用性。

4. 顾客体验

电子商务在访问、定制和便捷性方面影响客户体验。不像大多数零售商店只在营业时间营业，互联网允许顾客在任何方便的时间下订单。电子商务也让公司能够接触到地理位置上距离较远的客户。互联网为每位顾客提供了创造个性化购买体验的机会。例如，亚马逊显示的产品与客户最近购买或浏览过的产品有关。专注于大规模定制的公司可以利用互联网帮助顾客选择适合他们需求的产品。例如，戴尔允许客户使用戴尔网站上提供的选项来定制他们的计算机。

5. 新产品上市时间

与实体渠道相比，网络渠道可以更快地推出新产品。一家通过实体渠道销售个人电脑的公司必须生产足够数量的产品，以满足分销商和零售商的货架需求，才能开始从新产品中获得收入。相比之下，电子商务的公司，只要第一个产品生产好，就可以在网上销售了。

6. 订单能见度

互联网使提供订单状态的能见度成为可能。从客户的角度来看，提供这种可见性是至关重要的，因为在线下单的客户与在零售商店购买商品的客户没有太大的区别。

7. 产品退回性

网上订单的退货难度更大，因为网上订单通常来自一个集中的地点。在零售店购买的产品顾客退货要容易得多。网上订单的退货比例也可能更高，因为顾客在购买之前无法触摸和感受产品。因此，电子商务增加了逆向物流的成本。

8. 客户关系

互联网使得制造商和供应链上其他没有传统渠道直接接触客户的成员能够获得客户反馈，并与客户建立关系。像 Facebook 和 Twitter 这样的社交网络渠道允许公司直接向客户推销产品和宣传其促销活动。

9. 弹性价格、产品组合和促销

考虑到网上价格和种类变化的特性，互联网使电子商务公司能够比传统渠道的公司更有效地管理其现有产品组合的收入。只要企业能够接入其客户网络，促销信息就可以通过互联网以低廉的成本迅速地传达给客户。

10. 有效的资金转移

互联网和手机大大提高了支付的便捷性。支付宝、微信支付、云闪付等电子支付方式使得线上销售渠道变得更加容易和可行。

案例分析

京东的分销网络

思考题：(1)京东商城的分销网络属于哪种或哪些类型？(2)为什么京东商城会选择这一个或这几个类型的分销网络？

4.3 企业物流网络规划

> 微课视频：企业物流设施选址方法

4.3.1 物流系统网络概述

1. 物流系统网络的内涵

物流系统网络，简称物流网络，国内外不同机构和学者从不同的角度对物流系统网络的内涵进行了界定。中国国家标准《物流术语》(GB/T 18354—2021)将"物流网络"定义为"通过交通运输线路连接分布在一定区域的不同物流节点所形成的系统"。这是一个概括性的定义，说明了物流系统网络中所包含的主要要素。缪立新提出：物流系统网络是指实现物流系统各项功能要素之间所形成的网络，包括物理层面上的网络和信息网络。这些观点都是主要从物流系统物质实体的角度去阐释的。

从物流过程来看，如果按其运动的程度即相对位移大小来观察，物流是由许多运动过程和许多停顿过程组成的。在一般情况下，两种不同形式运动过程或相同形式的两次运动过程都要有暂时的停顿，而一次暂时停顿也往往连接两次不同的运动。物流过程便是由这多次的"运动—停顿—运动—停顿"组成的。与这种运动形式相呼应，通过对物流系统进行抽象，可以将其看作由执行运动使命的线路和执行停顿使命的节点两种基本元素组成的网络。由此，肖亮、沈祖志等认为物流系统网络是指为实现货物从供应地到需求地的畅通流动，物流企业或组织构造和组织的与经营有关的物流节点、物流线路所构成的空间网络。线路与节点的相互关系、相对配置及其结构、组成、联系方式不同，形成了不同的物流系统网络。物流系统网络的水平高低、功能强弱则取决于网络中两个基本元素的配置及网络本身。

2. 物流系统网络的构成要素

抽象来看，物流系统网络是由物流系统的节点与节点之间的连接方式构成的。从物质实体的角度来说，物流系统网络是由厂商、客户、物流节点、物流线路、信息系统和物流系统网络组织等要素构成的。

(1) 厂商

厂商作为产品或原材料的生产者和供应商，是物流系统网络的起点。物流系统网络的核心功能就是实现原材料或产品从生产者到消费者的空间转移，因此厂商的分布情况对整个物流系统网络结构起着至关重要的作用。例如，在厂商分布集中和厂商分布分散两种情况下，所要求的物流节点的位置、数量及运输线路等都会有所不同，因此对应的物流系统网络也会存在明显差别。

厂商分布与物流系统网络是相互影响的。当大规模的厂商分布既定的时候，物流系统网络往往会把厂商分布作为一个约束条件；而当物流系统网络初具规模的时候，新的厂商在选址时则会把已有的物流系统网络作为约束条件。

（2）客户

与作为物流系统网络起点的厂商相对应，客户作为物流系统网络的终点，也是物流系统网络的重要组成部分。客户既是物流系统网络的一部分，也是物流系统网络服务的对象。客户的自身特征和分布特点直接决定物流系统网络的内部结构。物流系统网络是否高效的直接评价标准就是能否为物流客户提供恰当的服务，所以说物流系统网络是客户的导向系统。

（3）物流节点

所有的物流活动都是在线路和节点上进行的。其中，在线路上进行的主要是运输，包括集货运输、干线运输、配送运输等。物流功能要素中的其他所有功能要素，如仓储、配货、包装、装卸、分货、集货、流通加工等，都是在节点上完成的。因此，从这个意义上来说，物流节点是物流系统网络非常重要的组成部分。实际上，物流线路上的活动也是靠节点组织和联系的，如果离开了节点，物流线路上的活动必然陷入瘫痪。

（4）物流线路

厂商、物流节点和客户构成了物流系统网络的主要架构，而要把这些要素联系起来，就必须通过线路的连接。这些节点实体之间的连接需要通过物流线路来实现。物流线路广义上指所有可以行驶或航行的陆地、水上、空中路线，狭义上仅指已经开辟的、可以按规定进行物流经营的路线或航线。物流线路有铁路线路、公路线路、海运线路和空运线路几种类型。

（5）信息系统

在物流系统网络各节点之间不仅存在物品实体的流动，而且有大量物流信息在节点之间进行传递。在物流系统网络内，物流信息的及时传递、共享及处理都会对整个物流系统网络的效率产生重要影响。因此，在构建物流系统网络时，既要考虑有形的硬件节点建设，也要考虑无形的信息网络体系建设。只有有了物流信息管理体系的支持，物流系统网络才能够真正激活并发挥效用。

（6）物流系统网络组织

物流系统网络的运行离不开人力资源与组织管理，因此在进行物流系统网络资源配置时不仅要考虑节点配置，还要考虑人力资源的配置及对整个物流系统网络的组织管理。只有建立一套好的组织管理和运行机制，物流系统网络才有可能持续地良性运转。

如果把物流系统网络比作人的生理系统，就可以把厂商、客户、物流节点看作人体的骨架和器官，把物流线路和信息传递看作人体的血液循环系统和神经系统，把物流系统网络组织看作人体的调节系统。它们既有明确分工，也需要相互协作，共同构成物流系统网络。

4.3.2 物流系统网络结构

1. 物流系统网络的基本结构

（1）按照结构复杂程度分类

根据物流系统网络点联系之间的结构复杂程度划分，物流系统网络的基本结构可以分为五类，如图4-14所示。

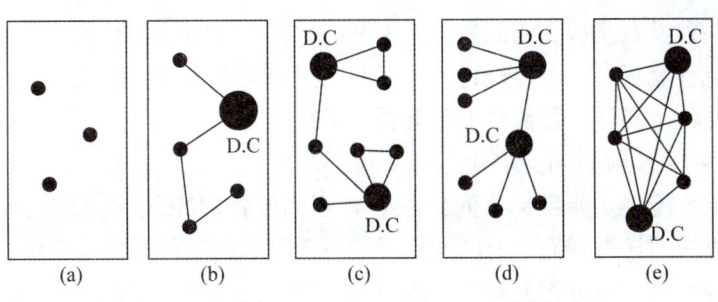

图 4-14 物流系统网络的基本结构

①点状图。点状图是由孤立的点组成的物流系统网络。这是物流系统网络结构的一种极端情况,实际上,这种点状图只在封闭的、自给自足的系统中才存在,但这样的系统,除了荒废的仓库、站台等,在现实生活中基本不存在,如图 4-14(a)所示。

②线状图。线状图是由点和连接这些点的线组成的,且满足两个条件:两个点之间只有一条线;线没有连成圈的简单网络。一个农副产品物流系统网络可能是线状图,在产地建立配送中心,先将农副产品收集起来,然后卖给公路沿线的各个销售点,如图 4-14(b)所示。

③圈状图。圈状图是由至少包含一个连接成圈的线组成的物流系统网络,但同时至少有一点没有包含在圈中。一个工业品制造商在两个市场区域各设置一个配送中心,每个配送中心覆盖各自的市场区域,区域内部各供货点之间的货品是连通的,同时两个配送中心通过干线连接起来。这是一种物流活动效率比较高的物流系统网络结构,如图 4-14(c)所示。

④树状图。树状图是无圈但能够连通的网络。汽车物流系统网络基本上采用这种方式,一个汽车制造商,按市场区域设置分销网络和配送网络,将市场层层细分,每个细分市场选择一个经销商,经销商之间在销售政策,如折扣和价格等策略上稍有差别。为了便于市场管理,不同经销商的市场范围之间有严格的界限。公司设立两个配送中心,配送中心之间通过干线运输连接,每个配送中心覆盖一定的市场区域,从一个配送中心发出的汽车不能流向另一配送中心负责供应的经销商。因此,经销商之间的物流是不连通的,如图 4-14(d)所示。

⑤网状图。网状图是由点点相连的线组成的网络。这是非常复杂的网络,它最大的优点是方便销售,而缺点是物流效率低下。在复杂的网状销售渠道中,物流渠道应该与销售渠道分开,因为商流和物流都有了一定的规模,可以分别实现各自的规模效益。因此应该按照各自的专业化经营要求来设置渠道,然后建立一种将商流和物流紧密结合的机制,比如说商流系统与物流系统共享一个信息系统,商流系统和物流系统受同一个决策和管理机构指挥,等等。建立配送中心的目的就是按照物流专业化的要求实施集中配送。比如在图 4-14(e)中,一个服装制造商设立了一些专卖店,公司设立两个配送中心来为所有的专卖店提供服装配送,配送中心之间通过干线运输连接。一方面,每个配送中心都负责为一定的专卖店供货;另一方面,任何一个专卖店都可从任何一家配送中心或者其他专卖店进货。这样确实方便了专卖店的销售,有利于专卖店控制库存,但是物流管理的难度很大,如果没有完善的信息网络和集中统一的数据库系统支持,物流和配送环节就会出现混乱和

无效率。这是一种没有经过规划的物流系统网络，网点之间的联系处于原始状态。因此这种网络的组织化程度不高，可以进行优化，网络的商流模式保持不变，将物流系统网络模式改造成图4-14(c)那样，物流效率就会得到提高。

（2）按照货物从供应地到需求地的连接形式分类

不同的物流系统因功能目标不同，需要有不同的物流系统网络结构模式。但综合来看，将货物从供应地运送到需求地的连接形式一般可采用三种典型的物流系统网络结构模式，即直送结构模式、经过物流枢纽节点中转结构模式，以及回路运输结构模式。物流系统网络的其他结构模式都可看作这三种典型结构模式的混合或变形，物流系统网络的三种典型结构模式如图4-15所示。

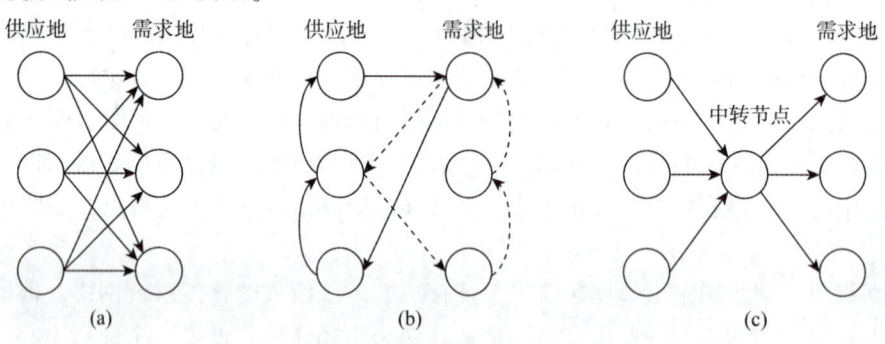

图4-15 物流系统网络的三种典型结构模式

图4-15(a)为物流直送模式示意图，即一个或多个供应地直送到一个或多个需求地。图4-15(b)为回路运输模式示意图，即从一个供应地提取的货物连续运送到多个需求地，或者从多个供应地连续搜集货物后送至一个需求地。这种运送的线路是一种旅行商问题（TSP）的线路结构，也被称为"送奶路线"网络结构。图4-15(c)是多个供应地通过物流枢纽节点处理后配送到多个需求地的示意图。多个供应地可以用直送方式运到物流枢纽节点，也可用"送奶路线"方式集货到物流中转节点。这种物流系统网络结构模式是一种可以普遍应用于经济活动的集运物流模式。

①直送网络结构模式。在直送网络结构中，所有货物都直接从供应地运到货物需求地。每一次运输的线路都是指定的，管理人员只需决定运输量并选择运输方式。这要求物流管理人员必须在运输费用和库存费用之间进行权衡。

直送网络的主要优势在于其环节少，无须中转节点，降低了物流枢纽节点的建设运营成本，而且在操作和协调方面简单易行，效率较高。由于这种运输的规划是局部的，一次运输决策不影响其他货物的运输。同时，每次货物的运输都是直接的，因而从供应地到需求地的运输时间较短。

如果需求地的需求量足够大，每次运输的规模都与整车的最大装载量相近，那么，直送网络还是行之有效的。但如果各个需求地的运输需求量过小，没有达到满载的话，直送网络的成本就会过高。随着物流系统业务范围扩大，"一对一"的直送方式将变成"多对多"的直送方式，这种直送方式的效率将大幅下降，无法满足业务增长的需要。另外，"一对一"或者"多对多"直送方式辐射的范围非常有限，区域物流系统根本无法使用这种方式。

②利用"送奶路线"的直送网络结构模式。这种网络结构模式是通过一辆卡车(或其他运输工具)把一个供应地的货物直接向多个需求地运送,或者由一辆卡车从多个供应地装载一个需求地的货物,再直接运送。一旦选择这种物流系统网络模式,管理者就必须对每条"送奶路线"进行规划,如图 4-16 所示。

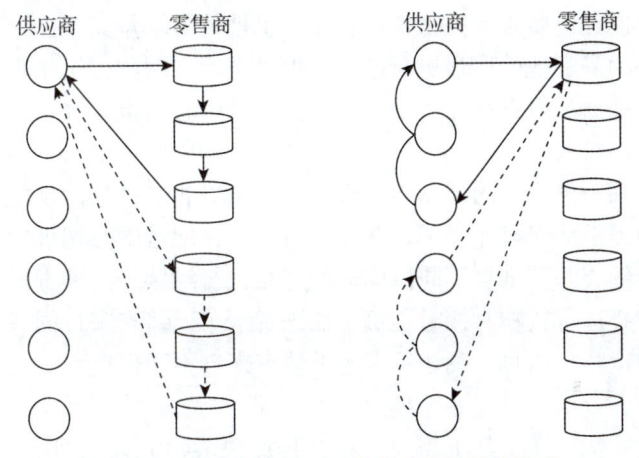

图 4-16　利用"送奶路线"的直送网络结构模式

直接运送具有无须中转节点的好处,而"送奶路线"通过多个供应商或零售商的货物装载在一辆卡车上的联合运输降低了运输成本。例如,由于每家零售店的库存补给规模较小,这就要求使用非满载方式进行直接运送,而"送奶路线"使多家零售店的货物运送可以装载于同一辆卡车上进行,从而更好地利用车辆的装载能力,降低了运输成本。如果有规律地进行经常性、小规模的运送,而且多个供应商或零售店在空间上非常接近,"送奶路线"的使用将显著地降低成本。如丰田汽车公司利用"送奶路线"运输来维持其在美国和日本的 JIT 制造系统。在日本,丰田汽车公司的许多装配厂在空间上很接近,因而可以使用"送奶路线"从单个供应商运送零配件到多个工厂。而在美国,丰田汽车公司利用"送奶路线"将多个供应商的零配件运往位于肯塔基州的一家汽车装配厂。

③通过配送中心中转的物流系统网络结构模式。在这种物流系统网络结构模式中,供应地的货物不是直接运送到需求地,而是先运到配送中心中转后,再运到需求地。如在零售供应物流系统网络中,依据零售店的空间位置将零售店划分成几个区域,并在每个区域建立一个配送中心。供应商将货物送至相应的配送中心,然后由配送中心进行分拣后选择合适的运输方式,再将货物送到零售店,如图 4-17 所示。

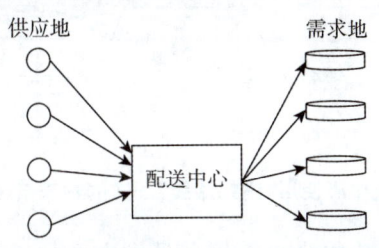

图 4-17　通过配送中心中转的物流系统网络结构模式

这种物流系统网络模式的核心集中表现在收集（Collection）、交换（Exchange）和发送（Delivery），即CED模式。配送中心是供应地与需求地之间运输的中间环节，它发挥两种不同的作用：一方面进行货物库存保管与分拣，另一方面承担各种运输方式转换与货物交换的作用。利用这些特点，配送中心有利于降低整个物流系统网络的成本耗费。

如果运输的规模经济要求大批量地进货而需求地的需求量又偏少，那么，配送中心就保有这些库存，并为需求地的库存更新进行小批量送货。例如，沃尔玛商店在从海外供应商处进货的同时，把商品保存在配送中心，因为配送中心的批量进货规模远比附近的沃尔玛零售店的进货规模要大。

如果需求地对某一供应地的产品需求规模大到足以获取进货的规模经济效益时，配送中心就没有必要为需求地保有库存了。在这种情形下，配送中心把进货分拣成运送到每一个需求地的较小份额，并与来自不同供应地的产品进行对接。这种方式称为对接仓储或货物对接。在配送中心进行货物对接时，每一辆进货卡车上装有来自同一个供应地、将被运送到多个需求地的货物，而每一辆送货卡车上装有来自不同供应地、将被运送至同一个需求地的货物。

货物对接的主要优势在于其不需要库存，且加快了物流系统网络中产品的流通速度。货物对接也减少了物流处理成本，这是因为它不需要从仓库中搬进搬出，但成功的货物对接常常需要高度的协调和进出货物节奏的高度一致。货物对接适用于大规模的可预测商品，要求建立配送中心，以便在进、出货物两个方面的运输都能获得规模经济效应。

沃尔玛已成功地运用货物对接，减少了物流系统网络中在库库存量，也没有引起运输成本增加。沃尔玛在某一区域内建立许多由一个配送中心支持的商店，因此，在进货方面，所有商店从供应商处的进货能装满卡车并获得规模经济效益；同样在送货方面，为了获取规模经济效益，他们把从不同供应商运往同一零售店的货物装在一辆卡车中。

④通过配送中心使用"送奶路线"配送与集货的物流系统网络结构模式。以配送为例，如果每个需求地的要货规模较小，配送中心就要使用"送奶线路"向需求地送货。"送奶线路"通过拼装小批量运送量来减少送货成本，如图4-18所示。

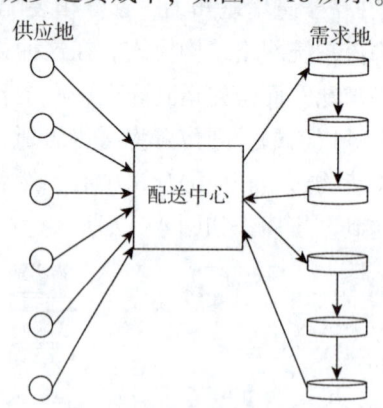

图4-18 配送中心使用"送奶路线"配送的物流系统网络结构模式

例如，日本的7-11便利店将来自新鲜食品供应商的货物在配送中心进行货物对接，并通过"送奶路线"向连锁商店送货。因为单个商店向所有供应商的进货还不足以装满一辆卡车，货物对接和"送奶路线"的使用使该公司在向每家连锁店提供库存商品时降低了成本。同时使用货物对接和"送奶路线"要求高度的协调及对配送线路的合理规划与安排。在 B2C 网上交易中，像 Peapod（www.peapod.com）这样的网上商店在向客户送货时，也是从配送中心使用"送奶路线"送货，以减少小规模送货上门的运输成本。

⑤多枢纽节点 LD-CED 的物流系统网络结构模式。这种网络模式是由通过配送中心中转的物流系统网络模式演变而来的一种网络模式，即采用"物流中心+配送中心"的模式，也就是"Logistics Center+Distribution Center"（LD）。

在这种物流系统网络结构中存在两类枢纽节点，即物流中心与配送中心。物流中心更多地侧重于为上游供应厂商方面提供服务与货物中转业务，而配送中心则更多地侧重于为下游客户方面提供服务。物流中心和配送中心不但是物流活动的核心，而且是大量的物流信息汇集的核心节点，如图 4-19 所示。

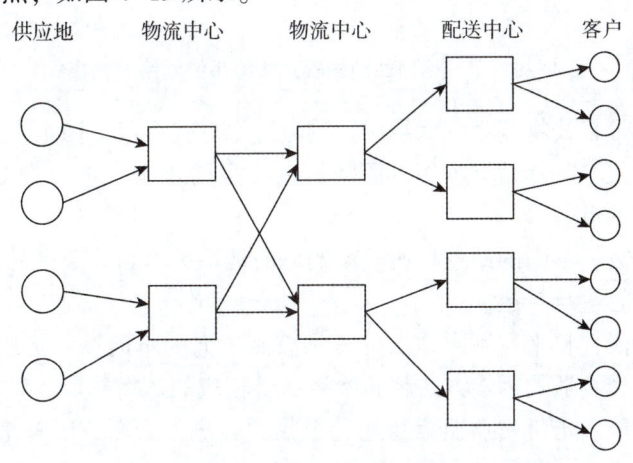

图 4-19　多枢纽节点 LD-CED 的物流系统网络结构模式

LD-CED 网络模式通过多级枢纽节点进行货物运送，实现物流规模化处理，降低物流总成本，这种物流系统网络模式广泛存在于大范围的经济区域内，部分大型企业的销售网络也是通过这种模式实现的。

2. 轴辐式物流系统网络结构

上述介绍的各种物流系统网络模式中的货物运输都是单向运输，即从一个地方运送到另一个地方，而没有考虑车辆返回的空载率。为了提高物流系统的效率，必须建立一种双向运输的网络。轴辐式网络结构就是其中一个有名的网络模式，这种网络结构也称为中枢辐射式网络结构。

轴辐式网络结构是一类具有规模经济效益的重要网络。它是通过中转进行双向运输的网络结构，是干线运输与支线运输相结合的网络。这类网络在实际工作中有广泛应用，如航空运输管理、第三方物流运输管理、邮政包裹业务、供应链管理等，另外还可应用于通信网络的信息传输。

这类网络由节点组成，每对节点之间双向都有一定的运输量，形成两条 OD 流（Origin-Destination，即从起点到终点的运输流），网络规划问题是如何选择中枢节点，使得每条 OD 流通过一或两个枢纽节点后到达目的地。由于中枢节点之间干线运输的规模效应，虽然增加了运输距离与运输时间，但总的运输成本降低了。

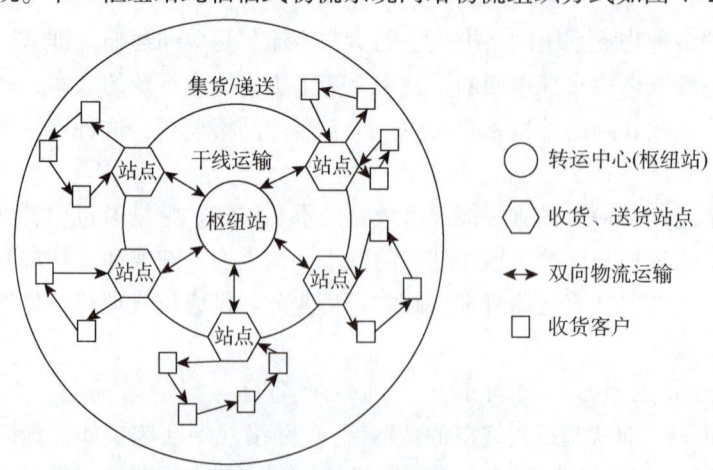

(1)单一枢纽站纯轴辐式物流系统网络结构模式

单一枢纽站纯轴辐式物流系统网络是由若干站点和一个枢纽站组成的。其中这些站点覆盖了由相关集货和递送点组成的区域;同时,这些站点又与枢纽站点或转运中心相连。站与站之间的货物必须由站点到转运中心再到站点的运输才能得以实现。单一枢纽站纯轴辐式物流系统网络结构模式,如图4-20所示。

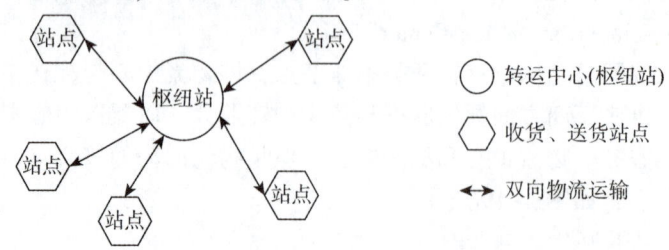

图4-20 单一枢纽站纯轴辐式物流系统网络结构模式

单一枢纽站纯轴辐式物流系统网络中的物流组织方式有以下四个物流阶段:

第一个物流阶段:收货站点收集其服务区内货主的货物(这一过程简称"集货")并把货物运送到相应的站点。

第二个物流阶段:不同的站点将所收集的目的地不是本站服务区的货物选择合适的运输方式运到转运中心进行转运。

第三个物流阶段:将来自不同站点的货物按照去向的不同在转运中心进行分类组合。在工作时间内,选择合适的运输方式将货物运送至相应的送货站点。

第四个物流阶段:送货站点把货物递送至收货客户,从而完成整个货物的运输过程。一般来讲,集货与递送货物的工作是同步进行的,收货站点与送货站点也合二为一。

在这样的物流系统网络中,货物的整个移动过程可分成两部分,即干线运输和本地运输(包括集货和递送):干线运输通常是在送货站点与转运功能的枢纽站间和枢纽站与收货站点间的长途运输,一般采用大运量运输方式(公路运输使用的车辆一般也是大型卡车);本地运输则在收货站点或送货站点的服务覆盖区域内采用小型车辆的短途公路(城市道路)运输方式来实现。单一枢纽站纯轴辐式物流系统网络物流组织方式如图4-21所示。

图4-21 单一枢纽站纯轴辐式物流系统网络物流组织方式

从图 4-21 中可以看出，单一枢纽站纯轴辐式物流系统网络像一个车轮的轮辐，因此，把这种网络命名为 hub-and-spoke（轮辐、辐条）网。单一枢纽站纯轴辐式物流系统网络的辐射能力较弱，辐射范围小，一般适用于区域性物流系统网络。

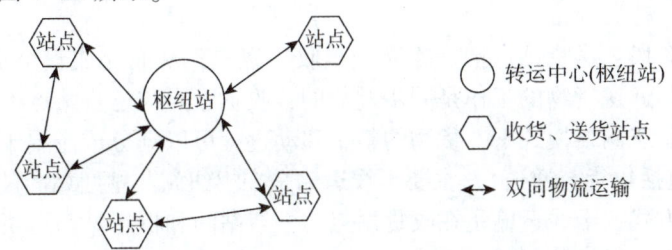

（2）单一枢纽站复合轴辐式物流系统网络结构模式

在单一枢纽站复合轴辐式物流系统网络结构模式中，货物可以直接由发送站点运送至收货站点，而不通过转运中心或枢纽站的转运，特别是当发送到收货站点的货物是整车时，这种网络可以有效地缩短运输时间，降低运输成本。单一枢纽站复合轴辐式物流系统网络结构模式如图 4-22 所示。

图 4-22　单一枢纽站复合轴辐式物流系统网络结构模式

单一枢纽站复合轴辐式网络是纯轴辐式物流系统网络的扩展。复合轴辐式物流系统网络与纯轴辐式物流系统网络在服务能力、服务范围上基本相同，同样适用于区域性物流系统网络。但复合轴辐式物流系统网络在网络构成和运输组织方面与纯轴辐式物流系统网络存在较大的差异，其物流组织更加复杂灵活。

（3）多枢纽站单一分派轴辐式物流系统网络结构模式

在多枢纽站单一分派轴辐式物流系统网络结构模式中，收货、送货站点与纯轴辐式物流系统网络一样，必须唯一地与其中一个枢纽站连接，所有出发和到达的货物也必须在其所对应的枢纽站进行处理。多枢纽站单一分派轴辐式物流系统网络结构模式如图 4-23 所示。

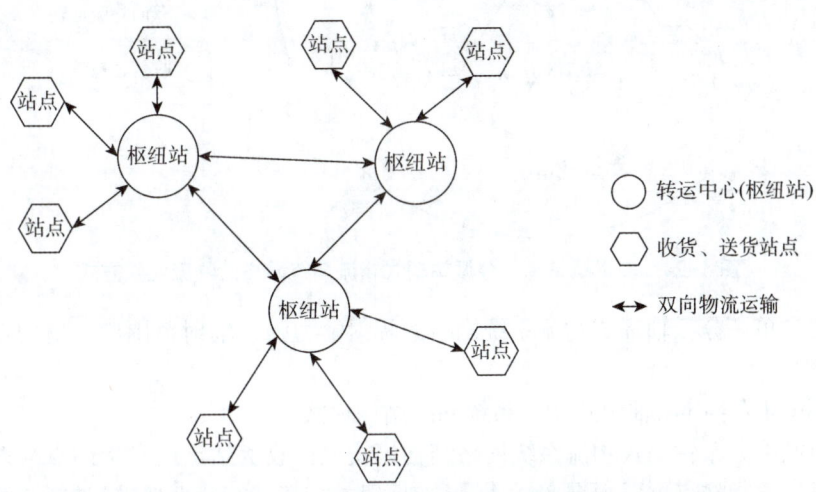

图 4-23　多枢纽站单一分派轴辐式物流系统网络结构模式

多枢纽站单一分派轴辐式物流系统网络结构模式中的物流组织方式有以下五个物流阶段：

第一个物流阶段：收货站点收集其服务区内货主的货物，并把货物运送到相应的站点，这是集货过程。

第二个物流阶段：不同的站点将所收集的目的地不是本站服务区的货物选择合适的运输方式运到相对应的唯一分派的枢纽站。

第三个物流阶段：将来自不同站点(本服务区域内)和其他枢纽站的货物按照去向的不同在枢纽站处进行分类组合。如果货物是其他枢纽站服务区域内的，则选择合适的运输方式将其在枢纽站间转运。

第四个物流阶段：对本枢纽站服务区域内的货物，也选择合适的运输方式将其运送至相应的送货站点。

第五个物流阶段：送货站点把货物递送至收货客户，从而完成整个货物的运输过程。一般来讲，集货与递送货物的工作是同步进行的，收货站点与送货站点也合二为一。

在这种物流系统网络模式下，货物的整个移动过程可以划分成主要干线运输、干线运输和本地运输(包括集货与递送)。主要干线运输是在枢纽站与枢纽站间的长途运输，一般采用大运量运输方式；干线运输是在收货站点与枢纽站间和枢纽站与送货站点间的长途运输，一般采用较大运量运输方式；本地运输是在收货站点或送货站点服务区域内采用小型车辆的短途公路(或城市道路)运输来实现。多枢纽站单一分派轴辐式物流系统网络的物流组织方式如图4-24所示。

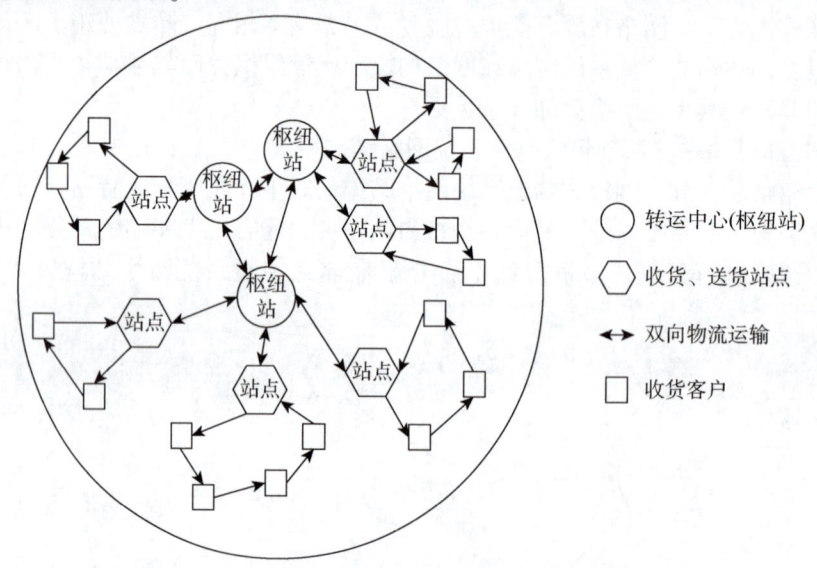

图4-24　多枢纽站单一分派轴辐式物流系统网络的物流组织方式

多枢纽站单一分派轴辐式物流系统网络的辐射能力强、辐射范围广，适用于跨区域物流系统网络。

(4) 多枢纽站多分派轴辐式物流系统网络结构模式

多枢纽站多分派轴辐式物流系统网络结构模式允许收货站点或发货站点与多个枢纽站相连，收货、发货站点可以根据实际情况(如枢纽站拥挤、交货期要求)选择与其连接的枢纽站，从而提高整个网络的转运效率，缩短运输时间，降低物流成本。当然，收货、发货站点的这种选择也要用全局视角进行规划与设计。多枢纽站多分派轴辐式物流系统网络结构模式如图4-25所示。

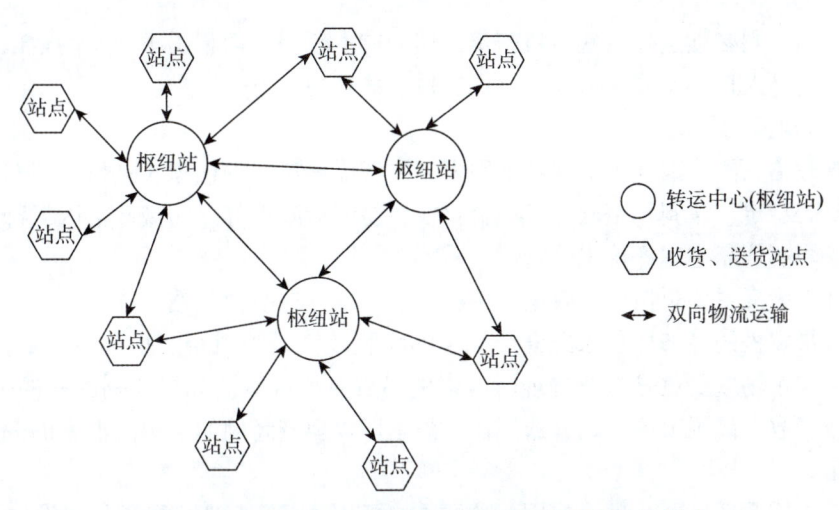

图 4-25　多枢纽站多分派轴辐式物流系统网络结构模式

案例分析

伊利集团的物流运作

思考题：伊利集团的物流运作有何特点？

4.3.3　物流节点选址规划

1. 选址决策的影响因素

选址方案的确定是运输和库存决策的前提。在实际选址决策中，不仅要考虑每个选址方案引起运输成本和库存成本的变化，而且还要考虑多方面的因素。这些因素可分为外部因素和内部因素两大类。内部因素主要包括企业发展战略、产品或服务的特征等，外部因素主要包括宏观政治及经济因素、基础设施及环境竞争对手的发展情况等。

（1）选址决策的内部因素

选址决策中内部因素非常重要，选址决策时要使选择的方案与企业发展战略相适应，与生产产品或提供服务的特征相匹配。例如，对于制造业企业，发展实用性产品还是创新性产品，这是企业通过对内外环境和自身优势与劣势进行综合分析后得到的企业长远发展战略。如果选择发展实用性产品，由于需求稳定而量大、产品生命周期长、利润率低，低成本运营是企业发展战略，因此在选址时必然会选择生产成本低的地区建立物流设施。而选择创新性产品，因为这类产品需求的不确定性，需要建立快速反应的物流系统，所以在选址时会考虑地价较高、交通灵活发达的地方建立配送中心，而这些地方往往成本较高。对商业及服务业来说，选择连锁便利店还是超市的发展，会有不同的物流网络的设计。选择连锁便利店，则必须选择一些人口密集区域、成本较高、面积需求较小的地区。而选择超市，则会选择人口不是非常密集，可以提供大面积的地方。

(2) 选址决策的外部因素

①宏观政治及经济因素。宏观政治因素主要考虑候选地的国家长远发展战略，分析该国家政权是否稳定、法制是否健全、是否存在贸易禁运政策等。宏观政治因素都是一些定性的指标，主要依靠主观评价来确定。

宏观经济因素主要包括税收政策、关税、汇率等，这些都与选址决策直接相关，企业总是会寻求最宽松的经济环境来经营。优惠的税收政策是吸引企业投资的一个重要因素。关税政策引起市场壁垒也是企业选址时考虑的另一重要因素。如果个别国家的关税较高，那么企业或者放弃该国市场，或者选择在该国建厂以规避高额的关税。汇率的变化也会影响选址决策。

②基础设施及环境。基础设施因素主要包括现有物流基础设施、通信设施的可利用性、交通运输情况与运输费率；在企业运行中，物流成本往往要超过制造成本，而一个良好、快捷的基础交通设施对于降低物流成本起到重要作用。同样，通信设施的质量、成本对于选址决策影响很大，因为信息流的通畅快速对于降低信息的扭曲、降低库存成本都有重要意义。

而环境因素主要考虑自然环境与社会环境，如城市与区域发展的总体规划情况，原材料、燃料、动力、土地、自然条件等生产要素的供应情况，劳动力的供应数量与素质，以及劳动力的成本、产品销售市场或服务对象分布情况、产业的集聚状态，是否具有建立长期生产协作关系的条件，是否有过度集聚等。

③竞争对手的发展情况。在选址决策中必须考虑到竞争对手的布局情况，根据企业产品或服务的自身特征，来决定是靠近竞争对手还是远离竞争对手。

2. 物流节点选址规划的目标

(1) 成本最优化

成本最优化是物流节点选址决策中最常用的目标，与物流节点选址规划有关的成本主要有运输成本与设施成本。

①运输成本。运输成本取决于运输数量、运输距离与运输单价。运输数量如果没有达到运输批量，就不能形成规模经济，从而会影响到总的运输成本。当物流节点的位置设计合理时，总的运输距离就小，运输成本就会下降。而运输单价取决于运输方式与运输批量，与物流节点所在地的交通运输条件和顾客所在地的交通运输条件直接相关。

②设施成本。与设施相关的成本包括固定成本、储存成本与搬运成本。固定成本是指那些不随设施的经营活动水平改变的成本。如设施建造成本，税金、租金、监管费和折旧费都属于固定成本。设施建造成本与土地成本有关，取得土地使用权的费用与物流节点选择的地点直接相关，即使采用租赁经营方式，土地成本也会在租金中体现出来。

储存成本是指那些随设施内货物数量变化而改变的成本。也就是说，如果某项成本随设施中保有的库存水平增加或减少，该项成本就可以归为储存成本。典型的储存成本有仓储损耗、某些公用事业费、库存占用的资金费用、库存货物的保险费等。

搬运成本是指随着设施吞吐量变化的成本。典型的搬运成本有存取货物的人工成本、某些公共事业费、可变的设备搬运成本等。

(2) 服务最优化

与物流节点选址决策直接相关的服务指标主要是送货时间、距离、速度与准时率。一般来说，物流节点与客户的距离越近，则送货速度越快，订货周期也越短，而订货周期越短，准时率也越高。

(3) 物流量最大化

物流量是反映物流节点作业能力的指标。而反映物流量的主要指标是吞吐量和周转量，从投资物流节点来看，这两个指标用来测量物流节点的利用率，物流量越大，效益越高。如港口经营管理中，需要不断挖掘潜力，提高港口吞吐量。但从整个物流系统来看，吞吐量与周转量无法适应现代物流的多品种、小批量、高频度的趋势，如物流节点与顾客距离越远，则周转量越大，费用也越高。如以吨公里最大为决策目标时，物流节点选址是与客户的距离越远越好，这显然违背设置物流节点的根本目的。因此，物流节点选址决策中，是在成本最优化的前提下，考虑物流量最大化。

(4) 发展潜力最大化

由于物流节点投资大、服务时间长，因此，在选址时不仅要考虑在现有条件下的成本、服务等目标，还要考虑将来发展的潜力，包括物流节点生产扩展的可行性及顾客需求增长的潜力。

(5) 综合评价目标

在物流节点选址决策中，仅仅从成本、服务、物流量与发展潜力单一目标考虑可能还不能满足物流系统经营的需要，这时，需要采用多目标决策的方法来综合评价。

3. 物流节点选址问题分类

一般地，可将选址问题按以下几种方法分类：

(1) 按设施对象划分

不同的物流设施其功能不同，选址时所考虑的因素也不相同。在决定设施定位的因素中，通常某一个因素会比其他因素更重要。

在工厂和仓库选址中，最重要的因素通常是经济因素；零售网点选址时，一般最重要的因素是零售服务的顾客的消费偏爱；服务设施(如医院、银行)选址时，到达的容易程度则可能是首要的选址要素，在收入和成本难以确定时，尤其如此。在地点带来的收入起决定性作用的选址问题中，地点带来的收入减去场地成本就得到该地点的盈利能力。

(2) 按设施的数量划分

根据选址设施的数量，可以将选址问题分为单一设施选址问题和多设施选址问题。单一设施的选址与同时对多个设施选址是截然不同的两个问题，单一设施选址无须考虑竞争力、设施之间需求的分配、集中库存的效果、设施成本与数量之间的关系等，而运输成本是要考虑的首要因素。单一设施选址是以上两类选址问题中较为简单的一类。

(3) 按选址的离散程度划分

按照选址目标区域的特征，选址问题分为连续选址和离散选址两类。

连续选址问题是指在一个连续空间内所有点都是可选方案，要求从数量无限的点中选择其中一个最优的点。这种方法称为连续选址法(Continuous Location Methods)，常应用于设施的初步定位问题。

离散选址问题是指目标选址区域是一个离散的候选位置。候选位置的数量通常是有限的，可能事先已经过了合理分析和筛选。这种模型是较切合实际的，称为离散选址法（Discrete Location Methods）。常应用于设施的详细选址设计问题。

（4）按目标函数划分

按照选址问题所追求的目标和要求不同，模型的目标函数可分为以下几种：

①中值问题。

在区域中选择（若干个）设施位置，使得该位置离需求点到最近设施的距离（或成本）的"合计"距离最小。这种目标通常在企业问题中应用，所以也称为"经济效益性"。这类问题是最小化问题，它的目标函数通常写成如下形式：

$$\min_X \left\{ \sum_{j=1}^{n} D_j(X) \right\} \tag{4-1}$$

式中：X——新的待定设施的位置坐标；

j——已存在且位置固定的需求点编号；

$D_j(X)$——新设施在 X 位置时到需求点 j 的距离（或成本）。

在中值问题中，在数量预先确定的被选设施位置集合中，选中其中 P 个设施并指派每个需求点到一个特定的设施，这个问题称为 P 中值问题。

②中心问题。

根据在被选择设施位置离最远需求点的距离（或成本）集合中取最小值的原则，在区域中选择设施位置的方法称为中心问题。中心问题的目标由已存在设施的单个成本（或距离）最大的部分组成。目标是优化最坏的情况，这种目标通常在军队、紧急情况和公共部门中使用，它追求的是"经济平衡性"。

由于中心问题的目标函数可以表示为：

$$\min_X \left\{ \max_j D_j(X) \right\} \tag{4-2}$$

式中：X——新的待定设施的位置；

j——需求点编号；

$D_j(X)$——新设施在 X 位置时到需求点 j 的距离（或成本）。

③反中心问题。

根据在一定区域内使得被选择设施位置离最近需求点的距离（或成本）集合中取最大值的原则，在该区域中选择设施位置的方法称为反中心问题。反中心问题的目标由已存在设施的成本（或距离）最小的个体组成。目标也是优化最坏的情况，这种目标通常在有害设施（例如废水处理厂、垃圾回收站等）选址中使用，它是 max-min 型的目标函数。反中心问题的目标函数通常写成如下形式：

$$\max_X \left\{ \min_j D_j(X) \right\} \tag{4-3}$$

式中：X——新的待定设施的位置；

j——需求点编号；

$D_j(X)$——新设施在 X 位置时到需求点 j 的距离（或成本）。

④单纯选址问题和选址分配问题

如果新设施和已存在设施间的关系与新设施的位置无关，而且是固定的，则选址问题称为单纯选址问题，也称为有固定权重的选址问题。

如果新设施和已存在设施间的关系与新设施的位置相关，那么，这些关系本身就成为

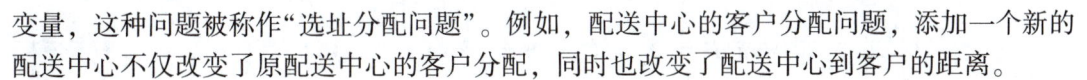

变量，这种问题被称作"选址分配问题"。例如，配送中心的客户分配问题，添加一个新的配送中心不仅改变了原配送中心的客户分配，同时也改变了配送中心到客户的距离。

(5) 按能力约束划分

根据选址问题的约束种类，可以分为有能力约束的选址问题和无能力约束的选址问题，如果新设施的能力可充分满足客户的需求，那么，选址问题就是无能力约束的设施选址问题，无能力约束的设施选址问题有时也称为"单纯设施配置问题"；反之，若新设施的能力不能充分满足客户的需求，具有满足需求的上限，就是有能力约束的选址问题。

4. 物流节点选址的方法

(1) 专家评估法

专家评估法是以专家为索取信息的对象，运用专家的知识和经验，考虑选址对象的社会环境和客观背景，直观地对选址对象进行综合分析研究，寻求其特性和发展规律并进行评估选择的一类选址方法。

(2) 模拟计算法

模拟计算法是将实际问题用数学方法和逻辑关系表示出来，然后通过模拟计算及逻辑推理确定最佳布局方案。这种方法的优点是比较简单，缺点是选用这种方法进行选址时，分析者必须提供预定的各种网点组合方案以供分析评价，从中找出最佳组合。因此，决策的效果依赖于分析者预订的组合方案是否接近最佳方案。

该法是针对模型的求解而言的，是一种逐次逼近的方法。对这种方法进行反复判断、实践修正，直到满意为止。该方法的优点是模型简单，需要进行方案组合的个数少，因而容易寻求最佳的答案。缺点是这种方法得出的答案很难保证是最优化的，一般情况下只能得到满意的近似解。

(3) 精确法

精确法是通过数学模型进行物流网点布局的方法。采用这种方法首先根据问题的特征、已知条件及内在的联系建立数学模型或者是图论模型，然后对模型求解，获得最佳布局方案。采用这种方法的优点是能够得到较为精确的最优解，缺点是对一些复杂问题建立恰当的模型比较困难，因而在实际应用中受到很大的限制。

(4) 启发法

启发法是指既可以有助于减少求解平均时间的任何原理或概念，也可以是用启发法表示为指导问题迅速解决的经验原则。当经验原则运用在选址问题上时，这类有助于加快求解过程的经验可迅速从大量备选方案中找出好的解决方案。虽然启发法不能保证找到的解一定是最优解，但由于使用该方法带来合理的计算时间和内存空间要求，可以很好地表现实际情况，可以得到满意解。

4.3.4 单物流节点选址模型

1. 交叉中值模型

交叉中值模型是利用城市距离来计算距离，用来解决连续点选址决策的一种有效的模型。所谓连续点选址，是指在一条路径或一个平面区域里面任何一个位置都可以作为选址问题的候选解。

通过交叉中值的方法可以对单一节点的选址问题在一个平面上的加权的城市距离和进行最小化。其对应的目标函数为：

$$\min H = \sum_{i=1}^{n} w_i (|x_i - x_0| + |y_i - y_0|) \tag{4-4}$$

式中：w_i——与第 i 个需求点对应的权重（如需求量、客户人数或重要性等）；

x_i，y_i——第 i 个需求点的坐标；

x_o，y_o——服务设施点的坐标；

n——需求点的总数目。

需要特别注意的是，由于是城市距离，这个目标函数可以用两个相互独立的部分来表示：

$$H = \sum_{i=1}^{n} w_i |x_i - x_0| + \sum_{i=1}^{n} w_i |y_i - y_0| = H_x + H_y \tag{4-5}$$

其中：

$$H_x = \sum_{i=1}^{n} w_i |x_i - x_0| \tag{4-6}$$

$$H_y = \sum_{i=1}^{n} w_i |y_i - y_0| \tag{4-7}$$

也就是说，这个选址问题可以分解成 x 轴上的选址决策与 y 轴上的选址决策。求式(4-4)的最优解等价于求式(4-6)和式(4-7)的最小值，选择的是所有可能需要服务对象到目标点的绝对距离总和最小的点，即中值点。这样，这个选址问题分为求 x 轴上的中值点与 y 轴上的中值点，其最优位置为由如下坐标组成的点：

x_o 是在 x 方向的所有权重为 w_i 的中值点；

y_o 是在 y 方向的所有权重为 w_i 的中值点；

考虑到 x_o，y_o 两者可能是唯一值或某一范围的值，最优位置也相应地可能是一个点，或是一条线，或是一个区域。

【例4-1】一个速食公司想在一个地区开设一个新的食物提货点，其主要的服务对象是附近5个住宅小区的居民。为了计算方便，把每个住宅小区的中心点抽象成这个小区的需求点位置，其坐标如图4-26所示，而表4-15是各个需求点对应的权重。这里，权重表示每个月潜在的顾客需求总量，可以用每个小区中的总的居民数量来近似。公司经理希望通过这些信息来确定一个合适的冷食提货点的位置，要求每个月顾客到这个冷食提货点所行走的距离总和为最小。

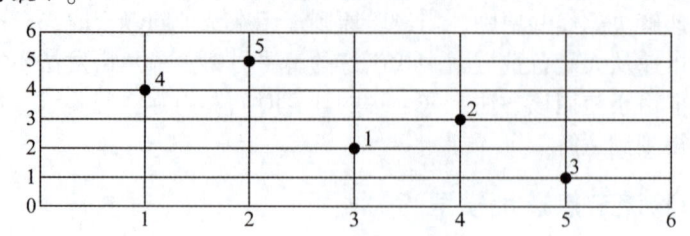

图4-26 需求点分布图

表4-15 需求点对应的权重

需求点	x 坐标	y 坐标	权重 w_i
1	3	2	5
2	4	3	2

续表

需求点	x 坐标	y 坐标	权重 w_i
3	5	1	11
4	1	4	5
5	3	5	9

解：这个选址问题可考虑用交叉中值选址方法解决。首先，需要确定这些需求点的中值，从表 4-15 中可以得到中值 $\overline{W} = (5 + 2 + 11 + 5 + 9)/2 = 16$。

如从图 4-26 可发现，各需求点在 y 方向从上到下的排序是 5、4、2、1、3。为了找到 y 方向上的中值点 y_o，先从上到下去逐一叠加各个需求点的权重 w_i 直到中值点，然后再从下到上逐一叠加各个需求点的权重 w_i。可以看到，从上往下开始到需求点 2 刚好达到中值点，而从下往上开始到需求点 1 也达到中值点。因此，中值点在 y 方向上 2 与 3 刻度之间的选址都是一样的。

接着寻找在 x 方向上的中值点 x_o，同样从图 4-26 可发现，各需求点在 x 方向从左到右的排序是 4、5、1、2、3。先从左到右计算权重，在考虑 4、5 两个需求点后，权重和为 14，没有达到中值 16，但加上第 1 个需求点的权重 5 后，权重和达到 19，超过了中值 16。那么从左到右的方向看，食物提货点不会超过第一需求点，即在 x 方向上不会大于 3 刻度。同样，再从右到左计算权重，考虑 3、2 两个需求点后，权重和为 13，没有达到中值 16。同样，加上第 1 需求点后，权重达到 18，超过了中值 16。那么从右往左的方向看，食物提货点也不会超过第一需求点。因此，在 x 方向上，只能选择一个有效的中值点：刻度 3 的位置。

答：综合考虑 x、y 方向的中值点，冷食提货点最后的选址为 A(3, 3)、B(3, 2) 之间线段上的任意一点，如图 4-27 所示。

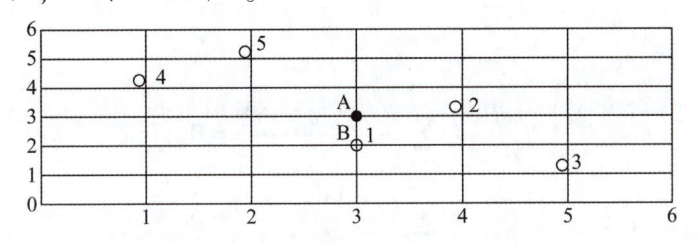

图 4-27 提货点选址的最后方案

2. 精确重心法（重心模型）

上面介绍的交叉中值模型具有其本身的局限性，例如它使用的城市距离，只适合于解决一些小范围的城市内选址问题。接下来要介绍的重心模型，它在计算距离时使用欧几里得距离，即直线距离，它使选址问题变得复杂，但是有着更为广阔的应用范围。

重心模型是选址问题中最常用的一种模型，可解决连续区域直线距离的单点选址问题。

(1) 重心模型的基本假设

①需求量集中于某一点上。实际上需求来自分散于区域内的多个需求点，市场的重心通常被当作需求的聚集地，而这会导致某些计算误差，因为计算出的运输成本是到需求聚

集地，而不是到每个实际的需求点。在实际计算时，需要对需求点进行有效的聚类，减少计算误差。

②选址区域不同地点物流节点的建设费用、运营费用相同。模型没有区分在不同地点建设物流节点所需要的投资成本(土地成本等)、经营成本(劳动力成本、库存持有成本、公共事业费等)之间的差别。

③运输费用随运输距离成正比增加，呈线性关系。实际上，多数运价是由不随运距变化的固定费用(起步价)和随运距变化的分段可变费率组成的，起步运费和运价分段则扭曲了运价的线性特征。

④运输线路为空间直线。实际上这样的情况很少，因为运输总是在一定的公路网络、铁路系统、城市道路网络中进行的。因此，可以在模型中引入迂回系数把直线距离转化为近似的公路、铁路或其他运输网络里程。

(2) 问题描述及模型的建立

设有 n 个客户(如：零售便利店) $P_1, P_2, \cdots, P_n$ 分布在平面上，其坐标分别为 (x_i, y_i)，各客户的需求量为 w_i，准备配置一个设施(如配送中心)为这些客户服务，现假设设施 P_0 的位置在 (x_0, y_0) 处，希望确定设施的位置，使总运输费用最小。

a_j：设施到客户 P_j 每单位运量、单位距离所需运输费；

w_j：客户 P_j 的需求量；

d_j：设施 P_0 到客户 P_j 的直线距离。

总运输费用 H 为

$$H = \sum_{j=1}^{n} a_j w_j d_j = \sum_{j=1}^{n} a_j w_j \sqrt{(x_0 - x_j)^2 + (y_0 - y_j)^2} \tag{4-8}$$

求 H 的极小值点 (x_o^*, y_o^*)。由于式(4-8)为凸函数，最优解的必要条件为：

$$\left.\frac{\partial H}{\partial x_o}\right|_{x = x^*} = 0, \quad \left.\frac{\partial H}{\partial y_o}\right|_{y = y^*} = 0 \tag{4-9}$$

令

$$\frac{\partial H}{\partial x_o} = \sum_{j=1}^{n} \frac{a_j w_j (x_0 - x_j)}{d_j} = 0 \tag{4-10}$$

$$\frac{\partial H}{\partial y_o} = \sum_{j=1}^{n} \frac{a_j w_j (y_0 - y_j)}{d_j} = 0 \tag{4-11}$$

得

$$x_0^* = \frac{\sum_{j=1}^{n} a_j w_j \frac{x_j}{d_j}}{\sum_{j=1}^{n} a_j \frac{w_j}{d_j}} \tag{4-12}$$

$$y_0^* = \frac{\sum_{j=1}^{n} a_j w_j \frac{y_j}{d_j}}{\sum_{j=1}^{n} a_j \frac{w_j}{d_j}} \tag{4-13}$$

上式右端 d_j 中仍含有未知数 x_0, y_0，故不能一次求得显示解，但可以导出关于 x 和 y

的迭代公式：

$$x^{(q+1)} = \frac{\sum_{j=1}^{n} \frac{a_i w_i x_i}{\sqrt{(x^{(q)} - x_i)^2 + (y^{(q)} - y_i)^2}}}{\sum_{j=1}^{n} \frac{a_i w_i}{\sqrt{(x^{(q)} - x_i)^2 + (y^{(q)} - y_i)^2}}} \qquad (4-14)$$

$$y^{(q+1)} = \frac{\sum_{j=1}^{n} \frac{a_i w_i y_i}{\sqrt{(x^{(q)} - x_i)^2 + (y^{(q)} - y_i)^2}}}{\sum_{j=1}^{n} \frac{a_i w_i}{\sqrt{(x^{(q)} - x_i)^2 + (y^{(q)} - y_i)^2}}} \qquad (4-15)$$

应用上述迭代公式，可采用逐步逼近算法求得最优解，该算法称为不动点算法。

(3) 算法 (单一物流节点选址的不动点算法)

输入：

n 表示客户数；

(x_i, y_i) 表示各客户点的坐标，$i = 1, 2, \cdots, n$；

a_i, w_i 表示各客户点的单位运费和运量，$i = 1, 2, \cdots, n$。

输出：

(x_o^*, y_o^*) 表示设施坐标；

H 表示总运费。

①选取一个初始的迭代点 $A(x_0^0, y_0^0)$，如：$x_0^0 = \frac{1}{n} \sum_{j=1}^{n} x_j$，$y_0^0 = \frac{1}{n} \sum_{j=1}^{n} y_j$，然后计算出 A 到各客户点的直线距离 d_j 和费用 H^0；

$$d_j = \sqrt{(x_0^0 - x_j)^2 + (y_0^0 - y_j)^2} \qquad (4-16)$$

$$H^0 = \sum_{j=1}^{n} a_j w_j d_j \qquad (4-17)$$

②令

$$x_0^1 = \frac{\sum_{j=1}^{n} a_j w_j \frac{x_j}{d_j}}{\sum_{j=1}^{n} a_j \frac{w_j}{d_j}} \qquad (4-18)$$

$$y_0^1 = \frac{\sum_{j=1}^{n} a_j w_j \frac{y_j}{d_j}}{\sum_{j=1}^{n} a_j \frac{w_j}{d_j}} \qquad (4-19)$$

$$d_j = \sqrt{(x_0^1 - x_j)^2 + (y_0^1 - y_j)^2} \qquad (4-20)$$

及

$$H^0 = \sum_{j=1}^{n} a_j w_j d_j \qquad (4-21)$$

转③。

③若 $H^0 \leq H^1$，运费已无法减小，输出最优解 (x_0^0, y_0^0) 和 H^0，否则，转④。

④令 $x_0^0 = x_0^1$，$y_0^0 = y_0^1$，$H^0 = H^1$，转②。

4.3.5 多物流节点选址模型

对于大多数物流系统规划工作，其面临的问题往往是在规划区域范围内，需要同时确定两个或更多个设施的选址，由于不能将这些设施看成是经济活动上相互独立的，而且可能存在相当多的选址布局方式，寻求最优解比较困难，因此问题也十分复杂。虽然问题更加复杂，但更加接近于实际情况，多物流节点选址问题在实际规划工作中更普遍。

多物流节点选址决策问题一般可归为以下几个相互联系的基本的规划问题：如何组织货流？各个物流节点的关系如何？运输线与各物流节点的关系怎样？网络中应该设几个物流节点？处于什么位置？物流节点服务于哪些顾客或市场区域？规模多大？具有哪些功能？

1. 多重心法(多重心模型)

对于上述重心模型，如果用一个物流节点数量不能满足规模区域内全部服务对象的服务需求，则需要设立多个物流节点。多重心法通过分组后再运用精确重心法来确定多个物流节点的位置与服务分派方案。多重心法的算法思想如下：

①初步分组。确定分组原则，将需求点按照一定原则分成若干个群组，使分群组数等于拟设立的物流节点数量。每个群组由一个物流节点负责。确立初步分配方案。这样，形成多个单一物流节点选址问题。

②选址计算。针对每一个群组的单一物流节点选址问题，运用精确重心法确定该群组新的物流节点的位置。

③调整分组。对每个需求点分别计算到所有物流节点的运输费用，并将计算结果列表，将每个需求点调整到运输费用最低的那个物流节点，这样就形成新的分配方案。

重复②，直到群组成员无变化为止。

此时的物流节点分配方案为最佳分配方案，物流节点的位置是最佳地址。

【例4-2】某公司计划建立两个药品配送点向10个药品连锁店送货，各药品连锁店的地址坐标和药品每日需求如表4-16所示，运价均为1元/件，试确定这两个药品配送点的地址，使送货运输费用最低。

表4-16 药品连锁店地址坐标与需求量　　　　　　　　　　　　　　　　单位：件

连锁店号 j	1	2	3	4	5	6	7	8	9	10
X_j	70	95	80	20	40	10	40	75	10	90
Y_j	70	50	20	60	10	50	60	90	30	40
需求量	8	10	6	5	7	8	12	5	11	9

解：①将10家药品连锁店分成两组。初步分为{1, 2, 3, 4, 5}和{6, 7, 8, 9, 10}两组，每一组由一个配送点负责送货。

②按精确重心法进行迭代计算，求出两个配送点的地址坐标为：$(P_1, Q_1) = (74.342, 46.147)$，$(P_2, Q_2) = (40, 60)$。

③计算各药品连锁店到这两个配送点的送货运输费用，计算结果如表4-17所示。考察表4-17，按运输费用最低的节点送货原则重新分组，调整后的分组情况为：{1, 2, 3, 5, 8, 10}和{4, 6, 7, 9}。

表 4-17　第一次迭代的选址分配方案及运输费用

连锁店号 j	X_j	Y_j	需求量/件	到 (P_1, Q_1) 的运输费用/元	到 (P_2, Q_2) 的运输费用/元
1	70	70	8	247.201 0	449.051 9
2	95	50	10	97.107 2	773.246 7
3	80	20	6	151.924 2	414.179 3
4	20	60	5	344.784 6	52.897 1
5	40	10	7	408.076 5	318.694 9
6	10	50	8	618.839 1	61.461 7
7	40	60	12	596.304 4	295.132 7
8	75	90	5	236.468 7	350.422 0
9	10	30	11	863.024 0	232.353 8
10	90	40	9	46.398 5	656.719 1

④按第一次迭代后的分配方案进行重新选址，还是应用精确重心法进行迭代计算，求出两个配送点新的地址坐标为：

$(P_1, Q_1) = (87.144, 44.292)$，$(P_2, Q_2) = (17.676, 49.679)$。

⑤计算各药品连锁店到这两个配送点的送货运输费用，计算结果如表4-18所示，观察表，重新调整后的分组情况为{1, 2, 3, 8, 10}和{4, 5, 6, 7, 9}。

表 4-18　第二次迭代的选址分配方案及运输费用

连锁店号 j	X_j	Y_j	需求量/件	到 (P_1, Q_1) 的运输费用/元	到 (P_2, Q_2) 的运输费用/元
1	70	70	8	239.126 0	446.205 9
2	95	50	10	53.876 4	752.302 7
3	80	20	6	177.634 1	391.621 9
4	20	60	5	355.549 5	72.631 5
5	40	10	7	439.296 5	285.388 3
6	10	50	8	640.736 4	87.127 9
7	40	60	12	618.215 1	297.535 5
8	75	90	5	223.836 2	354.186 2
9	10	30	11	902.298 9	202.104 5
10	90	40	9	70.589 3	632.766 8

⑥按第二次迭代后的分配方案进行重新选址，经过迭代计算后，求出两个配送点的地址坐标位 $(P_1, Q_1) = (90.063, 47.843)$，$(P_2, Q_2) = (19.906, 45.474)$。

⑦计算各药品连锁店到这两个配送点的送货运输费用，计算结果如表4-19所示。考察表4-19，发现分组情况不变，仍然为{1, 2, 3, 8, 10}和{4, 5, 6, 7, 9}。因此，这一物流服务分配方案为最佳方案。

表 4-19 第三次迭代的选址分配方案及运输费用

连锁店号 j	X_j	Y_j	需求量/件	到 (P_1, Q_1) 的运输费用/元	到 (P_2, Q_2) 的运输费用/元
1	70	70	8	193.959 8	259.982 2
2	95	50	10	210.142 5	559.017 0
3	80	20	6	160.513 0	339.411 3
4	20	60	5	280.399 7	100.000 0
5	40	10	7	349.017 1	350.000 0
6	10	50	8	515.658 1	252.982 2
7	40	60	12	443.369 3	0
8	75	90	5	219.289 7	230.488 6
9	10	30	11	729.708 7	466.690 5
10	90	40	9	151.392 4	484.664 8

答：在此方案下，总的最低送货运输费用为 1709.85 元，第一个配送点的地址坐标为 $(P_1, Q_1) = (90.063, 47.843)$，主要针对 1、2、3、8、10 号药品连锁店提供服务；第二个配送点的地址坐标为 $(P_2, Q_2) = (19.906, 45.474)$，主要针对 4、5、6、7、9 号药品连锁店提供服务。

2. 覆盖模型

覆盖模型是一类离散点选址模型。所谓离散点选址，是指在有限的候选位置里，选取最为合适的若干个设施位置为最优方案，它与连续点选址模型的区别是：离散点选址模型所拥有的候选方案只有有限个元素，在规划设计中，需要对这几个有限的位置排列组合进行分析。

所有覆盖模型，是指当设施的服务半径一定时，对于需求已知的一些需求点，如何确定一组服务设施来满足这些需求点的需求。在这个模型中，需要确定服务设施的最小数量和合适的位置。该模型适用于商业物流系统，如零售点的选址、加油站的选址、配送中心的选址等；公用事业系统，如急救中心、消防中心等；计算机等通信系统，如有限电视网的基站、无线通信网络基站、计算机网络中的集线器设置等。

根据解决问题的方法不同，覆盖模型常用的有两类主要模型：集合覆盖模型，即用最小数量的设施去覆盖所有的需求点，如图 4-28 所示；最大覆盖模型，即在给定数量的设施下，覆盖尽可能多的需求点，如图 4-29 所示。

图 4-28 集合覆盖模型 图 4-29 最大覆盖模型

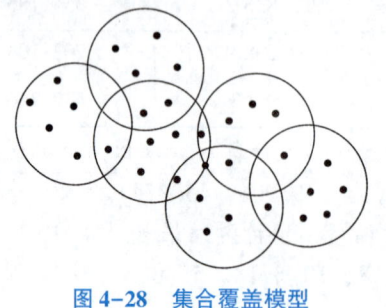

这两类模型的区别是：集合覆盖模型要满足所有需求点的需求，而最大覆盖模型则只覆盖有限的需求点，两种模型的应用情况取决于服务设施的资源充足与否。

(1) 集合覆盖模型

集合覆盖模型的目标是用尽可能少的设施去覆盖所有的需求点，其数学模型表述如下：

$$\min \sum_{j \in N} x_j \tag{4-22}$$

$$s.t. \sum_{j \in B(i)} y_{ij} = 1, \ i \in N \tag{4-23}$$

$$\sum_{i \in A(j)} d_i y_{ij} \leq C_j x_j, \ j \in N \tag{4-24}$$

$$y_{ij} \geq 0, \ i, j \in N \tag{4-25}$$

$$x_j \in \{0, 1\} \tag{4-26}$$

式中：N——n 个需求点集合；

d_i——第 i 个需求点需求量；

C_j——设施节点 j 的容量；

$A(j)$——设施节点 j 所覆盖的需求点的集合；

$B(i)$——可以覆盖需求点 i 的设施的集合；

y_{ij}——节点 i 需求中被分配给设施节点 j 服务的部分，$y_{ij} \leq 1$；

x_j——节点 j 是否被选中成为设施，如果选中则为 1，未被选中则为 0。

式(4-22)是目标函数，被选为设施的节点数最小化。式(4-23)保证每个需求点的需求都得到完全满足，式(4-24)是对每个设施的服务能力的限制，式(4-25)允许一个设施为某个需求点提供部分需求。x_j 和 y_{ij} 是决策变量，表明哪些节点选为设施节点，并且分配方案如何。这是一个混合型的 0-1 整数规划问题。

对于此类带有约束条件的极值问题，有两大类方法可以进行求解。一是应用分支定界求解的方法，能够找到小规模问题的最优解，但只适用于小规模问题的求解；二是启发式方法，所得到的结果不能保证是最优解，但是可以得到较满意的可行解，对于大部分问题的分析与求解，应用启发式算法可以显著减少运算量。

下面用一报刊配送站选址问题的例子介绍一种启发性算法。

【例 4-3】一家自营销售的新闻集团公司为了提高服务质量，准备在某城区的一些居民小区中设立报刊配送站，以便快速递送报刊并兼营其他日用品配送。该地区的居民小区分布情况和相对距离如图 4-30 所示，距离以车辆行驶时间表示（单位：min），新闻集团公司需要确定在 15 min 之内到达任何一个居民小区的情况下，要设多少个报刊配送站，以及它们的位置。

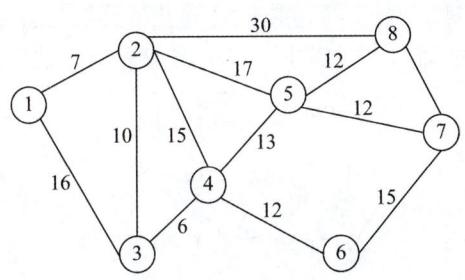

图 4-30 分布情况和相对距离

表 4-20　备选地服务范围

居民小区编号	$A(j)$	$B(i)$
1	1, 2	1, 2
2	1, 2, 3, 4	1, 2, 3, 4
3	2, 3, 4	2, 3, 4
4	2, 3, 4, 5, 6	2, 3, 4, 5, 6
5	4, 5, 7, 8	4, 5, 7, 8
6	4, 6, 7	4, 6, 7
7	5, 6, 7, 8	5, 6, 7, 8
8	5, 7, 8	5, 7, 8

解： ①由于不考虑配送站的服务能力限制，只需考虑覆盖的距离。首先，根据约束条件到达时间≤15 min 的要求，找出每一个备选地（居民小区）所服务的小区集 $A(j)$ 和可以给每一个居民小区提供服务的备选地集合 $B(i)$，如在 1 号小区建配送站，其能服务的小区集合 $A(1)$ 是 {1，2}。同样，如果在 1 号小区建配送站能覆盖到 1 号小区，在 2 号小区建配送站也能覆盖到 1 号小区，其他小区建配送站都不能覆盖到 1 号小区，因此能为 1 号小区提供服务的备选地集合 $B(1)$ 是 {1，2}。其他结果如表 4-20 所示。一般来说，这两个集合是一致的，但是如果加一些限制条件（如某个小区不能建配送站），那就有可能会出现差异。

②根据表 4-20，在 $A(j)$ 中找出可以成为其他居民小区服务范围的子集，将其省去，这样可以简化问题。例如，在 1 号小区建配送站可以对 1、2 号小区提供服务，而在 2 号小区建配送站可以对 1、2、3、4 号小区提供服务，因此，1 号小区服务范围是 2 号小区服务范围的一个子集，可以忽略在 1 号小区建配送站的可能性。经过简化后，{2，4，5，6，7} 是候选点的集合。

③确定合适解。很显然，在候选点集合中，在任何一个小区中建配送站都不能覆盖所有小区。考虑建两个配送站，经过组合穷举，发现（2，7）是可以覆盖所有小区的一个数量最少的组合解。

答： 选择 2、7 号小区，2 号小区配送站服务 1、2、3、4 号小区，而 7 号小区配送站服务 5、6、7、8 小区。

(2) 最大覆盖模型

最大覆盖模型的目标是对有限多个服务设施进行选址，并为尽可能多的需求提供服务，但可能不能满足所有的需求点的需求。最大覆盖模型的数学模型表述如下：

$$\max \sum_{j \in N} \sum_{i \in A(j)} d_i y_{ij} \qquad (4-27)$$

$$s.t. \sum_{j \in B(i)} y_{ij} \leq 1, \ i \in N \qquad (4-28)$$

$$\sum_{i \in A(j)} d_i y_{ij} \leq C_j x_j, \ j \in N \qquad (4-29)$$

$$\sum_{j \in N} x_j = p \qquad (4-30)$$

$$y_{ij} \geq 0, \ i, j \in N \qquad (4\text{-}31)$$

$$x_j \in \{0, 1\} \qquad (4\text{-}32)$$

式中：N —— n 个需求点集合；

　　　d_i —— 第 i 个需求点需求量；

　　　C_j —— 设施节点 j 的容量；

　　　$A(j)$ —— 设施节点 j 所覆盖的需求点的集合；

　　　$B(i)$ —— 可以覆盖需求点 i 的设施的集合；

　　　y_{ij} —— 节点 i 需求中被分配给设施节点 j 服务的部分，$y_{ij} \leq 1$；

　　　x_j —— 节点 j 是否被选中成为设施，如果选中则为 1，未被选中则为 0；

　　　p —— 允许投建的设施数。

式(4-27)是目标函数，尽可能多地为需求点提供服务，满足它们的需求；式(4-28)表明需求点的需求有可能得不到满足；式(4-29)是每个设施的服务能力的限制；式(4-30)是设施数的限制，表明设施只能建设有限多个。式(4-31)允许一个设施为某个需求点提供部分需求。

x_j 和 y_{ij} 是决策变量，表明哪些节点选为设施节点，分配方案如何。这是一个混合型的 0-1 整数规划问题。

同集合覆盖模型一样，最大覆盖模型可采用精确求解方法与启发式方法求解，由 Richard Church 和 Charles R. Velle 设计的贪婪启发式算法可以对最大覆盖模型进行求解，该算法首先求出可以作为候选点的集合，并以一个空集作为原始解的集合，然后在候选点集合中选择一个具有最大满足能力的候选点进入原始解集合，作为二次解。以此往复计算，直到设施数目满足要求为止。

【例 4-4】仍以上述报刊配送站选址问题为例，假设目标是只能建两个配送站，并为尽可能多的小区提供服务。

解：例 4-3 中已得出候选小区集合为{2, 4, 5, 6, 7}，按贪婪启发式算法进行求解。

①初始解为 S=空集；

②根据表 4-20，比较 2、4、5、6、7 小区的服务范围，可见，在 4 号小区建配送站的覆盖能力最大，能覆盖 5 个小区，因此将 4 加入解集 S，则 S={4}；

③重复②，除去 4 号候选小区的服务范围，将能覆盖剩下的待服务小区的能力最大的候选小区加入新的解集。在本例中，除去 4 号小区服务范围后，还剩下待服务的小区(1, 7, 8)。没有一个候选小区能覆盖这三个待服务小区，候选小区 5 和 7 能覆盖待服务的两个小区 7、8，因此可作为新的解集。至此，达到建两个配送站的目标要求，循环结束。

答：S={4, 5} 或 S={4, 7} 是用贪婪启发式算法求得的最大覆盖问题的可行解。

对照上例的结果，这显然不是最优解，这也是启发式算法的特点。

3. P-中值模型

P-中值模型是指在一个给定数量和位置的需求集合和一个候选设施位置集合下，分别为 P 个设施找到合适的位置，并指派每一个需求点被一个特定的设施服务，使之达到在各设施点和需求点之间的运输费用之和最低。图 4-31 所示为 P-中值模型的原理。

图 4-31　P-中值模型

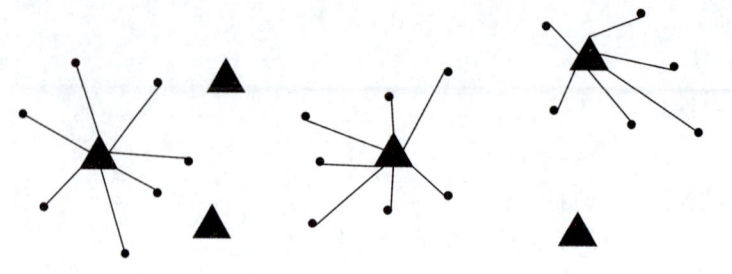

基本的 P-中值模型的数学模型表述如下：

$$\min \sum_{i \in N} \sum_{j \in M} d_i C_{ij} y_{ij} \tag{4-33}$$

$$s.t. \sum_{j \in M} y_{ij} = 1, \ i \in N \tag{4-34}$$

$$y_{ij} \leq x_j, \ i \in N, \ j \in M \tag{4-35}$$

$$\sum_{j \in M} x_j = p \tag{4-36}$$

$$x_j, \ y_{ij} \in \{0, 1\}, \ i \in N, \ j \in M \tag{4-37}$$

式中：N——n 个需求点集合；

d_i——第 i 个需求点需求量；

C_{ij}——从需求点 i 到设施节点 j 的单位运输费用；

M——m 个建设设施节点候选点集合；

$B(i)$——可以覆盖需求点 i 的设施的集合；

y_{ij}——需求点 i 是否由设施 j 来提供服务，0-1 决策变量；

x_j——节点 j 是否被选中，0-1 决策变量。

p——允许投建的设施数（$p < m$）。

式(4-33)是目标函数，表明在达到各需求点时它服务设施的运输费用总和最低；式(4-34)保证每个需求点只有一个服务设施来提供服务；式(4-35)有效地保证没有选中的设施候选点不能为需求点提供服务；式(4-36)限制了可以投建的设施总数为 p 个。x_j 和 y_{ij} 是 0-1 决策变量。这是一个 0-1 整数规划问题。

求解 P-中值模型需要解决两方面的问题：第一，选择合适设施位置，即模型中的 x 决策变量；第二，指派需求点到相应的设施中去，即模型中的 y 决策变量。

一旦设施的位置确定之后，由于设施的服务能力在模型中没有限制，因此再确定指派每个需求点到不同的设施中，使费用总和最小就十分简单了。如果有能力限制，问题就更为复杂。选址设施位置如果穷举的话，共有 C_m^p 种可能方案。

与覆盖模型一样，求解一个 P-中值模型问题，主要有两大类方法：精确法和启发式算法。下面介绍一种启发式求解 P-中值模型的算法——贪婪取走启发式算法。这种算法的基本步骤如下：

①初始化。令循环参数 $K = m$，将所有的 m 个候选位置都选中，然后将每个客户指派给距离其最近的一个候选位置。

②选中并取走一个位置点，满足以下条件：假设将它取走，并将它的客户重新指派后，总费用增加量最小。然后 K 值自动减 1。

③重复(2)，直到 $K = p$。

【例4-5】某医药公司有8个分销公司(A1-A8)，公司拟新建2个配送仓库，用最低的运输成本来满足8个分销公司的需求。经过实地考察后，公司确定5个候选地(D1~D5)，从候选地到各分销公司的单位运输成本、各分销公司的需求已确定，如表4-21所示，各分销公司分布及候选仓库位置如图4-32所示，试确定仓库的位置与分销公司分派情况，并计算出各仓库的运输成本。

表4-21 各客户需求量与单位运输成本矩阵

分销公司	D1/元	D2/元	D3/元	D4/元	D5/元	需求量/件
A1	30	45	48	10	35	10
A2	25	60	70	35	50	6
A3	28	15	25	32	10	11
A4	45	30	20	24	12	25
A5	58	12	25	60	30	15
A6	65	30	15	57	33	13
A7	65	35	16	45	28	20
A8	22	30	35	20	16	8

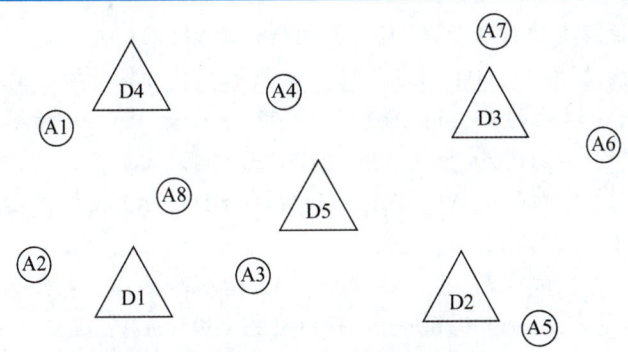

图4-32 各分销公司分布及候选仓库位置

解：①对表4-21的单位运输成本进行比较，按距离最近进行分派，得到初始化结果，如图4-33所示，总费用= 150+180+195+320+100+128+300+110 = 1 483(元)，$K=5$。

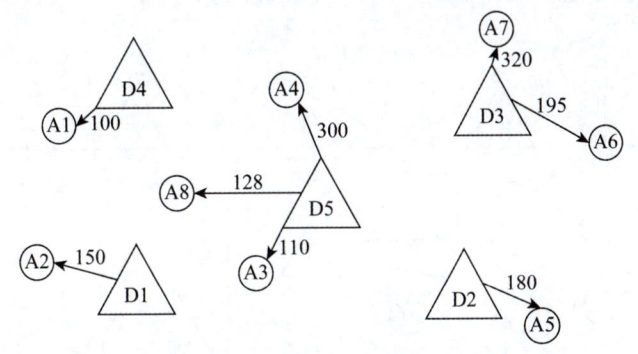

图4-33 初始指派结果

②分别对移走候选地D1、D2、D3、D4、D5进行重新指派，并对各自的增量进行

计算。

当移走 D1 后，受影响的是 A2，A2 指派给 D4 后，所产生的增量=210-150=60(元)；

当移走 D2 后，受影响的是 A5，A5 指派给 D3 后，所产生的增量=375-180=195(元)；

当移走 D3 后，受影响的是 A6、A7，A6 指派给 D2，A7 指派给 D5 后，所产生的增量=390+560-320-195=435(元)；

当移走 D4 后，受影响的是 A1，A1 指派给 D1 后，所产生的增量=300-100=200(元)；

当移走 D5 后，受影响的是 A3、A4、A8，A3 指派给 D2，A4 指派给 D3，A8 指派给 D4 后，所产生的增量=165+500+160-110-300-128=287(元)；

所以，第一个被移走的候选地是 D1，并把 A2 指派给 D4，$K=4$。

③分别对移走候选地 D2、D3、D4、D5 进行重新指派，并对各自的增量进行计算。

当移走 D2 后，受影响的是 A5，A5 指派给 D3 后，所产生的增量=375-180=195(元)；

当移走 D3 后，受影响的是 A6、A7，A6 指派给 D2，A7 指派给 D5 后，所产生的增量=390+560-320-195=435(元)；

当移走 D4 后，受影响的是 A1、A2，A1 指派给 D5，A2 指派给 D5 后，所产生的增量=350+300-100-210=340(元)；

当移走 D5 后，受影响的是 A3、A4、A8，A3 指派给 D2，A4 指派给 D3，A8 指派给 D4 后，所产生的增量=165+500+160-110-300-128=287(元)；

所以，第二个被移走的候选地是 D2，并把 A5 指派给 D3，$K=3$。

④分别对移走候选地 D3、D4、D5 进行重新指派，并对各自的增量进行计算。

当移走 D3 后，受影响的是 A5、A6、A7，A5 指派给 D5，A6 指派给 D5，A7 指派给 D5 后，所产生的增量=450+429+560-375-195-320=549(元)；

当移走 D4 后，受影响的是 A1、A2，A1 指派给 D5，A2 指派给 D5 后，所产生的增量=350+300-100-210=340(元)；

当移走 D5 后，受影响的是 A3、A4、A8，A3 指派给 D2，A4 指派给 D3，A8 指派给 D4 后，所产生的增量=275+500+160-110-300-128=397(元)；

所以，第三个被移走的候选地是 D4，并把 A1 指派给 D5，A2 指派给 D5，$K=2$，循环结束。

答：最后的结果在候选地 D3、D5 上投建新的仓库，总的运输成本为 2 078 元，其中 D3 仓库的运输成本为 890 元，D5 仓库的单位运输成本为 1 188 元，指派结果如图 4-34 所示。

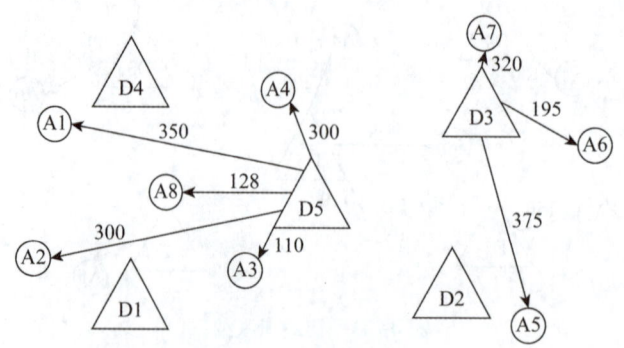

图 4-34　最后指派结果

4. CFLP（Capacitated Facilities Location Problem）模型

CFLP 是带容量限制的多设施选址问题。其问题描述如下：某公司有 m 个销售地区，每个销售地区的需求量已知。公司决定建立若干个配送中心，经考察确认候选地点有 n 个，每个候选地都有容量限制，并且有固定成本（如建造成本或租赁成本），问题是如何从 n 个候选地点中选择不超过 k 个地点修建配送中心，使物流费用达到最小。

模型中没有考虑配送中心的进货成本。这里有一个假设，即货物的各供应地距离布局网络的规划区域都足够远。这是因为当供应地距离规划区域较远时，各配送中心从供应处进货的进货成本之差异相对于进货成本本身来说，可忽略不计。这样各配送中心候选地的进货成本均相等，所以在此模型布局时可不考虑。当然，如果供应地并不是远离规划区域，那就必须考虑进货成本，此问题就接近于鲍摩-瓦尔夫模型。

$$\min \sum_{i=1}^{n} f_i y_i + \sum_{i=1}^{n} \sum_{j=1}^{m} c_{ij} x_{ij} \tag{4-38}$$

约束条件：

$$\sum_{i=1}^{n} x_{ij} = D_j, \quad j = 1, \cdots, m \tag{4-39}$$

$$\sum_{j=1}^{m} x_{ij} \leq K_i y_i, \quad i = 1, \cdots, n \tag{4-40}$$

$$\sum_{i=1}^{m} y_i \leq k \tag{4-41}$$

$$y_i \in \{0, 1\}, \quad i = 1, \cdots, n \tag{4-42}$$

$$x_{ij} \geq 0; \quad i = 1, \cdots, n; \quad j = 1, \cdots, m \tag{4-43}$$

式中：m——销售地的数量；

n——配送中心候选地的数量；

D_j——销售地 j 的年需求量；

K_i——配送中心 i 的容量；

f_i——配送中心 i 的年固定成本；

c_{ij}——从配送中心 i 到销售地 j 的生产运输成本；

k——修建不超过 k 个配送中心；

x_{ij}——从配送中心 i 到销售地 j 的运输量（决策变量）；

y_i——如果配送中心 i 被选中则为 1，否则为 0。

其中式(4-38)为目标函数，使得总成本最小，包括固定成本与变动成本两部分。式(4-39)表示每个销售地点的需求量都需要满足。式(4-40)表示配送中心的供应量不能大于其容量。式(4-41)表示拟建的配送中心数不超过 k 个。

这是一个混合整数规划模型，对于小规模的问题可用分支定界法，选用 LINGO 等优化软件求解，对于大规模的问题可用现代优化技术求解，如模拟退火算法、遗传算法、蚁群算法等。

5. 多级的 CFLP 模型

如果要设计从供应商到客户的整个供应链网络，就需要考虑一种更为普遍的工厂选址模型。如图 4-35 所示，考虑这样一个供应链，在这个供应链中，供应商将材料送到供应仓库的工厂，工厂生产之后存放在仓库中，而仓库又供应市场。工厂和仓库的位置和容量分配都需要进行决策。多个仓库可用于满足市场需求，多个工厂可用于补充仓库。

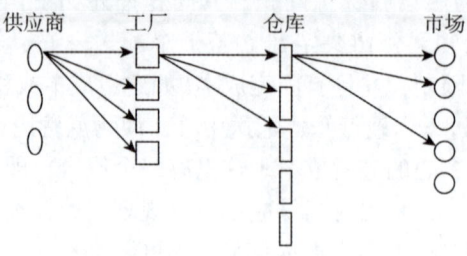

图 4-35 多级 CFLP 模型示意

该模型如下：

$$\min \sum_{i=1}^{n} F_i y_i + \sum_{e=1}^{t} f_e y_e + \sum_{h=1}^{l} \sum_{i=1}^{n} c_{hi} x_{hi} + \sum_{i=1}^{n} \sum_{e=1}^{t} c_{ie} x_{ie} + \sum_{e=1}^{t} \sum_{j=1}^{m} c_{ej} x_{ej} \quad (4-44)$$

约束条件：

$$\sum_{i=1}^{n} x_{hi} \leq S_h, \ h = 1, \cdots, l \quad (4-45)$$

$$\sum_{h=1}^{l} x_{hi} - \sum_{e=1}^{t} x_{ie} \geq 0, \ i = 1, \cdots, n \quad (4-46)$$

$$\sum_{e=1}^{t} x_{ie} \leq K_i y_i, \ i = 1, \cdots, n \quad (4-47)$$

$$\sum_{i=1}^{n} x_{ie} - \sum_{j=1}^{m} x_{ej} \geq 0, \ e = 1, \cdots, t \quad (4-48)$$

$$\sum_{j=1}^{m} x_{ej} \leq W_e y_e, \ e = 1, \cdots, t \quad (4-49)$$

$$\sum_{e=1}^{t} x_{ej} = D_j, \ j = 1, \cdots, m \quad (4-50)$$

$$y_i, y_e \in \{0, 1\}; \ x_{ej}, x_{ie}, x_{hi} \geq 0; \ i = 1, \cdots, n; \ j = 1, \cdots, m; \\ e = 1, \cdots, t; \ h = 1, \cdots, l \quad (4-51)$$

式中：l——供应商的数量；

n——工厂的数量；

t——仓库的数量；

m——市场或需求点的数量；

S_h——供应商 h 的供应量；

K_i——工厂 i 的容量；

W_e——仓库 e 的容量；

D_j——客户需求点 j 的年需求量；

F_i——在 i 点建立工厂的固定成本；

f_e——在 e 点建立仓库的固定成本；

c_{hi}——从供应商 h 到工厂 i 的单位运输成本；

c_{ie}——从工厂 i 到仓库 e 的单位生产及运输成本；

c_{ej}——从仓库 e 到客户点 j 的单位运输成本；

x_{hi}——从供应商 h 到工厂 i 的运输量；
x_{ie}——从工厂 i 到仓库 e 的运输量；
x_{ej}——从仓库 e 到市场 j 的运输量；
y_i——如果工厂 i 被选中则为1，否则为0；
y_e——如果仓库 e 被选中则为1，否则为0。

式(4-44)为目标函数，最小化供应网络下的固定成本和变动成本。式(4-45)表示从供应商处供应的数量不能超过供应商的供应量。式(4-46)表示从工厂供应的数量不能超过工厂获得的数量。式(4-47)表示工厂生产的数量不能超过其生产能力。式(4-48)表示仓库供应的数量不能超过仓库从工厂获得的数量。式(4-49)表示通过仓库运输的货物数量不能超过仓库的容量。式(4-50)表示客户需求量均会满足。

该模型的求解类似于CFLP模型，小规模问题可采用精确算法求解，大规模问题可采用启发式算法求解。

6. 鲍摩-瓦尔夫(Baumol-Wolfe)模型

(1) 问题描述

鲍摩-瓦尔夫模型又称为多节点单品种选址模型，即模型中只考虑一种产品，模型的系统结构如图4-36所示。模型假设有 m 个资源点(如工厂)的单一品种产品，经从候选集选出的配送中心发运给 n 个地区的客户或者直送。问题是如何从 s 个候选的地点集合中选择若干个位置作为物流设施节点(如配送中心)，使得从已知若干个资源点(如工厂)，经过这几个选出的设施节点(配送中心)，向若干个客户运送同一种产品时总的物流成本(或运输成本)最小。模型中也可能存在从工厂直接将产品送往某个客户点。

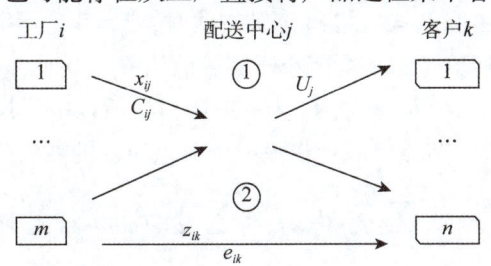

图4-36 多节点单品种选址问题

(2) 建立模型

S_i：工厂 i 的产品供应量；
D_k：客户 k 的产品需求量；
x_{ij}：从工厂 i 到备选设施节点 j 的货物量；
y_{jk}：从备选设施节点 j 到客户 k 的货物量；
z_{ik}：客户从 k 工厂 i 直接进货数量；
U_j：备选设施节点 j 是否选中的决策变量(0-1变量)；
c_{ij}：备选设施节点 j 从工厂 i 进货的单位货物进货费用；
d_{jk}：备选设施节点 j 向客户 k 供货的单位货物进货费用；
e_{ik}：客户 k 从工厂 i 直接进货的单位货运直接配送费用；
w_j：备选设施节点 j 每单位货物通过量的变动费(如仓库管理或加工费等，与规模相关），即储存费用率；

v_j：备选设施节点 j 选中后的基建投资费用（固定费用，与规模无关的费用）。

假设 F 为选址布局方案的总成本，于是有目标函数：

$$\min F = \sum_{i=1}^{m}\sum_{j=1}^{s} c_{ij} x_{ij} + \sum_{j=1}^{s}\sum_{k=1}^{n} d_{jk} y_{jk} + \sum_{i=1}^{m}\sum_{k=1}^{s} e_{ik} z_{ik} + \sum_{j=1}^{s}\left(v_j U_j + w_j \sum_{i=1}^{m} x_{ij}\right) \quad (4-52)$$

在这个模型中，每个工厂运出的货物总量不大于该工厂的生产、供货能力；所有客户的需求必须得到满足，做到不缺货，则有如下的约束条件存在：

$$\sum_{j=1}^{s} x_{ij} + \sum_{k=1}^{n} z_{ik} \leq S_i, \ i = 1, 2, \cdots, m \quad (4-53)$$

$$\sum_{j=1}^{s} y_{jk} + \sum_{i=1}^{m} z_{ik} \geq D_k, \ k = 1, 2, \cdots, n \quad (4-54)$$

对于每个物流设施节点，运进的货物总量应等于运出的货物总量，则有如下的约束条件存在：

$$\sum_{i=1}^{m} x_{ij} = \sum_{k=1}^{n} y_{jk}, \ j = 1, 2, \cdots, s \quad (4-55)$$

此外，物流设施节点的布局经过优化求解后的结果，可能有的备选地址被选中，而另外的一些被淘汰。被淘汰的备选设施节点，经过它中转的货物数量为零。这一条件可由下面的约束条件满足：

$$\sum_{i=1}^{m} x_{ij} - M U_j \leq 0, \ j = 1, 2, \cdots, s \quad (4-56)$$

其中，当 j 点被选中时，$U_j = 1$；当 j 点被淘汰时，$U_j = 0$。不等式中的 M 是一个相当大的正数。由于 x_{ij} 是货物运输量，不可能小于零，故当 $U_j = 0$ 时，$x_{ij} = 0$ 成立；当 $U_j = 1$ 时，M 是一个相当大的正数；$M U_j$ 足够大，x_{ij} 为一有限值，所以不等式成立。

综上所述，可以写成多节点单品种物流设施节点布局的数学模型如下：

$$\min F = \sum_{i=1}^{m}\sum_{j=1}^{s} c_{ij} x_{ij} + \sum_{j=1}^{s}\sum_{k=1}^{n} d_{jk} y_{jk} + \sum_{i=1}^{m}\sum_{k=1}^{s} e_{ik} z_{ik} + \sum_{j=1}^{s}\left(v_j U_j + w_j \sum_{i=1}^{m} x_{ij}\right) \quad (4-57)$$

$$s.t. \sum_{j=1}^{s} x_{ij} + \sum_{k=1}^{n} z_{ik} \leq S_i, \ i = 1, 2, \cdots, m \quad (4-58)$$

$$\sum_{j=1}^{s} y_{jk} + \sum_{i=1}^{m} z_{ik} \geq D_k, \ k = 1, 2, \cdots, n \quad (4-59)$$

$$\sum_{i=1}^{m} x_{ij} = \sum_{k=1}^{n} y_{jk}, \ j = 1, 2, \cdots, s \quad (4-60)$$

$$\sum_{i=1}^{m} x_{ij} - M U_j \leq 0, \ j = 1, 2, \cdots, s \quad (4-61)$$

其中，$U_j = 0$ 或 1，$j = 1, 2, \cdots, s$（当 j 被选中时，$U_j = 1$；当 j 被淘汰时，$U_j = 0$）x_{ij}，y_{jk}，z_{ik} 中，$i = 1, 2, \cdots, m$；$j = 1, 2, \cdots, s$；$k = 1, 2, \cdots, n$。

在式（4-57）中，$w_j \sum_{i=1}^{m} x_{ij}$ 项是备选设施节点 j 的储存费用项，如果把储存费用看成设施节点吞吐量 $\sum_{i=1}^{m} x_{ij}$ 的线性函数，即储存费用率 w_j 与设施节点规模大小无关，那整个模型就是一个混合型0-1整数规划的数学模型。而实际情况是存储费用率一般与设施节点的规模(吞吐量)大小有关。鲍摩-瓦尔夫模型中用非线性函数来描述设施节点的储存费用函数,如图4-37所示。从图中的曲线可以看出,随着设施节点规模的增大,储存费用曲线变得平坦,即储存费率下降了。这是符合实际情况的。储存费用的非线性函数的引入,使整个模型变为非线性规划模型,这也使计算求解变得更复杂。为了使问题简化,鲍摩-瓦尔夫模型给出了一个启发式算法,这个方法是在迭代求解中,对非线性函数采用分段线性化的做法,即在每一次迭代过程中用边际成本表示储存费用率。边际成本表示在一定设施节点规模下的单位货物储存费用,因此可与单位运输费用直接相加。经过这样处理后,就可直接利用运输规划问题的方法计算求解了。鲍摩-瓦尔夫的启发式算法在求解过程中只运用一般的运输规划问题的计算方法即可,避免了混合整数规划模型的求解困难,大大降低了计算成本,不仅如此,它还较好地解决了设施节点储存费用非线性的问题。

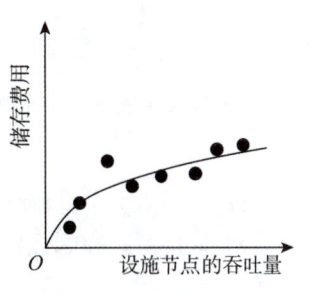

图4-37 设施节点费用函数

通过对物流设施节点的储存成本与规模(吞吐量)的数据拟合,可以得到它们相互关系的数学表达式为:

$$H_j = \mu_j G_j^p \tag{4-62}$$

式中:H_j——设施节点j的存储成本;

G_j——节点的吞吐量;

μ_j、p——常系数。

设物流设施节点在某一规模时的边际成本为w_j,则$w_j = \dfrac{\partial H_j}{\partial G_j} = \mu_j p G_j^{p-1}$,当$p = 0.5$时,$H_j = \mu_j \sqrt{G_j}$,$w_j = \dfrac{\mu_j}{2\sqrt{G_j}}$,因此,如果已经确定了设施节点的规模,那此规模下的储存费率就可按上述边际成本的公式计算得到。

下面介绍鲍摩-瓦尔夫启发式算法的计算步骤:

①求初始解。首先,令各备选设施节点的规模均为0,即$G_j = 0$,$w_j = 0$。对工厂与客户间所有组合(i, k),求各单位运输成本最小值,即运输成本最低的路线。其运输成本为$c_{ik}^0 = min(c_{ij} + d_{jk})$,引入变量$G_{ik}$,表示从工厂$i$经一个备选设施节点$j$到客户$k$的流通量。解下列线性规划的运输问题:

$$\min f = \sum_{i=1}^{m} \sum_{k=1}^{n} c_{ik}^0 G_{ik} \tag{4-63}$$

$$s.t. \sum_{k=1}^{n} G_{ik} = S_i, \ i = 1, 2, \cdots, m \tag{4-64}$$

$$\sum_{i=1}^{m} G_{ik} = D_k, \ k = 1, 2, \cdots, n \tag{4-65}$$

求出G_{ik}。

②求二次解。设经过备选设施节点j的所有(i, k)组成的集合为F_j,备选设施节点j

的吞吐量为 $G_j = \sum_{(i,k) \in F_j} G_{ik}$

以运输率和变动存储费率的合计最小为标准，求最省路线：

$$c_{ik}^1 = \min_j (c_{ij} + d_{jk} + \mu_j p\, G_j^{p-1}) \qquad (4\text{-}66)$$

以 c_{ik}^1 代替 c_{ik}^0，重新解上一步的运输问题。求出 G_{ik}，并计算 G_j。

③求最优解。按②方法反复计算，直至 G_j 不变，即获得满意解。

鲍摩-瓦尔夫启发式算法的每次迭代使系统总成本单调下降的趋势是明显的，它总是在使系统总费用最小的前提下寻求新的更好的布局方案。但对于设施节点设置的固定投资成本，此算法在计算过程中没有考虑。

【例4-6】某公司有两个生产基地A1、A2，这两个生产基地通过配送中心向8个销售地区供应产品。经过实地考察之后，公司确定5个配送中心候选地D1、D2、D3、D4、D5，问题是如何从这5个候选地中选择若干个作为配送中心，使得总的配送成本最小。在此，每个候选地都要考虑规模经济因素，即配送中心存储费用与货物吞吐量呈非线性关系，已知条件如表4-22、表4-23和表4-24所示。

表4-22 生产基地到配送中心候选地的单位运输成本及供应量

生产基地	D1	D2	D3	D4	D5	需求量/吨
A1	8	9	18	30	35	160
A2	20	14	5	12	11	250

表4-23 配送中心候选地存储费用

候选地	D1	D2	D3	D4	D5
储存费用/元	$200\, G_1^p$	$400\, G_2^p$	$500\, G_3^p$	$300\, G_4^p$	$300\, G_5^p$

注：本例中取 $p = 0.5$，G_i 为货物吞吐量。

表4-24 配送中心候选地到各销售地的最小运输成本

候选地	B1	B2	B3	B4	B5	B6	B7	B8
D1	10	5	12	23	33	34	44	53
D2	45	11	5	14	15	30	25	35
D3	30	25	10	7	8	20	22	19
D4	60	40	35	20	18	7	6	8
D5	65	55	39	30	15	12	21	6
需求量/吨	45	25	70	50	80	60	30	50

解：①求初始解。对于生产基地到销售地的所有组合，找出使单位进货运输成本和单位配送运输成本之和为最小的配送中心，结果如表4-25所示。表中括号内的 D_j 表示要通过的配送中心。

表 4-25　生产基地到各销售地的最小运输成本　　　　　　　　　　　单位：元

生产基地	销售地单位运输成本							
	B1	B2	B3	B4	B5	B6	B7	B8
A1	(D1) 18	(D1) 13	(D2) 14	(D2) 23	(D2) 24	(D4) 37	(D2) 34	(D3) 37
A2	(D1) 30	(D1) 25	(D3) 15	(D3) 12	(D3) 13	(D4) 19	(D4) 18	(D5) 17

根据表 4-25 的运输成本解决运输问题得到初始解，如表 4-26 所示。

表 4-26　初始解　　　　　　　　　　　　　　　　　　　　　　　单位：吨

生产基地	销售地运输量								供应量
	B1	B2	B3	B4	B5	B6	B7	B8	
A1	(D1) 45	(D1) 25	(D2) 70	(D2) 20					160
A2					(D3) 30	(D3) 80	(D4) 60	(D4) 30	(D5) 50	250
需求量	45	25	70	50	80	60	30	50	45

② 求第二次解。根据初始解的结果，可以汇总出各配送中心候选地的吞吐量 G_j，再进一步计算出 c_{ik}^1。本例中，取 $p=0.5$，则配送中心的储存费率按公式 $w_j = \dfrac{\mu_j}{2\sqrt{G_j}}$ 计算。其结果如表 4-27 所示。

表 4-27　配送中心候选地吞吐量与储存费率

候选地	D1	D2	D3	D4	D5
吞吐量/吨	70	90	110	90	50
储存费率	12	21.1	23.8	15.8	21.2

再对生产基地到销售地的所有组合，以单位进货运输成本、单位配送成本和储存费率的合计最小为标准，求最省路线。其结果如表 4-28 所示。

根据表 4-28 的运输成本解运输问题得到第二次解，如表 4-29 所示。

表 4-28　生产基地到各销售地的最小运输成本　　　　　　　　　　单位：元

生产基地	销售地单位运输成本							
	B1	B2	B3	B4	B5	B6	B7	B8
A1	(D1) 30	(D1) 25	(D2) 35.1	(D2) 44.1	(D2) 45.1	(D4) 52.8	(D2) 55.1	(D3) 60.8
A2	(D1) 42	(D1) 37	(D3) 38.8	(D3) 35.8	(D3) 36.8	(D4) 34.8	(D4) 33.8	(D5) 38.2

表 4-29　第二次解　　　　　　　　　　　　　　　　　　　　　　　　　　　　　　单位：吨

生产基地	销售地运输量								供应量
	B1	B2	B3	B4	B5	B6	B7	B8	
A1	(D1) 45	(D1) 25	(D1) 70	(D1) 20					160
A2				(D3) 30	(D3) 80	(D4) 60	(D4) 30	(D4) 50	250
需求量	45	25	70	50	80	60	30	50	45

③求第三次解。根据第二次解的结果，可以汇总出各配送中心候选地的吞吐量 G_j，再进一步计算出 c_{ik}^2。由于 D2、D5 没有吞吐量，为了后面计算时去掉这两个候选地并计算方便，给 D2 与 D5 的储存费率设置为一个足够大的数 M（本例中是 100 000），如表 4-30 所示。

表 4-30　配送中心候选地吞吐量与存储费率

候选地	D1	D2	D3	D4	D5
吞吐量/吨	160	0	110	140	0
储存费率	7.9	M(100 000)	23.8	12.7	M(100 000)

以表 4-30 为基础，再对生产基地到销售地的所有组合，以单位进货运输成本、单位配送成本和存储费率的合计最小为标准，求最省路线。

根据表的运输成本解决运输问题得到第三次解，如表 4-31 所示。

表 4-31　生产基地到各销售地的最小运输成本　　　　　　　　　　　　　　　　　　单位：元

生产基地	销售地单位运输成本							
	B1	B2	B3	B4	B5	B6	B7	B8
A1	(D1) 25.9	(D1) 20.9	(D1) 27.9	(D1) 38.9	(D1) 48.9	(D4) 49.7	(D4) 48.7	(D4) 50.7
A2	(D1) 37.9	(D1) 32.9	(D3) 38.8	(D3) 35.8	(D3) 36.8	(D4) 37.7	(D4) 30.7	(D4) 32.7

根据表 4-31 的运输成本解运输问题得到第三次解，如表 4-32 所示。

表 4-32　第三次解　　　　　　　　　　　　　　　　　　　　　　　　　　　　　　单位：吨

生产基地	销售地单位运输量								供应量
	B1	B2	B3	B4	B5	B6	B7	B8	
A1	(D1) 45	(D1) 25	(D1) 70	(D1) 20					160
A2				(D3) 30	(D3) 80	(D4) 60	(D4) 30	(D4) 50	250
需求量	45	25	70	50	80	60	30	50	45

④比较第二次解与第三次解，发现各配送中心候选地的吞吐量没有变化。因此第三次解是最终解。

答：最后在 5 个候选地中，选择 D1、D3、D4 为配送中心设置地点。

微课视频：企业物流设施选址评价

本章小结

本章介绍了区域物流系统规划与设计的含义、目标、内容，阐述了区域物流系统的空间布局、通道规划、信息平台规划与发展政策规划的基本内容与思路。分析了企业的分销网络设计要考虑的因素，基本分销网络类型及其特点以及如何选择合适的分销网络。重点阐述了企业物流网络规划的基本概念、构成要素、常见的网络结构。介绍了物流节点选址规划的目标、分类、方法和影响因素，详细讨论了单物流节点和多物流节点的选址模型及其求解方法。

案例分析

京东的物流网络

思考题：（1）分析京东物流目前的网络布局属于哪种物流网络类型。

（2）分析京东的物流网络类型是否合适。

翻转课堂讨论话题

针对你们选取的案例，讨论其是否存在物流设施选址问题，如果存在，分析其合理性，并选用合适的选址方法对其进行优化。

第 5 章　物流运输系统规划与设计

学习目标

- 能够解释基本运输方式运营特点的差异。
- 能够描述运输合理化的分析思路。
- 能够运用运输路线选择模型及其求解方法解决实际问题。

开篇案例

京东配送系统现状及发展对策

2020年6月18日，京东"'6·18'全球年中购物节"0时~24时下单金额总额超2 692亿元，同比增长33.6%，较2019年26.6%的增速有所提高。订单数量的激增，需要良好的配送服务来降本增效，提高客户满意度，增加总体的利润收益。京东物流采用自建物流、第三方物流和京东众包三种配送方式。

对于自建物流配送模式来说，京东商城各种时效优惠购物政策的推出吸引了大量消费者的青睐，但商品订单数量激增的同时，配送环节跟不上电商的发展，存在订单积压的现象。对于外包给第三方物流进行配送的地区，京东物流对其具体服务流程无法进行过多的干预和控制，对货损货差、货物丢失等配送环节的问题无法迅速形成反馈，以至于客户满意度偏低。对于"众包"配送模式，其入门门槛较低，较短时间内即可完成培训。但多数兼职配送员为了提高业绩，存在对配送地点不熟悉而盲目抢单，在无法完成时又随意弃单的情况，产生大量的二次配送，降低配送时效，同时增加配送成本。其次，无论是智能快递柜、自提点还是便利店取件对于大型小区用户取件而言都不方便，还有各种货损货差的赔偿费用，造成末端物流费用居高不下，"最后一米"末端配送服务问题亟待解决。最后，其自建物流投资过大。自建物流需要进行全国性的大规模配送点建立，中国幅员辽阔，想要构建一个完整的自营配送网络，需要大量资金、人力的投入，而且短时间内资金无法回笼，造成京东物流灵活性降低、物流费用提升，进而需要客户支出更加高额的快递配送费用，造成客户满意度和留存率下降。

针对以上的问题，可将 5G 技术应用于京东物流配送中。5G 技术也称为 IMT-2020，其发展推广中的主要技术有大规模的天线阵列、超密集网络部署、全频谱接入方式、新型的网络架构和多址技术，目前可对现已架构好的 4G 网络进行升级整合来运行 5G，从而减少 5G 的部分建设成本。5G 的应用构想为创造一个万物互联的统一连接架构和创新平台，为各行各业带来新机遇，京东物流应该借 5G 的东风，突破现有格局增速降本。

（资料来源：刘依萌. 5G 技术应用背景下京东物流配送环节发展对策研究[J]. 中阿科技论坛（中英文），2020(8)：178-181.）

思考题：在利用 5G 技术的背景下，京东可以从哪些方面减少不必要的资金投入？

5.1 运输系统的重要性与功能

运输是指借助公共运输线及其设施和运输工具来实现人与物空间位移的一种经济活动和社会活动。运输系统的重要性主要体现在：第一，地域分工专业化；第二，规模经济；第三，竞争加剧；第四，土地价值的提高。

微课视频：运输与运输系统

5.1.1 运输系统的功能

物流运输系统主要实现货物的转移，从而创造空间和时间价值，其功能包括货物移动、短期储存等。运输的发展影响着社会生产、流通、分配和消费的各个环节，是保证国民经济正常运作的重要基础之一。

1. 产品转移

运输克服了产品在生产与需求之间存在的空间和时间上的差异。运输实现货物的空间转移，创造"场所价值"，物流是物品在时空上的移动，运输主要承担改变物品空间位置的作用，是物品改变空间位置的主要技术手段，是物品实现价值增值的主要原因。运输是物流的主要功能要素之一，决定了物流的速度。

随着社会分工迅速发展，生产与供应的关系日益紧密。现代生产的基本要求是生产过程平稳、生产各环节节奏一致，而生产、供应、消费等社会行为在空间上的联系却日趋分离，因此，运输的作用显得空前突出。任何正常运转的企业，每天都有大量物资进出。某些重要的交通线路如果不能正常运转，将对国民经济产生巨大影响。

2. 产品储存

对产品进行临时储存是指将运输车辆临时作为相当昂贵的储存设施。如果转移中的产品需要储存，而短时间内又要重新转移，卸货和装货的成本也许会超过储存在运输工具中的费用，此时可以将运输工具作为临时的储存工具。另外，产品在运输途中也是短期储存的过程。

5.1.2 物流运输系统的构成要素

构成物流运输系统的要素主要有基础设施、运输设备和运输参与者。

1. 基础设施

（1）运输线路

运输线路是供运输工具定向移动的通道，也是运输赖以运行的基础设施之一，是构成运输系统最重要的要素。在现代运输系统中，主要的运输线路有公路、铁路、航线和管道。其中，铁路和公路为陆上运输线路，除了引导运输工具定向行驶外，还需承受运输工具、货物或人的重量；航线有水运航线和空运航线，主要起引导运输工具定位定向行驶的作用，运输工具、货物或人的重量由水或空气的浮力支撑；管道是一种相对特殊的运输线路，由于其严密的封闭性，所以既充当了运输工具，又起到了引导货物流动的作用。

（2）运输节点

所谓运输节点，是指以连接不同运输方式为主要职能，处于运输线路上的承担货物集散、运输业务办理、运输工具保养和维修的基地与场所。运输节点是物流节点中的一种类型，属于转运节点。公路运输线路上的停车场（库）、货运站，铁道运输线路上的中间站、编组站、货运站，水运线路上的港口、码头，空运线路上的空港，管道运输线路上的管道站等都属于运输节点范畴。一般而言，由于运输节点处于运输线路上，又以转运为主，所以货物在运输节点上停滞的时间较短。

2. 运输设备

运输设备即运输工具，是指在运输线路上用于载重货物并使其发生位移的各种设备和装置，它们是运输能够进行的基础设备，也是运输得以完成的主要手段。运输设备根据从事运送活动的独立程度可以分为三类。

①仅提供动力，不具有装载货物容器的运输工具，如铁路机车、牵引车、拖船等。

②没有动力，但具有装载货物容器的从动运输工具，如车皮、挂车、驳船、集装箱等。

③既提供动力，又具有装载货物容器的独立运输工具，如轮船、汽车、飞机等。

管道运输是一种相对独特的运输方式，它的动力设备与载货容器的组合较为特殊，载货容器为干管，动力装置设备为泵（热）站，因此设备总是固定在特定的空间内，不像其他运输工具那样可以凭借自身的移动带动货物移动，故可将泵（热）站视为运输设备，甚至可以连同干管都视为运输设备。

3. 运输参与者

运输活动的主体是运输参与者，运输活动作用的对象（运输活动的客体）是货物。货物的所有者是物主或货主。运输必须由物主和运输参与者共同参与才能进行。

（1）物主

物主包括托运人（或称委托人）和收货人，有时托运人与收货人是同一主体，有时不是同一主体。不管托运人托运货物，还是收货人收到货物，都希望在规定的时间内，以最低的成本、最小的损耗和最方便的业务操作，将货物从起始地转移到指定的地点。

（2）承运人

承运人是指运输活动的承担者，他们可能是铁路货运公司、航运公司、民航货运公司、储运公司、物流公司或个体运输业者等。承运人是受托运人或收货人的委托，按委托人的意愿以最低的成本完成委托人委托的运输任务，同时获得运输收入。承运人根据委托人的要求或在不影响委托人要求的前提下合理地组织运输和配送，包括选择运输方式、确定运输线路、进行货物配载等。

(3) 货运代理人

货运代理人是根据用户的指示，为获得代理费用而招揽货物、组织运输的人员，其本人不是承运人。他们负责把来自各用户的小批量货物合理组织起来，以大批量装载，然后交由承运人进行运输。待货物到达目的地后，货运代理人再把该大批量装载拆分成原先较小的装运量，送往收货人。货运代理人的主要优势在于大批量装载可以实现较低的费率，并从中获取利润。

(4) 运输经纪人

运输经纪人是替托运人、收货人和承运人协调运输安排的中间商，其协调的内容包括装运装载、费率谈判、结账和货物跟踪管理等。经纪人也属于非作业中间商。

5.1.3 运输系统的特点

1. 物流运输系统是一个连续性的过程系统

运输生产是在流通过程中完成的，它的连续性表现为运输生产过程的连续性和运输生产时间的连续性。其货物运输生产过程包括了集、装、运、卸、散诸环节所组成的生产全过程，诸过程单元是通过旅客和货物位移相互连接的。在完整的运输过程系统中，任何一个单元出现故障都直接影响系统功能的实现。为了保证过程系统的正常运转，就要不断地解决和协调各个过程单元和单元间所形成的"结合部"。由于物流运输系统是一个过程系统，在作业过程的诸多环节间形成"结合部"，对其管理问题有特别重要的意义。

物流运输系统生产的连续性还表现在时间上的连续，这个系统必须全年、全月、全日地运转，而不能发生任何中断，如果发生运输中断，就破坏了运输的正常生产。

2. 物流运输系统产生的多环节、多功能等特点

结构复杂的物流运输系统，其运输生产过程表现为多个环节之间的联合作业，如货物装载、运输、卸载等，各个环节简要协调适应。

物流运输系统具有多种功能，如运输功能、生产功能、服务功能、工业功能、城市功能及国防功能等，完成物流运输系统的功能就意味着要实现物流运输系统的多种功能。

各种运输方式对应于各自的技术特性，有不同的运输单位、运输时间和运输成本，因而形成了各种运输方式不同的服务质量。也就是说，运输服务的利用者可以根据货物的性质、大小、所要求的运输时间、所能负担的运输成本等条件来选择合适的运输方式，或者合理运用多种运输方式实行联合运输。

3. 物流运输系统生产具有网络特性

良好的物流运输系统要有合理的布局与结构，要建设成与内部外部协调的交通运输网。在科学合理的交通运输网上，通过科学的运输组织才能实现运输需求，加速货物和车船的周转，压缩旅客和货物的在途时间，加速国民经济的发展。

运输网络是一个赋权的连通图，由节点和弧组成。网中的节点是各种运输方式的车站、枢纽或多种运输方式的结合部，如城市、地区中心、街道交叉口等；弧是网络中车站之间、枢纽点之间或各种运输方式结合点之间的区间线路，如公路线、铁路线、航空线、水运航道及运输管道等。物流运输系统的建设与发展，首先要从完善、加强、扩展交通运输网着手，不断提高交通运输网的数量与质量，这是发展物流运输系统的基本措施。

4. 物流运输系统是一个动态系统

运输不产生新的实物形态产品，不改变劳动对象的属性和形态，只是改变它的位置，运输生产所创造的价值附加在其劳动对象上。劳动对象(货物)的位置转移是一个动态过程，即物流运输系统中的人流、物流、车流、船流及飞机流等本身就是经常处在一个流动的状态。另外，运输生产活动通常处在十分复杂多变的外部环境中，使运输活动的组织和管理具有动态性。

5. 物流运输系统具有现代化发展趋势

随着时代的不断发展，物流运输系统通过采用当代先进适用的科学技术和运输设备，运用现代管理科学，协调各构成要素之间的关系，充分发挥运输的功能。运输系统的现代化也促使运输系统结构发生根本性的改变，主要表现在：一是由单一的运输系统结构转向多种方式联合运输的系统结构，如汽车—船舶—汽车、汽车—火车—汽车、船舶(港口)—火车(站场)—汽车(集散场)等不同的联合运输系统；二是建立了适用于矿石、石油、肥料、煤炭等大宗货物的专用运输系统；三是包装、装卸、运输一体化，使运输系统向托盘化与集装箱化方向发展；四是顺应全球经济发展的需要，一些发达国家陆续开发了一些新的运输系统，如铁路传送带运输机械、筒状容器管道系统、城市中无人操纵收发货物系统等。

5.2　基本运输方式及其运营特点

微课视频：基本运输方式及其运输特点

5.2.1　铁路运输

铁路是国民经济的大动脉，铁路运输是中国货物运输的主要方式。铁路运输的主要特点是能够远距离运输大量货物。由于世界上几乎所有的大都市、中国的绝大部分城市都通铁路，铁路在国际、国内运输中占有相当大的市场份额。虽然设备和站点等的限制使得铁路运营的固定成本很高，但是铁路运营的变动成本(如维修、管理、耗能等)相对较低，这也使得铁路运输的总成本通常比公路和航空运输低。高固定成本和低变动成本使铁路运输的规模经济效应十分明显。

铁路运输方式的主要优点有：运输能力大；运行速度较快，时速一般在80~120公里；适应性强，受天气限制条件少，安全可靠性高；运输成本低；环境污染小，环境成本低。

铁路运输方式的主要缺点有：灵活性差；对包装的要求较高；存在货物被偷盗的危险；铁路设施修建成本较高，占地多。

综合考虑，铁路适于在内陆地区作为长途、大批量运送低价值、高密度的一般货物和可靠性要求高的特种货物；从投资的情况来看，在运输量比较大的地区之间建设铁路较为合理。

5.2.2　公路运输

公路运输具有规模巨大、分布极广的道路基础设施体系和机动灵活、适应性强的车辆装备系统。大多数的消费品都是通过公路运输的，公路运输是任何公司物流系统中重要的一部分。公路运输的固定成本很低。汽车承运人在固定基础设施的投资相对较少，多数公路的建设运营由政府进行。公路运输的变动成本相对较高，因为公路的建设和维修费用经常是以税收和收费站的形式向承运人征收的。此外，汽车的能耗、维修费用相对也比较高。

公路运输方式的主要优点有：原始投资少，资金周转快，投资回收期短；机动灵活，门对门运输；快捷可控；包装成本低，货物损失小。

公路运输方式的主要缺点有：运输能力小；劳动生产率低，单位运价高；公路拥挤与污染，环境成本高。

公路运输不像其他运输方式那样受到各种线路的限制，其市场覆盖面要高于其他运输方式。公路运输的特点使得公路运输尤其适于短距离、高价值产品的装运，在中间产品和轻工产品的运输方面有较大的优势。

5.2.3　水路运输

水路运输在世界外贸运输中始终保持主导地位，在经济合作和交流中起着纽带作用。受自然条件的制约，水路运输的运营范围和运输速度受到限制，但是却有其他运输方式不可比拟的优势和潜力。水运中水道的改良维护通常由政府负责，港口的开发和维护各国不同，但一般也由政府统一进行，而运输公司只需支付一定的费用就可以使用港口和其他码头设施。因此，在固定成本方面，水路运输在铁路和公路运输之间。水路运输的变动成本较低，主要包括运营中的成本，其规模经济的效应更加明显。

水路运输方式的主要优点有：单位运输工具的装载量大，运输能力高，运输距离长；水路运输成本低，基础设施投资节省，单位运价低廉；能源消耗少。

水路运输方式的主要缺点有：运输速度慢；受天气和其他自然条件影响大，线路迂回；货物破损较多；可靠性差。

与上述特点相对应，水路运输适于运送数量巨大、低价值、时效性要求不高的货物，如矿石、煤炭、石油农产品等。水路运输是大宗货物长距离运输的理想选择。

5.2.4　航空运输

航空货运的主要优点在于运输速度快。随着航空运输技术的不断成熟，航空运输在远距离运输，特别是跨国运输中显示出无可比拟的优势。只有在运输高价值的和对时效性要求高于对成本要求的产品时，航空运输才有其合理性。

航空的固定成本较低。空中航线和管制系统由国家拥有，航空港的建设运营由国家投资，航空公司的固定成本主要与购买飞机有关，也与所需的搬运系统和货物集装箱有关。航空运输的变动成本是极高的，其燃料消耗、飞行器的维修保养以及飞行人员和地勤人员的费用都是一笔可观的支出。

航空运输方式的主要优点有：运行速度快；灵活，机动性大；航空运输服务质量高，安全可靠。

航空运输方式的主要缺点有：运输成本高；运输能力小；运输种类受限，有些货物禁用空运；受天气影响较大。

综合上述优缺点，航空运输适用于长途旅客运输和紧急需要的、时效性要求高的、单位价值高的货物运输。

5.2.5 管道运输

管道是很独特的运输方式，它所能运送的货物种类很有限，主要通过管道运输的货物包括石油及成品油、天然气、化学制品等。

管道运输方式的主要优点有：费用低；货损、货差率低；管道运输速度很慢，可以将管道作为仓库；可靠性好，不受天气影响，很少有机械故障。

管道运输方式的主要缺点有：线路是相对固定的，有地域灵活性或可达性的限制；运输的产品有局限性，只能提供单向服务。

5.2.6 各种运输方式的比较

各种运输方式技术经济特征比较如表5-1所示。

表5-1 各种运输方式技术经济特征比较

运输方式	基建投资 线路	基建投资 运具	运载量	运输成本	速度	连续性	灵活性	生产率	安全性
铁路	6	2	2	4	3	1	3	4	3
河运	3	4	3	2	6	6	4	2	4
海运	1	3	1	1	5	5	5	1	5
公路	4	5	5	5	2	2	1	6	6
管道	5	1	4	3	4	3	6	3	1
航空	2	6	6	6	1	4	2	5	2

注：表中数字表示各种运输方式在某一方面的优劣次序。

由表5-1中可以得到的对比结果如下：

（1）基建投资的比较

在各种运输方式的建设线路投资中，铁路运输较高；海运是线路投资较少的一种运输方式；公路运输的线路投资介于铁路和海运之间，但高速公路的投资很大；管道运输的基建投资大；航空运输线路投资少。在各种运输方式的运输工具投资上，航空运输运具最贵，其次是公路运输，在运具上投资最小的是管道运输。

（2）运输成本的比较

铁路运输成本结构具有两个最显著的特点：第一，"与运量无关"的成本费用（指线路、通信设备、大型建筑物、技术建筑物的运用、维护费用，以及管理人员工资等）占铁路货运成本的50%左右；第二，始发和终到作业费用约占运输成本的18%左右，所以运距短时，成本高，只有运距较长时，成本才能大幅度下降。水运业的基本成本结构是高的可变成本和低的固定成本。由于海运平均运距较长，所以海运成本大大低于其他运输方式。

公路运输的成本结构包括较高的可变成本和较低的固定成本。公路运输成本一般比铁路、水运要高很多倍。航空运输的成本结构是低可变成本和高固定成本。与铁路运输相似，管道运输的固定成本比较高，而可变成本所占比例低。

综合比较，铁路运输运送能力大，大宗货物运输成本低；水路运输工具载重量大，单位运输成本较低；公路运输载重量小，单位成本较高；海运运输成本最低；航空运输成本最高。

（3）运送速度的比较

在各种运输方式中，铁路的技术速度较高，但是列车在运行过程中，需要进行会让（单线）、越行（复线）及其他技术作业，因而营运速度比技术速度低。水路船舶运输的技术速度一般低于铁路。水路运输的货物运送时间比铁路慢。公路运输短距离的运送速度较高。航空运输技术速度远远高于其他运输方式。

（4）其他技术经济指标的比较

除了以上主要的三个方面以外，在分析比较各种运输方式的技术经济指标时，还必须考虑到各种运输方式的运载量、连续性、灵活性、生产率和安全性等方面的影响。

5.3 运输合理化

微课视频：运输路线的选择概述

5.3.1 承运人的运输合理化

1. 影响承运人定价的成本因素

影响承运人定价的成本因素包括与运距、运量、速度有关的成本。

（1）运输距离

运输距离是影响承运人定价的成本因素。图5-1显示了距离和运输成本的一般关系，并说明了以下两个要点：

第一，成本曲线不是从原点开始的，因为它存在部分与距离无关，但与货物的提取和交付活动有关的固定费用。

第二，成本曲线的增长幅度是随距离增长而减小的一个函数，这种特征被称作递减原则。

（2）运量

运量之所以会影响运输成本，是因为与其他许多物流活动一样，大多数运输活动中存在着规模经济效应。这种关系如图5-2所示，它说明了每单位重量的运输成本随装运量的增加而减少，之所以会产生这种现象，是因为提取和交付活动的固定费用及行政管理费用可以随运量的增加而被分摊。

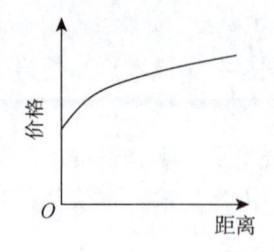

图 5-1　距离与运输成本之间的关系 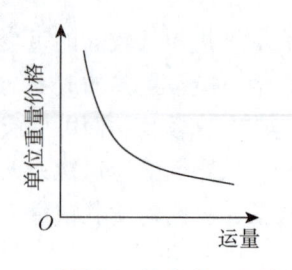　　　图 5-2　重量与运输成本之间的关系

(3) 速度

从物流运输功能来看，速度快是物流运输服务的基本要求。但是，速度快的运输方式，其运输费用往往较高。同时，在考虑运输的经济性时，不能只从运输费用本身来判断，还要考虑因运输速度加快，缩短了物品的备运时间，使物品的必要库存减少，从而减少了物品的保管费的因素等。因此，运输方式或运输工具的选择，应该是在综合考虑上述各种因素后，寻求运输费用与保管费用最低的运输方式或运输工具。

2. 影响承运人运力组合的成本因素

包括固定成本和运营成本。全年需求变化时的车队组成如图 5-3 所示。

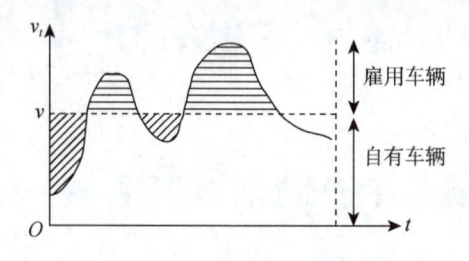

图 5-3　全年需求变化时的车队组成

$$C(v) = n\,c_F v + c_V \sum_{t=1}^{n} \min(v_t, v) + c_H \sum_{t:\,v_t>v} (v_t - v) \tag{5-1}$$

由于方程中后两项分别等于图 5-3 中线 $v_t = v$ 下方和上方的面积，因此它们的导数分别等于 m 和 $-m$。因此，当式(5-2)成立时 $C(v)$ 最小。

$$n\,c_F + c_v m - c_H m = 0 \tag{5-2}$$

由式(5-2)可得：

$$m = n\,\frac{c_F}{c_H - c_v} \tag{5-3}$$

式中：n ——一年时间范围分解成的时间段数(例如，如果时间段对应于一周，$n=52$)；

v ——与拥有车辆数量相对应的决策变量；

$v_t,\ t=1,\cdots,n$ ——时间段 t 所需的车辆数量；

m ——每年 $v_t > v$ 的时段数；

c_F ——固定成本(自有车辆)；

c_v ——可变成本(自有车辆)；

c_H ——租用车辆的每段时间的成本(显然，$c_F + c_v < c_H$)。

【例5-1】Fast Courier是一家位于堪萨斯州威奇托的美国运输公司，专门从事门到门的送货。该公司拥有14辆面包车的车队，当服务需求超过车队容量时，公司将转给第三方租用面包车。2020年，每周用于满足所有运输需求的货车数量如表5-2所示。2021年，该公司决定重新设计车队组成，以降低年度运输成本。假设$c_F = 350$美元，$c_v = 150$美元，$c_H = 800$美元。请求出该公司最佳的自有车辆数及每年的运输成本。

表5-2　2020年间公司每周使用的货车数量　　　　　　　　单位：辆

t	v_t	t	v_t	t	v_t	t	v_t	t	v_t
1	12	14	18	27	23	40	25		
2	15	15	17	28	22	41	25		
3	16	16	16	29	24	42	24		
4	17	17	14	30	26	43	22		
5	17	18	13	31	27	44	22		
6	18	19	13	32	28	45	19		
7	20	20	14	33	30	46	20		
8	20	21	15	34	32	47	18		
9	21	22	16	35	32	48	17		
10	22	23	17	36	30	49	16		
11	24	24	19	37	29	50	16		
12	22	25	21	38	28	51	14		
13	20	26	22	39	26	52	13		

解答： 由式(5-3)可得$m = 28$，即$v_t > v$的时段数为28。由此可得最佳的自有车辆数为$v^* = 19$，此时每年的运输成本$C(v^*) = 606\ 600$（美元）。与先前采用的解决方案相比，节省了31 850美元。

5.3.2　托运人的运输合理化

影响托运人决策的成本因素包括服务水平成本（运输时间、速度）、运输成本（运输方式、运输规模）、库存成本和交易成本。运输成本、速度和对库存的影响是决策者心目中最重要的运输服务要素，因此，这三项是运输服务选择的基础。运输对库存的影响有以下几点：

(1)较慢的运输模式会引起较大的中转或运输库存。

(2)较大运量的运输方式会出现订单批量超过需求量的情况，从而增加库存。

(3)不可靠的运输模式会引起安全库存的提高。

在选择运输方式时，就需要考虑库存持有成本可能升高，而抵消运输服务成本降低的情况。

【例5-2】某公司欲将产品从位置A的工厂运往位置B的公司自有仓库，年运量$D = 700\ 000$件，产品价值$C = 30$元，年存货成本I＝产品价格的30%。公司希望选择使总成本最小的运输方式。据估计，运输时间每减少一天，平均库存成本可以减少1%。各种运输服务方式的有关参数如表5-3所示。请求出总成本最小的运输方案。

表5-3 运输服务方式有关参数

运输方式	费率 R/(元/件)	时间 T/天	年运送批次	平均存货量 Q/2
铁路	0.1	20	10	100 000
水运	0.15	14	20	46 500
公路	0.2	5	20	42 000
航空	1.4	2	40	20 250

解：以年总成本最低为原则来选择合适的运输方式。这里，总成本=运输费用+库存成本；其中，运输费用=运输量×费率，库存成本=在途运输库存成本+工厂存货成本+仓库存货成本，在途运输库存费用=ICDT/365，工厂存货成本=ICQ/2，仓库存货成本=$I(C+R)Q/2$。

代入各种运输方式的基本数据信息，将相应的成本计算结果列入表5-4。

D—年运量；C—产品单价；I—年存货成本（产品价格的30%）；

T—运输时间；R—费率（元/件）；$Q/2$—平均存货量。

表5-4 计算结果   单位：元

成本类型	计算公式	铁路运输	水路运输	公路运输	航空运输
运输成本	$A_1 = R \times D$	70 000	105 000	140 000	980 000
在途库存	$A_2 = ICDT/365$	345 205	241 644	86 301	34 521
工厂存货	$A_3 = ICQ/2$	900 000	418 500	378 000	182 250
仓库存货	$A_4 = I(C+R)Q/2$	903 000	420 593	380 520	190 755
总成本	$A_1 + A_2 + A_3 + A_4$	2 218 205	1 185 737	984 821	1 387 526

答：由表5-4结果可知，总成本最低的是公路运输方式，总成本为984 821元，其次是水路运输，成本最高的是铁路运输。按照总成本最低的原则，适合选择公路运输方式。

5.4 运输路线的选择

微课视频：运输路线的选择——TSP 与 VRP、车辆路线、时间安排

5.4.1 最短路问题

最短路径问题是线路优化模型理论中最为基础的问题之一。问题描述：假设有一n个节点和m条弧的连通图 $G(V_n, E_m)$，并且图中的每条弧 (i, j) 都有一个长度 C_{ij}（或者费

用 C_{ij}），则最短路径问题为在连通图中找到一条从节点 1 到节点 n 距离最短（或费用最低）的路径。求解此类最短路径问题，主要有 Dijkstra 算法、Floyd 算法、逐次逼近法。

1. Dijkstra 算法

（1）找出第 n 个距起点最近的节点。对 $n = 1, 2, \cdots$，重复此过程，直到所找出的最近节点是终点。

（2）在前面的迭代过程中找出 $(n-1)$ 个距起点最近的节点，及其距起点最短的路径和距离，这些节点和起点统称为已解的节点，其余的称为未解节点。

（3）每个已解的节点和一个或多个未解的节点相连接，就可以得出一个候选点，即连接距离最短的未解点。如果有多个距离相等的最短连接，则有多个候选点。

（4）将每个已解节点与其候选点之间的距离累加到该已解节点与起点之间最短路径的距离上，所得出的总距离最短的候选点就是第 n 个最近的已解节点，其最短路径就是得出该距离的路径（若多个候选点都得出相等的最短距离，则都是已解节点）。

【例 5-3】某运输公司签订了一项运输合同，要把 A 市的一批货物运送到 B 市，该公司根据这两个城市之间可选择的行车路线的地图绘制了如图 5-4 所示的公路网络。图中，圆圈也称节点，代表起点、目的地和与行车路线相交的其他城市。链代表两个节点之间的公路，每一条公路都标明运输里程。请求出从 A 市到 B 市的最短路径和最短距离。

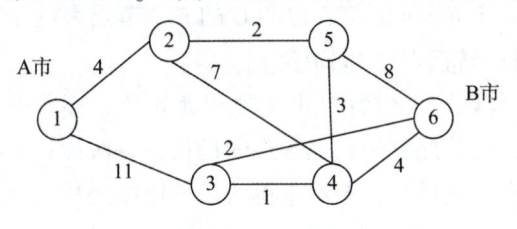

图 5-4 公路网络

解：用表 5-5 计算从 A 市到 B 市的最短路径和最短距离。

表 5-5 计算结果

步骤	直接连接到未解节点的已解节点	与其直接连接的未解节点	相关总成本	第 n 个最近解点	最小成本	最新连接
1	1	2	4	2	4	1—2
	1	3	11			
2	1	3	11	5	6	2—5
	2	4	4+7 = 11			
	2	5	4+2 = 6			
3	1	3	11	4	9	5—4
	2	4	4+7 = 11			
	5	4	6+3 = 9			
	5	6	6+8 = 14			

续表

步骤	直接连接到未解节点的已解节点	与其直接连接的未解节点	相关总成本	第 n 个最近解点	最小成本	最新连接
4	1	3	11	3	10	4—3
	4	3	9+1=10			
	4	6	9+4=13			
	5	6	6+8=14			
5	3	6	10+2=12	6	12	3—6
	4	6	9+4=13			
	5	6	6+8=14			

答：通过上表的计算，最短路径为 1-2-5-4-3-6，最短距离为 12。

2. Floyd 算法

Floyd 算法的基本思路：Floyd 算法使用距离矩阵和路由矩阵。距离矩阵是一个 $n \times n$ 矩阵，以图 G 的 n 个节点为行和列，记为 $W = [w_{ij}]_{n \times n}$，$w_{ij}$ 表示图 G 中 v_i 和 v_j 两点之间的路径长度。路由矩阵是一个 $n \times n$ 矩阵，以图 G 的 n 个节点为行和列。记为 $R = [r_{ij}]_{n \times n}$，其中 r_{ij} 表示 v_i 至 v_j 经过的转接点（中间节点）。

Floyd 算法的思路是首先写出初始的 W 矩阵和 R 矩阵，接着按顺序依次将节点集中的各个节点作为中间节点，计算此点距其他各点的径长，每次计算后都以求得的与上次相比较小的径长去更新前一次较大径长，若后求得的径长比前次径长大或相等则不变。以此不断更新和，直至 W 中的数值收敛。按顺序，依次作为中间节点（按顺序，后面的点不作为中间节点），考察所有通过此中间节点的路径。

【例 5-4】已知各点之间的距离和路径图 5-5 所示，请求出各点之间的最短路径和最短距离。

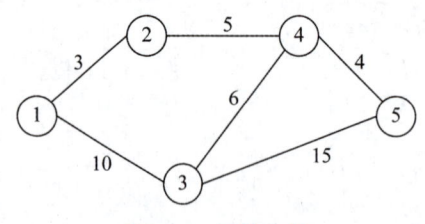

图 5-5 运输路线

解：首先需要初始化一个矩阵来储存图的信息。如下，横坐标表示起点，纵坐标表示终点。其中，起点与终点相同时距离为"—"，无直达路径的初始化为无穷大，如图 5-6 所示，经过的中间节点如图 5-7 所示。

	1	2	3	4	5
1	—	3	10	∞	∞
2	3	—	∞	5	∞
3	10	∞	—	6	15
4	∞	5	6	—	4
5	∞	∞	∞	4	—

图 5-6　距离矩阵 W_0

	1	2	3	4	5
1	—	2	3	4	5
2	1	—	3	4	5
3	1	2	—	4	5
4	1	2	3	—	5
5	1	2	3	4	—

图 5-7　路由矩阵 R_0

现在得到了各个点之间的距离图，但是直达有时并不能表示就是最近的，例如 3 到 5 的直达距离是 15，但经过中间节点 3 到 4 到 5 的距离是 10，比直达距离短。因此如果要计算出任意两点之间的最短距离就需要将中转的情况考虑进去。

首先以 1 为中转点，比较 W 矩阵中 w_{ij} 与 $w_{i1}+w_{1j}$ 的大小，如果 $w_{i1}+w_{1j}<w_{ij}$，则更新表格中 w_{ij} 的值。通过计算，发现 2 到 3 和 3 到 2 经过 1 数值更小，所以进行表的更新。注意要同时更新 W 矩阵和 R 矩阵，见图 5-8 和图 5-9。

	1	2	3	4	5
1	—	3	10	∞	∞
2	3	—	13	5	∞
3	10	13	—	6	15
4	∞	5	6	—	4
5	∞	∞	∞	4	—

图 5-8　距离矩阵 W_1

	1	2	3	4	5
1	—	2	3	4	5
2	1	—	1	4	5
3	1	1	—	4	5
4	1	2	3	—	5
5	1	2	3	4	—

图 5-9　路由矩阵 R_1

然后以 2 为中转点，同理，比较 w_{ij} 与 $w_{i2}+w_{2j}$ 的大小，如果 $w_{i2}+w_{2j}<w_{ij}$，则更新表格中 w_{ij} 的值，本例中 w_{14}、w_{41} 和对应路由的值需要更新，见图 5-10 和图 5-11。

	1	2	3	4	5
1	—	3	10	8	∞
2	3	—	13	5	∞
3	10	13	—	6	15
4	8	5	6	—	4
5	∞	∞	∞	4	—

图 5-10　距离矩阵 W_2

	1	2	3	4	5
1	—	2	3	2	5
2	1	—	1	4	5
3	1	1	—	4	5
4	2	2	3	—	5
5	1	2	3	4	—

图 5-11　路由矩阵 R_2

以 3 为中转点，同理可得 w_{15}、w_{25} 和对应路由的值需要更新，见图 5-12 和图 5-13。

	1	2	3	4	5
1	—	3	10	8	25
2	3	—	13	5	28
3	10	13	—	6	15
4	8	5	6	—	4
5	∞	∞	∞	4	—

图 5-12　距离矩阵 W_3

	1	2	3	4	5
1	—	2	3	2	3
2	1	—	1	4	3
3	1	1	—	4	5
4	2	2	3	—	5
5	1	2	3	4	—

图 5-13　路由矩阵 R_3

以 4 为中转点，可得 w_{15}、w_{23}、w_{25}、w_{32}、w_{35}、w_{51}、w_{52}、w_{53} 和对应路由的值需要更新，见图 5-14 和图 5-15。

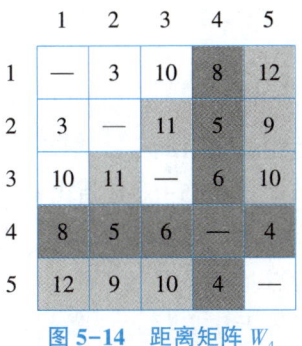

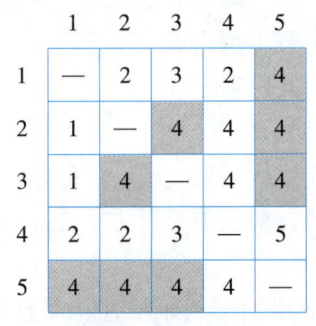

	1	2	3	4	5
1	—	3	10	8	12
2	3	—	11	5	9
3	10	11	—	6	10
4	8	5	6	—	4
5	12	9	10	4	—

图 5-14　距离矩阵 W_4

	1	2	3	4	5
1	—	2	3	2	4
2	1	—	4	4	4
3	1	4	—	4	4
4	2	2	3	—	5
5	4	4	4	4	—

图 5-15　路由矩阵 R_4

以 5 为中转点，发现没有任何数值需要更新。

答：最终点与点之间的距离和经过的中间节点就是表 5-14 和表 5-15 中的结果。

5.4.2　运输问题

多点间运输问题是指起始点或目的点不唯一的运输调配问题。相对来说，多点间的运输调配问题更为复杂。

多点间运输问题中最为常见的问题是产销平衡运输问题，它们设计的总供应能力和总需求是一样的，但是由不同的路径进行配送时，会导致最终的总运输费用不一样，此类问题的目标，就是寻找最低的总运输费用。在这类问题中，一般有 m 个已知的供应点，同时还有 n 个已知的需求点，它们之间由一系列代表距离或者成本的权重值连接起来。

产销平衡运输问题的数学模型可表示如下：

$$\min z \sum_{i=1}^{m} \sum_{j=1}^{n} c_{ij} x_{ij} \tag{5-4}$$

$$s.t. \sum_{j=1}^{n} x_{ij} = a_i,\ i = 1, 2, \cdots, m \tag{5-5}$$

$$\sum_{i=1}^{m} x_{ij} = b_j,\ j = 1, 2, \cdots, m \tag{5-6}$$

$$\sum_{i=1}^{m} a_i = \sum_{j=1}^{n} b_j \tag{5-7}$$

$$x_{ij} \geq 0, \ i = 1, 2, \cdots, m; \ j = 1, 2, \cdots, n \tag{5-8}$$

式中：c_{ij}——从产地到销地运输单位物资的运价；

x_{ij}——从产地到销地的运量；

a_i——产量；

b_j——需要量。

在模型中，目标函数表示运输总费用最小；式(5-5)的意义是由某一产地运往各个销地物品数量之和等于该产地的产量；式(5-6)是指由各产地运往某销地的物品数量之和等于该产地的销量；式(5-7)表示总产量和总销量平衡；式(5-8)为决策变量非负条件。

产销平衡运输问题有如下特点：

①约束条件系数矩阵的元素等于 0 或者 1。

②约束条件系数矩阵的每一列有两个非零元素，这对应于每一个变量在前 m 个约束方程中出现一次，在后 n 个约束方程中也出现一次。

③所有结构约束条件都是等式约束。

④各产地产量之和等于各销地之和。

多点间的运输问题，是一个线性规划问题。可以采用单纯形法进行求解。但是由于运输问题数学模型具有特殊的结构，应用单纯形法时有许多冗余的计算。因此常采用表上作业法求解。

表上作业法将运输问题用表格的形式来描述，而且通过在表格上面的操作来完成求解。表上作业法适合于比较简单的问题求解，求解过程直观，计算量不大，可以手工完成。表上作业法是一种迭代算法，迭代步骤为：先按照某种规则找出一个初始解（初始调运方案），再对现行解做最优性判定；若这个解不是最优解，就在运输表上对它进行调整改进，得到一个新解；再判别，再改进；直到得到运输问题最优解为止。迭代过程中得出的所有解都要求是运输问题的基本可行解。

【例5-5】某公司下属三个仓库，供应四个客户的需要，三个仓库的供应量和四个客户的需求量，以及由各仓库到各客户的运输单价如表5-6所示。求运输费用最少的运输方案。

表 5-6 单位产品运价

产地	至销地运价/元				供应量
	客户1	客户2	客户3	客户4	
仓库 A	3	11	3	10	700
仓库 B	1	9	2	8	400
仓库 C	7	4	10	5	900
需求量	300	600	500	600	2 000

解：（1）确定初始调运方案（见表5-7）。确定初始调运方案的方法很多，常用的方法包括最小元素法、西北角法和伏格尔法。本例采用最小元素法，最小元素法是按运价表依次挑选运费小的供-需点组合，尽量优先安排运费最低组合的方法。

表 5-7　初始调运方案

产地	销地				供应量
	客户 1	客户 2	客户 3	客户 4	
仓库 A	—	—	400	300	700
仓库 B	300	—	100	—	400
仓库 C	—	600	—	300	900
需求量	300	600	500	600	2 000

(2)初始方案的检验

最优解的判别可采用闭回路法和位势法，本例采用闭回路法进行初始方案的检验。针对表上作业法的初始方案，从调运方案表上的一个空格出发，存在一条且仅存在一条以该空格(用 x_{ij} 表示)为起点，以其他填有数字的点为其他顶点的闭合回路，简称闭回路。这个闭回路有以下性质：①每个顶点都是转角点；②闭合回路是一条封闭折线，每一条边都是水平或垂直的；③每一行(列)若有闭合回路的顶点，则必有两个。

只有从空格出发，其余各转角点所对应的方格内均填写数字时，所构成的闭合回路才是闭回路；另外，过任一空格的闭合回路不仅是存在的，而且是唯一的。

单元格(1,1)和(3,1)所形成的闭回路：(1,1)—(1,3)—(2,3)—(2,1)—(1,1)；(3,1)—(2,1)—(2,3)—(1,3)—(1,4)—(3,4)—(3,1)。其他空格的闭回路与此同理。

在调运方案内的每个空格所形成的闭回路上，做单位物资的运量调整，总可以计算出相应的运费是增加还是减少。所计算出来的每条闭回路上因调整单位运量而使运输费用发生变化的增减值，称其为检验数。如果检验数小于 0，表示在该空格的闭回路上调整运量会使运费减少；相反，如果检验数大于 0，则会使运费增加。

闭回路法求检验数时，需给每一空格找一条闭回路。当产销点很多时，这种计算很复杂，可以用较为简便的方法"位势法"求解。

设 $u_1, u_2, \cdots, u_m; v_1, v_2, \cdots, v_n$，是对应运输问题的 $m+n$ 个约束条件的对偶变量。在初始调运方案中 $x_{13}, x_{14}, x_{21}, x_{23}, x_{32}, x_{34}$ 是基变量，这时对应的检验数如表 5-8 所示。

表 5-8　检验数

基变量	检验数	
x_{21}	$c_{21} - (u_2 + v_1) = 0$	设 $v_1 = 0$，并且 $c_{21} = 1$，所以 $u_2 = 1$
x_{23}	$c_{23} - (u_2 + v_3) = 0$	$2 - (u_2 + v_3) = 0$
x_{13}	$c_{13} - (u_1 + v_3) = 0$	$3 - (u_1 + v_3) = 0$
x_{14}	$c_{14} - (u_1 + v_4) = 0$	$10 - (u_1 + v_4) = 0$
x_{34}	$c_{34} - (u_3 + v_4) = 0$	$5 - (u_3 + v_4) = 0$
x_{32}	$c_{32} - (u_3 + v_2) = 0$	$4 - (u_3 + v_2) = 0$

通过这些方程可以求得：$u_1 = 2, u_2 = 1, u_3 = -3, v_1 = 0, v_2 = 7, v_3 = 1, v_4 = 8$。在初始解调运方案中增加一行一列，在列中填入 u_i，在行中填入 v_j。接着，按 $\sigma_{ij} = c_{ij} - (u_i + v_j)$ 计算所有空格的检验数。完成后的表格如表 5-9 所示。

表 5-9 检验数

产地	销地				u_i
	客户 1	客户 2	客户 3	客户 4	
仓库 A	1	2	0	0	2
仓库 B	0	1	0	-1	1
仓库 C	10	0	12	0	-3
v_i	0	7	1	8	—

（3）方案调整

判定一个初始调运方案不是最优调运方案的标准，是在检验数表格中出现负值的检验数。如果检验数的负值不止一个时，一般选择负检验数绝对值最大的空格作为具体调整对象。

运输方案改进的步骤包括：①找出检验数 σ_{ij} 为最小负值的格子的闭回路；②在满足所有约束条件的情况下，尽可能增大这个格子的 x_{ij} 值；③调整此闭回路上其他顶点的值；④检验新解的最优性；⑤重复以上步骤直至得到最优解为止。

从表 5-9 可以发现，单元格 x_{24} 的检验数是负数，因此对其进行调整，具体过程如表 5-10 所示。

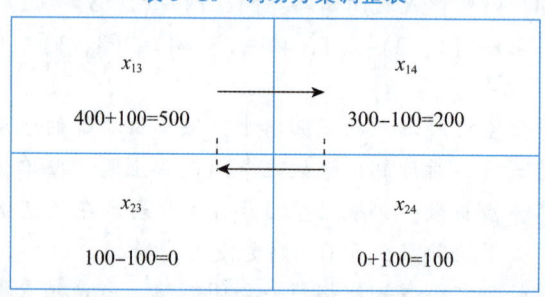

表 5-10 调动方案调整表

x_{13}	x_{14}
400+100=500	300-100=200
x_{23}	x_{24}
100-100=0	0+100=100

从单元格 x_{24} 开始，沿闭回路在各奇数次转角点中挑选运量的最小数值作为调整量。在此将 x_{23} 单元格的 100 作为调整量，将其填入单元格 x_{24} 内，同时调整该闭回路中其他转角点上的运量，使各行、列保持原来的供需平衡，这样就得到一个新的调运方案，如表 5-11 所示。

表 5-11 调整后的方案

产地	销地				供应量
	客户 1	客户 2	客户 3	客户 4	
仓库 A	—	—	500	200	700
仓库 B	300	—	—	100	400
仓库 C	—	600	—	300	900
需求量	300	600	500	600	—

按新方案计算调运物资的运输费用为：3×500+10×200+1×300+8×100+4×600+5×300 = 8 500(元)。新方案是否最优方案，还需再进行检验。经计算，该新方案的所有检验数都是非负数，说明该方案已经是最优方案了。

答：运输费用最少的运输方案为仓库 A 给客户 3 运输 500 单位货物，给客户 4 运输

200 单位货物；仓库 B 给客户 1 运输 300 单位货物，给客户 4 运输 100 单位货物；仓库 C 给客户 2 运输 600 单位货物，给客户 4 运输 300 单位货物。总运输费用为 8 500 元。

5.4.3 旅行商问题(TSP)

起点和终点相同的路径规划问题要求从一个节点出发，经过要求需要经过的节点或者边，然后返回起点的问题，其中最经典的是"旅行商"问题(TSP，Traveling Salesman Problem)。

1. TSP 问题描述与模型

一般描述如下：一个旅行者从出发地出发，经过所有要到达的城市后，返回到出发地，要求合理安排其旅行路线，使得总旅行距离(或旅行费用、旅行时间等)最短。TSP 问题的主要特性包括：第一，单一车辆；第二，无车辆容量限制；第三，求解复杂度属于 NP-hard，大规模问题难以求得最佳解，现实中常采取"启发式方法(Heuristics)"求解。

TSP 问题的数学规划模型如下：

$$\min z = \sum_{i=1}^{n} \sum_{j=1}^{n} c_{ij} x_{ij} \tag{5-9}$$

$$s.t. \sum_{j=1}^{n} x_{ij} = 1, \quad i = 1, 2, \cdots, n \tag{5-10}$$

$$\sum_{i=1}^{n} x_{ij} = 1, \quad j = 1, 2, \cdots, n \tag{5-11}$$

$$\{(i,j) : i, j = 2, \cdots, n; x_{ij} = 1\} \text{ 不包括子回路} \tag{5-12}$$

$$x_{ij} \in \{0, 1\}, \quad i = 1, 2, \cdots, n; j = 1, 2, \cdots, n \tag{5-13}$$

其中，决策变量 $x_{ij} = 0$，表示不连接 i 到 j 的边；$x_{ij} = 1$ 表示连接 i 到 j 的边。c_{ij} 是 i 到 j 边上的权数。式(5-10)表示每个顶点只有一条边出去；(5-11)表示每个顶点只有一条边进入；只有式(5-10)与式(5-11)两个约束条件，可能会出现子回路现象，即出现多条回路，因此需要加上式(5-12)这一约束，即除了起点边与终点边以外，其他选中的边不构成回路。在消去子回路的方法中，最有名的是 Dantzing 等在 1954 年提出的下列不等式集：

$$\sum_{i \in S} \sum_{j \in S} x_{ij} \leq |S| - 1 \quad \forall S \subseteq \{2, \cdots, n\} \text{ 且 } |S| \geq 2 \tag{5-14}$$

式中：S——顶点集的子集；

$|S|$——顶点子集中的顶点数。

但以上方法中的约束条件很多，较难直接用于求解。Desrochers 等在 1991 年提出了一个比较好的消去子回路的方法，其对 n 个顶点采用连续标号的方法进行处理，从 0 标到 $n-1$，设 $L(i)$ 为节点 i 的标号，当节点 i 连接到节点 j 时，即 $x_{ij} = 1$ 时，则有 $L(j) = L(i) + 1$；当从节点 j 连接到节点 i 时，即 $x_{ji} = 1$ 时，则有 $L(j) = L(i) - 1$；当节点 i 与节点 j 不连通时，即 $x_{ij} = 0$ 时，则有 $L(j) - L(i) \geq 2 - n$。综合上述讨论，则对任意 $j > 1$，$j \neq i$ 有式子 $L(j) \geq L(i) + x_{ij} - (n-2)(1-x_{ij}) + (n-3)x_{ji}$ 可作为消去子回路的约束条件。同时，对于从起点出发的第一个顶点 i，如果 $x_{1i} = 1$，则 $L(i) = 1$；对于回到起点的最后一个顶点 i，如果 $x_{i1} = 1$，则 $L(i) = n - 1$；对于其他顶点 i，有 $1 < L(i) < n - 1$。综合以上讨论，则任意 $i > 1$ 有：$L(i) \leq n - 1 - (n-2)x_{1i}$ 与 $L(i) \geq 1 + (n-2)x_{i1}$。

由此可得消除子回路的约束条件包括以下三类约束：

$$L(j) \geq L(i) + x_{ij} - (n-2)(1-x_{ij}) + (n-3)x_{ji}, \quad j > 1, j \neq i \tag{5-15}$$

$$L(i) \leq n - 1 - (n-2)x_{1i}, \ i > 1 \qquad (5\text{-}16)$$
$$L(i) \geq 1 + (n-2)x_{i1}, \ i > 1 \qquad (5\text{-}17)$$

以上约束也可以写成式(5-18)的形式，其含义类似，其中用 u_i 表示标号。

$$u_i - u_j + nx_{ij} \leq n - 1, \ 1 < i \neq j \leq n \qquad (5\text{-}18)$$

这个模型是 0-1 整数规划问题。对于此模型的小规模问题可用分支定界法求解，可选用一些现成的优化软件；对于大规模问题也可用现代优化技术，如模拟退火算法、禁忌搜索、遗传算法、蚁群优化算法等启发式算法。当然，对于不同规模的问题可选用其他简便可行的启发式算法来求解，如节约算法等。

2. TSP 问题求解算法

TSP 问题求解的算法包括真正解法（只能处理非常小的问题），如穷举法、指派算法、分支定界法和传统启发式解法。传统启发式解法大致可归纳为以下三种：路线构建类方法，如邻点法、插入法；路线改善类方法，如 k-Opt 交换法、Or-Opt 交换法；综合型类方法，即合并执行路线构建及路线改善的方法。下面主要介绍指派算法、分支定界法、最近邻点法、插入法和 2-Opt 的方法。

（1）指派算法

指派问题的最优解有这样一个性质，若从系数矩阵的一行(列)各元素中分别减去该行(列)的最小元素，得到新矩阵，那么以新矩阵为系数矩阵求得的最优解和用原矩阵求得的最优解相同。利用这个性质，可使原系数矩阵变换为含有很多 0 元素的新矩阵，而最优解保持不变。下面用一个例子讲解用指派算法求解 TSP 问题的过程。

【例 5-6】已知一个网络由 A、B、C、D、E 五个节点组成，各节点之间的距离见表 5-12，请求出从 A 点遍历其他各点的距离最短的路径。

表 5-12 距离矩阵

	A	B	C	D	E
A	0	1	7	4	3
B	2	0	1	5	4
C	5	2	0	6	1
D	3	1	4	0	2
E	4	3	1	5	0

解：①将 A 到 A，B 到 B，C 到 C……的距离转换成无限大，以防止返回。转换后的距离矩阵如表 5-13 所示。

表 5-13 转换后的距离矩阵

	A	B	C	D	E
A	∞	1	7	4	3
B	2	∞	1	5	4
C	5	2	∞	6	1
D	3	1	4	∞	2
E	4	3	1	5	∞

②对上表中的数据进行行操作和列操作，即每行和每列减去该行或该列的最小值，使得表中不同行、不同列都含有0(见表5-14)。通过行操作和列操作总共减去了9，即该TSP问题的最短距离至少为9。

表5-14 行操作和列操作后的距离矩阵

	A	B	C	D	E
A	∞	0	6	0	2
B	0	∞	0	1	3
C	3	1	∞	2	0
D	1	0	3	∞	1
E	2	2	0	1	∞

③从A点出发进行试指派，尝试寻找经过所有0元素的闭环，即总距离为9的路径。尝试后发现可找到的线路为A-D-B-C-E-C和A-B-C-E-C，在这两条线路中均有节点重复，因此不是可行解。

④可行解尚未找到。此时考虑增加一个"距离最短的非0路径"，看看是否有可行解。表5-14中除0以外的最小数为1，考虑增加1是否能够得到可行解。通过尝试可得A-B-D-B、A-D-E-C-E、A-B-C-E-D-B几条线路，总距离为10，但仍然没有可行解。

⑤此时考虑再增加一个"距离最短的非0路径"，或增加一个"距离次短的非0路径"，即寻找总距离为11的路径，看看是否有可行解。得到A-B-C-E-D、A-D-B-C-E-A、A-E-C-E这几条路径，其中A-D-B-C-E-A为可行解。

答：用指派算法求解的最佳路径为A-D-B-C-E-A，总距离为11。

在用指派算法求解TSP问题的过程中，每增加一次费用都需要尝试每种可能的最短路径，当网络规模不大时能够使用该方法求得最优解，但随着网络规模的增加，该方法将耗时太长而变得不便于使用。

(2) 分支定界法

分支定界法(Branch and Bound)是一种求解整数规划问题的最常用算法。这种方法不但可以求解纯整数规划，还可以求解混合整数规划问题。分支定界法是一种搜索与迭代的方法，选择不同的分支变量和子问题进行分支。

基本思想是在每次分支后，对凡是界限超出已知可行解值的那些子集不再做进一步分支。这样，解的许多子集(即搜索树上的许多节点)就可以不予考虑了，从而缩小了搜索范围。这一过程一直进行到找出可行解为止，该可行解的值不大于任何子集的界限。因此这种算法一般可以求得最优解。下面用例5-7详细讲解分支定界法求解TSP问题的过程。

【例5-7】用分支定界法求解例5-6中从A点遍历其他各点的距离最短的路径。

解：①计算出所有不走"0费用"路径的惩罚成本。在行操作和列操作之后的表5-14基础上，计算每个0元素表格中，如果不走该线路至少会增加的距离。例如如果不走B-A线路的话，要形成一个完整的回路必须从B到另外一个点，且从另外一个点到达A，那么需要增加的距离至少是B所在行的最小值与A所在列的最小值之和。也即如果选择的回路

不走 B-A 线路，则其费用至少会增加 1，将其称为不走 B-A 的惩罚成本。由此计算出每个 0 元素所在格子的惩罚成本，见表 5-15 中 0 元素所在格左侧的数字。

表 5-15 惩罚成本 1

	A	B	C	D	E
A	∞	0　0	6	1　0	2
B	1　0	∞	0　0	1	3
C	3	1	∞	2	2　0
D	1	1　0	3	∞	1
E	2	2	1　0	1	∞

②选择惩罚成本最大的路线，并进行分支定界。本例中惩罚成本最大的是线路 C-E，根据是否选择线路 C-E 分成两个支，如图 5-16 所示，其中左侧分支为选择线路 C-E，其距离为 9 公里，右侧分支为不选择线路 C-E，其距离为 11 公里。

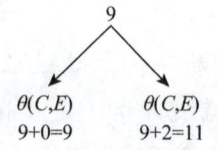

图 5-16 分支定界 1

③选择总距离较短的分支进行分析，简化计算表，消除已经选择的路径，即表 5-15 中的 C 行和 E 列，形成新的计算表（见表 5-16），同时，为了防止返回，E 到 C 设为 ∞。再检查是否每一行、每一列都有"0 费用"路径，若没有在此行/列减去最小元素，E 行减去 1，则总距离增加 1，变成了 10。然后再计算 0 元素所在格子的惩罚成本，得到表 5-17。由表 5-17 知惩罚成本最大的线路是 B-C，因此选择是否走线路 B-C 进行分支定界，如图 5-17 所示。

表 5-16 简化后的距离矩阵

	A	B	C	D
A	∞	0	6	0
B	0	∞	0	1
D	1	0	3	∞
E	2	2	∞	1

表 5-17 惩罚成本 2

	A	B	C	D
A	∞	0　0	6	0　0
B	1　0	∞	3　0	1
D	1	1　0	3	∞
E	1	1	∞	1　0

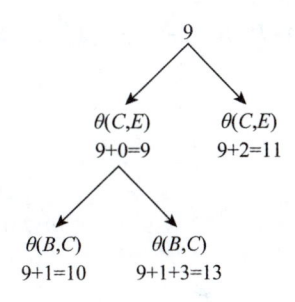

```
            9
          ↙   ↘
     θ(C,E)   θ(C,E)
     9+0=9    9+2=11
      ↙  ↘
 θ(B,C)  θ(B,C)
 9+1=10  9+1+3=13
```

图 5-17　分支定界 2

④继续选择总距离较短的选择 B-C 线路的分支进行分析，更新表格并进行分支定界。删除表 5-16 中的 B 行和 C 列，同时，为了防止返回，E 到 B 设为∞；再检查是否每一行、每一列都有"0 费用"路径，发现 A 列需要减去 1，总距离再增加 1，变成了 11，得到表 5-18。在表 5-18 中所有的惩罚成本都为 0，也就是说无论是否选择其中的任意一个 0 元素所在的线路，总距离都不会增加。此处任意选择一个继续分析，假设选择线路 E-D，得到新的分支定界图，如图 5-18 所示。其中是否选择线路 E-D 其总距离均是 11，首先分析不选择线路 E-D 的分支进行分析。将表 5-18 中 E-D 格的惩罚成本改成∞，得到新的惩罚成本表，如表 5-19 所示。

表 5-18　惩罚成本 3

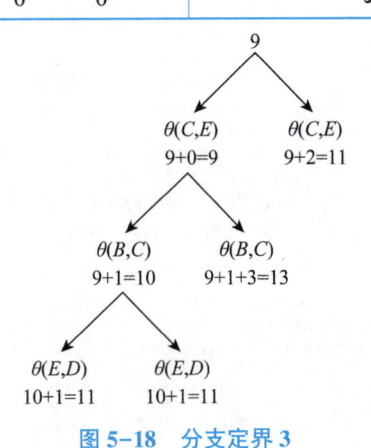

	A		B		D	
A	∞		0	0	0	0
D	0	0	0	0	∞	
E	0	0	∞		0	0

```
              9
            ↙   ↘
        θ(C,E)   θ(C,E)
        9+0=9    9+2=11
         ↙  ↘
    θ(B,C)  θ(B,C)
    9+1=10  9+1+3=13
     ↙  ↘
θ(E,D)  θ(E,D)
10+1=11 10+1=11
```

图 5-18　分支定界 3

表 5-19　惩罚成本 4

	A		B		D	
A	∞		0	0	∞	0
D	0	0	0	0	∞	
E	0	0	∞		∞	

⑤继续迭代，选择线路 A-D 进行分支定界，得到图 5-19，再得到新的惩罚成本表，见表 5-20，依次选择 D-B 线路和 E-A 线路进行分析，得到最终的分支定界图，如图 5-20

所示。至此，得到了一个可行解 A-D-B-C-E-A，其总距离为 11，不超过其他所有分支的界，因此可得该解为最优解。

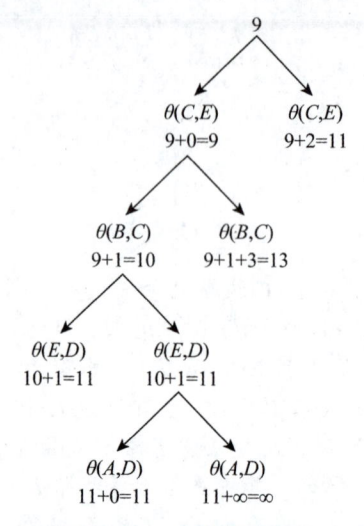

```
                    9
                   ↙ ↘
              θ(C,E)   θ(C,E)
              9+0=9    9+2=11
                ↓
              ↙ ↘
          θ(B,C)   θ(B,C)
          9+1=10   9+1+3=13
            ↓
          ↙ ↘
      θ(E,D)   θ(E,D)
      10+1=11  10+1=11
                  ↓
                ↙ ↘
            θ(A,D)   θ(A,D)
            11+0=11  11+∞=∞
```

图 5-19　分支定界图 4

表 5-20　惩罚成本 5

	A		B	
D	∞		0	0
E	0	0		∞

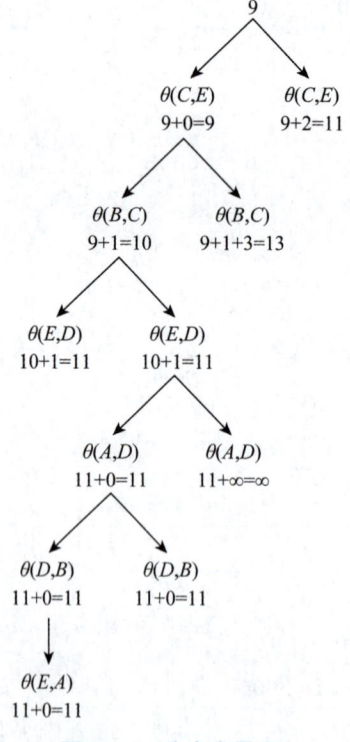

```
                    9
                   ↙ ↘
              θ(C,E)   θ(C,E)
              9+0=9    9+2=11
                ↓
              ↙ ↘
          θ(B,C)   θ(B,C)
          9+1=10   9+1+3=13
            ↓
          ↙ ↘
      θ(E,D)   θ(E,D)
      10+1=11  10+1=11
        ↓
      ↙ ↘
  θ(A,D)   θ(A,D)
  11+0=11  11+∞=∞
    ↓
  ↙ ↘
θ(D,B)   θ(D,B)
11+0=11  11+0=11
  ↓
θ(E,A)
11+0=11
```

图 5-20　分支定界图 5

答：用分支定界法求得的最佳路径为 $A-D-B-C-E-A$，总距离为 11。

（3）最近邻点法

最近邻点法算法十分简单，但是得到的解并不十分理想，有很大的改善余地。由于该算法计算快捷，但精确度低，可以作为进一步优化的初始解。

最近邻点法可以由以下几步完成。

① 任选一节点为起点 x；
② 寻找距离节点 x 最近的节点 y 作为下一个造访的节点；
③ 寻找距离节点 y 最近的节点 z 作为下一个造访的节点；
④ 重复以上步骤，直到所有节点均已造访；
⑤ 连接最后一个节点与起点，即形成一个 TSP 的可行解。

【**例 5-8**】现有一工厂中（位置在 v_1 处）每天用一辆车给固定区域内的 5 个仓库送货，要求货车到每个仓库只能去一次，送完货后返回工厂。这些仓库间的距离矩阵如表 5-21 所示，距离具有对称性，它们的相对位置如图 5-21 所示，设计一条派送货物的行驶距离最短的路径。

表 5-21　距离矩阵

	v1	v2	v3	v4	v5	v6
v1	—	9	8	6	7	12
v2		—	6	15	18	16
v3			—	14	8	7
v4				—	4	10
v5					—	6
v6						—

解：先将节点 1 加入回路中，$T=\{v_1\}$。从节点 v_1 出发，比较其到节点 2、3、4、5、6 的距离，选择最小值，加入回路中。从距离矩阵中可知，从 v_1 节点到 v_4 的距离最小，为 6。因此，将节点 v_4 加入回路中，$T=\{v_1, v_4\}$。然后从 v_4 出发，观察离 v_4 最近的节点（除了回路中已经有的节点），得到 v_5 点，将 v_5 节点加入回路中，$T=\{v_1, v_4, v_5\}$。从节点 v_5 出发，同理找到 v_6 点。依次分别再将 v_3、v_2 加入回路中，得到最后的解为 $T=\{v_1, v_4, v_5, v_6, v_3, v_2, v_1\}$，线路图如图 5-22 所示，总距离为 $D=6+4+6+7+6+9=38$。

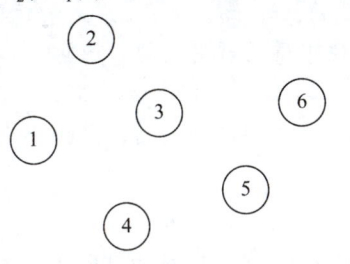

图 5-21　节点相对位置

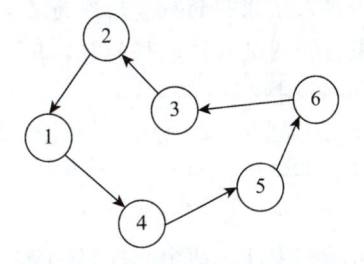

图 5-22　最近邻点法求解结果

答：该工厂派送货物的行驶距离最短的路径为 $T=\{v_1, v_4, v_5, v_6, v_3, v_2, v_1\}$，总的行驶距离为 38。

(4) 插入法

插入法比最近邻点法复杂，但是可以得到相对比较满意的解。插入法可以由以下几步完成：

① 任选一节点为起点 a；

② 寻找距离节点 a 最近的节点 b 作为下一个造访的节点，形成 $a—b—a$ 的子回路；

③ 寻找距离子回路最近的节点 k 作为下一个插入点；

④ 寻找插入成本最小的位置 $(i—j)$，将 k 插入 $i—j$ 之间，形成新的子回路。其中插入成本为 $c_{ik} + c_{kj} - c_{ij}$；

⑤ 重复步骤③~④，直到所有节点均已插入回路之中，即形成一个 TSP 的可行解。

【例 5-9】 用插入法求解例 5-8。

解： 比较表中从 v_1 出发的所有路径的大小，得出 $c_{14} = 6$，则由节点 v_1 和 v_4 构成一个子回路，$T = \{v_1, v_4, v_1\}$。然后考虑剩下的节点 v_2, v_3, v_5, v_6 到子回路 $T = \{v_1, v_4, v_1\}$ 某一节点的最小距离，求得 v_5 点，$c_{45} = 4$，将节点 v_5 插入 v_1 和 v_4 之间，构成新的回路 $T = \{v_1, v_4, v_5, v_1\}$。

同理，接着找到 v_6，$c_{56} = 6$。但是 v_6 应该插入的具体位置需要进一步计算分析：

① 插入 1，4 之间，$\Delta = c_{16} + c_{46} - c_{14} = 16$；

② 插入 4，5 之间，$\Delta = c_{46} + c_{56} - c_{45} = 12$；

③ 插入 5，1 之间，$\Delta = c_{56} + c_{61} - c_{51} = 11$。

分析可得 v_6 插入 (5, 1) 之间距离增量最小，所以 v_6 节点应该插入 v_5 和 v_1 之间，结果为 $T = \{v_1, v_4, v_5, v_6, v_1\}$。同理，可将 v_3, v_2 点依次插入，得到最终解为 $T = \{v_1, v_4, v_5, v_6, v_3, v_2, v_1\}$，如图 5-23 所示。

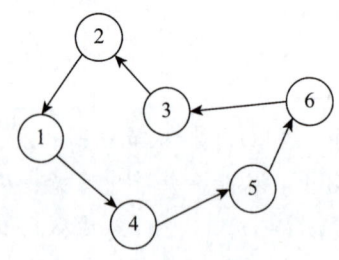

图 5-23 插入法求解结果

总行驶距离为：D = 6+4+6+7+6+9 = 38。

答： 用插入法求得的行驶路线为 $T = \{v_1, v_4, v_5, v_6, v_3, v_2, v_1\}$，总行驶距离为38。

一般来说，用插入法求得的解比用最近邻点法求得的解更优越，但其计算量较大。

(5) 2-opt 交换法

2-opt 属于局部搜索算法，局部搜索算法 (Local Search Algorithm) 是解决组合优化问题的有效工具。一般步骤如下：

① 先构建一个起始可行解。

② 在可行解中任选两个不相邻的节线 $(a \to b, c \to d)$，以及另外两条对应之替换节线 $(a \to c, b \to d)$，计算替换后总成本是否降低（即检查替换成本是否小于 0）。替换成本 $C_{ac} + C_{bd} - C_{ab} - C_{cd}$（对称型 TSP）；

③ 若替换后总成本有降低，则予以替换，同时变更中间相关弧线的行走方向。

④重复步骤②~③，直到所有可能的替换均无法再降低成本为止。

(6) 常见的宏启发式方法

常见的宏启发式方法包括禁忌搜索法、遗传算法、模拟退火法、门限接受法、神经网络、蚁群算法等。

5.4.4 车辆路径问题(VRP)

1. VRP 模型

车辆路径问题(VRP，Vehicle Routing Problem)是对物流配送的车辆进行优化调度的问题。与 TSP 的不同之处在于 VRP 需要解决多辆车的调度问题，且由于涉及的因素更多、环境更加复杂，VRP 的约束条件和目标函数也更加多样。该问题一般可以描述如下：对一系列装货点或(和)卸货点，组织适当合理的行车路线，使车辆有序地通过，在满足一定的约束条件下(如货物需求量、发送量、交发货时间、车辆容量、数目限制、车辆行驶里程、时间限制等)，达到一定的目标(如最短路程、最小费用、最短时间、最少车辆等)。该问题涉及了多辆交通工具的服务对象的选择和路径(服务顺序)确定两方面的问题。

运用 VRP 模型对实际问题进行研究时，一般需要考虑以下几个方面的问题：

①仓库，包括仓库的级数，每级仓库的数量、地点和规模等。

②车辆，包括车辆的型号和数量、每种车辆的容积和运作费用、出发时间和返回时间、司机休息时间、最大的里程和时间限制等。

③时间窗口，由于各处的工作时间不同，每个站点每天只允许在特定的时间内取货和/或送货。

④顾客，包括顾客需求、装载、卸载、所处的地理位置、分离需求、优先等级等。

⑤道路信息，包括车流密度、道路交通费用、距离或时间属性等。

⑥货物信息，包括货物的种类多少、兼容性、货物的保鲜等。

⑦运输规章，包括工人每天的工作时间、车辆的周期维护等。

一个典型的 VRP 模型可以表述如下。

①基本条件。现有 m 辆相同的车辆停靠在一个共同的源点 v_0，需要给 n 个顾客提供货物，顾客为 $v_1, v_2, v_3, \cdots, v_n$。

②模型目标。确定所需要的车辆的数目 N，并指派这些车辆到一个回路中，同时包括回路内的路径安排和调度，使得运输总费用 C 最小。

③限制条件。

第一，$N \leq m$；

第二，每一个订单都要完成；

第三，每辆车完成任务之后都要回到源点；

第四，不能超过车辆的容量限制，特殊问题还需要考虑时间窗的限制；

第五，运输规章的限制。

情况不同，车辆调度问题的模型及构造都有很大差别。

2. 求解方法

VRP 问题是组合优化领域著名的 NP 难题之一，求解方法一般相当复杂，通常的做法是应用相关技术将 VRP 问题分解或者转化为一个或多个已经研究过的基本问题，再使用相对比较成熟的基本理论和方法进行求解。VRP 常用的基本问题有旅行商问题、分派问题、运输问题、背包问题、最短路径问题、最小费用流问题和中国邮递员问题等。

对 VRP 进行简化的原则包括：

①安排车辆负责相互距离最接近的站点的货物运输。

②安排车辆各日途经站点时，应注意使站点群更加紧凑。如果一周内各日服务的站点不同，就应该对一周内每天的路线和时刻表问题分别进行站点群划分。各日站点群的划分应避免重叠。

③从距仓库最远的站点开始设计路线。

④卡车的行车路线应呈水滴状。

⑤尽可能使用最大的车辆进行运送，这样设计出的路线是最有效的。

⑥取货、送货应该混合安排，不应该在完成全部送货任务之后再取货。

⑦对过于遥远而无法归入群落的站点，可以采用其他配送方式。

⑧避免时间窗口过短。

下面通过算例介绍 VRP 的常用求解方法，包括整数规划求解方法、节约法、两阶段法和扫描法。其中整数规划求解方法可以求解最优解，而节约法、两阶段法和扫描法只能求解满意解。

（1）整数规划求解方法

【例 5-10】设 O 点为物流中心，A、B、C、D、E、F 点为需求点，已知各点之间的距离如表 5-22 所示。需求量分别为 $A=6$，$B=5$，$C=8$，$D=5$，$E=6$，$F=7$，物流中心有两种类型的卡车，卡车 1 容量为 12 吨，最多使用 3 辆，卡车 2 容量为 10 吨，最多使用 4 辆。应用整数规划求解方法，求物流中心应该派哪辆卡车为哪些需求点服务，及其最佳行驶路径，使得总行驶距离最短。

表 5-22　距离矩阵

	O	A	B	C	D	E	F
O	—	3	4	2	5	3	5
A	2	—	3	1	4	5	3
B	3	9	—	5	2	6	8
C	4	3	4	—	6	3	4
D	2	6	5	3	—	4	2
E	3	5	3	4	2	—	4
F	5	4	2	6	3	1	—

解： 首先找出每辆卡车可能的服务对象及其相应的行驶距离，如表 5-23 所示。

表 5-23　整数规划模型

线路	卡车 1																						卡车 2							
	1	2	3	4	5	6	7	8	9	10	11	12	13	14	15	16	17	18	19	20	21	22	23	24	25	26	27	28	29	30
A	1	1	1	1					1						1			1					1							
B		1			1	1	1	1					1				1				1	1			1					
C										1																1				
D			1		1						1	1	1	1					1					1			1	1		
E					1		1							1	1	1	1												1	
F								1				1							1	1	1									1
距离	5	9	9	11	7	8	13	17	15	6	8	13	13	14	14	6	7	9	10	10	10	5	7	8	6	8	14	6	10

注意由于本例中的网络是非对称网络,因此即使由一辆卡车为相同的需求点服务,当其服务顺序不同时总行驶距离也会不同。如卡车 1 的行驶路线为 O-A-B-O 时,行驶距离为 3+3+3=9,见表 5-23 中第 2 列,而当其行驶路线为 O-B-A-O 时,其行驶距离为 4+9+2=15,见第 9 列,因此需要列出所有可能的行驶路线。然后在所有可能的行驶路线中选择最多 3 条卡车 1 的线路,4 条卡车 2 的线路,使得其在满足车容量限制的前提下总行驶距离最短,列出如下的整数规划模型。

设决策变量 x_i 为可能的路径 $i=(1,2,3,\cdots,30)$,当 $x_i=1$ 表示选择该路径,否则不选择该路径。

$$\min Z = \{5x_1 + 9x_2 + 9x_3 + 11x_4 + 7x_5 + 8x_6 + 13x_7 + 17x_8 + 15x_9 + 6x_{10}$$
$$+ 8x_{11} + 13x_{12} + 13x_{13} + 14x_{14} + 14x_{15} + 6x_{16} + 7x_{17} + 9x_{18} + 10x_{19} + 10x_{20}$$
$$+ 10x_{21} + 10x_{22} + 5x_{23} + 7x_{24} + 8x_{25} + 6x_{26} + 8x_{27} + 14x_{28} + 6x_{29} + 10x_{30}\}$$
(5-19)

st.

$$\{x_1 + x_2 + x_3 + x_4 + x_5 + x_6 + x_7 + x_8 + x_9 + x_{10} + x_{11} + x_{12}$$
$$+ x_{13} + x_{14} + x_{15} + x_{16} + x_{17} + x_{18} + x_{19} + x_{20} + x_{21} + x_{22}\} \leq 3 \quad (5\text{-}20)$$

$$x_{23} + x_{24} + x_{25} + x_{26} + x_{27} + x_{28} + x_{29} + x_{30} \leq 4 \quad (5\text{-}21)$$

$$x_1 + x_2 + x_3 + x_4 + x_9 + x_{15} + x_{19} + x_{23} = 1 \quad (5\text{-}22)$$

$$x_2 + x_5 + x_6 + x_7 + x_8 + x_9 + x_{14} + x_{18} + x_{22} + x_{24} + x_{25} + x_{28} = 1 \quad (5\text{-}23)$$

$$x_{10} + x_{26} = 1 \quad (5\text{-}24)$$

$$x_3 + x_6 + x_{11} + x_{12} + x_{13} + x_{14} + x_{15} + x_{17} + x_{21} + x_{25} + x_{27} + x_{28} = 1 \quad (5\text{-}25)$$

$$x_4 + x_7 + x_{12} + x_{16} + x_{17} + x_{18} + x_{19} + x_{29} = 1 \quad (5\text{-}26)$$

$$x_8 + x_{13} + x_{20} + x_{21} + x_{22} + x_{30} = 1 \quad (5\text{-}27)$$

$$x_i \in \{0,1\} \quad i=(1,2,3,\cdots,30) \quad (5\text{-}28)$$

其中目标函数式(5-19)是使得总行驶距离最短,式(5-20)保证卡车 1 的行驶路线最多被选择 3 次,式(5-21)保证卡车 2 的行驶路线最多被选择 4 次,式(5-22)~式(5-27)分别保证需求点 A、B、C、D、E、F 各自被服务 1 次。式(5-28)为决策变量的 0-1 约束。

运用 Lingo 等求解软件求解以上 0-1 整数规划模型,可得如表 5-24 求解结果。

表 5-24 减少的成本

变量	取值	减少的成本	变量	取值	减少的成本	变量	取值	减少的成本
x_1	0.000 000	5.000 00	x_{11}	0.000 000	8.000 00	x_{21}	0.000 000	10.000 00
x_2	0.000 000	9.000 00	x_{12}	0.000 000	13.000 00	x_{22}	1.000 000	10.000 00
x_3	0.000 000	9.000 00	x_{13}	0.000 000	13.000 00	x_{23}	1.000 000	5.000 00
x_4	0.000 000	11.000 00	x_{14}	0.000 000	14.000 00	x_{24}	0.000 000	7.000 00
x_5	0.000 000	7.000 00	x_{15}	0.000 000	14.000 00	x_{25}	0.000 000	8.000 00
x_6	0.000 000	8.000 00	x_{16}	0.000 000	6.000 00	x_{26}	0.000 000	6.000 00
x_7	0.000 000	13.000 00	x_{17}	1.000 000	7.000 00	x_{27}	0.000 000	8.000 00
x_8	0.000 000	17.000 00	x_{18}	0.000 000	9.000 00	x_{28}	0.000 000	14.000 00
x_9	0.000 000	15.000 00	x_{19}	0.000 000	10.000 00	x_{29}	0.000 000	6.000 00
x_{10}	1.000 000	6.000 00	x_{20}	0.000 000	10.000 00	x_{30}	0.000 000	10.000 00

答： 最佳的车辆调度安排是用 3 辆卡车 1 分别为 B、C、D、E、F 服务，行驶路线为 O-C-O、O-E-D-O、O-F-B-O；1 辆卡车 2 为 A 服务，行驶路线为 O-A-O，总行驶距离为 6+7+10+5=28。

(2) 节约法

节约法的目标是使所有车辆的行驶总里程最短，并且为所有站点提供服务的卡车数量最少。该方法先假设每一个站点都有一辆虚拟的车辆提供服务，随后返回仓库，如图 5-24 所示，这时的路线里程较长。下一步，将两个站点合并到同一条行车路线上，减少一辆运输车，相应地缩短路线里程，选择节约距离最多的一对站点合并在一起，修订后的路线如图 5-25 所示。

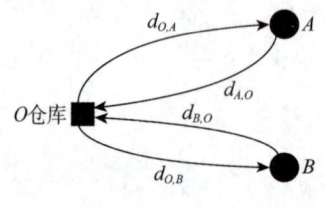

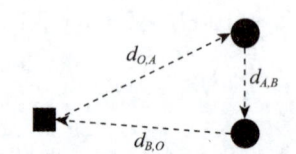

图 5-24 初始路线　　图 5-25 两个站点合并后的路线

进行以上线路合并时节约的里程为：$d_{A,O} + d_{B,O} - d_{A,B}$。节约法的思想就是通过不断地合并节约里程更多的线路，使得总行驶距离更短。

求解步骤如下：

① 计算各点到源点 O 的距离，各点间的距离，以及连接后的节约值 s_{ij}。节约法的初始解是将各送货点与源点相连，构成一条仅含一个送货点的送货线路。

② 若 s_{ij} 的值均为 0 或空时，则终止；否则，在 s_{ij} 中求出值为最大的那一项，进入③。

③ 考察对应的 s_{ij}，若满足下述条件之一，则转④，否则转⑥。

- 点 i 和点 j 均不在线路上。
- 点 i 不在线路上，点 j 为线路的起点或终点。
- 点 i 为一条线路的终点，而点 j 为另一条线路的起点。

④ 约束条件计算。计算连接点 i 和点 j 后线路的总货运量 Q，若 $Q \leqslant q$，并满足其他约束条件，则转⑤，否则转⑦。

⑤连接点 i 和点 j，将该 s_{ij} 的值赋为 0 或空，并将已成为回路中间的点所涉及的 s_{ij} 值也赋为 0 或空，转②。

⑥判断点 i 和点 j 是否交换过。若没有，交换后转③；否则转⑦。

⑦将该 s_{ij} 的值赋为 0 或空，转②。

【例 5-11】 已知配送中心 P_0 向 5 个用户 P_j 配送货物，其配送路线网络、配送中心与用户的距离以及用户之间的距离如图 5-26 所示：图中括号内的数字表示客户的需求量（单位：吨），线路上的数字表示两节点之间的距离，配送中心有 3 台 2 吨卡车和 2 台 4 吨车辆可供使用。①试利用节约里程法制定最优的配送方案；②设卡车行驶的速度平均为 40 公里/小时，试比较优化后的方案比单独向各用户分送可节约多少时间？

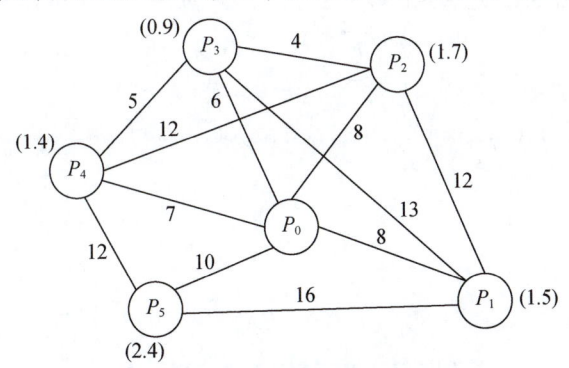

图 5-26 配送路线示意

解： 第一步：作运输里程表（见表 5-25），列出配送中心到用户及用户间的最短距离。

表 5-25　运输里程　　　　　　　　　　　　　　　　　　　单位：公里

	P_0	P_1	P_2	P_3	P_4	P_5	Q
P_1	8	—	—	—	—	—	1.5
P_2	8	12	—	—	—	—	1.7
P_3	6	13	4	—	—	—	0.9
P_4	7	15	9	5	—	—	1.4
P_5	10	16	18	16	12	—	2.4

第二步：由运输里程表，按节约里程公式，求得相应的节约里程数，写在右边，如表 5-26 所示。

表 5-26　节约里程数　　　　　　　　　　　　　　　　　　　单位：公里

	P_0	P_1	P_2	P_3	P_4	P_5	Q
P_1	8	—	—	—	—	—	1.5
P_2	8	4	12	—	—	—	1.7
P_3	6	1	13	10	4	—	0.9
P_4	7	0	15	6	9	8 5	1.4
P_5	10	2	16	0 18	0 16	5 12	2.4

第三步：将节约里程 S_{ij} 进行分类，按从大到小顺序排列（见表 5-27）。

表 5-27 节约里程数排序　　　　　　　　　　　　　　　　　　单位：公里

序号	路线	节约里程	序号	路线	节约里程
1	P_2P_3	10	6	P_1P_5	2
2	P_3P_4	8	7	P_1P_3	1
3	P_2P_4	6	8	P_2P_5	0
4	P_4P_5	5	9	P_3P_5	0
5	P_1P_2	4	10	P_1P_4	0

第四步：确定送货的配送路线（见图 5-27），得初始方案配送距离 = 39×2 = 78（公里）。

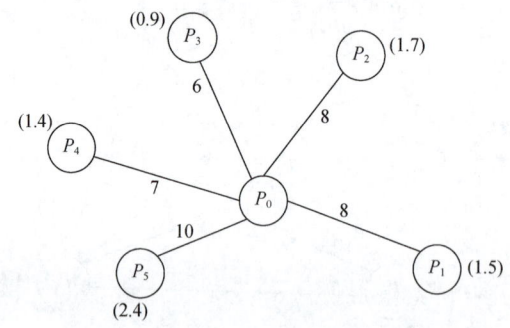

图 5-27　配送路线初始方案示意

第五步：根据载重量约束与节约里程大小，将各客户节点连接起来，形成两条配送路线。即 A、B 两个配送方案（见图 5-28）。

①配送路线 A：$P_0 - P_2 - P_3 - P_4 - P_0$

$$运量 q_A = q_2 + q_3 + q_4 = 1.7 + 0.9 + 1.4 = 4（吨）$$

用一辆 4 吨车运送

$$节约距离\ S_A = 10 + 8 = 18（公里）$$

②配送路线 B：$P_0 - P_5 - P_1 - P_0$

$$运量 q_B = q_5 + q_1 = 2.4 + 1.5 = 3.9 < 4（吨）$$

用一辆 4 吨车运送

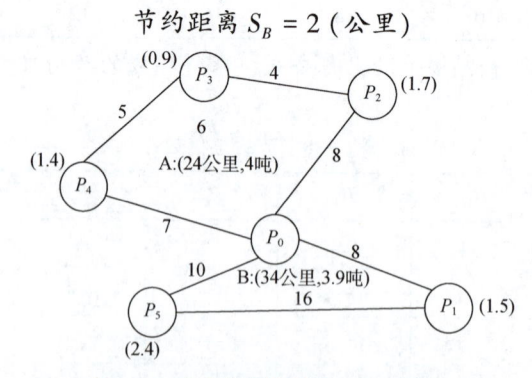

$$节约距离\ S_B = 2（公里）$$

图 5-28　配送路线方案 A、B 示意

第六步：与初始单独送货方案相比，计算总节约里程与节约时间

$$总节约里程：\Delta S = S_A + S_B = 20（公里）$$

$$\Delta T = \Delta S / V = 20/40 = 0.5 \text{（小时）}$$

答：①用节约里程法制定的最优配送方案为 $P_0 - P_2 - P_3 - P_4 - P_0$ 和 $P_0 - P_5 - P_1 - P_0$。②与初始单独送货方案相比，可节约时间 0.5 小时。

（3）两阶段法

两阶段法的思想是将整个求解过程分成两个阶段进行，第一阶段得到初始解，第二阶段进行解的改进，得到满意解。

第一阶段：

①找到由 TSP 问题确定的行走路径。

②根据货车容量，初步给出各条货车的行驶路径。

第二阶段：根据货车的剩余容量（Slack），对初步行驶路径进行调整。

【例 5-12】O 为原点，每个节点的装载容量单位数为 $A=8$，$B=4$，$C=6$，$D=2$，$E=3$。车载容量单位数为 10，距离矩阵如表 5-28 所示，求最短路径，用两阶段法求解此问题。

表 5-28　距离矩阵　　　　　　　　　　　　　　　　　　　　　　　单位：公里

	O	A	B	C	D	E
O	∞	2	1	3	2	4
A	2	∞	3	7	4	1
B	1	3	∞	4	5	7
C	3	7	4	∞	2	1
D	2	4	5	2	∞	3
E	4	1	7	1	3	∞

解：①第一阶段第一步是获得旅行商解决方案，结果如图 5-29 所示。

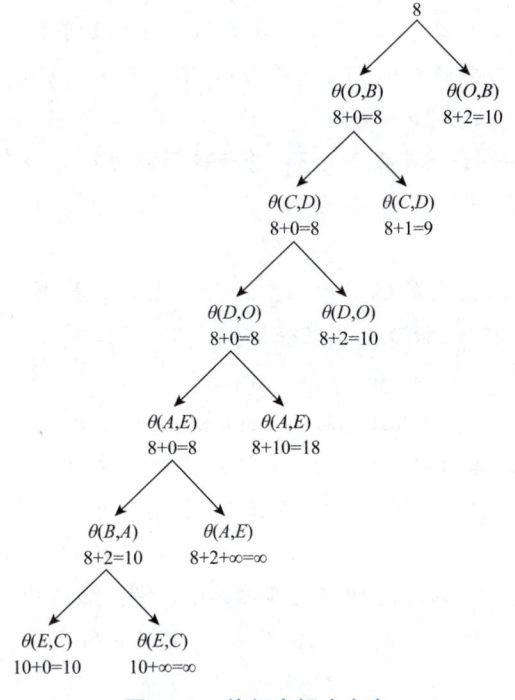

图 5-29　旅行商解决方案

行驶路径为 O–B–A–E–C–D–O。

②将每个节点的相关负载写在每个节点的顶部，以简化下一阶段；

$$\begin{matrix} 4 & 8 & 3 & 6 & 2 \\ O–B–A–E–C–D–O \end{matrix}$$

第一排是每点的装载量，第二排是TSP求解结果对应的节点。

接下来，根据装载量约束和节约里程数进行线路的拆分，使得每条线路满足最大装载量要求，同时能够节约更多里程。首先从O开始，如果容量允许的话，连接TSP线路中的下一个连续节点，比如节点X。如果本线路中添加某一节点会超过车辆容量限制，则忽略该节点。然后，继续检查TSP线路的下一个节点(例如节点Y)，如果假如该节点不会超过车容量限制，则检查其是否会带来里程的节约。节约量按 $OX+OY-XY$ 计算，其中OX是从基地O到节点X的距离，OY是从节点Y到O的距离，XY是节点X和Y之间的距离。因为当不将Y加入线路O–X时，可能必须独立地去节点Y服务，导致2倍OY的行程。如果将Y加入线路O–X中，则可以节省返回X和返回Y的里程，但会有从X到Y的里程，因此节约量可用 $OX+OY-XY$ 计算。

检查TSP路径，直到没有其他节点可以加入路径为止。

在此例子中，卡车的容量是10，首先将O和B连接起来。此时卡车装载了4个单位。下一个节点A的装载量为8，加入A将超过卡车容量。下一个可加入该行程的顺序节点是节点E，其装载量为3。计算加入E的节省量，节省量为：$OB+OE-BE=1+4-7=-2$，因为节约量为负数，所以E不该加入此路径。接下来检查C点。O–B–C–O的节约量是 $OB+OC-BC=1+3-4=0$。所以在路径中加入C点，卡车满载容量单位数为 $4+6=10$，总行驶距离是 $1+4+3=8$(公里)。

第二条线路从O开始，到达A。由于加入E将超出容量限制，而C已经加入了第一条线路，所以考察加入D的情形，其节约量是 $OA+OD-AD=2+2-4=0$。装载容量单位数为 $8+2=10$，总行驶距离为 $2+4+2=8$(公里)。

最后一条线路是O–E–O，满载量为3，总行驶距离为 $4+4=8$(公里)。

由此可得初始的线路安排为 O–B–C–O，O–A–D–O，O–E–O，总行驶距离为 $8+8+8=24$(公里)。

③从剩余容量(Slack)最大的线路开始，进行节点的交换调整，并计算节点交换后的节约里程数，若为正，则可交换节点。路径为：

$$\begin{matrix} 4 & 6 & & 8 & 2 & & 3 \\ O–B–C–O, & O–A–D–O, & O–E–O \end{matrix}$$

从剩余容量最多的线路O–E–O开始。TSP线路中E的相邻节点是A和C。A需要8个容量单位；因此，它不能转移到O–E–O路径中。C需要6个单位的容量，可以转移到路径O–E–O。将C点交换到O–E–O路径，则可节约路程 $BC+CO+EO-(BO+EC+CO)=(4+3+4)-(1+1+3)=6$(公里)，因此进行该线路的调整。调整后的线路为：

$$\begin{matrix} 4 & & 8 & 2 & & 3 & 6 \\ O–B–O, & O–A–D–O, & O–E–C–O \end{matrix}$$

现在O–B–O只有4个单位的使用容量。再考察是否能将其他节点加入这个线路。返回到 TSP 线路，B 的下一个节点 A 由于容量限制而不能加入，下一个节点 E 在前面被检查过，并且与 B 的加入是无利的。没有其他可行的交换，因此停止。

答：最终路线是 O-B-O，距离为 1+1=2；O-A-D-O，距离为 2+4+2=8；O-E-C-O，距离为 4+1+3=8（公里），总行驶距离为 18 公里。

结果与节约法计算的一样。与节约法相比，对于小规模问题，两阶段法计算量较小。

（4）扫描法

扫描法的原理是，以物流中心为原点，将所有需求点的坐标算出，然后选取某一需求点，以逆时针或顺时针方向扫描，若满足车辆装载容量即划分为一群。将所有点扫描完毕后，即可形成多个满足车辆装载容量的需求点群。第一阶段：确定路径。第二阶段：对路径进行调整。扫描算法分为以下四个步骤完成。

①以起始点为极坐标系的原点，并以连通图中的任意一顾客点和原点的连线定义为角度零，建立极坐标系。然后对所有的顾客所在的位置，进行坐标系的变换，全部都转换为极坐标系。

②分组。从最小角度的顾客开始，建立一个组，按逆时针方向，将顾客逐个加入组中，直到顾客的需求总量超出了装载限制。然后建立一个新的组，继续按照逆时针方向。

③重复②的过程，直到所有的顾客都被分类为止。

④路径优化。各个分组内的顾客点，就是一个个单独的 TSP 模型的线路优化问题，可以用前面介绍的 TSP 模型的求解方法对结果进行优化，选择一个合理的路线。

【例 5-13】现有一个仓库，需要对 8 个客户提供货物，它们的需求量及极坐标的角坐标值如表 5-29 所示，它们的距离矩阵如表 5-30 所示，位置关系如图 5-30 所示。

表 5-29 需求量及极坐标的角坐标值

顾客	1	2	3	4	5	6	7	8
需求量/件	6	4	5	3	6	2	3	4
角坐标/度	130	50	90	280	210	250	330	310

表 5-30 距离矩阵　　　　　　　　　　　　　　　　　　单位：公里

c_{ij}	v_0	v_1	v_2	v_3	v_4	v_5	v_6	v_7	v_8
v_0	—	11	10	10	7	12	13	11	13
v_1		—	15	8	16	14	15	16	15
v_2			—	6	15	16	18	8	12
v_3				—	12	13	13	12	11
v_4					—	7	5	4	8
v_5						—	2	10	9
v_6							—	11	10
v_7								—	4
v_8									—

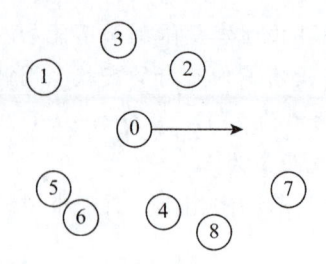

图 5-30 顾客和仓库位置

设每个车辆的运输能力是 14 个单位的货物,现有足够多的车辆,试用扫描算法对该运输问题进行求解。

解:①建立极坐标系,本例题中已经直接给出。

②分组过程,从角度为零向逆时针方向进行扫描,第一个被分组的是顾客 2,LOAD1=4;继续转动,下一个被分组的是顾客 3,LOAD1=4+5=9。由于负载还没有超过限制 LOAD LIMIT=14,继续转动。下一个被分组的是顾客 1,如果继续分到一组,则 LOAD1=4+5+6=15>14=LOAD LIMIT。按照此分组规则,需要一个新的组,这样在第一个组里只有顾客 1 和 3。在第二组里有顾客 1,LOAD2=6,继续上面步骤,直到所有顾客均被分配完毕。得到如图 5-31 所示的分配结果。

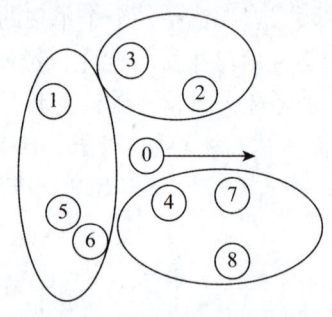

图 5-31 扫描算法求解结果

③组内的线路优化。对上面的三个组,每个组都是单回路运输问题,可用 TSP 模型进行路径优化。用 TSP 的最近插入法算法求解,求得结果为这三条线路 $v_0 \to v_4 \to v_7 \to v_8 \to v_0$,$v_0 \to v_6 \to v_5 \to v_1 \to v_0$,$v_0 \to v_3 \to v_2 \to v_0$ 运输量分别为 10、14、9,总里程数为 94 公里。

本章小结

本章叙述了物流运输系统的概念,物流运输系统的重要性、功能、特点,各种运输方式的优缺点及适用范围、运输合理化考虑的成本因素、运输路线的选择;重点阐述了物流运输系统路线选择模型及其求解算法,包括最短路问题及其 Dijkstra、Floyd 求解算法,运输问题及其表上作业法,旅行商问题(TSP)及其分支定界法、指派算法、最近邻点法、插入法,车辆路径问题(VRP)及其整数规划求解法、节约法、两阶段法、扫描法。

案例分析

老瓶装新酒——中外运的车辆配载调度问题

思考题： (1)设计优化目标为成本最低的算法解决装车配载与路径优化问题；(2)在问题1的基础上考虑道路拥堵、路段限行等约束，设计优化目标为成本最低的算法解决装车配载与路径优化问题；(3)在问题2的基础上考虑其他约束，如订单的动态性，设计以成本最低、车次最少等为目标的优化模型及算法。

翻转课堂讨论话题

1. 针对你们选取的案例，讨论其是否存在运输及配送路线优化的问题，如果存在，分析其合理性，并选用合适的方法对其进行优化。

2. 每组根据给定的 VRP 问题的资料，给出一个求解结果。并总结小组讨论的过程。(每组可以推荐一个观察员，观察和记录本组的讨论过程与最终结果的形成过程。)

VRP 求解项目讨论

已知1个配送中心(编号1)要为13个门店(编号2-14)送货，配送中心共有5辆车，每辆车的最大装载能力为20吨，每个门店的坐标、需求量(单位：吨)，以及各个门店之间的距离(单位：公里)如表5-31所示，门店坐标及需求量如图5-32所示。请为该配送中心规划配送线路，在保证所有门店都满足需求的情形下，使得总运输距离最小。

表5-31 距离矩阵

横坐标	纵坐标	距离	D1	D2	D3	D4	D5	D6	D7	D8	D9	D10	D11	D12	D13	D14	需求量
19.47	95.1	D1	0	3.1	5.1	3.4	6.1	2.7	3.1	5.4	3.9	6.2	6.2	4.1	2	2.6	0
16.47	94.44	D2	3.1	0	2.3	6	9.2	5.8	5.4	2.9	2.9	4.4	3.1	7.1	4	4.1	5
15.09	92.54	D3	5.1	2.3	0	7.3	11.2	7.8	7.7	3.9	5	5.7	1.8	8.7	6.3	5	6
22.39	93.37	D4	3.4	6	7.3	0	4.8	2.7	5	8.7	7.3	9.6	8.9	1.7	4.8	2.4	4
25.23	97.24	D5	6.1	9.2	11.2	4.8	0	3.4	4.8	11	8.9	11.8	12.3	3.2	5.8	7	8
22	96.05	D6	2.7	5.8	7.8	2.7	3.4	0	2.5	7.8	5.9	8.2	8.9	2.1	2.6	4	3
20.47	98.02	D7	3.1	5.4	7.7	5	4.8	2.5	0	6.5	4.2	6.4	8.3	4.6	1.4	5.5	6
14.2	96.29	D8	5.4	2.9	3.9	8.7	11.5	7.8	6.5	0	2.4	1.8	3	9.5	5.3	7	2
16.3	97.38	D9	3.9	2.9	5	7.3	8.9	5.9	4.2	2.4	0	2.4	4.9	7.7	3.1	6.1	7

续表

横坐标	纵坐标	距离	D1	D2	D3	D4	D5	D6	D7	D8	D9	D10	D11	D12	D13	D14	需求量
14.05	98.12	D10	6.2	4.4	5.7	9.6	11.2	8.2	6.4	1.8	2.4	0	4.8	10.1	5.5	8.2	3
13.53	93.38	D11	6.2	3.1	1.8	8.9	12.3	8.9	8.3	3	4.9	4.8	0	10.1	7	6.6	4
23.52	94.59	D12	4.1	7.1	8.7	1.7	3.2	2.1	4.6	9.5	7.7	10.1	10.1	0	4.8	4	5
19.41	97.13	D13	2	4	6.3	4.8	5.8	2.8	1.4	5.3	3.1	5.5	7	4.8	0	4.6	6
20.09	92.55	D14	2.6	4.1	5	2.4	7	4	5.5	7	6.1	8.2	6.6	4	4.6	0	5

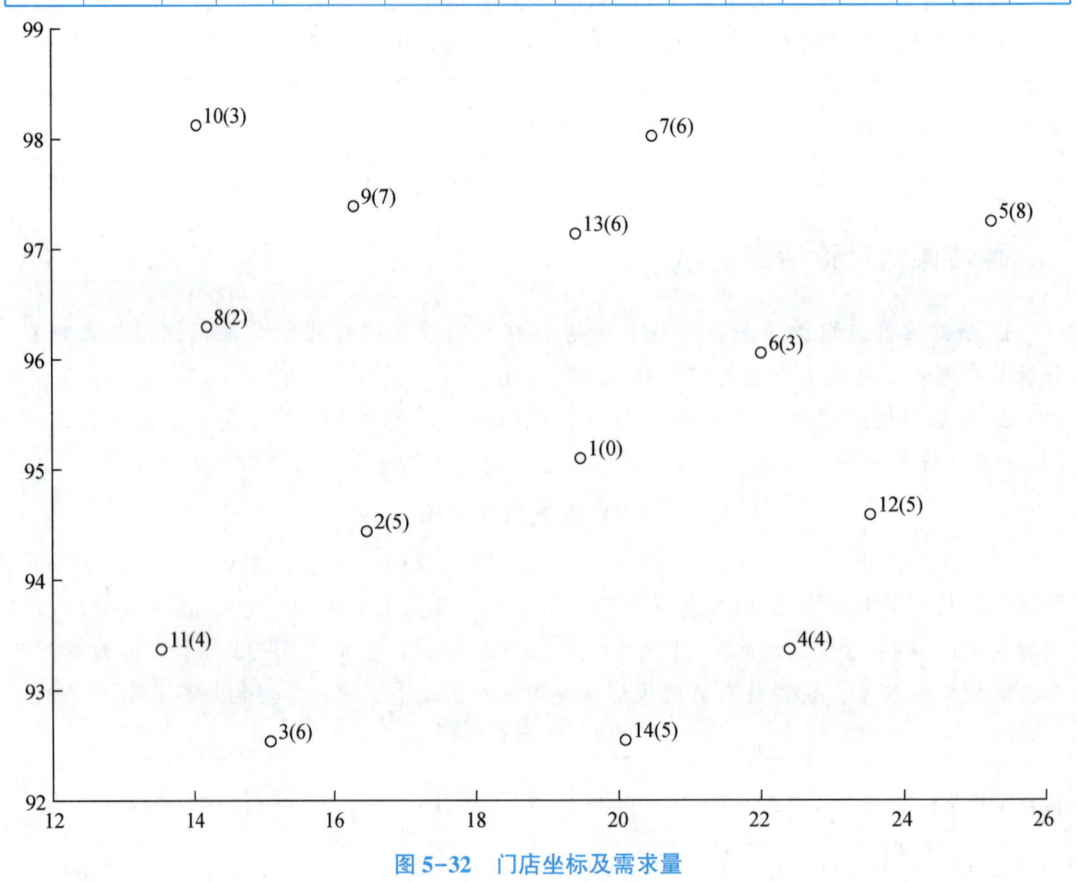

图 5-32 门店坐标及需求量

第6章 物流园区规划与设计

学习目标

- 能够陈述物流园区的特征、分类和功能。
- 能够重述 MSFLB 物流园区规划方法论。

开篇案例

天津市宝坻区物流园区总体规划

(1) 区域位置

天津市宝坻区物流产业园区(以下简称"园区"),位于宝坻区北部,北至城区北路,西至宝平公路,东至津围公路,南至规划通唐公路,规划范围总面积 14.2 平方公里,是宝坻城区总体规划确定的远景发展用地。

(2) 产业园区总体规划

①产业园区位于宝坻区远景规划用地范围的北部边缘,北临京沈高速公路,东侧隔津围公路与津蓟铁路相望,西侧至宝平公路,南侧与城区的外环——北环路相连,对外交通方便快捷。

②规划范围内有大量可供开发的土地资源。

③产业园区处在城区边缘,西与北京相连,向东可通往唐山,有条件发展物流产业,规划面积 22 平方公里的天宝工业园,为物资流通提供了充足的物资量后备资源。

④宝坻区历史上发达的商贸流通业对物流园区的产业支撑。

(3) 产业园区的地位和规模

将建成融货物集散、货运、加工等功能于一体的功能分区合理、配套设施完善、交通便捷、环境优美的城市新区。

规划期末人口规模达到 10 万人,城市建设用地 14.01 万平方公里。

(4) 空间布局

对在园区功能组成分析的基础上,依据基地的实际情况,规划形成如下空间布局结构：该区被城市对外通道之一的蓟宝公路南北向穿过，由此将园区用地分为两部分，城区北路以南、通唐公路以北、宝平公路以东、蓟宝公路以西用地规划为现代智造园和物流产业园区的综合服务区；蓟宝公路以东、津围公路以西、城北公路以南、通唐公路以北规划为物流园区。两个功能区外围公路和内部主干道构成园区景观和绿化生长轴。

（资料来源：中国产业规划网 http://www.chanyeguihua.com/45.html）

思考题：物流园区规划的整体思路是什么？

6.1 物流园区概述

微课视频：物流园区规划

6.1.1 物流园区的概念

物流园区（Logistics Park）是指物流作业集中的地区，是几种运输方衔接地，将多种物流设施和不同类型的物流企业在空间上集中布局的场所，也是一个有一定规模和具有多种服务功能的物流企业的集结地。

物流园区在国内外还没有统一的定义，不同国家的称谓也不一样。最早出现在日本东京，又称物流团地。日本从 1965 年起在规划城市发展的时候，政府从城市整体利益出发，为解决城市功能紊乱，缓解城市交通拥挤，减轻产业对环境的压力，保持产业凝聚力，实现货畅其流，在郊区或城乡边缘地带主要交通干道附近专辟用地，确定了若干集运输、仓储、市场、信息、管理功能于一身的物流团地，通过逐步配套完善各项基础设施、服务设施，提供各种优惠政策，吸引大型物流（配送）中心在此聚集，使其获得规模效益，对于整合市场、实现降低物流成本经营起到了重大作用，同时，物流团地减轻了大型配送中心在市中心分布所带来的种种不利影响，成为支撑日本现代经济的基础产业。

在欧洲，物流园区被称之为货运村（A Freight Village）。货运村是指在一定区域范围内，所有有关商品运输、物流和配送的活动，包括国际和国内运输，通过各种经营者实现。这些经营者可能是建在那里的建筑和设施（仓库、拆货中心、存货区、办公场所、停车场等）的拥有者或租赁者。同时，为了遵守自由竞争的规则，一个货运村必须实现上面提及的所有运作。如果可能，它也应当包括对员工和使用者的设备公共服务。

这一定义是由"欧洲平台"机构在 1992 年 9 月 18 日制定的，其中明确了以下几项内容：

①在货运村内实现运输、物流和配送等所有业务活动——业务活动或范围。
②经营者是物流及相关设施的拥有者和租赁者——所有者及经营者。
③企业进入遵守自由竞争的原则——市场规则。
④货运村必须具备所有的公共设施——基本或基础设施。
⑤多样性的运输模式——多样化的运输方式。

⑥一个单一的运营主体——运营主体。

在国内，第一个物流园区是深圳平湖物流基地。始建于1998年12月1日，第一次提出物流基地这个概念，叫作"建设物流事业基础的一个特定区域"。它的特征有三点：一是综合集约性，二是独立专业性，三是公共公益性。物流基地即从事专业物流产业、具有公共公益特性的相对集中的独立区域。

物流园区是对物流组织管理节点进行相对集中建设与发展的、具有经济开发性质的城市物流功能区域；同时也是依托相关物流服务设施，降低物流成本、提高物流运作效率，改善与企业服务有关的流通加工、原材料采购，便于与消费地直接联系的生产等活动，具有产业发展性质的经济功能区。其外延方面：作为城市物流功能区，物流园区包括物流中心、配送中心、运输枢纽设施、运输组织及管理中心和物流信息中心，以及适应城市物流管理与运作需要的物流基础设施；作为经济功能区，其主要作用是开展满足城市居民消费、就近生产、区域生产组织所需要的企业生产和经营活动。因此现代物流园区主要有两大功能，物流组织管理功能和依托物流服务的经济开发功能。

中华人民共和国国家标准《物流术语》(GB/T 18354—2021)中对物流园区的定义是：由政府规划并由统一主体管理，为众多企业在此设立配送中心或区域配送中心等，提供专业化物流基础设施和公共服务的物流产业集聚区。

6.1.2 物流园区的内涵

物流园区将众多物流企业聚集在一起，实行专业化和规模化的经营，发挥整体优势，促进物流技术和服务水平的提高，共享相关设施，降低运营成本，提高规模效益。其内涵可归纳为以下三点：

①物流园区是由分布相对集中的多个物流组织设施和不同的专业化物流企业构成的具有产业组织、经济运行等物流组织功能的规模化、功能化的区域。这首先是一个空间概念，与工业园区、经济开发区、高新技术开发区等概念一样，具有产业一致性或相关性，拥有集中连片的物流用地空间。

②物流园区是对物流组织管理节点进行相对集中建设与发展的具有经济开发性质的城市物流功能区域。作为城市物流功能区，物流园区包括物流中心、配送中心、运输枢纽设施、运输组织及管理中心和物流信息管理中心等适应城市物流管理与运作需要的物流基础设施。

③物流园区也是依托相关物流服务设施，进行与降低物流成本、提高物流运作效率和改善企业服务有关的，流通加工、原材料采购和便于与消费地直接联系的生产等活动的具有产业发展性质的经济功能区。作为经济功能区，其主要任务是开展满足城市居民消费、就近生产、区域生产组织所需要的企业生产、经营活动。

6.1.3 物流园区的特征

1. 多模式运输手段的集合

多模式运输方式即多式联运，以海运-铁路、公路-铁路、海运-公路等多种方式联合运输为基本手段发展国际国内的中转物流。物流园区也因此呈现一体化枢纽功能。

2. 多状态作业方式的集约

物流园区的物流组织和服务功能不同于单一任务的配送中心或具有一定专业性的物流

中心，其功能特性体现在多种作业方式的综合、集约等特点，包括仓储、配送、货物集散、集装箱、包装、加工及商品的交易和展示等诸多方面。同时也体现在技术、设备、规模管理等方面的集约。

3. 多方面运行系统的协调

运行系统的协调表现为对线路和进出量的调节上。物流园区的这一功能体现为其指挥、管理和信息中心功能，通过信息的传递、集中和调配，使多种运行系统协调共同为园区各物流中心服务。

4. 多角度城市需求的选择

物流园区与城市发展呈现互动关系，如何协助城市理顺功能、满足城市需求是物流园区的又一功能特征。物流园区的配置应着眼于其服务区域的辐射方向、中心城市的发展速度，从而保证物流园区的生命周期和城市发展协调统一。

5. 多体系服务手段的配套

物流园区应具备综合的服务性功能，如结算功能、需求预测功能、物流系统设计咨询功能、专业教育与培训功能、共同配送功能等。多种服务手段的配套是物流组织和物流服务的重要功能特征。

物流园区、物流中心和配送中心功能对照如表6-1所示。

表6-1 物流园区、物流中心和配送中心功能对照

比较对象	规模	综合程度	服务对象	功能	层次关系
物流园区	超大规模	必定是综合性的物流设施	综合型的基础服务设施，面向全社会	为了综合运输、多式联运、干线终端等大规模处理货物和提供相关服务的功能	综合型的大型物流节点
物流中心	大规模和中等规模	有一定的综合性	局部领域经营服务	主要是分销功能	专业范畴的综合型大型物流节点
配送中心	依据专业化配送和市场大小而定，一般较小	专业化的，局部范围的	面向特定用户和市场	向最终用户提供送货服务的功能	专业清晰，规模适应于需求的专业性物流节点

6.1.4 物流园区的分类

1. 按经营主体划分

按经营主体划分物流园区可分为政府主导型物流园区与市场主导型物流园区。大多数物流园区都属于政府主导型，浙江传化物流园区及德力西、物美集团联合投资的物流园区等是市场主导型的。

2. 按产业依托划分

按产业依托划分物流园区，可分为基于物流产业的物流园区与基于其他产业的物流园

区。大多数的物流园区都是基于物流产业，以物流企业为主体。外高桥保税物流园区、北京空港物流园区等是基于其他产业的物流园区。

3. 按功能定位划分

按功能定位划分物流园区，可分为综合化物流园区和专业化物流园区。具体体现在物流园区物流功能、服务功能、运行管理体系等多方面的综合，体现其现代化、多功能、社会化、大规模的特点，而不同物流园区的专业化程度提高则表现出现代化和专业化的基本属性。

4. 按满足物流服务需求划分

按满足物流服务需求，物流园区可划分为以下几类：

①区域物流组织型物流园区。其功能是满足所在区域的物流组织与管理，如深圳市的港口物流园区、成都龙泉公路口岸物流园区等。

②商贸型物流园区。其在功能上主要是为所在区域或特定商品的贸易活动创造集中交易和区域运输、城市配送服务条件。基本位于传统、优势商品集散地，对扩大交易规模和降低交易成本具有重要作用。

③运输枢纽型物流园区。作为物流相对集中的区域，从运输组织与服务的角度，可以实现规模化运输，反之，规模化地进行运输组织也为物流组织与管理活动的集中创造了基础条件。因此，建设专门的运输枢纽型的物流园区，形成区域运输组织功能，也是物流园区的重要类型之一。

5. 按物流园区依托对象划分

根据2008年国家标准《物流园区分类与基本要求》，物流园区根据所依托的对象和功能定位，可划分为以下几类：

①货运服务型。依托空运、海运或陆运枢纽而规划，提供大批量货物转换运输的配套设施，实现不同运输形式的有效衔接，主要服务于国际性或区域性物流运输及转换。其中，空港物流园区依托机场，以空运、快运为主，衔接航空与公路转运；海港物流园区依托港口，以公路干线运输为主，衔接公铁转运。

②生产服务型。依托经济开发区、高新技术园区等制造产业园区而规划，提供制造型企业一体化物流服务，主要服务于生产制造业物料供应与产品销售。

③商贸服务型。依托各类大型商品贸易现货市场、专业市场而规划，为商贸市场服务，提供商品的集散、运输、配送、仓储、信息处理、流通加工等物流服务，主要服务于商贸流通业商品集散。

④综合服务型。依托城市配送、生产制造业、商贸流通业等多元对象而规划，位于城市交通运输主要节点，提供综合物流功能服务，主要服务于城市配送与区域运输。

6.1.5 物流园区的功能

1. 基本功能

①停车。物流园区中具有现代化的停车场。现代化停车场的特征是环境优美整洁，实行信息化管理，可以提供安全便捷、高效率低成本的服务。

②配载。从人工无序、不安全、高费用、低效率的现状逐步实现计算机优化配载。

③仓储保管。物流园区可以发挥仓库的集中保管功能，通过与企业建立供应链联盟，并为企业提供集中库存功能和相应地调节功能，从而减少客户对仓库设施的投资和占用。按照物流园区所在地的实际物流需求相应地建造普通仓库、标准仓库、专用仓库，甚至建立自动化立体仓库(如医药、电子、汽车等)。

④中转和衔接。作为现代化的物流节点，物流园区对多种运输方式的有效衔接是其最基本的功能之一，其主要表现在实现公路、铁路、海运、空运等多种不同运输形式的有效衔接上。

提供中转服务也是物流园区的基本功能之一，特别是对于枢纽型的物流园区这一功能更为重要。由于物流园区的特殊性，它们大多都建在交通枢纽地，是国家与国家、地区与地区、城市与城市商品运输的节点和中转地，大批量的货物从这里中转流通，所以物流园区具有明显的中转功能。

通过与不同等级物流节点的有效衔接，再通过中转，将本地运往其他地区的货物集零为整组织发运，将其他地区进入本地的部分货物化整为零组织运转，完成货物的集散作业；开展货物分拨、集装箱中转、集装箱拼装拆箱等业务。

⑤加工。物流园区并不是一个简单的只提供单纯中转、物资集散、配送等功能的物流节点，它还为各方面的用户提供加工服务，以增加商品的价值，其内容主要包括商品的包装、整理、加固、换装、改装、条码的印刷、粘贴等。

⑥配送。配送是一种现代的流通方式，集经营、服务、社会集中库存、分拣、装卸、搬运于一身，通过配货、送货形式最终完成社会物流活动。对物流园区而言，既可以由入驻企业自己实现配送功能，也可以通过引进第三方物流企业来实现这一功能。

⑦信息服务。物流园区作为一种现代化的物流节点，高科技和高效率是其基本特征。它可以通过高科技，高效率地向需求方提供信息咨询服务，其提供的信息包括交易信息、仓储信息、运输信息、市场信息等。物流园区是物流信息的汇集地，能够提供订货、储存、加工、运输、销售等服务信息，以及客户需求的物流服务相关信息；物流园区还可以通过物流作业信息，控制相关的物流过程，实施集成化管理。同时，可以进行物流状态查询、物流过程跟踪、物流要素信息记录与分析，建立物流客户关系管理、物流决策支持、物流公共信息平台等，还可以根据物流园区货物的流通数量、品种、出入园区频度、货物来源、去向等信息和数据，综合分析出国内外市场销售状况、动态和趋势，了解进出口贸易和商品流通等情况。

2. 延伸服务功能

①货物调剂中心。物流园区利用资源优势，可以有效地处理库存物资开办新产品展示会。

②物流技术开发与系统设计咨询。吸引相关物流高科技企业进驻园区，利用园区物流企业密集的资源优势，发展物流软件开发与物流设施设备的技术开发，形成第四方物流利润的增长点。

③物流咨询培训服务。利用物流园区运作的成功经验及相关的物流发展资讯优势，吸引物流咨询企业进驻发展；利用高校企业政府多方合作的优势，开展物流人才培训业务。

3. 配套服务功能

①车辆辅助服务，如加油、检修、配件供应等。

②金融配套服务，如银行、保险、证券等。
③生活配套服务，如住宿、餐饮、娱乐、购物、旅游等。
④工商税务、海关等服务。

物流园区是物流组织活动相对集中的区域，外在形态上不同园区有相似之处，但是，物流的组织功能因园区的地理位置、服务地区的经济和产业结构及企业的物流组织内容和形式、区位交通运输地位及条件等存在较大差异，因此，物流园区的功能不应该有统一界定。同时，由于物流园区种类较多，在物流网络系统中的地位和作用也不尽相同，所以，每个物流园区的功能集合也不尽相同，某些物流园区可能只具备上述部分服务功能。

6.2 国内外物流园区发展现状

6.2.1 国外物流园

由于物流园区的发展时间比物流发展历史短许多，而且在物流发展水平较高的发达国家中，物流园区在建设规模和发展模式上都有一定的差异和各自的特点。了解这些差异、特点和发展经验，对于指导中国处于发展起步阶段的物流团地的建设具有较为积极、实际的借鉴意义。

在物流园区发展较为成熟的国家中，以日本、德国及美国等发达国家的物流园区最具代表性。

1. 日本

在日本，物流园区被称为"物流团地"。日本是最早提出和发展物流园区的国家，最初建设物流团地的主要目的是缓解城市交通压力。1965年，在东京出现了第一个物流团地。在物流团地发展上以"宏观统筹调控，微观自由放开"模式为主。

日本政府对物流团地建设有规模经营和总量的控制（涉及覆盖面和人口，且超过经济规模，效益反而下降），对建筑用地规模等做了相应的限制，规定一般物流团地的用地规模约为20万平方米，不超过35万平方米（约500亩），要求物流团地向高层空间进行开发利用。

日本政府重视物流团地的规划工作，在物流团地发展中起到了举足轻重的作用。日本物流团地的建设通常是采用"官民协力"的方式。

政府首先综合考虑城市土地、人口数量、经济总量、运输总量、环境、区域交通条件、城市与经济发展等因素，制定总体市政规划，优先选择位于城市边缘地带交通通达性较好，方便转运或多种运输方式衔接的枢纽地区作为物流中心用地的地区作为物流团地发展用地，确定合理的物流团地选址，发挥政府的宏观调控作用。

如日本政府颁布《流通业务市街地整备法律》，规定了允许和禁止建设的物流空间设施，以及由于特殊需要经地方政府批准后允许建设的物流空间设施，以保证有效的发挥物流团地的功能，从而促进其健康发展。

其次，政府出台一系列有关物流团地开发建设的土地政策和优惠政策，将物流团地用地以较低的价格出售给行业协会或物流开发商，由行业协会或物流团地开发商在其会员或客户中进行融资，获得物流团地建设资金。如果资金不足，政府则提供相应的优惠贷款、税收政策，如长期低息贷款、减免税收等，如日本开发银行、北海道东北开发公库等就是专门向物流产业提供贷款支持的政府金融机构。

同时，政府注重在物流团地周边区域加强交通配套及基础设施的建设，创造良好的投资环境，促使该地区市场繁荣、经济增长，使物流开发商享受到由于地价、房价增值带来的回报，推动物流团地进一步发展。

政府在物流团地发展的整个过程中参与得不多，实际运作主体是物流行业协会及协会会员（物流企业、物流研究咨询机构等），各协会的专业公司根据实际需求，在物流团地内统一规划建设物流配套设施，建成后由专业公司进行管理。物流团地土地的开发和建设等工作由政府委托行业协会来完成，并在资金上以低息贷款的方式给予扶持。

如东京的四家物流团地的经营管理主体是东京团地仓库株式会社。这样既保护了协会中投资者的利益，又避免了协会成员间的过度竞争，使物流设施和资源得到充分利用。

日本在物流团地建设中积累的经验，主要有以下三点：

①重视规划——由于日本存在土地资源紧张，城市发展造成交通拥堵等问题，而物流团地的建设规模大，影响范围广，因此政府非常重视物流团地的规划。通过制定物流团地发展规划和市政规划配套，在靠近城市的边缘地带、内环线外或城市主干道附近，科学合理地规划、选择有利于缓解城市交通压力和未来城市发展的土地作为物流团地的开发用地。

②优惠的土地使用和政府投资政策——将规划好的物流团地土地分地块以较低的生地价格出售给协会等机构，购得土地的协会再以股份制等方式招募投资资金，以便进行物流团地的建设和购买相关设备设施；若运作资金不足，可向政府申请长期低息贷款。

③良好的市政配套及投资环境——政府针对物流团地的规划建设，积极推进加快物流团地周边公共交通、公共设施和服务的配套建设，以吸引相关企业进驻物流团地，在为物流团地企业提供良好发展条件的同时，通过各种有力措施促进物流团地及周边房产和地价的升值，使物流团地投资者及客户得到良好收益。

2. 德国

在德国，物流园区被称为"货运村"。德国许多物流园区的面积都超过 2 平方公里，物流园区的规划选址主要是以下四个方面的因素为主：一是转运方便；二是交通便利；三是经济合理；四是生态环保。

1984 年，德国第一个真正意义上的物流园区——不莱梅物流园区，在不莱梅市政府和州政府的支持下组建而成，通过优惠土地价格，扩建周边的公路、港口等基础设施建设促使园区得到了迅速的发展。

在 1992 年的联邦德国运输网规划中，德国即规划建设 42 个货运中心，据不完全统计，现已建成并投入使用 35 个，其中较著名的物流园区为不莱梅物流园区和纽伦堡物流园区。

以纽伦堡物流园区为例，作为交通枢纽建于 20 世纪 70 年代中期，80 年代向物流园区发展，占地 3.37 平方公里。其中，一期开发 2.17 平方公里，二期开发（建设进行中）1.2 平方公里；建设的主体是由政府支持的股份公司，建设资金来源主要是政府拨款和企业贷款。物流园区管理股份公司的职能是负责土地开发、公用运输、基础设施建设、大型设备租赁、公用设施维护以及协调与有关部门的关系等。

在物流园区的规划建设方面，德国与日本有一定差别。德国的基本做法是联邦政府统筹规划，州政府、市政府投资建设，公司化经营管理，入驻企业自主经营。

德国在物流园区建设中积累的经验，主要有以下几点：

(1)联邦政府统筹规划——联邦政府在详细调研总体物流状况，综合考虑各区域物流需求差异并统筹规划全国交通干线、运输枢纽的基础上，对全国物流园区的布局、用地规模、功能定位与未来发展方向等问题进行统一、科学、合理的规划。

在规划过程中，市政府和物流企业合作进行本地区的物流园区选址、规模与功能设计，并上报州政府进行审批、立项；州政府负责管理与组织协调，联邦政府从全国物流系统优化角度进行总体协调与管理(具体由德国联邦交通部完成)。

同时，由于德国实行大交通管理体制，主管运输的联邦交通建设城市发展部，其职能不仅包括公路、铁路、水路、航空等基础设施规划建设，还统管国家城市发展、土地规划、居民住房规划及建设等工作。因此，在整体交通及物流发展规划方面，有较强的宏观调控能力。

州政府、市政府投资建设——德国政府扶持物流园区发展的重要原因是对园区公共服务职能的定位，认为物流园区的建设并不是为了追求单纯的经济利益。在物流园区的建设过程中，州及地方市政府扮演了主要投资人的角色。初期的土地购买是通过政府来完成的，园区内其他的建筑设施的投资与收益及园区日后的运营收入由企业执行，向政府缴纳一定的税收。

为了引导各州按照统一规划进行物流园区开发建设，德国对符合规划的物流园区给予资助(一般补贴标准为物流园区总开发费用的43%)或提供贷款担保。

(2)企业化经营管理——德国物流园区的运营管理总体经过了由最初的公益组织管理到后来的企业化经营管理两个阶段。由于园区的投资人主要是政府或政府经济组织，所以园区经营企业的经营方针不以盈利为主要目标，而主要侧重于保持资金平衡，实现管理和服务职能。

德国政府认为通常情况下企业化的管理方式比行政化的管理方式效率更高，因此在扶持物流园区建设的同时，也考虑物流园区建设运营的效益与效率。比如，园区发展和运营所需费用，政府负担25%，其余部分由入驻企业分担。

(3)入驻园区企业自主经营——入驻物流园区的企业照章纳税、自主经营，根据实际情况和自身经营需要购买和建设相应的物流装备和设施。

经过几十年的发展，德国已经形成了规模化的全国物流园区网络，整体优势明显。主要表现在：

①选址合理，不影响地方居民正常生产生活。

②物流园区与公路、铁路、高速公路和居民密集区之间有很好的交通连接，通达性良好。

③多式联运提供了运输灵活性，降低了园区建设、企业入驻等投资风险。

④物流企业通过进驻物流园区、形成资源共享、互相协作，减少了大量不必要的运营费用，降低了运营成本。

⑤物流园区综合服务能力强，可以针对不同公司的需求提供各种不同服务，满足企业多种物流需求。

⑥行政事业公共服务方面，通过在园区内引进、设立海关等公共管理、服务机构，为企业运营提供各种优惠政策和便利条件。

⑦对于业务规模较小的公司、企业，园区可在公司成立初期的政府等部门关系的交涉、货物集中运输等方面给予帮助，以通过对物流园区良好的资源整合和管理运营，降低小企业的运营成本，帮助其发展壮大。

有资料显示，不少于1200家企业在物流园区设立了办事机构，提供了40 000多个就业岗位。德国物流园区的规划建设，有效地带动了地方经济的发展，为德国东西部经济的平衡发展做出了贡献，而且对整个欧洲的物流现代化与合理化也产生了深远的影响。

3. 美国

美国物流成本虽然不是全世界最低水平（仅次于日本），但近十几年来一直稳中趋降，美国物流业的发达，相当程度上要归功于其密集而发达的水、陆、空综合立体交通网络。

美国航空业非常发达，航空运输的比重几乎占到全球航空运输的半壁江山，全球十大货运机场中，美国就占5个；前20名中，美国共有9个。美国海运业也很发达，纽约港、洛杉矶港、奥克兰港、长滩港等都是世界大港；美国内河运输也很发达，其内河运输总长度约30万公里，全球最长。州际高速公路里程占世界高速公路总长度一半以上。

由于美国国土辽阔，土地资源对交通、经济和城市发展的制约影响较小，交通、城市发展对环境的不利影响不是十分明显；同时，政府在物流园区规划建设中发挥的作用就小很多。

美国的物流园区分布比较分散，主要是通过空港进行远距离的连接，大多是对已经关闭的空军基地进行的二次开发。比较成功的是被称为南加州第二国际通道的南加州物流空港（SCLA），它是在1992年关闭的乔治空军基地原有设施（包括铁路专用线机场、仓库等）基础上，由当地政府接管后通过招商重新开发建成。开发商通过对空港的开发建设，为相关产业提供了相当数量的工作岗位，增加了社会就业机会。

空港除具备各种仓储、运输功能外，还包括海关监管的集装箱货运站和仓库、自由贸易区、制造和分销企业园区等功能，集工业园区、保税园区和交通运输枢纽、多式联运中心等多种功能于一体。

同时，大型第三方物流企业实力强大，如UPS、FedEx等在空港内租赁仓库、设备设施等，借助空港便利的交通和多种运输方式的衔接，建立大型航空转运中心，完善自身物流网络，建立高效便捷的运输体系，提高自身运作效率和服务水平。美国普洛斯公司作为全球物流园区开发运营商，其成功的开发运营模式和经验值得我们进一步学习和借鉴。

4. 欧洲其他国家

欧洲其他国家，如英国、法国、荷兰、西班牙、葡萄牙等，物流园区的发展始终坚持陆港方案。

由此反映了这一类型物流园区的特点：通常直接或间接由政府或国有公司提出，创建者包括乡镇和地方政府参与的公司，如港口经济发展促进委员会或开发公司；政府方面直接或至少间接地参与到土地开发中来，同时政府对物流园区的规划、交通连接、补贴资助、信贷以及地方对基础设施的投资问题享有参与和质疑的权利。

陆港物流园区方案的实施是通过建立一个经营公司来推动物流园区的持续发展，经营公司的运营费用主要是通过出租土地及成套设备来获得。英吉利海峡隧道的开通，推动了英国物流园区的发展。其中有政府投资建设的物流园区，也有私人投资建设的物流园区，但至今为止没有总体的物流园区规划。

与欧洲其他国家不同，英国的物流园区只在特定条件下才会去追求地区规划或环境保护目标，可以说在物流园区规划建设上，英国奉行的不是政府行为而强调的是市场导向，是以单一经济利益为追求目标。

法国物流园区是以政府和民间团体、私人合作（可能的伙伴合作包括公共和私营团体或机构、地方和城市当局、投资人等）的形式加以规划和提供资金建设的，最终转由一家经营公司来管理。

荷兰拥有先进的港口建设和发达的物流配送系统，是世界上最重要的贸易转口国之一。荷兰物流园区的代表是文洛港，它是由当地政府和综合运输中转站的经营者ECF（欧洲联合中转站）创建，市场推广则按照货物配送中心的运作模式通过对外招商来实现。

虽然物流园区的开发商没有采取设立中立的经营机构来实现与企业的互利合作，但仍成立了一个代表文洛地区运输业的联合会组织（该机构包括文洛市政府、地方商会、物流服务商以及投资公司等），其主要任务是加强组织成员间的合作，为物流园区的营销及物流运营方面的专业问题提供帮助等。

荷兰物流园区也呈现快速发展的趋势，主要特点为：政府对物流园区的建设进行统一规划；物流园区的建设运营建立在以市场需求为导向的基础之上，按照企业化经营运作；物流园区提供的各项功能、服务综合化；采用先进的设施设备；位置优越，多位于交通便利、多种运输方式汇集的地域。

欧洲物流园区联合会编写的《2000年物流园区研究报告》中指出，物流园区的运营不是由园区内建筑和资产（仓库、商业区、办公室、停车场等）的所有者，也不是由其租赁者，而必须是由中立的第三方责任机构负责，并能全面地为入驻企业提供服务。

通常将中立的运营机构称为物流园区管理公司，而不同的是，欧洲物流园区联合会将中立的运营机构称为业主，即是独立经营、自负盈亏的实体，这个实体既可以是公共机构，也可以是私人性质的企业。

6.2.2 国内物流园区

国内物流园区呈现高速增长及基础物流和高端物流增长明显分化的发展趋势。中国经济中心城市开始意识到物流园区对于促进物流的技术升级和服务升级，对于改善城市和区域物流投资环境，推动第三方物流的发展，整合利用现有城市和区域物流资源，加快物流企业成长，缓解交通压力，改善生态环境等方面都具有重要作用。

根据中国物流与采购联合会、中国物流学会发布的《第五次全国物流园区（基地）调查报告（2018）》数据显示，2018年，全国符合本次调查基本条件的各类物流园区共计1 638家，比2015年第四次调查数据1 210家增长35.37%。2015—2018年，中国物流园区个数年均增长10.7%。总体上，中国物流园区数增长速度较快。

分省份来看，2018年，山东省物流园区总数达117个，位居全国第一，其次分别为江苏和河南，物流园区总数分别为102个和97个。从主要业务功能来看，2018年，超过50%的园区具备停车、办公服务、餐饮、物业、住宿、修理等园区基础配套服务功能。从政务和商务服务功能来看，金融占比23%，保险占比22%，两者占比相对较高；税务、工商、海关占比分别为17%、17%、16%。

据中国物流与采购联合会、中国物流学会统计数据显示，在投入运营的园区中，2018年，69%的园区收入中有物流业务收入，37%的园区从事商品贸易，53%的园区开拓了其他业务。随着经济的快速发展，中国物流行业将持续发展，物流园区数量逐渐增多，未来各物流园区除物流基本业务收入外，还将开拓物流增值服务、商品贸易等业务，实现多元化发展。

中国物流园区总量规模比较大，从其地域分布来看，与地区经济的发展水平、产业的布局发展相一致。中国物流园区主要集中在经济比较发达的华东地区、华北和华南地区等，而西部地区的物流园区较少。物流园区的区域分布格局如图6-1所示。

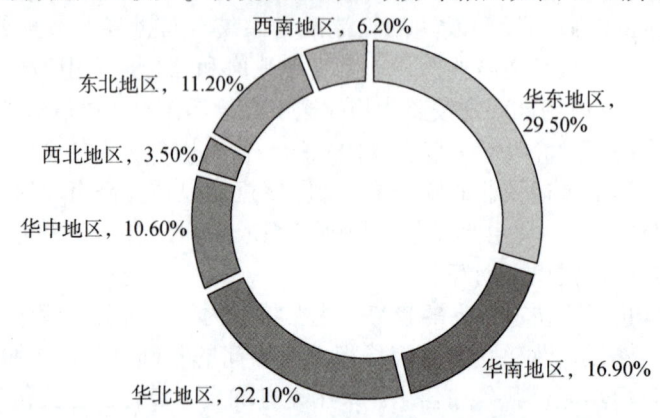

图6-1 物流园区的区域分布格局
（资料来源：公开资料整理）

西南地区，6.20%
东北地区，11.20%
西北地区，3.50%
华中地区，10.60%
华北地区，22.10%
华南地区，16.90%
华东地区，29.50%

2009年2月25日国务院常务会议指出：积极扩大物流市场需求，促进物流企业与生产、商贸企业互动发展，推进物流服务社会化和专业化；加强物流基础设施建设，提高物流标准化程度和信息化水平。会议确定了振兴物流业的十大主要任务、九大重点工程和九项政策措施。其中，报告指出物流业调整和振兴规划的十大主要任务之一是：根据市场需求、产业布局、商品流向、资源环境、交通条件、区域规划等因素，重点发展九大物流区域，建设十大物流通道和一批物流节点城市，优化物流业的区域布局。

中国大宗物资物流园区发展现状有以下几个特点：

（1）投资主体多元化

大宗物资物流园区投资主体包括如下几类：流通企业通过设施改造、建设升级等方式进行园区建设，约占70%；大型生产制造企业为实现企业管理的专业化和现代化，满足自身仓储、流通、加工、配送等功能的需求，开始投身园区建设，约占10%；生产制造企业与流通企业为实现生产和流通的有效衔接，共同出资建设园区，约占15%；一些地方政府及有实力的投资机构注资建设园区，约占5%。可见，园区投资主体多元化趋势明显。

（2）增速放缓

根据中国物流与采购联合会牵头开展的全国物流园区调查显示：2012年，列入统计的全国运营物流园区数量为348家，其中办理钢铁、煤炭、矿石等大宗物资业务的物流园区数量约为209家；2015年，列入统计的全国运营物流园区数量为857家，其中办理钢铁、煤炭、矿石等大宗物资业务的物流园区数量约为430家，增长了105.74%；2018年，列入统计的全国运营物流园区数量为1 113家，其中办理钢铁、煤炭、矿石等大宗物资业务的物流园区数量约为540家，增长25.58%。可见，大宗物资物流园区增长速度明显放缓。

（3）城市园区外迁

伴随城镇化的发展，不少大宗物资物流园区所处位置已经成为城市中心城区，城市生活和大宗物流进出互相影响，原有场地发展和改造难度较大，面临腾退搬迁。园区开始外迁至临近城市环城道路等主要交通干道或开发区等更适合发展的位置。外迁新建园区用地比较充足，一般都具备交易加工仓库、露天堆场、商务办公大楼等建筑，整体规模较大，软件硬件齐备，有些还具备港口、铁路专用线等物流优势资源。

(4) 服务范围不断扩大

物流园区的发展与物流的发展相辅相成，中国物流发展起步较晚，物流园区早期以仓储和运输业务为主；随着物流的发展，物流园区的服务范围扩大，将加工、配送等业务纳入其中；2010年开始，中国物流业步入高速发展期，物流服务功能向专业化、集成化和系列化发展，物流园区也从提供单一性服务向提供综合一体化服务方向转变，服务范围持续扩大，物流园区在做好传统业务的同时，发展了现货交易、期货交割、电子商务、保税、信息、物流金融、咨询等一系列业务，努力为客户提供各种增值服务。

2006—2018年期间，中国物流采购协会和中国物流协会分别组织了五次国家（基本）物流园区情况的调查。此次调查得到了国家发改委，区域发展和改革部门，物流行业组织以及中国物流与采购联合会物流园区专家委员会的支持。《第五次全国物流园区（基地）调查报告（2018）》是在2018年7月份颁布，根据此调查报告的数据来看，内容涵盖了运营、建设和计划。在此次的调查报告中可以看到，物流园区的数量从2006年的207家到2018年的1 638家，增加了1 400多家。在过去的三年中，中国的物流中心数量每年增长达到了10.7%。

物流园区作为产业集群空间的外部代表，其规划设计与经济发展程度密切相关。东部沿海地区位于改革开放的最前沿，经济已连续多年增长，参与全球物流链程度高，物流园区规划早，建设水平高，目前约75.7%的物流园区运转良好。近年来，西部地区经济增长明显，其物流园区规划建设处于快速发展期，以中欧班列为代表，开始深度参与全球物流链，规划及在建比例分别是15.9%和22.8%。

园区信息化和设备投资在园区总投资中的比例可以在一定程度上反映园区信息化发展水平。根据调查，该指标的平均值仅为8.2%，其中信息和设备投资不到总投资的5%。2017年12月，国家发展改革委、商务部、京东、顺丰速运、菜鸟、苏宁联合宣布的10个国家智能仓储物流示范基地中，信息装备投资均值超过25%。可以看出，中国物流园区在信息升级改造上还有很大的发展空间。

"十四五"期间物流产业仍是国家培育新增长点、形成新动能的一个发展方向，各地也将以建设国家级示范物流园区作为工作重点，鼓励物流资源整合，通过出台扶持政策，营造良好的运营环境，切实减轻物流企业的负担。只有准确把握物流产业的发展趋势，进一步完善物流园区的运营管理，才能有效发挥物流园区的功能，在整体上形成高效的全国物流园区网络体系，推动经济的高质量发展。

思政教学案例

十大国家智能化仓储物流示范基地

思考题：中国的物流园区发展具有哪些优势？

6.3 MSFLB 物流园区规划方法论

物流园区的建设是一项复杂而长期的工程，投资大、回收周期长。因此，园区的规划工作是非常重要的。

作为世界一流的物流咨询和研究机构，德国弗劳恩霍夫物流研究院（Fraunhofer IML，简称"德国物流研究院"）在众多国际性物流园区规划项目实践中总结出了基于需求驱动、竞争驱动和最佳实践驱动的 MSFLB 物流园区规划方法论。

MSFLB 规划方法论主要通过五个步骤来实施，也称为"五部曲"，分别为：市场分析（Market Study）、战略定位（Strategic Positioning）、功能设计（Function Design）、布局设计（Layout Design）和商业计划（Business Plan）。每个步骤的具体内容如图 6-2 所示。

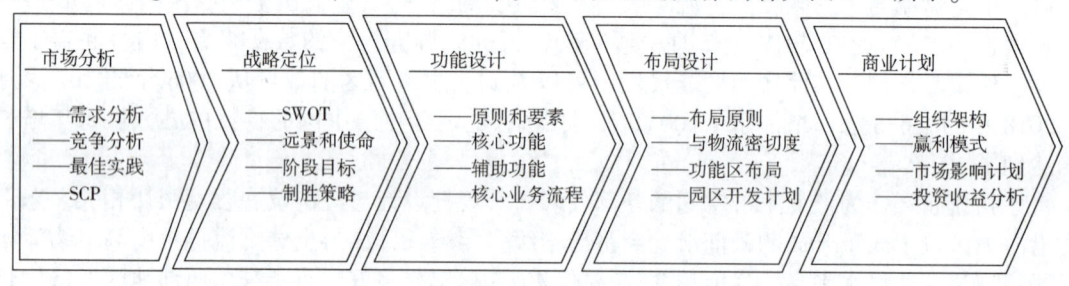

市场分析	战略定位	功能设计	布局设计	商业计划
—需求分析 —竞争分析 —最佳实践 —SCP	—SWOT —远景和使命 —阶段目标 —制胜策略	—原则和要素 —核心功能 —辅助功能 —核心业务流程	—布局原则 —与物流密切度 —功能区布局 —园区开发计划	—组织架构 —赢利模式 —市场影响计划 —投资收益分析

图 6-2 MSFLB 五步规划法示意

6.3.1 市场分析

为了深入了解区域物流园区周边地区的经济发展状况、市场需求、基础设施、服务竞争等情况，必须对物流园区辐射地区的宏观经济、产业和微观环境情况进行全面调查和研究，根据远期和近期的物流量，确定物流园区长远和近期的建设规模。

资料收集和调查分析过程使用的方法和工具包括：二手资料收集与分析、一手资料收集与分析。其中，一手资料收集与分析包括深度访谈、电话访谈、问卷调查等方法。

在完成一手资料和二手资料收集后，所有资料都汇总到一个规划数据库中，下一步进行数据处理及分析。建议采用 SCP 模型进行定性分析，采用 REA 模型进行定量分析。

SCP 框架的基本含义是，市场结构决定企业在市场中的行为，而企业行为又决定市场运行在各个方面的经济绩效。SCP 模型从行业结构、企业行为和组织效能经营绩效三个角度来分析外部冲击的影响。

1. 外部冲击

外部冲击（Shock）主要是指企业外部经济环境、政治、技术、文化变迁、消费习惯等因素的变化。

2. 行业结构

行业结构（Structure）是指特定的市场中的企业在数量、份额、规模上的关系。一个特定的市场属于哪种市场结构类型，一般取决于以下几个要素：

(1)交易双方的数目和规模分布

完全竞争市场存在众多的买者和卖者,企业的规模很小,以至于不能单独对市场上的价格产生影响,只能是市场价格的接受者。一般情况下,随着交易双方数目的减少,双方的规模会相应增大,价格变动的潜力越来越强,出现垄断的可能性越来越大,到了一定阶段,必然会出现卖方垄断(买方垄断)。

(2)产品差异化

在理想的完全竞争情形下,企业出售的都是同质的产品,只能通过价格进行竞争。在现实的世界中,产品间总是在某些方面存在差异,随着产品差异化程度的增大,不同企业间产品的可替代性变弱,企业获取垄断地位的可能性变大。但产品差异化所带来的消费者主观上的满足和企业的市场控制力导致的福利损失之间存在一定的可替代性。

(3)市场份额和市场集中度

在特定的市场中,市场份额(某个企业的市场销售份额比重)、市场集中度(少数几个最大规模企业所占的市场份额)与市场结构密切相关、一般而言,市场份额越大、市场集中度越高,少数几个企业的市场支配势力越大,市场的竞争程度越低。

(4)进入壁垒

进入壁垒意味着进入某一特定市场所遇到的各种障碍,主要包括:国家立法、机构政策针对少数特定厂商授予特许经营权所形成的政策性壁垒;在位厂商采取措施抵制新厂商进入而形成的策略性壁垒;因资源分布的区域性导致某地厂商无法取得该资源而不能进入特定行业的资源性壁垒;潜在进入者获取行业核心技术的困难所形成的技术性壁垒;在位厂商的绝对成本优势所构成的成本性壁垒;此外,市场容量、规模经济、消费者偏好也会构成进入壁垒。

3. 企业行为

企业行为(Conduct)是市场结构、经济绩效的联系纽带,企业行为通过各种策略对潜在进入者施加压力从而影响市场结构。但必须在不完全竞争市场中讨论企业行为方有意义,完全竞争市场中企业微弱的市场控制力决定了企业广告等行为的无效性,企业可以按照市场价格销售任何数量的产品。

主要的企业行为包括以下四个方面:

①营销:定价、批量、广告促销、新产品研发、分销。
②产能改变:扩张、收缩;进入、退出;收购、合并或剥离。
③纵向整合:前向、后向整合;纵向合资企业;长期合同。
④内部效率:成本控制、物流、过程发展。

4. 组织效能经营绩效

组织效能经营绩效(Performance)主要是指在外部环境方面发生变化的情况下,企业在经营利润、产品成本、市场份额等方面的变化趋势。

利用Fraunhofer IML专用的REA(Requirement Estimation Approach)经验模型计算,就可以非常简便地推算出每个行业的运输量、仓库作业面积、增值加工区作业面积,以及相应的占地面积大小。

每个行业都可以从市场调查中得到某地区的生产总量(或消费总量),以及通过该地区的物流园区的货运量,估计有多少百分比的量可能在物流园区进行仓储,其中包括属于保税和非保税仓储方面的存储量需求。每个行业生产的产品在仓库内存放的周转率、堆码方式是不同的，根据调查和经验数据可以得到每年每平方米的仓储面积可以存放多少货物，然后再与每年该行业的存储量相除，就可以得到保税(非保税)仓库的面积需求。在知道该区域物流园区中不同行业中简单物流加工、中等物流加工、复杂物流加工的比例之后，还可以算出保税(非保税)仓库增值服务作业面积。然后，根据仓库建筑密度这个国内要求的技术经济指标，就可以分别得到保税(非保税)仓库所需的占地面积。需求分析和计算的主要流程如图6-3所示。

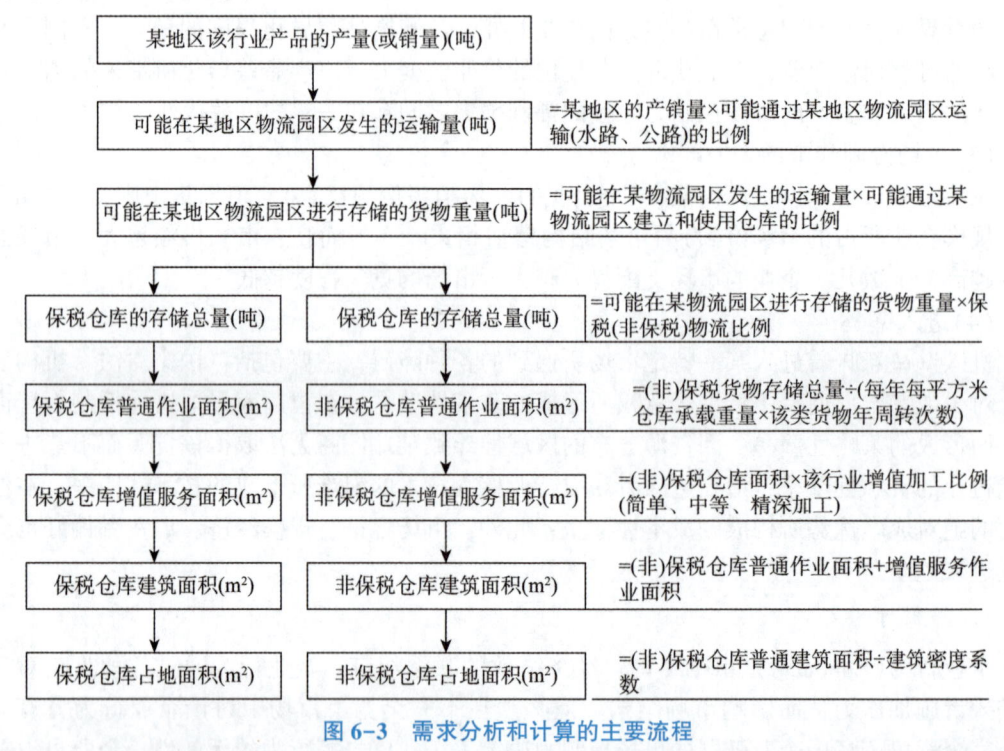

```
┌─────────────────────────────────┐
│ 某地区该行业产品的产量(或销量)(吨) │
└─────────────────────────────────┘
              │
              ▼
┌─────────────────────────────────┐  =某地区的产销量×可能通过某地区物流园区运
│ 可能在某地区物流园区发生的运输量(吨)│   输(水路、公路)的比例
└─────────────────────────────────┘
              │
              ▼
┌─────────────────────────────────┐  =可能在某物流园区发生的运输量×可能通过某
│可能在某地区物流园区进行存储的货物重量(吨)│  物流园区建立和使用仓库的比例
└─────────────────────────────────┘
              │
      ┌───────┴───────┐
      ▼               ▼
┌──────────────┐ ┌──────────────┐  =可能在某物流园区进行存储的货物重量×保
│保税仓库的存储总量(吨)│ │保税仓库的存储总量(吨)│  税(非保税)物流比例
└──────────────┘ └──────────────┘
      │               │
      ▼               ▼
┌──────────────┐ ┌──────────────┐  =(非)保税货物存储总量÷(每年每平方米
│保税仓库普通作业面积(m²)│ │非保税仓库普通作业面积(m²)│  仓库承载重量×该类货物年周转次数)
└──────────────┘ └──────────────┘
      │               │
      ▼               ▼
┌──────────────┐ ┌──────────────┐  =(非)保税仓库面积×该行业增值加工比例
│保税仓库增值服务面积(m²)│ │非保税仓库增值服务面积(m²)│  (简单、中等、精深加工)
└──────────────┘ └──────────────┘
      │               │
      ▼               ▼
┌──────────────┐ ┌──────────────┐  =(非)保税仓库普通作业面积+增值服务作
│保税仓库建筑面积(m²)│ │非保税仓库建筑面积(m²)│  业面积
└──────────────┘ └──────────────┘
      │               │
      ▼               ▼
┌──────────────┐ ┌──────────────┐  =(非)保税仓库普通建筑面积÷建筑密度系
│保税仓库占地面积(m²)│ │非保税仓库占地面积(m²)│  数
└──────────────┘ └──────────────┘
```

图6-3　需求分析和计算的主要流程

此后，参照该地区GDP最近几年的增长率及未来几年的预测增长率，以此数据作为该区域物流园区的物流作业量的年增长率，就可以得到物流园区未来10~15年每年物流发生量的预测数据。在测算过程中，可以建立不同的预测模型，例如指数回归分析模型和灰色GM(1，1)模型，这样就能使预测值更加贴近区域物流未来发展的实际情况。

6.3.2　战略定位

在完成翔实的定性和定量市场分析研究之后，规划者必须对物流园区整体优势、劣势、机会、威胁进行分析(即SWOT分析)，如果某类服务，如空港、海港和公路货运站场在整个园区中占有较大比例，还必须进行专项的SWOT分析。这些分析主要是帮助园区的高层经营决策者明晰内外部环境，提出发展物流园区的使命、远景目标和制胜策略，从而进行准确的战略定位，帮助实现其战略目标。这里的制胜战略，是指击败现有及潜在竞争者的计划，包括一系列举措以提高物流服务水平、物流园区战略选择的"价值方案"及实施步骤。这些策略应该严格限制在内部使用。

SWOT分析代表分析优势(Strengths)、劣势(Weaknesses)、机会(Opportunityies)和威

胁(Threats)。因此，SWOT 分析实际上是将企业内外部条件各方面内容综合和概括，进而分析组织的优劣势、面临的机会和威胁的一种方法。通过 SWOT 分析，可以帮助企业把资源和行动聚集在自己的强项和有最多机会的地方，并让企业的战略变得明朗。SWOT 矩阵如表 6-2 所示。

表 6-2　SWOT 矩阵

外部	内部	
	优势 S	劣势 W
机会 O	SO 战略(增长型战略)	WO 战略(扭转型战略)
威胁 T	ST 战略(多种经营战略)	WT 战略(防御型战略)

典型的物流园区制胜策略有：充分利用保税物流中心的功能，实现进出口通关和行政管理的高效率；充分利用和拓展现有的物流信息系统，打造强势的国际物流信息平台；充分利用 WTO 和 CEPA 的国际贸易政策，建立具有特色的欧美商品专业集散地，拓展国际物流业务；充分利用现有入驻园区企业的优势和物流需求的特点，促进行业供应链的竞争力提升，集聚产业的物流，牢固树立科学发展观，坚持经济发展和生态保护并重，致力于生态环境的培育和提升。

6.3.3　功能设计

物流园区系统的整体效率依赖系统的各组成部分有机配合与协调，因此，对于各组成部分的功能定位设计，应从物流园区整体系统出发，强调各组成部分之间的功能协调，使各组成部分既实行合理分工，又相互联系，形成一个有序的整体，以实现园区的总体效率最大化。物流园区系统功能规划应遵循以下原则：

1. 系统集成一体化

系统化是物流的核心，系统化要求系统各元素间的协调与配合，注重系统的整体效应，而不是个体效应。因此，在构建物流系统功能时，一方面，应考虑各组成部分的个体效应，在各组成部分中，每一功能只是完成物流过程中某一环节的特定功能，这种特定功能并不是独立活动；另一方面，应考虑整个园区的整体效应，在整个园区中，各组成部分并不是完全独立地完成某些活动，而是与其他组成部分相互协作，共同完成某些功能。因此，各功能、各组成部分必须协调、衔接，实现物流功能的一体化、集成化，才能有利于物流系统综合功能的协调发挥，保证物流系统各环节的无缝衔接。

2. 分期实施

园区的建设是一个长期的过程，尤其是大型综合物流园区的建设，是时间跨度大、投资高的工程。因此，对于园区的功能设计，应分期制定设计目标。

3. 近期强调资源的有效利用

在对现有资源整合、利用的基础上，构筑各组成部分的系统功能，充分发挥现有资源优势。

4. 远期强调功能、资源的优化配置

结合城市发展规划、物流发展趋势、物流园区布局理论，通过土地置换、系统整合，

逐步调整园区的空间用地布局和功能配置组合，最终形成空间布局合理、资源和功能配置优化、各组成部分相互协调的综合型物流园区。

5. 符合现代物流发展需要

在由传统物流进入现代物流的过程中，物流的功能不断得到发展、完善和提升。根据现代物流发展趋势，构建系统功能。

6. 高起点、高水平要求

中国物流业正处于传统物流向现代物流转化的转型期，在规划系统功能时，不能仅仅局限于转型期的过渡、改良，应立足于现代物流发展需要的战略高度来规划系统功能。

7. 具有良好的可调整性

物流园区的建设时间跨度大，且物流系统一般处于动态发展，物流系统的功能随着物流系统自身的发展、物流需求的变化而不断变化、延伸、提高。因此，在规划系统功能时，应充分考虑物流系统的动态发展过程。

8. 符合经济性与适应性的要求

物流园区的发展与可能的投资规模相适应，与本来的物流服务与发展需求相适应，与该地区物流特点、进驻企业特点相适应。

9. 有助于培育物流核心企业联盟

在构筑物流系统功能时，考虑主要物流企业的核心能力，使这些企业进驻物流园区，通过全方位的功能整合，形成协同工作的物流企业群体，构筑中国现代物流企业集团军。

10. 有助于培育物流龙头企业

物流的发展离不开物流龙头企业的带动，物流园区可以为物流企业的发展营造一个良好的发展环境，促进物流企业的快速成长，以推进现代物流产业快速发展。

11. 具有良好的可操作性

物流园区的建设研究，既不能教条地硬套物流理论、原则，也不能照搬国外的建设模式，而应该是在物流理论原理的指导下，结合具体实情，设计具有实际意义的方案。

6.3.4 布局规划

物流园区的设施规划与布局规划是指根据物流园区的战略定位和经营目标，在确认的空间场所内，按照从货物的进入、组装、加工等到货物运出的全过程，力争将人员、设备和物料所需要的空间做最适当的分配和最有效的组合，以获得最大的经济效益。

根据统一规划、远近结合、经济合理、方便客户、货畅其流等布局的原则，考虑货物品种、数量及存储特性，同时考虑与园区配套的附属设施，设计物流园区内各类企业的空间及相关的公共服务设施和货运通道的布局，提出几个功能布局方案。在物流园区的规划布局方案中，还必须研究物流园区建设中与园区配套的货运通道的建设方案，确保货畅其流。

目前，中国在物流园区布局规划方面可以参考的案例不多。欧洲物流园区部分优秀实践案例（如杜伊斯堡物流园区、不莱梅物流园区等），可为国内物流园区在布局方面提供不少值得借鉴的经验：校园化的设计理念，分割不同的功能区域；按照物流与空港、海港及与陆路运输的密切程度来安排相关产业；地块规划面积能满足柔性需求并有可选的扩展空间；多式联运的设施规划，如水路、铁路、公路和航空；保持产业加工和高附加值物流企业之间合理的分配比例；充分考虑地理和生态环境，有吸引力地设计并考虑环保预留用地。

对物流园区中的各建筑设施的选址和规划应采用科学的定量方法，如运筹学中的一些最优选址方法、最短路径法、最小费用最大流法，有效的物料进出表法、搬运系统分析法，模糊理论中的模糊综合评价法、最优决策方法等。物流园区规划与设施布局的合理性还可以通过动画仿真来进行检验。

物流园区的布局规划方案的经济评价分析主要评价物流园区在提高物流运作效率、促进园区内物流企业之间的相互合作、公共物流设施利用的方便性、客户进区后的方便程度、园区空间利用率等方面。

6.3.5　商业计划

商业计划包括物流园区管理公司的组织架构和职责、物流园区业务模式、收益预测、客户分析、园区销售、市场推广策略、投资收益等财务概要分析。

物流园区的开发一般分阶段进行。分阶段进行将比整体一步到位式开发容易实施，而且，后一个阶段可以吸取前一个阶段的经验，同时进一步调整和优化下一步的营销策略和其他细节。物流园区典型的业务模式有物业支持、建设支持、财务支持、人力资源支持、环境支持、安全支持等服务。

在物流园区市场营销方面，建议采取宣传手册、用户杂志、出席推介会和交易会、视觉形象设计、互联网等多种手段混合使用的整合营销方式，以达到预期效果。

本章小结

本章叙述了物流园区的概念、内涵、特征、分类、功能和基本要求，重点阐述了物流园区规划设计方法——MSFLB 五步规划法，包括市场分析（Market Study）、战略定位（Strategic Positioning）、功能设计（Function Design）、布局设计（Layout Design）和商业设计（Business Plan）共五个步骤。分析了物流园区建设与运作模式、盈利模式，介绍了国内外物流园区发展趋势。

案例分析

"互联网"环境下物流园区商业模式创新研究——以玖隆钢铁物流园区为例

思考题：玖隆钢铁物流园应如何解决其发展中的问题？

翻转课堂讨论话题

选取一个典型的物流园区案例,讨论其服务的市场、发展战略、功能定位、布局规划是否合理。

第7章 物流配送中心规划与设计

学习目标

- 能够运用 SLP 分析方法进行配送中心布局规划。
- 能够比较评价多个物流系统规划方案。
- 能够运用 EIQ 分析方法分析配送中心的出入库数据,指导配送中心的规划与管理。

开篇案例

S 公司仓库布局

S 公司建成投产于 2007 年,是一家以开发、生产、销售镇江传统优势产品——镇江香醋、老陈醋、调味葱姜料酒为核心的新兴食品工业企业。公司下属 6 个生产基地,分别位于江苏镇江、南京、扬州、广东韶关,总投资 1 600 余万元,年生产能力 1 万吨,包装能力 2 万吨,生产值可达 2 亿人民币。S 公司在镇江有两大生产基地,一家是生产极品醋的基地,另一家是生产微波食品的基地,其中生产极品醋基地内的精品醋仓库需要改善。

其仓库主要功能区划分为:①空瓶区;②验瓶区;③装瓶区;④暂存区;⑤废料区:此区域主要用于存放暂存区不符合标准的产品;⑥包装;⑦入箱区;⑧货架 A:用于存放成品醋;⑨货架 B:用于存放成品醋;⑩出口;⑪办公室;⑫入口区。

S 公司随着企业的不断发展和壮大,开始不断引进各种设备,但未对购买的设备进行合理的设施布局,导致各个功能区布局混乱,存取路线存在交叉,大大降低了仓库物料运输的效率,致使仓库出现了以下问题:

(1)仓库功能区内部空间规划不合理。由于企业的快速发展,仓库内的各个功能区内部也呈现不同程度的混乱情况;验瓶区部分呈现出拥挤情况;在装瓶区只有一条生产线,而且是流水线式生产;暂存区需要对产品进行检验,其过小的面积无法提供生产所需的空间,于是会有货物堆放在通道上,影响仓库内的装卸搬运。

(2)仓库内物流运输不合理。由于仓库只有一条加工线而每天要求的产量较高,经常会出现排队现象,而且由于搬运设备不够先进造成搬运速度不够,容易出现货物无法及时运送至指定位置，从而造成货物积压的情况。
（资料来源：毛计超，张艳艳．基于SLP方法的仓库布局优化研究——以S公司仓库为例）

思考题：假设已知该仓库的产品、产量、生产路线、作业单位部门及生产时间安排，应如何求解该仓库各作业单位部门的平面布局呢？

7.1　物流配送中心设施布局规划与设计

微课视频：系统布置设计方法（SLP）

　　配送中心是从事配送业务且具有完善信息网络的场所或组织。主要为特定客户或末端客户提供服务，配送功能健全，辐射范围小，提供高频率、小批量、多批次的配送服务。物流配送中心是伴随着社会化大生产和市场化商品大流通而产生的，与传统仓库迥然不同。其基本任务是完成物资的储存与配送，包括但不局限于物资的计划、订购、检验、仓库保管、库存管理、分拣、包装、流通加工、搬运与运输、工厂和仓库选址、信息传输、顾客服务、需求预测和废弃物回收处理等。因此，物流配送中心在整个物流过程中起着举足轻重的作用，是物流管理者研究的主要内容。其中物流配送中心的设施布局规划与设计尤为重要。

　　设施规划，是针对企业个体中的生产或服务系统进行的生产或转换活动，从投入到产出的全部过程中，将人员、物料及所需的相关设备设施等做出最有效的组合与安排，并与其他相关设施协调，以期获得安全、效率与经济的操作，满足企业经营需求，同时更进一步对企业长期的组织功能和发展产生积极的影响和效益。

　　从物流系统规划设计与各经济领域设施的相关性来看，可以将与物流活动密切相关的一般设施以及物流活动专用的设施的规划与设计都近似地看成是物流设施规划与设计。

7.1.1　物流配送中心的功能与作业区域结构布局

1. 物流配送中心的功能概述

（1）商品展示与交易功能

商品展示与交易是现代物流配送中心的一个重要功能。在互联网时代，许多直销商通过网站进行营销，并通过物流配送中心完成交易，从而降低经营成本。同时物流中心也是实物商品展览的场所，可以进行常年展览与定期展览。在日本东京和平岛物流（配送）中心就专门设立了商品展示与贸易大楼。

（2）集货转运功能

此功能主要是将分散的、小批量的货物集中起来，全球集中处理与中转，生产型物流中心往往需要从各地采购原材料、零部件，在进入生产组装线之前进行集货处理；同时对产成品集中保管、统一配送。商业型物流中心也需要采购上万种商品进行集货处理，统一配送与补货。而社会公共物流中心则需要实现转运、换载、配载与配送功能。

(3)储存保管功能

为了满足市场需求的及时性与不确定性,无论是哪一类的物流配送中心,或多或少都有一定的安全库存,根据商品的特性及生产闲置时间的不同,安全库存的数量也不同。因此,物流配送中心都具备储存保管功能,在物流配送中心一般都有保管的储放区。

(4)分拣配送功能

物流配送中心的另一重要功能就是分拣配送功能。中心根据客户的多品种、小批量的需求进行货物分拣配货作业,并以最快的速度送到客户手中或在指定时间内配送到客户。这种分拣配送的效率是物流服务质量的集中体现。

(5)流通加工功能

物流配送中心还会根据客户的需要,进行一些流通加工作业,这些作业包括原材料简单加工、货物分类、大包装拆箱改包装、产品组合包装、商标与标签粘贴作业等。流通加工功能是提升物流配送中心服务品质的重要手段。

(6)信息提供功能

集多种功能于一体的物流配送中心必然是物流信息的集散地,物流配送中心具有信息中心的作用,货物到达、配送、装卸、搬运、储存保管、交易、客户、价格、运输工具及运输时间等各种信息在这里交汇、收集、整理和发布。

2. 物流配送中心的作业区域结构布局

(1)管理指挥区(办公区)

这个区域既可集中于物流中心某一位置,也可分散设置于其他区域中。主要包括营业事务处理场所、内部指挥管理场所、信息处理与发布场所、商品展览展销场所等,其职责是对外负责收集、汇总和发布各种信息,对内负责协调、组织各种活动,指挥调度各种资源,共同完成物流中心的各种功能。

(2)接货区

该区域完成接货及入库前的工作。如接货、卸货、清点、检验、分类等各项准备工作。接货区的主要设备包括进货铁路或公路、装卸货站台、暂存验收检查区域。

(3)储存区

在该工作区域内,储存或分类储存经过检验的货物。进货在该工作区域要有一定时间,并占据一定的位置。该工作区域和进出的接货区相比,所占面积较大,在许多物流(配送)中心里往往占总面积的一半左右。对于某些特殊物流配送中心(如水泥、煤炭),其面积占总面积的一半以上。

(4)理货、备货区

在该区域内,主要进行货物的分货、拣货、配货作业,目的是为送货做准备。区域面积随物流中心的不同而有较大变化,如对多用户、多品种、少批量、多批次准备的物流配送中心,分货、拣货、配货工作复杂,该区域所占面积很大。而在另一些中心里,该区域面积却较小。

(5)分放、配装区

在这一工作区内,按用户需求,将配好的货暂存等待外运,或根据每一个用户货物状况决定配送方式,然后直接装车或运到发货站台装车。该区域的货物是暂存,时间短,周转快,所占面积相对较小。

（6）发货区

在这个区域内将准备好的货物装入外运车辆发出。该工作区结构与接货区类似，有站台、外运线路等设施。发货区一般位于整个工作区域的末端。

（7）加工区

许多物流配送中心都设有加工区，在该作业区内，进行分装、包装、切裁、下料、混配等各种类型的流通加工。加工区在物流配送中心所占面积较大，但设施设备随加工种类不同有所区别。

除以上主要工作区外，物流配送中心还包括其他一些附属区域，如停车场、生活区、区内道路等。

7.1.2 配送中心规划设计的目标和原则

1. 物流配送中心规划设计的目标

在物流配送中心规划设计时合理地布局各个功能区的位置非常重要，物流配送中心规划要达到的目标如下：

①有效地利用空间、设备、人员和能源。
②最大限度地减少物料搬运。
③简化作业流程。
④缩短生产周期。
⑤力求投资最低。
⑥为员工提供方便、舒适、安全和卫生的工作环境。

2. 规划设计的原则

为了达到这些目标，在规划设计时应遵循一些基本的原则。

①运用系统的观点，运用系统分析的方法，定性分析与定量分析相结合，求得整体优化。
②以物流的效率作为区域布局的出发点，并贯穿于整个设计过程。
③先从整体到局部进行设计，再从局部到整体实现。布局规划总是先进行总体布局，再进行详细设计，而详细设计的方案要回到总体布局方案中去评价，并加以改进。
④减少和消除不必要的作业流程，这是提高生产效率和减少消耗的最有效的方法之一。
⑤重视人的因素，以人为本。作业地点的规划，实际上是人机环境的综合，要注意中心周围的绿化建设，以营造一个良好、舒适的工作环境。
⑥对土地使用进行合理规划，注重保护环境和经营安全。土地的使用要根据明确的功能安排加以区分，货物储存区域应按照无污染、轻度污染、重度污染分开。还要根据实际需要和货物吞吐能力，合理地规划设计各功能区的占地情况，同时还要考虑防洪排泄、防火因素对规划设计的指标要求。

7.1.3 设施规划与设计的阶段与程序

设施规划与设计阶段结构可分为六个阶段，分别为预规划、确定方案、总体规划、详细规划、规划实施与规划后。该六个阶段具体内容如图 7-1 和表 7-1 所示。

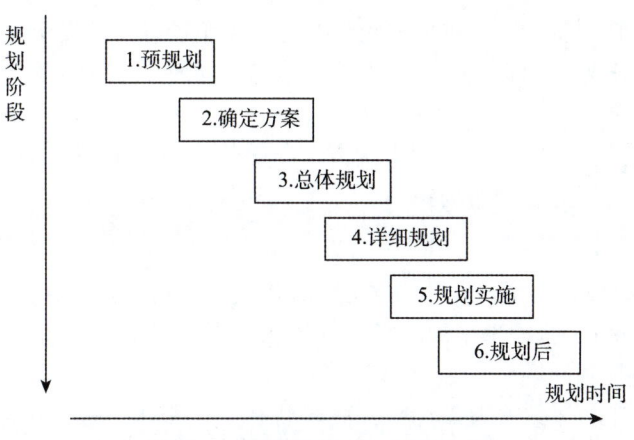

图 7-1　设施规划设计时间-阶段

表 7-1　设施规划设计各阶段详情

项目	阶段					
	0	1	2	3	4	5
名称	预规划	确定方案	总体规划	详细规划	规划实施	规划后
成果	确定目标	分析并确定位置及其外部条件	总体规划	详细规划	实施计划建设设施	竣工试运转
主要工作内容	规划设施要求预测、估算生产能力及需求量	确定设施要求、生产能力及需求量	选址及总体平面布置图	按照规划要求作详细规划及详细布置图	制定进度表或网络图	项目管理（施工、安装、试车及总结）
财务工作	财务平衡	财务再论证	财务总概算比较	财务详细预算	筹集投资	投资

7.1.4　设施规划设计方法概述

所谓设施是指生产系统或服务系统运行所需的有形固定资产。对于制造型企业，设施包括土地、建筑物、机器设备、辅助设备(如搬运和运输设备)、维修设备、实验室、仓库、动力设施、公用设施、办公室等；对于商业服务型企业，可能是超市的货品架、购物车等。

设施规划设计方法有各个行业的特点，但是成熟的理论方法都来自工厂设计，常用的方法包括功能分区法和系统布置设计方法两种。

1. 功能分区法

功能分区法是一种基于经验设计的类比法。当对新工厂进行规划设计时，首先搜寻行业领先的工厂案例，根据案例企业的设计方案进行类比，一般通过路网把企业空间分割策划成数个区块，按功能分为厂前区、原材料储存处理区、零件加工区、装配区、成品储存区以及生产辅助区等。通过对比案例企业与被规划企业的异同点，对布局方案进行调整，最后得到被规划企业的空间布局。

对于物流设施来说，也可以把功能分区法应用于两个层面：第一个层面是整个场区空间布局，一般分为管理服务区、主体物流作业区、停车场以及辅助配套区，通过对比案例设施布局，优化得出被规划企业的布局方案。第二个层面是主体设施内部的空间规划，依照前述物流设施内部构成，一般考虑接货入库区、仓储区、拣选区、流通加工与包装区、分类集货发货区以及辅助区等，考虑案例方案与被规划设施的整个场区的物流动线差异，调整确定各个功能分区的空间布局关系。

2. 系统布置设计方法

系统布置设计（System Layout Planning，SLP）这个方法是由美国的一个工程师理查德·缪瑟（Richard Muther）提出来的。最早用于工厂系统的布置中，后来它的各种变型也用于解决其他设施规划问题。

在缪瑟提出的工厂系统布置设计中，把产品 P、产量 Q、生产路线 R、辅助服务部门 S 及生产时间安排 T 作为布置设计工作的基本出发点来看待的。因此，根据缪瑟的工厂系统布置设计理论，将产品 P、产量 Q、生产路线 R、作业单位部门划分 S 及生产时间安排 T 称为系统布置的基本要素（原始资料）。

在物流中心的规划除了必须先了解是属于哪一种物流中心类型外，还要注意物流中心的规划与系统布置要素，也就是：订单（Entry）、商品的种类（Item）、商品的数量或库存量（Quantity）、物流路径（Route）、服务（Service）水平或内部服务单位划分、交货时间（Time）、物流配送成本（Cost）等，简称为 E、I、Q、R、S、T、C。

在常见的 SLP 分析程序中，一般经过下列步骤，如图 7-2 所示。

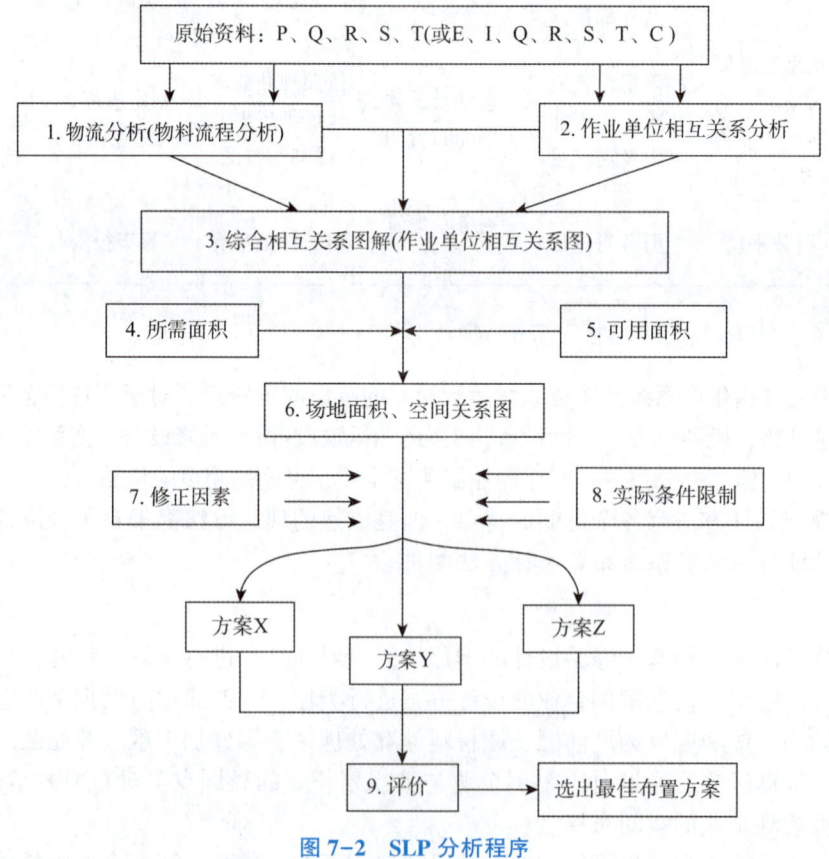

图 7-2　SLP 分析程序

(1) 准备原始资料

在系统布置设计开始时，首先必须明确给出原始资料——基本要素，同时也需要对作业单位的划分情况进行分析，通过分解与合并，得到最佳的作业单位划分状况。所有这些均作为系统布置设计的原始资料。

在实际工作中按影响物料通常可运性的物理特征进行分类，其分类依据是外形尺寸、重量、形状、损坏可能性、状态、数量、时限等七种主要因素。

为了不使物料分类过多，不便以后进行物流分析，一般在企业物流范围内应将物料分类数控制在 10 类左右，最多也不宜超过 15 类，归类方法主要是绘制 P-Q 分析图（见图 7-3），进行 ABC 分析。

一般 A 类物料占总品种数的 5%~10%，物流量占 70% 以上；B 类物料占总品种数的 20% 左右，物流量占 20% 左右；C 类物料占总品种数的 70% 以上，其物流量仅占 5%~10% 左右。但是上述百分比不是绝对的。

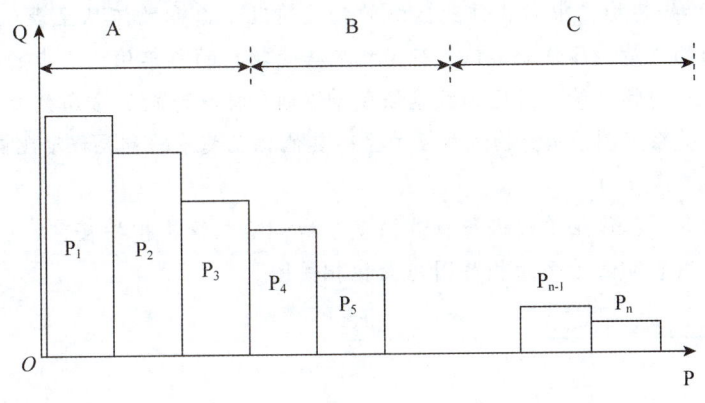

图 7-3　P-Q 分析

(2) 作业单位相互关系分析

作业单位相互关系可以用物流从至表（From-To）表达。所谓物流从至表是一张方格图，左边为"从"（From）边，从上到下按生产顺序排列，上边"至"（To）边，从左到右按生产顺序排列，当从某地到某地有物流量产生时，将物流量标在相应的方格中。

(3) 物流分析及综合相互关系分析

作业单位间的物流分析的结果，可以用物流强度等级及物流相关表（Activity Relationships Chart）来表示；作业单位非物流的相互关系可以用量化的关系密级及相互关系来表示。在需要综合考虑作业单位间物流与非物流的相互关系时，可以采用简单加权的方法将物流相关表及作业单位间相互关系表综合成综合相互关系表。

SLP 中将物流强度转化成五个等级，分别用符号 A、E、I、O、U 来表示，其物流强度逐渐减小，对应着超高物流强度、特高物流强度、较大物流强度、一般物流强度和可忽略搬运五种物流强度。

(4) 作业单位位置相关图

根据物流相关表与作业单位相互关系表，考虑每对作业单位间相互关系等级的高或低，决定两作业单位相对位置的近或远，得出各作业单位之间的相对位置关系。这时并未考虑各作业单位具体的占地面积从而得到的仅是作业单位相对位置，称为位置相关图。

（5）作业单位面积相关图

把各作业单位占地面积附加到作业单位位置相关图上，就形成了作业单位面积相关图。各作业单位所需占地面积与设备、人员、通道及辅助装置等有关，计算出的面积应与可用面积相适应。

在放置作业单位面积时，先选择权重最高的关系组合放在一起，依次考虑权重第二的关系组合放置方法，直到所有作业单位放置完毕，且各作业单位不能拆开放置。

（6）选出最优布置方案

不同作业单位放在一起所产生的关系权值进行求和，不能重复计算，权值和最高方案为最优。

7.1.5 物流配送中心 SLP 法规划具体实例

【例 7-1】已知某物流中心各作业区域的物流情况如单向物流从至表（见表 7-2）所示，表中的列为发出物流量的各作业单位，行为相应接受物料的各单位，表中的数字为各单位由始发点流向到达点的物流量。另已知物流强度等级划分标准为表 7-3 所列标准，各作业单位之间的其他相互关系见图 7-4，物流相互关系与其他相互关系的重要程度比例为 50%∶50%，关系强度分值参考表 7-4。

（1）对物流中心各作业单位进行物流强度分析，绘制物流相关表。

（2）绘制作业单位位置平面相关图与面积相关图。

表 7-2　单向物流从至

从	至						面积/m²
	A1	A2	A3	A4	A5	A6	
A1		2	12		1		300
A2			1	3		1	200
A3		2		4			100
A4		1			1		200
A5				1		1	100
A6				1			100

表 7-3　物流强度等级比例划分

物流强度等级	符号	物流路线比例/%	承担的物流量比/%
超高物流强度	A	10	40
特高物流强度	E	20	30
较大物流强度	I	30	20
一般物流强度	O	40	10
可忽略搬运	U		

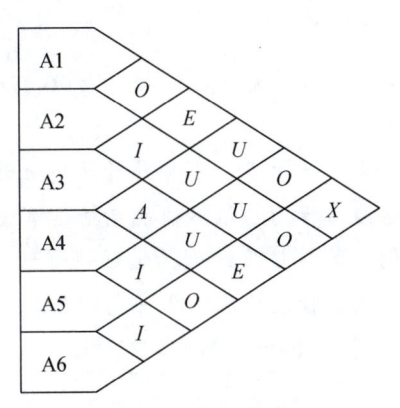

图 7-4　其他相互关系

表 7-4　关系强度分值

级别	关系强度	分值
A	绝对重要	8
E	特别重要	4
I	重要	2
O	一般	1
U	不重要	0
X	极其不重要	-8

解：

1. 收集原始资料
2. 绘制单向物流从至表

例题中已经给出物流从至表，如表 7-2 所示。

3. 绘制对流物流量表

首先在单向物流从至表的基础上将顺行的物流量与逆行的物流量相加，得出对流物流量表，并对各物流量进行排序，顺序值为括号内数值，如表 7-5 所示。

表 7-5　对流物流量

从	至 A1	A2	A3	A4	A5	A6	面积/m²
A1		2(5)	12(1)		1(7)		300
A2			3(4)	4(3)		1(8)	200
A3				4(2)			100
A4					2(6)	1(9)	200
A5						1(10)	100
A6							100

4. 进行物流强度分析

根据对流物流量表所得大小顺序，结合物流强度表做物流强度分析，用以确定各单位之间的物流密切程度等级。

在物流强度分析表中，如表7-6所示，其中序号为对流物流量排序，作业单位对为物流路线，强度值为物流量，路线累计为在该路线前包括该路线有多少条路线，路线比例累计为路线累计占总路线数比例，物流强度比例为该强度等级物流强度值之和占总值之比，强度等级根据路线比例累计与物流强度比例综合考虑划分。

表7-6 物流强度分析

序号	作业单位对	强度值	物流强度	路线累计	路线比例累计	物流强度比例	强度等级
1	1-3	12	————————————	1	10%	39%	A
2	3-4	4	————	2	20%	26%	E
3	2-4	4	————	3			E
4	2-3	3	———	4	30%	22%	I
5	1-2	2	——	5			I
6	4-5	2	——	6			I
7	1-5	1	—	7	40%	13%	O
8	2-6	1	—	8			O
9	4-6	1	—	9			O
10	5-6	1	—	10			O
	合计	31			100%	100%	

根据物流强度分析表绘制物流强度关系，如图7-5所示。

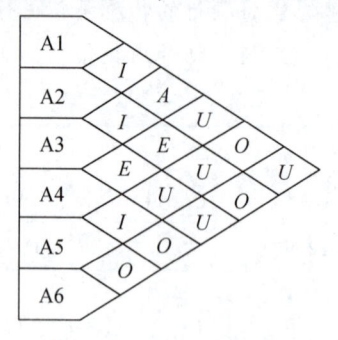

图7-5 物流强度关系

5. 绘制综合相互关系图

根据物流强度关系图与其他相关关系图得出综合相关关系图，然后由这个综合相互关系出发，实现各作业单元的合理布局。首先，参考关系强度分值表，如表7-4所示，将物流强度关系图、其他相互关系图的符号用分值进行替代，如图7-6和图7-7所示。

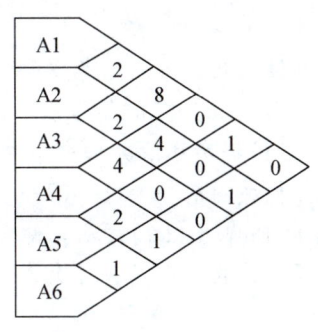

图 7-6 物流强度关系

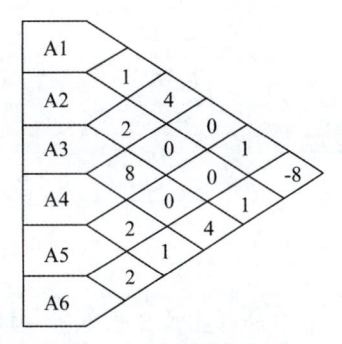

图 7-7 其他相互关系

根据物流相互关系与其他相关关系两部分的相对重要度 50%∶50%，将图与图的各空数值分别乘以相对重要程度并相加，得出综合相互关系图，如图 7-8 所示。再根据关系强度分析表得出各空对应强度，如图 7-9 所示。

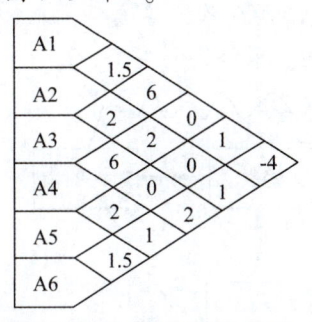

图 7-8 综合相互关系数值

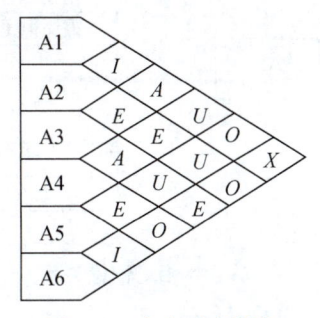

图 7-9 各空对应强度

6. 绘制位置相关图

根据物流相互关系图与作业单位相互关系表，考虑每对作业单位间相互关系等级的高或低，决定两作业单位相对位置的远或近，得出各作业单位之间的相对位置关系(位置相关图)。注意位置相关图不唯一，可根据实际情况画出多个位置相关图，经过比较选择较合适的位置相关图或者在多个位置相关图基础上进行下一步操作。绘制位置相关图的方法有多种，此处采用 DEO（Department Entry Order）方法，结合本例，具体步骤如下：

① 首先将图 7-9 综合相互关系强度图转化为关系列表，如表 7-7 所示；

表 7-7 关系列表

等级	A1	A2	A3	A4	A5	A6
A	3		1, 4	3		
E		3, 4	2, 6	2, 5	4	3
I	2	1			6	5
O	5	6		6	1	2, 4
U	4	5	5	1	2, 3	
X	6					1

② 其次，选择等级 A 中关系最多的作业单位作为第一部分放入布局图中，即 A3；

③ 将与第一部分关系等级为 A 的作业单位放置于第一部分的旁边，即 A1、A4；

④ 将 A1、A3、A4 三列作为备选项，选择与其中一个或多个关系强度最大的作业单位放入布局图中，即 A2，且所选作业单位应与其关系强度最大的作业单位放置在一起，即将 A2 放置于 A3、A4 的旁边；

⑤ 同理，将 A1、A2、A3、A4 四列作为备选项，此时将 A5、A6 引入，将 A5 放置于 A4 的旁边，A6 放置于 A3 的旁边，最终得到图 7-10。

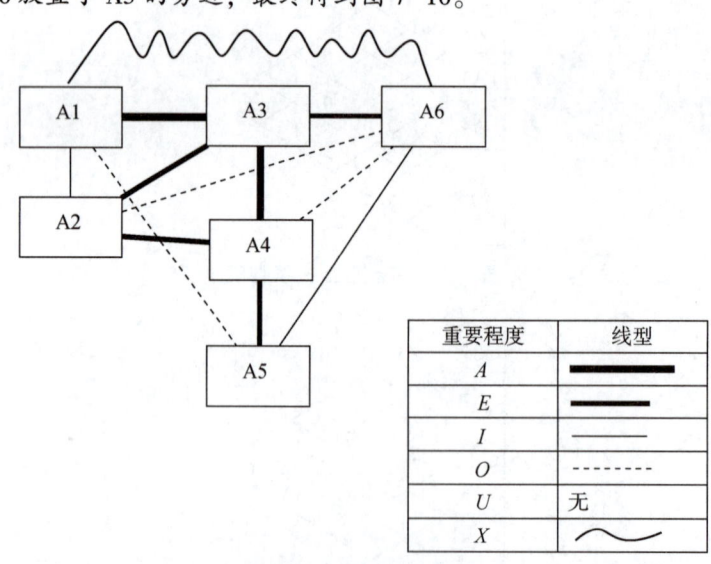

图 7-10 相对位置关系

7. 绘制作业单位面积相关图

把各作业单位占地面积附加到作业单位位置相关图上，就形成了作业单位面积相关图。可从中得到多个方案，如图7-11、图7-12和图7-13所示，其中每格代表单位占地面积100 m²。

图7-11　方案一

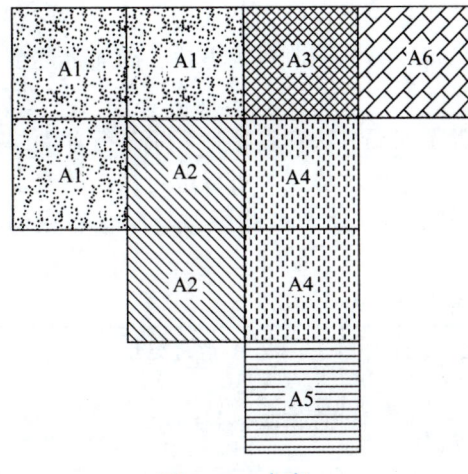

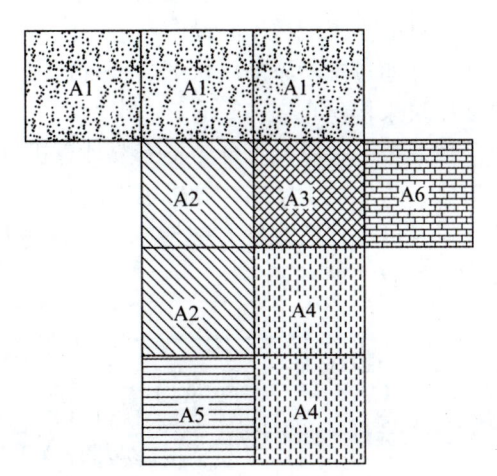

图7-12　方案二

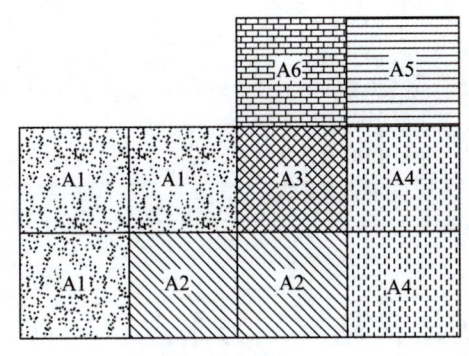

图7-13　方案三

8. 方案选优

针对前面得到的数个方案，需要进行技术、费用及其他因素评价，通过对各方案比较评价，选出或修正设计方案，得到布置方案图。根据关系强度分值表，对各方案分值进行计算，选分值最高者为优。

其计算方法为：将各作业单位单元格分别看作一个个整体，图中不同的作业单位至少有一条边相邻则表明其两者产生联系，计算出方案中所有的联系的总数，再乘以各联系所对应的分值得出该方案的总分值。最终计算结果如表7-8所示。

表7-8　各方案总分值

方案	总分值
一	30
二	34
三	36

答：选择方案三，总分值为36。

7.1.6　SLP 相关方法介绍

常见的物流配送中心设施布置方法按照不同的规划思路可分为两大类：其一，构建类方法，即通过不断添加块状部门进行迭代来构建布局；其二，改进类方法，即通过逐步改进初始块来构建布局。

按照技术手段又可分为不需要计算机进行辅助的布局方法和需要计算机进行辅助的布局方法。其中对于使用计算机辅助的布局方法来说，它的优势在于可以进行快速的假设分析，以及可以评估大量的备选方案；其劣势在于缺乏人类的判断以及缺乏定性布局的方面。详见表 7-9。

表 7-9　某工厂设施布置 F-D 图

规划思路	构建类方法	改进类方法
无须计算机辅助设计方法	①SLP/DEO 方法 ②以图表为基础的方法	①两两交换法
需要计算机辅助设计方法	①CORELAP ②ALDEP ③PLANET ①MULTIPLE ②LOGIC ③混合整数规划	①CRAFT ②MCRAFT ③MULTIPLE

7.2　物流设施规划方案选择与评价方法

微课视频：物流设施规划方案选择与评价

对于物流设施规划的各种方案进行选择与评价主要有三种方式：流量-距离分析法；优缺点列举法；加权因素法。

7.2.1　流量-距离分析法

流量-距离分析法为常用的方案选择、评价方法之一，其分析步骤主要有三步，如下所示：

1. 首先编制各作业单位之间的物料搬运从至表

2. 编制成物流-距离表

在布置方案图上，确定各作业单位之间的物料搬运路线，同时，测出各条路线的距离，编制成物流-距离表，如表 7-10 所示。表中每一框格中同时注出物料搬运发送作业单位（从）至物料搬运接收作业单位（至）的物料搬运量（物流强度）f_{ij} 及物料搬运路线长度（距离)d_{ij},其中i表示"从作业"单位序号,j表示"至作业"单位序号。表中空格表示两作业单位之间无明显物流。

表7-10 物流-距离

作业单位至 j 作业单位从 i	1	2	⋯	n
1	f_{11}/d_{11}	f_{12}/d_{12}	⋯	f_{1n}/d_{1n}
2	f_{21}/d_{21}	f_{22}/d_{22}	⋯	f_{22}/d_{2n}
⋯				
n	f_{n1}/d_{n1}	f_{n2}/d_{n2}	⋯	f_{nn}/d_{nn}

3. 物流系统状态分析

对于物流系统状态分析,常用的方法有物流简图分析法、量距积(搬运工作总量)分析法与流量-距离(F-D)坐标图分析法。

其中物流简图分析法的分析步骤如下:在布置方案图上,直接绘制物料搬运路线图。绘制时,用箭头表示物料搬运方向,用线条宽度、线条类型或颜色表示物料搬运量,也可直接标注出物料种类、特点、搬运距离及搬运量(体积、数量、重量等)。物流图是描述企业物流状况的有效工具。可以直观形象地反映设施布置方案的物流状况。如图7-14是某企业物流与人流状况简图。

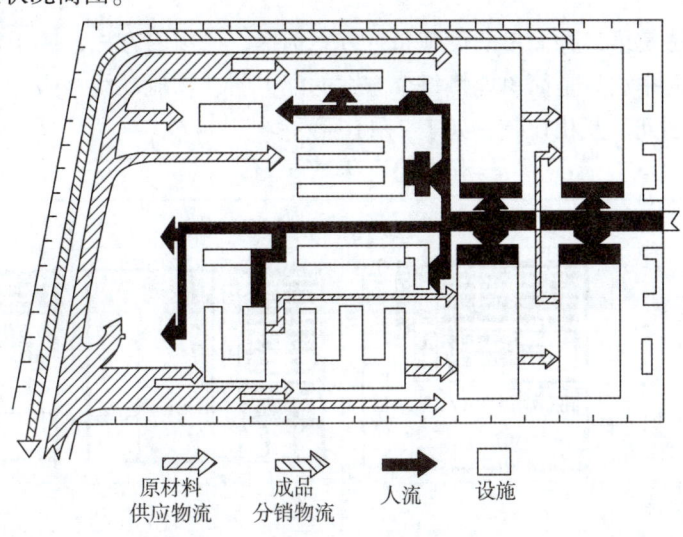

图7-14 某企业物流与人流状况

量距积(搬运工作总量)分析法的分析步骤如下:当忽略不同物料、不同路线上的物料搬运的差异,各条路线上物料搬运工作强度与$f_{ij} \cdot d_{ij}$成正比时,则可以将物料搬运总工作量S记为$S = \sum_{i=1}^{n} \sum_{j=1}^{n} f_{ij} d_{ij}$。为了使总的搬运工作量$S$最小,则当$f_{ij}$大时,$d_{ij}$应尽可能小,当$f_{ij}$小时,$d_{ij}$可以大一些,即$f_{ij}$与$d_{ij}$应遵循反比规律。这就是说,$f_{ij}$大的作业单位之间应该靠近布置,且道路短捷,$f_{ij}$小的作业单位之间可以远离、道路可以长一些。这显然符合SLP的基本思想。

流量-距离(F-D)坐标图分析法分析步骤如下：第一步，将每两点之间的物流按其流量大小和距离大小绘制在一直角坐标图上，如图 7-15 所示。根据分析的需要，按照确定的物流量和距离，将该图划分为若干部分，如划分为Ⅰ、Ⅱ、Ⅲ、Ⅳ四个部分，以发现不合理的物流。从图中可以看出，Ⅳ部分的物流不合理，因为物流量大且距离远。

根据上述分析，清楚地反映出布置方案物流状况的优劣，因此 F-D 图可作为平面布置调整的依据。经过调整，当Ⅳ区无物流量时，该方案才为可行方案。无法调整的情况例外。

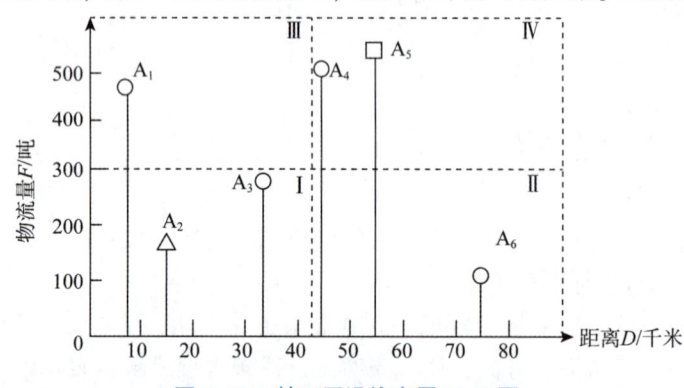

图 7-15　某工厂设施布置 F-D 图

7.2.2　优缺点列举法

优缺点列举法是第二种简单的设施布置方案选择、评优的方法，属于定性分析方法中的一种。优缺点列举法只是简单地将每个方案的配置图、物流动线、搬运距离、扩充弹性等相关优缺点分别列举互相比较，如表 7-11 所示。

表 7-11　优缺点评估

方案	A	B	C
配置图			
评估项目 空间使用效率			
物流路线顺畅			
扩充弹性			
经营成本			
搬运距离			
管理程序要求			
建立的成本			
作业的安全性			

7.2.3 加权因素法

加权因素法根据评估方法的粗细程度可以分为因素分析法、点评估法、权值分析法、AHP 评估法。这些方法具有以下几个共同点：

①必须组成小组或委员会，通过脑力激荡等方法，共同讨论决定方案评估的主要因素，其成员包括决策者、规划成员甚至使用者等。

②要素项目及类别视系统目标需求而定，凡有形的、无形的、定性的及定量的因素均可列入考虑。

③各要素的权重大多数以小组表决或两两比较等方式决定，因此主观因素及决策逻辑的不一致性将对决策品质造成影响。

④各方案要素的点评若缺乏客观的评价标准时，对方案决策也会造成影响。

下面将一一对这四种方法进行介绍。

1. 因素分析法

因素分析法是对方案规划的目标因素进行分析，从而确定方案优劣的方法。一般由规划者与决策者共同讨论列出各个目标因素，并设定各因素的重要程度——权重，权重可用百分比值或分数值(如1~10)表示。然后用每一个因素来评估比较各个方案，确定每一方案各因素的评分数值(如 4、3、2、1、0 等)，当所有因素评估完成后，再将各因素权重与评估分数值相乘加总，数值最大的为最优的方案，如表 7-12 所示(注：A=4 很好；E=3 较好；I=2 好；O=1 一般；U=0 不好)。

表 7-12　因素分析法示例

评估因素	权重	方案 A	方案 B	方案 C
1. 服务方便性	10	U	I	E
2. 监督容易性	6	O	A	E
3. 扩充性	5	O	I	O
4. 投资成本	8	O	E	I
5. 弹性	7	A	O	E
6. 搬运经济性	10	O	I	E
总计		57	105	120

2. 点评估法

点评估法与因素分析法类似，都是考虑各种评估因素并计算各方案的得分高低，作为方案取舍的依据。该方法主要包括两大步骤：

步骤一：分析评估因素权重。

①经由小组讨论，决定各项评估因素。

②各项评估因素两两比较，若 A>B，权重值=1；A=B，权重值=0.5；A<B，权重值=0。以此为原则，建立评估矩阵，并分别统计其得分，计算权重及排序，如表 7-13 所示。

表 7-13 点估计法评估因素权重分析

评估因素		A	B	C	D	E	F	G	权重和	权重%	排序
面积需求	A		1	1	0.5	1	1	1	5.5	26.2	1
扩充性	B	0		0	0	0.5	1	0.5	2	9.5	5
弹性	C	0	1		0	1	0.5	0	2.5	11.9	4
人力需求	D	0.5	1	1		0	1	1	4.5	21.4	2
自动化程度	E	0	0.5	0	1		1	1	3.5	16.7	3
整体性	F	0	0	0.5	0	0		0.5	1	4.8	7
先进先出	G	0	0.5	1	0	0	0.5		2	9.5	6
合计									21	100	

步骤二：进行方案评估

①制定评估给分标准：如非常满意—5 分、佳—4 分、满意—3 分、可—2 分、尚可—1 分、差—0 分。

②以规划评估小组表决的方式，就各项评估因素，依据方案评估资料给予适当分数。

③分数×权重＝乘积数。

④各方案统计其乘积和，排出方案优先级，如表 7-14 所示。

表 7-14 点评估法方案选择示例

评估因素		权重%	方案 1 分数	方案 1 乘积	方案 2 分数	方案 2 乘积	方案 3 分数	方案 3 乘积
面积需求	A	26.2	3	78.6	5	131	5	131
扩充性	B	9.5	5	47.5	3	28.5	5	47.5
弹性	C	11.9	4	47.6	2	23.8	2	23.8
人力需求	D	21.4	3	64.2	2	42.8	2	42.8
自动化程度	E	16.7	4	66.8	4	66.8	2	33.4
整体性	F	4.8	1	4.8	5	24	1	4.8
先进先出	G	9.5	3	28.5	5	47.5	2	19
合计		100		338		364.4		302.3
优先序				Ⅱ		Ⅰ		Ⅲ

3. 权值分析法

权值分析法是一种更细化、更准确的评估方法，它是将各个评估因素分成不同的组别和层次，然后分别进行评估和比较的方法。其步骤如下：

①设定评估因素项目。

②将评估因素适当分组及分层，建立评估指标及详细评估因素。

③将各组的指标因素给予适当的百分比权重后，再对各评估指标所属的因素分配权重。

④评估确定各方案各评估因素的得分数。

⑤计算各方案各项因素的权重与分数乘积之总和。

⑥选择最合适的方案。

4. AHP 评估法

若要做有系统化的方案评估分析，并使方案能达到具有客观性与合理性的效果，可以用层级分析法（Analytic Hierarchy Process，AHP）为基础，构建物流中心系统评估参考模式，借以提升方案决策质量。

AHP 为 Thoms L. Saaty 于 1971 年所发展出来的一套决策方法，主要应用在不确定情况下及具有多数个评估因素的决策问题上。多年来在许多领域中已被广泛地应用着，1980 年，Saaty 并将此理论整理成专书问世。其目的是将复杂的问题系统化，在不同的层面给予层级分解，并透过量化的判断觅得脉络后再加以综合评估，以提供决策者选择适当方案的充分信息，同时减少决策错误的风险性。

利用 AHP 进行方案评估的流程如图 7-16 所示，大致可区分以下步骤：

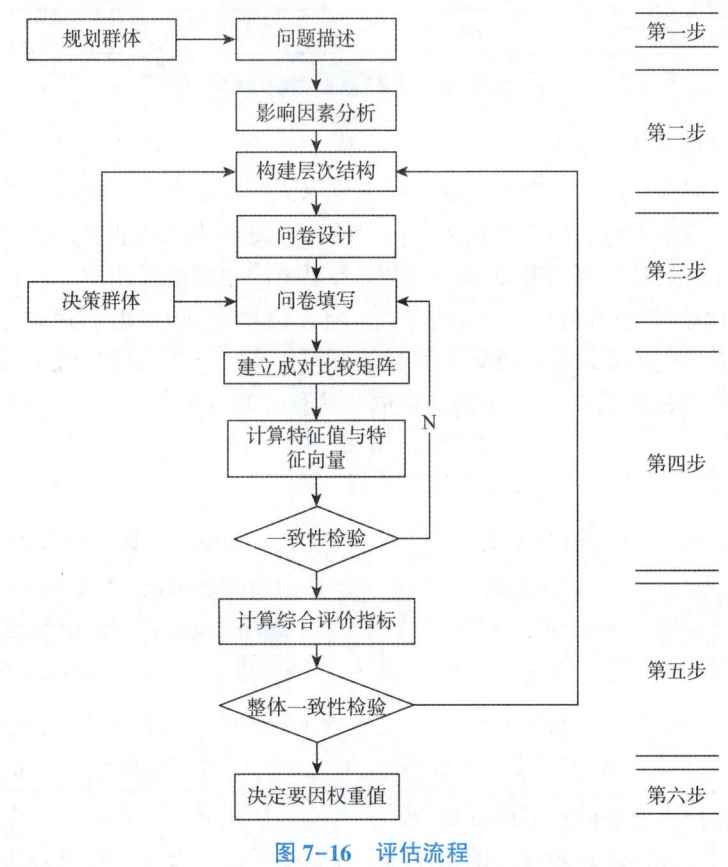

图 7-16 评估流程

步骤一：系统描述。

对于所欲评估的系统，其目标与机能宜尽量扩大考虑，同时成立规划评估小组，对系统涵盖的范围加以界定。

步骤二：决定评估要素。

评估小组成员利用脑力激荡等方法找出影响系统方案的评估要素，将此初步结果提报决策者以决定须增减的项目，然后再区分数量化与非数量化的因素。对于可数量化的因素，化成以金钱数字为单位的共同基准，并以现值为基础计算总投资成本。非量化的因素则须进一步定义各因素之内容、意义与包含范围。

步骤三：建立评估要素层级结构。

决定主要评估要素，并将这些要素分类，构建成层级结构，如图 7-17 所示。基本上，每一层级的要素不宜超过 7 个，且各要素均假设具有独立性。

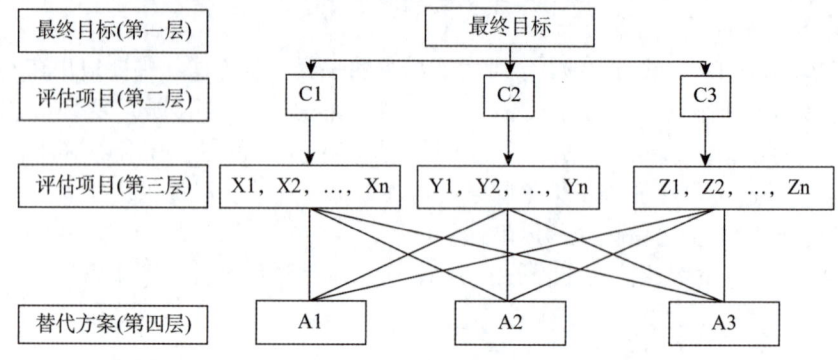

图 7-17 评估要素层级结构

步骤四：问卷设计与调查。

评估委员会召开会议，说明并讨论各项主要评估要素之内容，以达成委员会成员对各项要素之认知。基本上每一层级要素在上一层的某一要素评估基准下，进行成对比较，因此须设计问卷让决策者与规划者填写，以决定各要素的相对重要性。

AHP 采用比率尺度（Ratio Scales）的方式，将评估尺度划分为五个等级，即同等重要、稍重要、颇重要、极重要及绝对重要等并赋予 1，3，5，7，9 的衡量值，另有四项介于五个基本尺度之间并赋予 2，4，6，8 的衡量值。其意义如表 7-15 所示。

表 7-15 AHP 权数等级特性

评估对比系数	定义	说明
1	同等重要	比较因素间具有相同之重要性
3	稍重要	经验与判断上，稍微倾向某一因素
5	颇重要	经验与判断上，强烈倾向某一因素
7	极重要	经验与判断上，非常强烈倾向于某一因素
9	绝对重要	有足够的理由与证据肯定绝对偏向于某一因素
2, 4, 6, 8	相邻等级的中间值	需折中处理之中间值

步骤五：各层级要素间权重的计算。

由于各要素之间的重要程度为两两比较之相对值，因此各项要素之权重须通过累加计算求得。如 a_{12}：A_1 要素对 A_2 的相对重要程度，且 $a_{21} = 1/a_{12}$；T_n（A_n 要素的评估系数和）：$T_n = a_{1n} + a_{2n} + a_{3n} + \cdots + a_{nn}$；$W_n$（$A_n$ 的权重）：T_n/T，$T = T_1 + T_2 + T_3 + \cdots + T_n$。权重计算表如表 7-16 所示。

表 7-16 权重计算

对比系数	A_1	A_2	A_3	...	A_n
A_1	1	a_{12}	a_{13}	...	a_{1n}
A_2	$1/a_{12}$	1	a_{23}	...	a_{2n}

续表

对比系数	A_1	A_2	A_3	…	A_n
A_3	$1/a_{13}$	$1/a_{23}$	1	…	a_{3n}
…					
A_n	$1/a_{1n}$	$1/a_{2n}$	$1/a_{3n}$	…	1
小计（T_n）	T_1	T_2	T_3	…	T_n
权重计算（W_n）	T_1/T	T_2/T	T_3/T	…	T_n/T

步骤六：层级一致性的检定。

分析各成员填表内容是否具有偏好递移之一致性，若其一致性指针在接受范围内，则其评比结果可以采用。否则，将要求重新填写要素权重之问卷分析表。

步骤七：决定要素权重值。

收集评估委员会成员的问卷分析结果，加总平均后求得要素平均权数。

7.2.4 成本效益比较法

最具实质评估参考价值的方案评估方法，是以投入成本比较或经济效益分析等量化数据分析。虽然成本分析结果未必是决策唯一衡量的依据，但大多数的决策评估者都会将它列为重要评估的一部分。成本分析比较的方法颇多，主要常用的分析方法及使用指针包括年成本法（Annual Cost Method）、现值法（Present Worth Method）、投资报酬率法（Capital Worth Rate of Return）等。

一般物流中心投资金额大而利润较低，且常被视为非生产性的投资，经常应用年成本法来分析。如重视回收年限的长短，可以用回收年限配合投资报酬率法来评估各规划方案。当细部规划设计仍未完成，此阶段的成本效益分析应以初步估算及制定预算的参考，在细部设计时才进行详细的效益分析。

7.3 物流配送中心 EIQ 分析

微课视频：配送中心规划——EIQ 分析概述

7.3.1 EIQ 分析概述

在以顾客及下游端通路需求为主的流通环境中，订单需求零星而多变化，因此以需求为导向的规划方向才能真正符合实际作业的需求。EIQ 分析法就是以需求为导向最为常用的科学分析方法。

1. EIQ 分析的概念

EIQ 分析法由日本的铃木震先生提出并积极推广，用以研究配送中心的需求特性，为配送中心提供规划依据。EIQ 分析按字面解释，E 代表订单条目（Entry of Order），I 代表货品种类（Item），Q 代表货物数量（Quantity）。利用 E、I、Q 这三个物流关键要素，从客户订单的品项、数量与订购次数等观点出发，来研究配送中心的需求特性，为配送中心提供规划依据。

2. EIQ 分析的基本思想

所谓 EIQ 分析的基本思想为在订单出库资料取样的基础上，运用柏拉图、次数分布图及 ABC 分析工具等，对其订单进行订单量（EQ）、订货品项数（EN）、品项数量（IQ）、品项受订次数（IK）等的统计分析，以获取规划信息。

7.3.2 EIQ 分析步骤

1. 订单出货资料的收集、取样

进行分析之前需先取得 EIQ 资料（订单"E"、品种"I"、数量"Q"），如以一日、一月或一年的 EIQ 资料进行分析。若 EIQ 的资料量过大，不易处理时，若物流配送中心作业量有周期性的波动，通常可依据物流配送中心的作业周期性，先取一个周期内的资料加以分析。同时也可依商品特性或客户特性将订单资料分成数个群组，针对不同的群组分别进行 EIQ 分析；再将结果乘上倍数，以求得全体资料。

2. 订单出货资料的分解、整理

对于收集到的企业订单出货资料，通常其数据量庞大且数据格式不易直接应用，因此最好能从企业信息系统的数据库中直接取得电子化数据，便于数据格式转换，并便于借助计算机运算功能处理大量的分析资料。

在进行订单品项数量分析中，首先必须考虑时间的范围与单位。在以某一工作日为单位的分析数据中，主要的订单出货数据可分解为表 7-17 的格式，并由此展开 EQ、EN、IQ、IK 四个类别的分析。主要分析项目及意义说明如下：

① 订单量（EQ）分析：单张订单订货数量的分析。
② 订货品项数（EN）分析：单张订单订货品项数的分析。
③ 品项数量（IQ）分析：每单一品项出货总数量的分析。
④ 品项受订次数（IK）分析：每单一品项出货次数的分析。

表 7-17　EIQ 资料统计格式（单日）

出货订单 (E)	出货品项（I）						订单出货数量（Q）	订单出货品项数（N）
	I_1	I_2	I_3	I_4	I_5	…		
E_1	Q_{11}	Q_{12}	Q_{13}	Q_{14}	Q_{15}	…	Q_1	N_1
E_2	Q_{21}	Q_{22}	Q_{23}	Q_{24}	Q_{25}	…	Q_2	N_2
E_3	Q_{31}	Q_{32}	Q_{33}	Q_{34}	Q_{35}	…	Q_3	N_3
…								
单品出货量	Q_1	Q_2	Q_3	Q_4	Q_5	…	Q	N
单品出货次数	K_1	K_2	K_3	K_4	K_5	—	K

注：Q_1（订单 E_1 的出货量）$= Q_{11} + Q_{12} + Q_{13} + Q_{14} + \cdots$

Q_1(品项 I_1 的出货量)= $Q_{11}+Q_{21}+Q_{31}+Q_{41}+Q_{51}+\cdots$

N_1(订单 E_1 的出货项数)= 计数(Q_{11}, Q_{12}, Q_{13}, Q_{14}, Q_{15}, …)>0 者

K_1(品项 I_1 的出货次数)= 计数(Q_{11}, Q_{21}, Q_{31}, Q_{41}, Q_{51}, …)>0 者

N(所有订单的出货总项数)= 计数(N_1, N_2, N_3, N_4, N_5, …)>0 者

K(所有产品的总出货次数)= $K_1+K_2+K_3+K_4+K_5+\cdots$

在数据分析过程中,要注意数量单位的一致性,必须将所有订单品项的出货数量转换成相同的计算单位,否则分析失去意义。上述 EIQ 格式乃针对某一天的出货数据进行分析,当分析数据范围为一个周期内(如一周、一月、一年等)时,则另需加入时间参数,即 EIQT 数据分析,如表 7-18 所示。

表 7-18 EIQT 数据分析格式(加入时间范围)

日期	出货订单	出货品项						订单出货数量	订单出货品项
		I_1	I_2	I_3	I_4	I_5	…		
T_1	E_1	Q_{111}	Q_{121}	Q_{131}	Q_{141}	Q_{151}		Q_{11}	N_{11}
	E_2	Q_{211}	Q_{221}	Q_{231}	Q_{241}	Q_{251}		Q_{21}	N_{21}
	…								
	单品出货量	Q_{11}	Q_{21}	Q_{31}	Q_{41}	Q_{51}		Q_1	N_1
	单品出货次数	K_{11}	K_{21}	K_{31}	K_{41}	K_{51}		-	K_1
T_2	E_1	Q_{112}	Q_{122}	Q_{132}	Q_{142}	Q_{152}		Q_{12}	N_{12}
	E_2	Q_{212}	Q_{222}	Q_{232}	Q_{242}	Q_{252}		Q_{22}	N_{22}
	…								
	单品出货量	Q_{12}	Q_{22}	Q_{32}	Q_{42}	Q_{52}		Q_2	N_2
	单品出货次数	K_{12}	K_{22}	K_{32}	K_{42}	K_{52}		-	K_2
…	…								
合计	单品总出货量	Q_1	Q_2	Q_3	Q_4	Q_5		Q	N
	单品出货次数	K_1	K_2	K_3	K_4	K_5			K

注:Q_1(品项 I_1 的出货量)= $Q_{11}+Q_{12}+Q_{13}+Q_{14}+Q_{15}+\cdots$

Q(所有品项的总出货量)= $Q_1+Q_2+Q_3+Q_4+Q_5+\cdots$

K_1(品项 I_1 的出货次数)= $K_{11}+K_{12}+K_{13}+K_{14}+K_{15}+\cdots$

K(所有产品的总出货次数)= $K_1+K_2+K_3+K_4+K_5+\cdots$

3. 资料统计分析

EIQ 分析以量化的分析为主,常用的统计手法包括柏拉图分析、次数分析、交叉分析及 ABC 分析等。

(1)次数分布

若想进一步了解产品别出货量的分布情形,可将出货范围作适当分组,并计算各产品出货量出现于各分组范围内的次数,如图 7-18 所示。

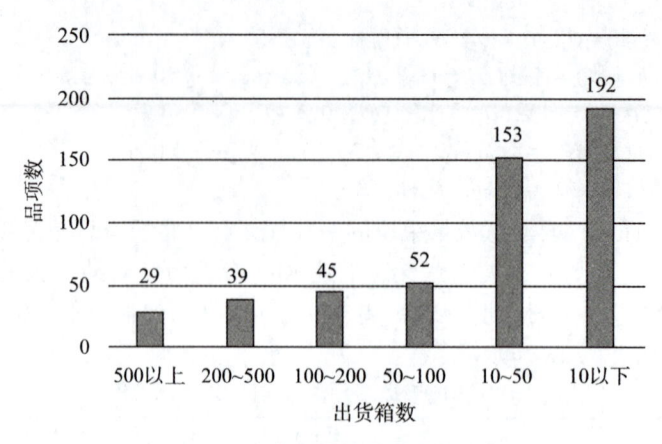

图 7-18 出货量的品项次数分布

(2) ABC 分析

在制作 EQ、IQ、EN、IK 等统计分布图时，运用 ABC 分析法将一特定百分比内的主要订单或产品找出，以做进一步的分析及重点管理。通常先以出货量排序，根据占前 20% 及 50% 的订单件数（或品项数），计算所占出货量的百分比，并作为重点分类的依据，如图 7-19 所示。

相对的出货量很少而产品种类很多的产品组群，在规划过程中可先不考虑或以分类分区规划方式处理，以简化系统的复杂度，并提高规划设备的可行性及利用率。

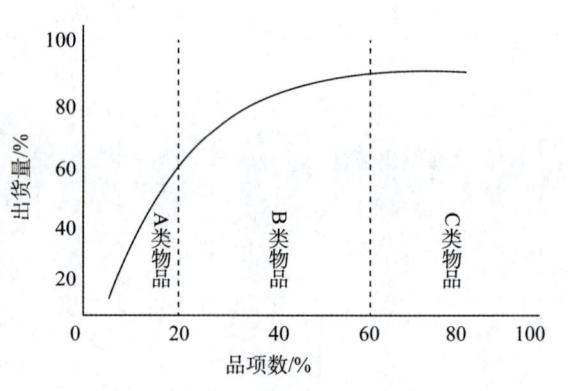

图 7-19 ABC 分类

(3) 柏拉图分析

在一般配送中心的作业中，如将订单或单品品项出货量经排序后绘图（EQ、IQ 分布图），并将其积累量以曲线表示出来，即为柏拉图，如图 7-20 所示。此为数量分析时最基本的绘图分析工具，其他只要可表示成项与量关系的资料，均可以柏拉图方式描述。

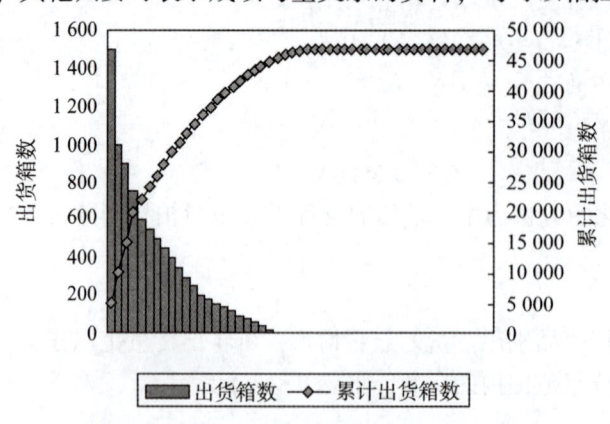

图 7-20 柏拉图（产品别出货量的 IQ 分布）

(4)交叉分析

在进行 EQ、IQ、EN、IK 等 ABC 分析后,除可就订单资料个别分析外,亦可以就其 ABC 的分类进行组合式的交叉分析,以找出有利的分析信息。其分析过程先将两组分析资料经 ABC 分类后分为 3 个等级,经由交叉汇编后,产生 3×3 的九组资料分类,再逐一就各数据资料分类进行分析探讨,找出分组资料中的意义及其代表的产品组。在后续规划中,结合订单出货与物性资料,也可产生有用的交叉分析数据。

4. 图表数据判读与分析

EIQ 图表分析是订单资料分析过程最重要的步骤,通常需对各个分析图表进行认真分析,并配合交叉分析及其他相关资料做出综合判断的结论。

(1)订单量(EQ)分析

EQ 分析主要是了解单张订单订购量的分布情形,从而决定订单处理的原则,以对拣货系统进行规划。其主要分析内容为:客户管理(是否对客户进行分类管理,配送安排)、储区规划(是否设立零星拣货区)、拣货设备规划(是否分级,设备容量大小,设备自动化程度)、拣货策略(订单别拣货还是批量拣货,批量拣货时何时分类)。EQ 分析通常以单一营业日为主,各种 EQ 图表的类型分析如表 7-19 所示。

表 7-19 EQ 分布图的类型分析

EQ 分布图类型	分析	应用
	为一般配送中心常见模式,由于订单数量分布呈两极化,可利用 ABC 做进一步分类	规划时可将订单分类,少数而量大的订单可做重点管理,相关拣货设备的使用也可分级
	大部分订单量相近,仅少部分有特大量及特小量订单	就主要量分布范围进行规划,少数差异较大者可以特例处理,但需注意规范特例处理模式
	订单量分布呈逐次递减趋势,无特别集中于某些订单或范围	系统较难规划,宜采用泛用型的设备,以增加运用的弹性,货位也以容易调者为宜
	订单量分布相近,仅少数订单量较少	可区分成两种类型,部分少量订单可以采用批处理方式或以零星拣货方式进行规划
	订单量集中于特定数量而无连续性递减,可能为整数(箱)出货,或为大型货物的少量出货	可采用较大单元负载单位规划,而不考虑零星出货

EQ 图形分布,可作为决定储区规划及拣货方式的参考。当订单量分布趋势越明显时,

则分区规划的原则越易运用，否则应以弹性化较高的设备为主。当 EQ 量很小的订单数所占比例很高时(>50%)，应可将该类订单另行分类，以提高拣货效率；如果以订单别拣取则需设立零星拣货区；如果采取批量拣取则需视单日订单数及物性是否具有相似性，综合考虑物品分类的可行性，以决定是否于拣取时分类或于物品拣出后在分货区进行分类。

（2）品项数量(IQ)分析

品项数量分析主要用于了解各类产品出货量的分布状况，分析产品的重要程度与运量规模。可用于仓储系统的规划选用、储位空间的估算，并将影响拣货方式及拣货区的规划，各 IQ 图形类型分析如表 7-20 所示。

表 7-20　IQ 分布图的类型分析

IQ 分布图类型	分析	应用
	为一般配送中心常见模式，由于量分布趋两极化，可利用 ABC 做进一步分类	规划时可将产品分类以划分储区方式储存，各类产品储存单位、存货水平可设定不同水平
	大部分产品出货量相近，仅少部分有特大量及特小量	可以同一规格的储存系统及寻址型储位进行规划，少数差异较大者可以特例处理
	各产品出货量分布呈逐次递减趋势，无特别集中于某些订单或范围	系统较难规划，宜规划泛用型的设备，以增加运用的弹性，货位也以容易调者为宜
	各产品出货量相近，仅部分品项出货量较少	可区分成两种类型，部分小、少量产品可以轻量型储存设备存放
	产品出货量集中于特定数量而无连续递减，可能为整数(箱)出货或为大型对象但出货量较小	可以较大单元负载单位规划，或以重量型储存设备规划，但仍需配合物性加以考虑

在规划储区时应以一时间周期的 IQ 分析为主（通常为一年），若配合进行拣货区的规划时，则需参考单日的 IQ 分析。单日 IQ 量与全年 IQ 量是否对称也是分析观察的重点，因为只有结合出货量与出货频率进行关联性分析时，整个仓储与拣货系统的规划将更趋于实际，因此可进行单日 IQ 量与全年 IQ 量的交叉分析。

将单日及全年的 IQ 图以 ABC 分析将品项依出货量分为 A、B、C（大、中、小）三类，并产生对照组合后进行交叉分析，则将其物流特性分成以下几类，如表 7-21 所示。每类年出货量、单日出货量、商品构成、存储与拣货、进货周期与存储水平、作业原则的区别不同，具体如表 7-22 所示。

表 7-21　物流特性分类

全年	单日		
	A	B	C
A	Ⅰ	Ⅱ	Ⅱ
B	Ⅰ	Ⅴ	Ⅴ
C	Ⅲ	Ⅲ	Ⅳ

表 7-22　各类物流特性具体区别

分类	年出货量	单日出货量	商品构成	存储与拣货	进货周期与存储水平	作业原则
分类Ⅰ	大	大	为出货量最大的A类主力产品群	仓储与拣货区合并以固定储位	进货周期宜缩短而存货水准较高，通常为厂商型配送中心或工厂发货中心	
分类Ⅱ	大	小	出货天数多且出货频繁，而使累积的年出货量大	仓储区与拣货区分离，以零星出货方式规划，储区可以固定储位规划	进货周期宜缩短并采用中等存货水准	
分类Ⅲ	小	大	年出货量小，可能集中于少数几天内出货	以弹性储位规划	缩短进货前置时间，接到订单后再进行进货，但前提是必须缩短进货前置时间	采取越库转运方式
分类Ⅳ	小	小	出货量不高，所占品项数通常较多，是容易造成占用仓储空间使周转率降低的C类商品	仓储区可以随机储存，仓储区可与拣货区合并	宜缩短进货周期并降低存货水准	
分类Ⅴ	中等	较小	B类与C类之间的商品	根据具体的商品分类确定规划方式		

(3) 订单品项数(EN)分析

主要分析订单别订购品项数的分布，对于订单处理的原则及拣货系统的规划有很大的影响，并将影响出货方式及出货区的规划。通常需配合总出货品项数、订单出货品项累计数及总品项数三项指标综合参考。

以 Q_{ei} 表示单一订单订购某品项的数量，其中 e 表示订单，i 表示品项，分析各指标的意义如下：

①总品项数(TN)：配送中心内的所有品项数。

②单一订单出货品项数(N_e)：计算单一订单中出货量大于0的品项数，就个别订单

来看，可视为各订单拣取作业的拣货次数。

$$N_e = \text{COUNT}(Q_{e1}, Q_{e2}, Q_{e3}, Q_{e4}, Q_{e5}, \cdots) > 0$$

③总出货品项数（N）：计算所有订单中出货量大于 0 或出货次数大于 0 的品项数。

$N = \text{COUNT}(Q_1, Q_2, Q_3, Q_4, Q_5, \cdots) > 0$，或 $\text{COUNT}(K_1, K_2, K_3, K_4, K_5, \cdots) > 0$，且 $N \geqslant N_e$（总出货品项数必定大于单一订单的出货品项数）。

此值表示实际有出货的品项总数，其最大值即为总品项数 TN。若采用订单批次拣取策略，则最少的拣取次数即为总出货品项数。

④订单出货品项累计次数（GN）：将所有订单出货品项数加总所得数值，即以 GN 绘制柏拉图累积值的极值。

$GN = N_1 + N_2 + N_3 + N_4 + N_5 + \cdots$，$GN \geqslant N$（当个别订单间的品项重复率越高，则 N 越小）。

此值可能会大于总出货品项数甚至总品项数。若采用订单别拣取作业，则拣取次数即为订单出货品项累计次数。

结合 EN 图与总出货品项数、订单出货品项累计次数两项指标分析，以及与配送中心内总品项数的相对量进行比较，可整理 EN 分布图类型如表 7-23 所示。对于图中各判断指标的大小，需视配送中心产品特性、品项数、出货品项数的相对大小及订单品项的重复率，并配合其他的因素综合考虑。

表 7-23　EN 分布图的类型分析

EN 分布图类型	分析	应用
（图：N品项数、TN总品项数、GN出货品项累计数、N总出货品项数，EN=1）	单一订单的出货项数较小，EN=1 的比例很高，总品项数不大而与总出货项数差距不大	订单出货品项重复率不高，可考虑订单别拣取方式作业，或采取批量拣取配合边拣边分类作业
（图：N品项数、TN总品项数、GN出货品项数、N总出货品项数，EN≥10）	单一订单的出货项数较大，EN≥10，总出货项数及累计出货项数均仅占总品项数的小部分，通常为经营品项数很多的配送中心	可以订单别拣取方式作业，但由于拣货区路线可能很长，可以订单分割方式进行分区拣货再集中，或以接力方式拣取
（图：N品项数、TN总品项数、GN出货品项累计数、N总出货品项数，EN=1）	单一订单的出货项数较小，EN=1 的比例较高，由于总品项数很多，总出货项数及累积出货项数均仅占总品项数的小部分	可以订单别拣取方式作业，并将拣货区分区规划，由于各订单品项少，可将订单以区域别排序并分区拣货
（图：N品项数、GN出货品项累计数、TN总品项数、N总出货品项数）	单一订单的出货项数较大，而产品总品项数不多，累计出货项数较总出货品项大出数倍并较总品项数多	订单出货品项重复率高，可以批量拣取方式作业，另需参考物性及物流量大小决定于拣取时分类或拣出后再分类

EN 分布图类型	分析	应用
N品箱数 GN出货品项累计数 TN总品项数 N总出货品项数	单一订单的出货项数较大，而产品品项数也多，累计出货品项数较总出货品项大出数倍，并较总品项数多	可考虑以批量拣取方式作业，但是若单张订单品项数多且重复率不高，需考虑分类的困难度，否则可以采用订单分割方式拣货

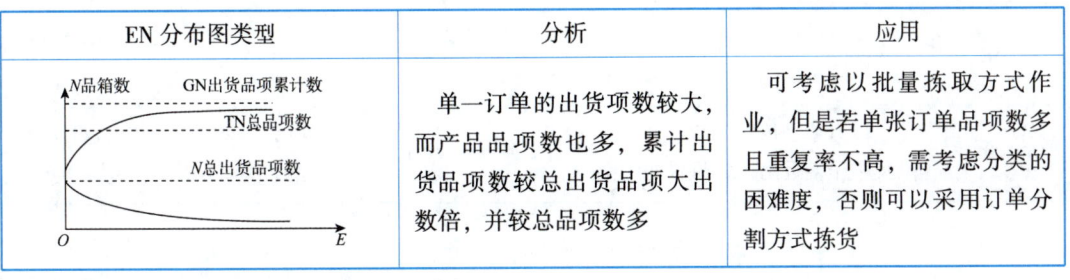

(4)品项受订次数(IK)分析

IK 分析，主要分析产品别出货次数的分布，对于了解产品别的出货频率有很大的帮助。主要功能是可配合 IQ 分析决定仓储与拣货系统的选择。另外，当储存、拣货方式已决定后，有关储区的划分及储位配置，均可利用 IK 分析的结果作为规划参考的依据。对于 IK 分析，基本上仍以 ABC 分析为主，从而决定储位配置的原则，各类型分析如表 7-24 所示。

表 7-24　IK 分布图的类型分析

IK 分布图类型	分析	应用
K(出货次数) A B C	为一般配送中心常见模式，由于量分布趋两极化，可利用 ABC 做进一步分类	规划时可依产品分类划分储区及储位配置，A 类可接近出入口或便于作业的位置及楼层，以缩短行走距离。若品项多时可考虑将其作为订单分割的依据来分别拣货
K(出货次数)	大部分产品出货次数相近，仅少部分有特大量及特小量	大部分品项出货次数相同，因此储位配置需依物性决定，少部分特异量仍可依 ABC 分析后决定配置位置，或以特别储区进行规划

(5)IQ 及 IK 交叉分析

将 IQ 及 IK 以 ABC 分析分类后，可对拣货策略的决定提供参考的依据。将 IQ 及 IK 以 ABC 分析分类后，所得交叉分析的分类整理如表 7-25 所示。依其品项分布的特性，可将配送中心规划为以订单别拣取或批量拣取的作业形态，或者以分区混合处理方式运作。实际上拣货策略的决定，仍需视品项数与出货量的相对量作为判断的依据。

表 7-25　IQ 及 IK 交叉分析分类

IK	IQ		
	高	中	低
高	可采用批量拣货方式，再配合分类作业处理	可采用批量拣货方式，视出货量及品项数是否便于拣取时分类来决定	可采用批量拣货方式，并以拣取时分类方式处理
中	以订单别拣取为宜	以订单别拣取为宜	以订单别拣取为宜

续表

IK	IQ		
	高	中	低
低	以订单别拣取为宜，并集中于接近出入口位置处	以订单别拣取为宜	以订单别拣取为宜，可考虑分割为零星拣货区

7.3.3 EIQ 分析在物流系统分析中的应用

微课视频：EIQ 分析的应用

EIQ 分析广泛应用于销售数据管理分析、物流工艺设备系统规划、储存与分拣作业设计、设备能力和人力需求评估、空间与储位规划管理、营销预测规划及信息系统的整合等方面。同时 EIQ 分析对配送中心规划的作用包括掌握物流业务特征、确定物流系统资源配置需求、系统工艺流程与设备能力评估等。具体可分为以下几个方面：

1. 分析客户特征

①由 E 的总件数可以了解配送客户的总点数。
②从 EN(订货点数)分析里得悉每位客户订货的品种数。
③从 EI(订货品种)资料中显示客户区域里产品需求。
④从 EQ(订货数量)资料分析了解客户规模和互相依赖的程度。

2. 分析产品特征

①由 I 的总项数看出产品的广度。
②从 IK 资料看出产品需求属于多样化或个性化。
③从 IQ 资料看出整体产品的营销状况是属于畅销品或滞销品。

3. 分析拣货特征

依据不同的订单需求，可能使用批量拣货再分类，或是以订单别拣取，也可依品种的不同而两种兼用。

4. 分析储存特征

依照货物不同的出货频率、储存包装单位来设计不同的面积、位置及设备，完成货品保管的作业。

5. 分析配送特征

结合客户订单货物的数量、种类，合理安排配送车辆，充分利用车载空间。

7.3.4 储运单位(PCB)分析

储运单位(PCB)分析，按照字面解释 P 代表 pallet(栈板)，C 代表 carton(箱子)，B 代表 box(单品)。储运单位是物品储存、搬运时的物流单位，它对实际物流作业效率产生很大影响。在订单品项与数量分析时，要结合订单出货资料与物品包装储运单位进行

EIQ-PCB 关联及交叉分析。

PCB 分析的目的就是将订单资料以 PCB 为单位加以分类统计，以正确计算各区实际的需求，使仓储及拣货区域(设备)可以合理进行规划。常见的物流系统储运单位组合类型如表 7-26 所示。

表 7-26　常见物流系统的储运单位组合类型

入库单位	储存单位	拣货单位
P	P	P
P	P、C	P、C
P	P、C、B	P、C、B
P、C	P、C	C
P、C	P、C、B	C、B
C、B	C、B	B

其中，PCB 分析与设备选择对应方式如表 7-27 所示。

表 7-27　PCB 分析与设备选择对应方式

拣货模式	自动化程度	储存设备	出入库/拣选设备	拣选后搬运设备
P-P	自动化	高密度托盘货架（高层托盘、重力式、贯通式货架）	巷道堆垛机 移载机器人	输送带、自动导引小车或有轨小车
P-P	机械化	普通托盘、重力式、贯通式货架	高门架叉车 三向叉车	叉车
P-P	手动	托盘货物过大，一般不用	—	—
P-C	自动化	高密度货架（高层托盘、重力式、贯通式货架）	巷道堆垛机 移载机器人	自动拆盘机拣货 输送带、自动导引小车或有轨小车出货
P-C	机械化	普通托盘、重力式、贯通式货架	高门架叉车 三向叉车	手工拣货 叉车或电动托盘搬运车出货
P-C	手工	普通托盘货架或流利式货架	拣选台车	手工拣货 手动搬运车出货
C-C	自动化	高密度箱式货架（高层、重力式、旋转式货架）	移载机器人直接出入库的输送带	输送带出货
C-C	机械化	普通、重力式、转式货架	小型叉车 分拣型叉车	叉车或电动搬运车出货
C-C	手工	普通货架或流利式货架	手工拣选 台车或笼车	手动托盘搬运车出货

本章小结

本章介绍了物流配送中心设施布局规划的目标和原则、阶段与程序，重点讨论了物流配送中心系统布局方法，主要包括功能分区法与系统布置设计方法（SLP）。运用系统布局规划法（SLP）进行配送中心规划，主要包括六个步骤：准备原始资料、作业单位相互关系分析、物流分析及综合相互关系分析、作业单位位置相关图、作业单位面积相关图、选出最优布置方案。本章还详细阐述了EIQ分析方法及其步骤。重点在于EQ、IQ、EN、IK分布图及其交叉分析图的判读与分析。

翻转课堂讨论话题

1. EIQ 分析

某配送中心为应对每家店面的需求，每天所处理的订单数据非常庞大。现从该配送中心一天的订单处理业务中选择了有代表性的12份订单进行分析，共涉及33个品项，总品项数为37。

请根据这些数据（见表7-28）对该配送中心进行EIQ分析，利用Excel做出EN图、EQ图、IK图、IQ图，以及IK、IQ交叉分析图，并根据所做的图形，简要说明分析结果对配送中心的日常管理和布局规划有什么样的启示。

提示：可分别分析每张图，然后汇总分析对客户管理、商品管理、拣货策略、储存区规划与储存策略、配送策略等方面的启示。

表7-28 某配送中心数据

序号	E_1	E_2	E_3	E_4	E_5	E_6	E_7	E_8	E_9	E_{10}	E_{11}	E_{12}
I_{01}		1	13				2	1			1	
I_{02}		1	19	1				1	1		1	
I_{03}			1	9	1			2			1	
I_{04}			3	16				1	1		1	
I_{05}	2	59	22		7	65	15	21	31	5	35	5
I_{06}	3	61	12		7	50	15	13	21	6	25	11
I_{07}	1	38	10		8	45	13	13	13	4	18	12
I_{08}	2	38	16		3	48	13	2	18	11	23	5
I_{09}		3	5		1	17	10	5	11	1	10	
I_{10}			3		2					1		
I_{11}			3									
I_{12}										1		
I_{13}	1								1			

续表

序号	E_1	E_2	E_3	E_4	E_5	E_6	E_7	E_8	E_9	E_{10}	E_{11}	E_{12}
I_{14}		1			1							
I_{18}		3										
I_{19}		1										
I_{20}		2		3					3			
I_{21}		1							1			
I_{23}		1							1			
I_{24}		1					1		1			
I_{25}		6			2	3		27	20	3	2	1
I_{26}		3						5			1	
I_{27}		15	36		32	34	2	12	7	3	7	1
I_{28}		2	3		2	2	5	1			1	20
I_{29}		6	2		3						2	
I_{30}		1	1		5	3	25	1	2	1	21	
I_{31}											1	
I_{32}		24	22	3	27	70	40	1	6		55	6
I_{33}		1				1				1		
I_{34}						8						2
I_{35}		2				11						2
I_{36}						5					1	
I_{37}			8		2	2	15	5			5	

2. SLP 分析

某工厂生产 4 种产品 1、2、3、4，由 5 个车间 A1、A2、A3、A4、A5 加工。产品工艺路线信息以及生产信息如表 7-29 所示。假设所有产品的单位搬运费用相同。车间 A1、A2、A3、A4、A5 的面积相对大小关系为 4、2、3、1、2。请根据各个车间之间的物流搬运量和各个车间的面积大小，运用 SLP 的方法至少画出该工厂的 2 个平面布局图，并进行评价。其中物流强度相关关系的分值假设为 $A=8$，$E=4$，$I=2$，$O=1$，$U=0$。

表 7-29 工厂产品加工顺序与产量表

产品	加工顺序	周产量
1	A2→A4→A3→A1→A5	300
2	A2→A4→A1→A5→A3	700
3	A4→A2→A5→A3→A1→A3	900
4	A1→A2→A3→A5→A1	200

第 8 章 仓储布局规划与设计

学习目标

- 能够运用仓储区各要素规划的方法进行仓储布局规划。
- 能够运用储存空间有效利用的方法进行储存空间规划。
- 能够进行简单的自动化仓库规划与设计。
- 能够解释交叉配送中心规划的要点。

开篇案例

京东"亚洲一号"仓库

"亚洲一号"是京东首个全流程无人仓库,建筑面积达 40 000 平方米,物流中心主体由收货、储存、包装、订单拣选四个作业系统组成。"亚洲一号"于 2014 年 10 月正式投入使用,2017 年 10 月 9 日京东官方宣布"亚洲一号"仓库已建成,2018 年 5 月 24 日首次对外界开放参观。据京东物流首席规划师章根云透露,目前"亚洲一号"已经实现全流程无人作业。高密度无人储存货架如图 8-1 所示。

图 8-1 高密度无人储存货架

在收货存储阶段,"亚洲一号"使用的是高密度储存货架,储存系统由8组穿梭车立库系统组成,可同时储存商品6万箱,可以简单理解为储存量更大的无人货架。货架的每个节点都有红外射线,这是因为在运输货物的过程中无人,需要以此确定货物的位置和距离,保证货物的有序排放,如图8-2所示。

在包装阶段,京东投放使用自主研发的、全球最先进的自动打包机,分为两种,包括纸箱包装和纸袋包装。在打包过程中,机器可以扫描货物的二维码,并根据二维码信息来进行包装和纸板的切割。两种包装在货物的包装数量上有不同。其中白色袋装可以同时包装好几件商品,更加灵活。黄色箱装只能包装1件商品,并且是更加标准化的商品,例如手机。在打包时,两种包装分为两条轨道独立运作,在去分拣中心之前汇集。

图8-2 运输时有射线保证货物的有序运送

在货物入库、打包这两个环节里,京东无人仓配备了3种不同型号的六轴机械臂(见图8-3),应用在入库装箱、拣货、混合码垛、分拣机器人供包4个场景。

图8-3 六轴机械臂

在分拣阶段,采用AGV(Automated Guided Vehicle,无人搬运车,即"小红人")进行作业,"亚洲一号"的AGV有3种类型,按型号分为大、中、小,中小AGV是在分拣轨道里面运作,运输货物;而大的AGV则是在货物掉入集宝口之后直接将集宝口运送到不同的分拨中心,如图8-4所示。

在分拣场内,京东分别使用了2D视觉识别、3D视觉识别以及由视觉技术与红外测距组成的 2.5D 视觉技术，为仓库内上千智能机器人安装了"眼睛"，实现了机器与环境的主动交互。

这种视觉技术上的巨大变化，是为了让机器人更好地判断 SKU 的条码，视觉技术升级后，机器人可以更好地改进动作幅度、吸力来判断该抓取商品的位置。不过，即使如此，仍然会出现差错，这是因为，为了节省成本，商品通常只会打上一张条码，一旦条码处于机器人的视觉盲点，系统将无法获取商品信息。

这些 AGV 每次充电耗时 10 分钟，按照不同的轨道进行货物的运送，碰上加急的货物，其他 AGV 会自动让道，让加急货物优先运送。

图 8-4　大型的 AGV 正在分拣货物

目前"亚洲一号"的每日包裹量可达 20 万个，这种体量仅分拣场景就需要 300 人同时作业，而实现无人后可以通过机器实现全自动化。

在"亚洲一号"中，手机是目前实现全流程无人的品类。这是由于，相对于其他品类，手机更加标准化，包装是严格的长方体；同时，尽管每部手机都有一个串码，间距是微米级的，导致作业十分复杂，但对于京东而言，手机一直属于优势品类，京东对其实际作业十分熟悉。目前，江浙沪皖地区(上海、江苏、浙江、安徽)90%的手机订单都在"亚洲一号"分拣，拥有全球最大的手机分拣中心。

不久的将来，"亚洲一号"将通过自动化中间工具来实现其他品类的分拣，而不仅仅是手机。不过，要实现这一目标仍有困难。实现无人仓储最大的障碍就是海量的 SKU，目前"亚洲一号"只有 1~2 万个 SKU，而京东平台则有 500 万个；同时 SKU 会不断变化和迭代，客户需求也不一样，这样导致 SKU 组合不同。

无人仓库的推广，对京东而言至关重要。当仓储全部实现无人后，货物的转运次数将降到最低，人员结构变得简单，极高地提升了物流效率并提升精度，运营成本将极大降低。京东未来将实现"亚洲一号"仓库整体一半以上无人化作业。

(资料来源：https：//36kr.com/p/1722539933697)

思考题：(1)仓储布局规划需要考虑哪些方面的内容？

(2)无人仓库的优势和劣势有哪些？

8.1 仓储布局规划概述

8.1.1 基本概念

仓储布局规划就是对物料储存区、分拣区、分发作业区、管理室、生活间及辅助设施等的空间面积配置做出合理安排的同时，重点对仓库储存区域的空间及技术要求、设备选择及作业通道宽度等进行规划设计。仓储布局规划的基本任务是根据商品本身的特性及其变化规律，合理规划并有效利用仓储设施内的储存空间，采取各种行之有效的技术与组织措施，努力实现储存空间的最大化使用，帮助降低储存与搬运、拣选的成本，保证商品出入库与在库保管的有序进行，提高作业效率，使所有货物品种都能随时准备存取，并且帮助商品实现在库的有效移动，为进行商品的科学养护提供整洁、良好的环境。

在进行仓库的整体布局时，主要遵循以下几项原则：

第一，优化物流操作流程，减少搬运次数，缩短搬运距离，避免不必要的搬运环节。

第二，采用单一的物流流向，避免迂回、交叉、逆向作业；强调唯一的物流入口与出口。

第三，最大限度地利用平面与空间，节省建设投资。

基于这些原则常见仓库布局主要分为 U 型和直线型两大类

U 型仓库布局如图 8-5 所示，可以根据进/出货频率大小，将流量大的物品安排在靠近进/出口的储存区域，缩短这些物品的拣货、搬运路线。U 型布局适用于有大量物品需要入库就进行出库操作的企业。另外储存区在靠里位置，区域比较集中，易于控制与进行安全防范。这是目前仓储业较多采用的布局。

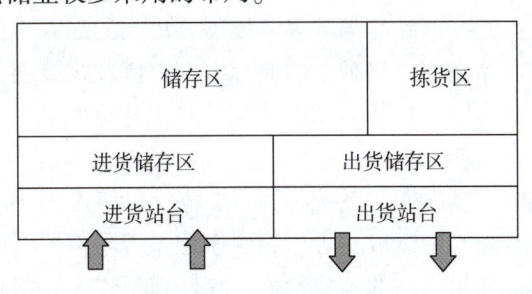

储存区	拣货区
进货储存区	出货储存区
进货站台	出货站台

图 8-5 U 型仓库布局

直线型仓库布局如图 8-6 所示，在这种仓库布局下，无论订单大小与拣货品种的多少，都需要通过仓库全程。这个布局适合用于作业流程简单、规模较小的物流作业。直线型布局可以应对进/出货高峰同时出现的情况。

在基本确定了仓库的布局之后，进行储存规划主要有以下几个步骤：储存规划的需求分析、储存保管场所的分配、储存空间布置、货位规划与堆垛设计。

图 8-6　直线型仓库布局

8.1.2　储存区规划的影响因素分析

在进行仓储布局规划之前，首先需要对影响储存区规划的各项因素进行分析，明确了哪些是关键因素后，才能做到胸有成竹，不会偏离目标。这些因素可以从两个方面来看：一个是管理层面的影响因素，另一个是操作层面的影响因素。

1. 管理层面

管理层面的影响因素包括：客户服务水平、仓库的服务范围或辐射范围、产品品类、尺寸、物料操作系统、库存周转率、产品提前期、存储策略、仓储设备。

第一，客户服务水平。一个好的物流仓储区域规划必须考虑到客户服务水平，仓库要保持高的客户水平，即当客户在任何时刻需要货物时，仓库都能及时提供出来。因此，必须掌握动态的安全仓储信息，以防止某些突发因素造成供应系统的中断，防止因缺货造成的损失，对某些季节性货物的供应信息，更应该及时掌握，保证合理储存，以保证供应系统的均衡性和连续性。

第二，仓库的服务范围或辐射范围。每个仓库都有一定区域上的辐射范围，一般来看，仓库服务的范围越大，则需要更高的库存，需要建设更大的仓库，但是市场过大的话，距离客户的路程太远，意味着送货可能不及时，影响客户服务水平。

第三，产品品类、尺寸。产品品类越多，便需要更大的储存空间；如果某些产品不能混合储存在一起，每类产品需要占据独立的储存空间，因此需要更大的仓库。体积大的产品比体积小的产品需要更多储存空间，如储存家具对比储存电子产品，需要面积大得多的仓库。

第四，物料搬运系统。物料搬运系统是为了要满足物流配送中心的需求，提供竞争优势，如物料质量、搬运时间与搬运成本等，物料搬运系统不但要有效果，而且要有效率。

第五，库存周转率。如果产品的销售量大，周转速度快，补货速度快，那么只需较小的存储空间就可以满足销售的需求。因此在同等销售量的情况下，畅销产品比普通商品需要更少的存储空间。

第六，产品提前期，也就是企业采购到货物入库的时间长度。提前期越短，仓库可以保持较低库存，因为库存不足时可以及时采购；但如果提前期较长，采购的商品不能及时到达，那么就需要仓库存放较多库存以防缺货。因此仓库存放提前期较长的商品，则需要更大的库容。

第七，储存策略。储存策略问题作为仓库管理中的重要决策问题之一，是仓库设计阶段就必须考虑的一个方面。合适的储存策略既可使仓库的存取操作更为高效，另一方面也

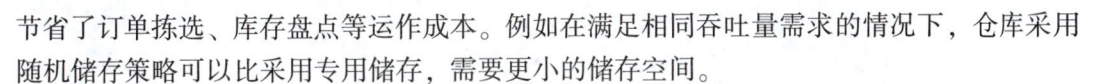

节省了订单拣选、库存盘点等运作成本。例如在满足相同吞吐量需求的情况下，仓库采用随机储存策略可以比采用专用储存，需要更小的储存空间。

第八，仓储设备。自动化仓储设备可以提高单位面积的储存效率，比如自动化立体仓库可以充分利用纵向立体空间，降低了仓库占用土地的需求；而平层仓库则需要占据更多的土地空间。

2. 操作层面

操作层面包含储存方式、货品尺寸和数量、托盘尺寸、货架空间、使用的机械设备、通道宽度、位置及需求空间、库内柱距、建筑尺寸与形式、进出货及搬运位置、补货或服务设备的位置。

第一，储存方式。根据仓库保管货物出入库的时间和效率，因而较多地着眼于拣选和搬运的方便，储存方式必须与之协调。储存中心出入库的频率较低，应该重视保管，因而首先要考虑保管方式。保管方式包括散放、堆码、货架储存等。

第二，货品尺寸、数量。货品尺寸和数量直接影响仓储区域规划，有些货物是可以叠加很多层；有些货物比如最高就只能 6 层，超过了货物就会出现破损；货物是否规则对面积影响也是很大。

第三，托盘尺寸。选用托盘时，根据货品的大小不同，所选的规格也不相同，要考虑货物的包装规格及在塑料托盘上的摆放方式，考虑托盘装载工具的情况（如集装箱、货车等）以及通用性。

第四，货架空间。货架空间管理，是根据顾客购买品种及品牌的市场占有率和市场趋势，结合货品销售比例，用科学的分析方法确定货品在货架上的陈列位置和陈列面，从而优化空间分配，使有限的货架空间创造出最好的销售效益。

第五，使用的机械设备。不同的货品要使用不用型号、尺寸、产能、回转半径的机械设备，选择合适的设备，才能提高作业效率，提高经济效益。

第六，通道宽度、位置及需求空间。根据物料的周转量、物料的外形尺寸和库内通行的运输设备来确定。物料周转量大、收发较频繁的仓库，其通道应按双向运行的原则来确定。

第七，库内柱距。仓库库内柱子的主要设计依据包括建筑物的楼层数、楼层高度、地盘载重、抗震能力等，另外还需考虑仓库内的保管效率及作业效率。

第八，建筑尺寸与形式。仓库建筑的主要设施包括货场、货棚、库房和其他建筑物、构筑物，仓库建筑的一般要求是有利于物品的保管和养护，符合仓库业务需要和有利于组织仓储作业。

第九，进出货及搬运位置。仓储区域规划受货品的进出货及搬运位置的影响，如何节省作业时间，需要合理规划。

第十，补货或服务设施的位置。一个安全合理的仓储区域规划应该合理设置防火墙、灭火器、排水口的位置，发生着火等紧急事故时能及时处理，减少财产损失。

作业原则：动作经济原则、单元化负载、货品不落地原则、减少搬运次数及距离、空间利用原则等。

8.2 仓储区各要素规划

> 微课视频：仓储区各要素规划

储存货物的空间规划是普通仓库规划的核心，其功能并不仅仅是表面上的储存货物，在现代物流中，该空间还是为货物的购产销进行配送服务的中转站，因此可以说，储存空间实际上可以称为货物储运的中心枢纽，储存空间规划的合理与否直接关系到仓库的作业效率和储存能力。故如何对其进行更有效、更高效的利用已成为仓储管理者研究的重要课题。

在进行储存空间的布置时，首先考虑的便是储存的货物大小及其储存形态，以便能够提供适当的空间来满足需求，因为在储存货物时，必须规划由大小不同的位置来对应不同尺寸及数量货物的存放。在进行空间规划之前，必须先进行分类，设定各空间的用途，其次要对其在各方面的权重进行评估，有了权重的比较再进行设计和布置。如果储存空间由于受到多方面限制而无法改变，则要寻求方法来最大化现有储存空间的利用率。

储存空间规划的内容包括仓储区域面积规划，通道宽度规划，柱子间隔规划，库房高、长、宽规划。

8.2.1 仓储区域面积规划

仓库面积含储存区域面积和辅助设施面积两部分。储存区域面积指货架、料垛实际占用面积。辅助面积指验收、分类、分发作业场地、通道、办公室及生活间等需要的面积。计算货物储存区域面积前，通常需要先估算一下仓库的平均库存量。平均库存量可以采用周转率估算法，这种方法是一种简便快捷的粗估方法，虽然不太精确，但能基本满足规划的需要。该方法的应用步骤如下：

第一步，确定年周转量或年销售量。把仓库的进出库货物换算成相同的存储单元，比如托盘，求出全年的托盘出库总量。

第二步，估计周转次数。货物的周转次数可根据历史数据，结合货物的特性、产品价值、缺货成本和盈利水平等因素进行估算；一般情况下，食品零售业的年周转次数约为20~25次，制造业约为12~15次。

第三步，估计平均库存量。用年周转量除以周转次数，即可得到平均库存量。

第四步，估计放大系数。为了确保仓储营运的弹性，以适应高峰期的要求，用平均库存量乘以放大系数，便可得到规划的库容量。放大系数一般可取1.1~1.25，系数取得太高，会增加仓库的"冗余库存"，增加成本。

在平均库存量基础上，就可以进行货物储存区域面积计算，常用的方法包括荷重计算法和托盘尺寸计算法。

1. 荷重计算法

荷重计算法是一种常用的计算方法，是根据仓库有效面积上的单位面积承重能力来确定仓库面积的方法。

第8章 仓储布局规划与设计

$$储存区域面积 = \frac{全年储存货物量(t)}{单位有效面积平均承重能力/(t/m^2)} \times \frac{物料平均储存天数(天)}{年有效工作日(天)}$$
$$\times \frac{1}{储存区域面积利用率(\%)}$$

用公式符号表示为：$S = \dfrac{Q \times T}{T_0 \times q \times a}$ (8-1)

式中：S——储存区域面积(m^2)；Q——全年物料入库量(t)；
T——物料平均储备天数；q——单位有效面积的平均承重能力(t/m^2)；
a——储存面积利用系数；T_0——年有效工作日数。

【例8-1】 某建材公司计算建造一座建筑材料仓库，年入库量为20 000吨，一年中工作300天，物料平均储备期50天，有效面积上平均货重0.7吨/平方米，仓库利用系数为0.4，试用荷重计算法求仓库面积。

解：根据题目中给出的条件，有
$Q = 20000$，$T_0 = 300$，$T = 50$，$a = 0.4$，$q = 0.7$

仓库面积：$S = \dfrac{Q \times T}{T_0 \times q \times a} = \dfrac{20\ 000 \times 50}{300 \times 0.7 \times 0.4} = 11\ 905(平方米)$

答：仓库面积为11 905平方米。

2. 托盘尺寸计算法

若货物储存量较大，并以托盘为单位进行储存，则可先计算出存货实际占用面积，再考虑叉车存取作业所需通道面积，就可计算出储存区域的面积需求。

(1) 托盘平置堆码

假设托盘尺寸为 $P \times P$ 平方米，由货物尺寸及托盘尺寸算出每托盘平均可码放 N 箱货品，若仓库平均存货量为 Q，则存货面积需求为：

$$D = \frac{平均存货量}{平均每托盘堆码货品量} \times 托盘尺寸 = \frac{Q}{N} \times (P \times P) \quad (8\text{-}2)$$

储存区域面积还需考虑叉车存取作业所需通道面积，若通道占全部面积的30%~35%，则储存区域面积为：

$$A = \frac{D}{(1 - 35\%)} \quad (8\text{-}3)$$

(2) 托盘多层叠堆

假设托盘尺寸为 $P \times P$ 平方米，由货物尺寸及托盘尺寸算出每托盘平均可码放 N 箱货品，托盘在仓库内可堆码 L 层，若仓库平均存货量约为 Q，则存货面积需求为：

$$D = \frac{平均存货量}{平均每托盘堆码货品箱数 \times 堆码层数} \times 托盘尺寸 = \frac{Q}{L \times N} \times (P \times P) \quad (8\text{-}4)$$

储存区域面积再需考虑叉车存取作业所需通道面积即可。

(3) 托盘货架储存计算法

假设货架为 L 层，每托盘占用一个货格，每货格放入货物后的左右间隙尺寸为 P'，前后间隙尺寸为 P''，每托盘约可码放 N 箱，若公司平均存货量为 Q，存货需占的面积为 D，则存货面积为：

$$每层所需托盘货位数 = \frac{平均货存量}{平均每托盘堆码货品箱数 \times 货架层数} = \frac{Q}{L \times N} \quad (8\text{-}5)$$

$$D = 每层所需托盘货位数 \times 托盘货位尺寸 = \frac{Q}{L \times N} \times [(P+P') \times (P+P'')] \tag{8-6}$$

8.2.2 仓储区的容量设计

仓储区的面积必须足够大，以在高峰期容纳货物。另外，如果储存区超出了公司的实际需求，储存和检索时间变得太长，这可能会降低产量或增加材料处理成本。仓储区的容量设计要遵循的原则是仓储区的容量足够满足需求即可。

仓储区的容量取决于储存策略，这涉及货位规划问题。货位规划是建立良好保管秩序的核心内容，必须在货物入仓前确定好。货位的储存方式是指各个货位如何存放商品。货位储存策略有两种基本形式，一种是固定储位策略，另一种是随机储存策略。在此基础上，又衍生出了更为科学合理的形式：分类固定储位储存，分类随机储存策略。

1. 固定储位策略

所谓的固定储位，就是规定好每一个货位存放商品的规格品种，每一种商品都有自己固定的货位，即使货位空着也不能存放其他商品，常称"对号入座"。

固定货位的主要优点是，各种商品存放的位置固定不变，管库人员容易熟悉货位，并记住货位，收发料时很容易查找。如果绘制成货位分布图，非本库人员也能按图比较容易地找到货位。其缺点是不能充分利用每个货位，因为各种商品的最高储备量不是同时达到，各种商品时多时少，甚至出现无料的现象，但采取固定货位，货位之间不能调整，更不能互相占用，这样就使一部分货位空闲不用，而需要入库的商品又不能入库，这显然是不合理的。特别是在库房比较紧张的情况下，出现这种情况更是不允许的。

一般情况下，选用固定货位的原因包括：储存区安排需要考虑物品尺寸及重量，不合适随机储放；储存条件对货品储存非常重要，例如，有些品种必须控制温度；易燃易爆物必须限制储放于一定高度以满足保险标准及防火法规；根据管理或相容性规则某些品种必须分开储放，如饼干和肥皂，化学品和药品；保护重要物品；储区能被记忆，容易提取。

这种形式一般适用于以下两种情况：储存空间大；多种少量商品的储放。

在固定储存策略中，为每个产品分配了一组预先设置的位置。这种方法易于实现，但会导致储存空间利用不足。实际上，所需空间等于每个产品在时间上的最大库存总和。设 n 为产品数，设 $I_j(t)$，$j=1,2,\cdots,n$ 为时间 t 时项目 j 的库存水平。固定储存策略所需的储存位置数为：

$$m_d = \sum_{j=1}^{n} \max_{t} I_j(t) \tag{8-7}$$

2. 随机储存策略

随机储存又称自由货位。它与固定货位相反，每个货位可以存放任何一种商品，只要货位空闲，入库的各种商品都可存入，称为"见缝插针"。

随机储存的主要优点是，能充分利用每一个货位，提高仓库的储存能力。其缺点是每个货位的存料经常变动，每种商品没有固定的位置，收发查点时寻找存料比较困难，影响工作效率。

一个良好的货位系统中，采用随机储存能使货架空间得到最有效的利用，因此货位数目得以减少。有模拟研究显示出，随机储存系统与固定储位储放比较，可节省35%的移动储存时间及增加 30% 的储存空间，但较不利于货品的拣取作业。因此，随机储存较适用于下列两种情况：储存空间有限，尽量利用储存空间；种类少或体积较大的货品。

在实际运用中，固定储位和随机储存都有一定的局限性，都存在一些难以解决的问题，所以一般是将两种方式结合起来运用。

在随机储存策略中，将根据当前仓库的占用情况以及将来的到货和需求预测来动态地决定物料的分配。因此，分配给产品的位置在时间上是可变的。在这种情况下，储存位置数为：

$$m_r = \max_t \sum_{j=1}^n I_j(t) \leq m_d \tag{8-8}$$

3. 分类储存策略

所有的储存货品按照一定特性加以分类，每一类货品都有固定存放的位置，而同属一类的不同货品又按一定的原则来指派货位。分类储存通常按以下属性来分类：产品相关性，流动性，产品尺寸、重量和产品特性。

分类储存便于畅销品的存取，具有固定储位的各项优点，而且各分类的储存区域可根据货品特性再做设计，有助于货品的储存管理。其缺点在于，货位必须按各项货品最大在库量设计，因此储区空间平均使用效率较低。

分类储存较固定储位具有弹性，但也有与固定储位策略同样的缺点，因而较适用于以下情况：产品相关性大，经常被同时订购；周转率差别大；产品尺寸相差大。

【例 8-2】在杭州的仓库中有两种类型的矿泉水，库存是根据再订购水平政策进行管理的。批量和安全库存的规模见表 8-1。库存水平随时间的变化如图 8-7 和图 8-8 所示。该公司目前正在使用专用储存策略。因此，储存位置的数量由公式给出

$$m_d = 600 + 360 = 960 \tag{8-9}$$

该公司目前正在考虑使用随机储存策略的机会。此策略所需的储存位置数为

$$m_r = 600 + 210 = 810 \tag{8-10}$$

表 8-1 批量和安全库存

产品	批量	安全库存
天然水	500	100
苏打水	300	60

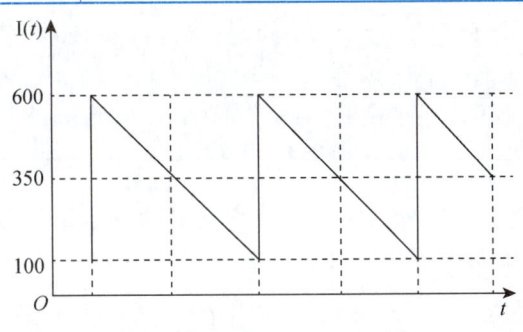

图 8-7 天然水的库存水平

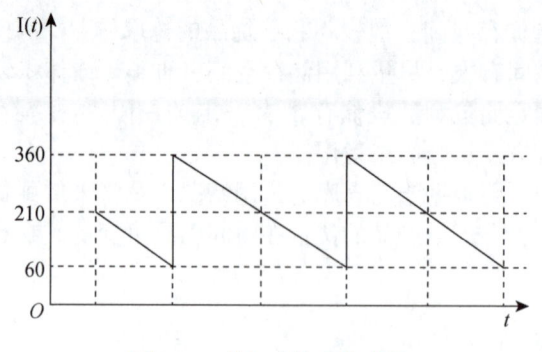

图 8-8　苏打水的库存水平

8.2.3　通道宽度规划

库房的通道分为运输通道(主通道)、作业通道(副通道)和检查通道。运输通道供装卸搬运设备在库走行，其宽度主要取件于装卸搬运设备的外形尺寸和单元装载的大小。运输通道还可根据物料尺寸、放进取出操作方便程度来确定。通道类型如图 8-9 所示。

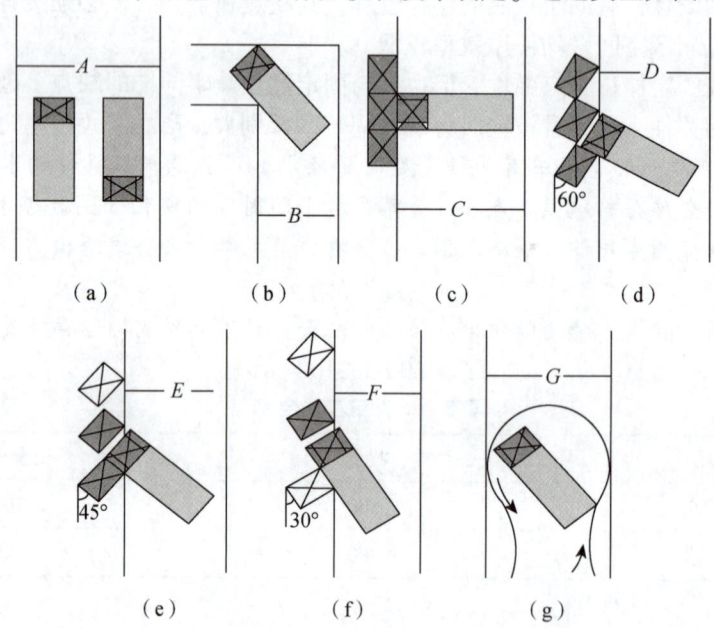

(a) 双行通道；(b) 直角转变通道；(c) 直角堆存通道；(d) 60°角堆存通道；
(e) 45°角堆存通道；(f) 30°角堆存通道；(g) 调头通道。

图 8-9　通道类型

1. 根据物料周转量，物料外形尺寸和库内通行的运输设备确定

车辆双向运行的最小宽度为

$$B = 2b + C \tag{8-11}$$

式中：B——最小通道宽度(m)；

　　　C——安全间隙，一般采用 0.9 m；

　　　b——运输设备宽度(含搬运物料宽度)(m)。

用手推车搬运时通道的宽度一般为 2~2.5 m；用小型叉车搬运时，一般为 2.4~3.0 m；进入汽车的单行通道一般为 3.6~4.2 m。

2. 根据物料尺寸，放进取出操作方便来确定

采用人工存取的货架之间的过道宽度，一般为 0.9~1.0 m；货堆之间的过道宽度，一般为 1 m 左右。

影响储存空间利用率的最重要因素就是通道的设置及宽度，因此良好的通道设计须注意以下问题：

①流量经济：让所有通道的人、物移动都形成路径。

②空间经济：通道通常须占不少空间，因此仔细设计能带来直接利益。

③设计顺序：主要通道，像出入部门及厂房间的通道必须首先设计，其次是服务设施的通道，最后是次要通道。

④大规模仓库的空间经济：例如一个 6 m 宽的仓库可能有一个约 1.5~2 m 的通道，约占有效地板空间的 25%~30%；而一个 180 m 宽的仓库可能有 3 个 3.6 m 的通道，只占所有空间的 6%，即使加上次要通道，也只占 10%~12%。因此，大仓库在通道设计上可达到大规模空间经济。

⑤危险条件：必须要求通道随时都足够空旷，以保证发生危险时能够尽快逃生。

⑥楼层间的交通：电梯是通道的特例，应该属于竖向布置问题，其目的在于将主要通道的货物运至其他楼层，但要避免阻碍主要通道的交通。

不同的布置形式有不同的通道空间比例，需要在规划时进行考虑。

8.2.4 柱子间隔规划

柱子的设计一般根据建筑物的楼层数、楼层高度、地板载重、抗震能力等条件进行。柱子间隔会影响货架的摆放、搬运车的移动、输送分类设备的设置。柱距设计的影响因素一般有两个：卡车台数及种类和存储设备的种类及尺寸。

1. 根据卡车台数及种类确定柱子间距

注意不同类型的载货卡车会有不同的体积长度，停靠站台所需的空间及柱距也有不同。卡车停靠站台仓库立柱排列如图 8-10 所示。

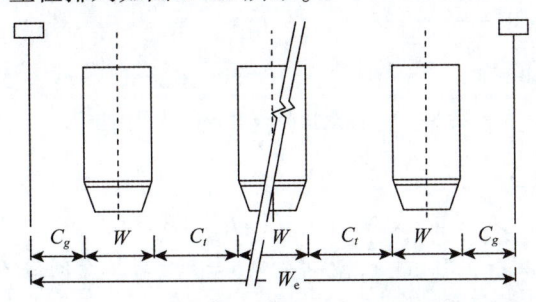

W_c：柱子间距；W：货车宽度；N：货车数量；C_t：货车间距；C_g：侧面间隙尺寸。

图 8-10 卡车停靠站台仓库立柱排列

根据卡车台数及种类,柱子之间的间距可由式(8-12)计算得到。

$$W_c = W \times N + C_t \times (N-1) + 2 \times C_g \tag{8-12}$$

2. 根据储存设备的种类及尺寸确定柱子间距

储存空间的设计应优先考虑保管设备的布置效率,其空间的设计尽可能大而完整以供储存设备的安置,故应配合储存设备的规划,来决定柱子的间距。

(1)托盘货架宽度方向柱子的排列(见图8-11)

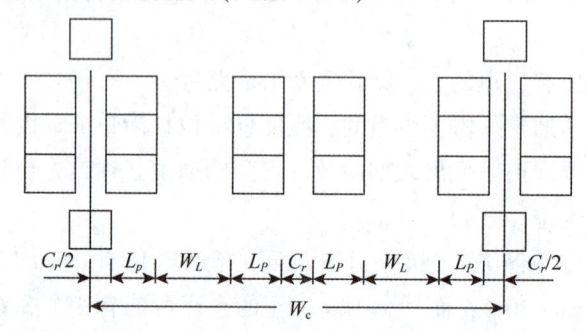

W_c:柱子间距;L_P:货架深度;W_L:通道宽度;C_r:货架背面间隔;N:货架巷道数。

图8-11 托盘货架宽度方向柱子的排列

以上可得柱子间距:

$$W_c = (W_L + 2 \times L_P + C_r) \times N \tag{8-13}$$

【例8-3】托盘深度 $L_P = 1.0$ m,通道宽度 $W_L = 2.5$ m,货架背面间隔 $C_r = 0.05$ m,平房建筑,柱子间隔内可放2对货架($N=2$),求内部柱子间距。

解:$W_c = (W_L + 2 \times L_P + C_r) \times N = (2.5 + 2 \times 1.0 + 0.05) \times 2 = 9.1 \text{(m)}$

答:内部柱子间距为9.1 m。

(2)托盘货架长度方向柱子的排列

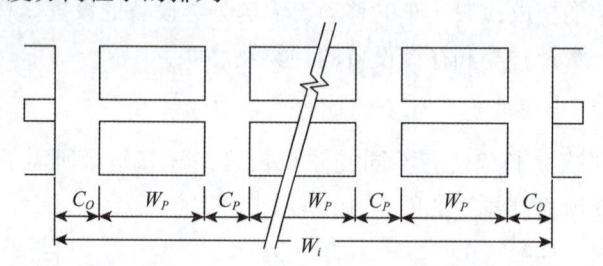

W_i:柱子间距;W_P:货架宽度;N_P:托盘列数;C_P:托盘间距;C_O:侧面间隙。

图8-12 托盘货架长度方向柱子的排列

以上可得柱子间距:

$$W_i = W_P \times N_P + C_P \times (N_P - 1) + 2 \times C_O \tag{8-14}$$

【例8-4】托盘宽 $W_P = 1.0$ m,托盘列数 $N_P = 7$ 盘,托盘间隔 $C_P = 0.05$ m,侧面间隙 $C_O = 0.05$ m,求内部柱子间距。

解:$W_i = W_P \times N_P + C_P \times (N_P - 1) + 2 \times C_O = 1.0 \times 7 + 0.05 \times 6 + 2 \times 0.05 = 7.4 \text{(m)}$

答:内部柱子间距为7.4 m。

8.2.5 库房高、长、宽规划

1. 库房高度计算

在储存空间中,库房的有效高度也称为梁下高度,理论上是越高越好,但实际上受货物所能堆码的高度、叉车的扬程、货架高度等因素的限制,库房太高有时反而会增加成本及降低建筑物的楼层数,因此要合理设计库房的有效高度。

储存空间梁下有效高度计算公式:

$$梁下有效高度 = 最大举升的货高 + 梁下间隙尺寸 \quad (8-15)$$

由于货物储存方式、堆垛搬运设备的种类不同,对库房的有效高度的要求就不一样,再加之仓库要考虑消防、空调、采光等因素,所以在进行库房的有效高度设计时,应根据货物储存方式、堆垛搬运设备等因素,采取有区别的计算方式。

采用地面层叠堆码时,梁下有效高度的计算示例如下:

【例8-5】 货高 $H_A = 1.3$ m,堆码层数 $N = 3$,货叉的抬货高度 $F_A = 0.3$ m,梁下间隙尺寸 $a = 0.5$ m,求最大举升货高度与梁下有效高度。

解答: 最大举升货高 $H_L = N \times H_A + F_A = 3 \times 1.3 + 0.3 = 4.2$(m)

梁下有效高度 $H_e = N \times H_A + F_A + a = 4.2 + 0.5 = 4.7$(m)

采用货架储存时,梁下有效高度的计算示例如下:

【例8-6】 货架高度 $H_r = 3.2$ m,货物高度 $H_A = 1.3$ m,货叉的抬货高度 $F_A = 0.3$ m,梁下间隙尺寸 $a = 0.5$ m,求最大举升货高度与梁下有效高度。

解答: 最大举升货高度为 $H_L = H_r + H_A + F_A = 3.2 + 1.3 + 0.3 = 4.8$(m)

梁下有效高度为 $H_e = H_r + H_A + F_A + a = 4.8 + 0.5 = 5.3$(m)

2. 库房的长、宽计算

库房尺寸设计的目标是在满足储存需求的条件下,使得运行效率达到最大。机架/堆垛的最大高度由存储技术决定。因此,尺寸决定相当于计算库房的长度和宽度。

一个传统的储存区布局图如图8-13,已知该存储区需要储存的货物数量为 m,单位货物(如托盘)沿 x 和 y 方向的长度和宽度分别为 a_x,a_y,侧廊和中央过道的宽度分别为 w_x,w_y,存储技术允许的沿 z 方向的存储区数为 n_z,拣货员的平均速度为 v,要决策沿 x 和 y 方向的存储位置数量 n_x 和 n_y,也就可得库房的长度和宽度 L_x 和 L_y。

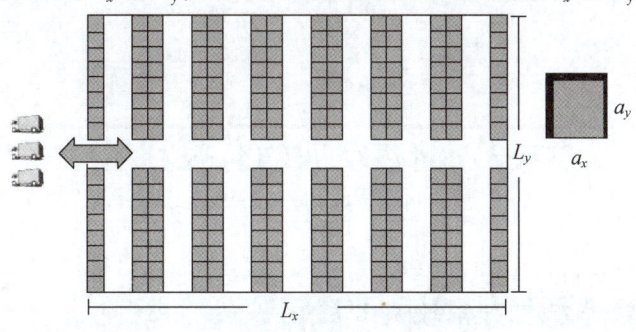

图8-13 库房平面示意

库房的长度和宽度 L_x 和 L_y 与沿 x 和 y 方向的存储位置数量 n_x 和 n_y 之间的关系可以表

示为：

$$L_x = \left(a_x + \frac{1}{2}w_x\right)n_x \tag{8-16}$$

$$L_y = a_y n_y + w_y \tag{8-17}$$

假设装卸作业包括储存或回收单个装载物，且所有存放点被存取的概率相同，则拣选机所覆盖的平均距离为：

$$2\left(\frac{L_x}{2} + \frac{L_y}{4}\right) = L_x + \frac{L_y}{2} \tag{8-18}$$

因此，确定储存区大小的问题可以表述为：

$$\text{最小化目标：}\left(a_x + \frac{1}{2}w_x\right)\frac{n_x}{v} + \frac{a_y n_y + w_y}{2v} \tag{8-19}$$

$$\text{约束：} n_x\, n_y\, n_z \geq m \tag{8-20}$$

$$n_x\, n_y \geq 0,\text{并且} n_x,\ n_y \text{为整数} \tag{8-21}$$

假设仓储区容量（长、宽、高）正好满足需求 m，则：

$$n_x = \frac{m}{n_y n_z} \tag{8-22}$$

代入目标函数变为：

$$\left(a_x + \frac{1}{2}w_x\right)\frac{m}{n_y n_z v} + \frac{a_y n_y + w_y}{2v} \tag{8-23}$$

由于目标函数是凸函数，最小值 n_y 可通过以下公式求出：

$$\frac{d}{d(n_y)}\left(\left(a_x + \frac{1}{2}w_x\right)\frac{m}{n_y n_z v} + \frac{a_y n_y + w_y}{2v}\right)\bigg|_{n_y = n_y'} = 0 \tag{8-24}$$

由此可得最优的 n_x，n_y 为：

$$n'_y = \sqrt{\frac{2m\left(a_x + \frac{1}{2}w_x\right)}{a_y n_z}} \tag{8-25}$$

$$n'_x = \sqrt{\frac{m\, a_y}{2n_z\left(a_x + \frac{1}{2}w_x\right)}} \tag{8-26}$$

8.3 储存空间的有效利用

微课视频：储存空间的有效利用

本节主要介绍如何有效利用仓库的储存空间，在这之前，需要先了解一下储存单元的概念。存储单元英文为 Stock Keeping Unit，也就是 SKU。当某类商品在供应链中流动时，大多数的商品的包装并不是一成不变的，而是会在供应链的不同节点，呈现不同的包装形态。

在供应链的上游，产品通常以更大的存储单元流动，例如托盘；当它向下游移动时，会逐渐分解成更小的存储单元，如纸箱包装，或者单件产品。

如图 8-14 所示，当产品向供应链下游移动时，它会逐渐被分解成更小的存储单元。产品从工厂出来后，可能以托盘装载的方式进入并储存在区域分拨中心，然后出库时再分解成纸箱的形式进入和储存到社区仓库，最后是以销售小包装或单件的方式放入零售商店的货架，而这是面向消费者提供的最小储存单元。

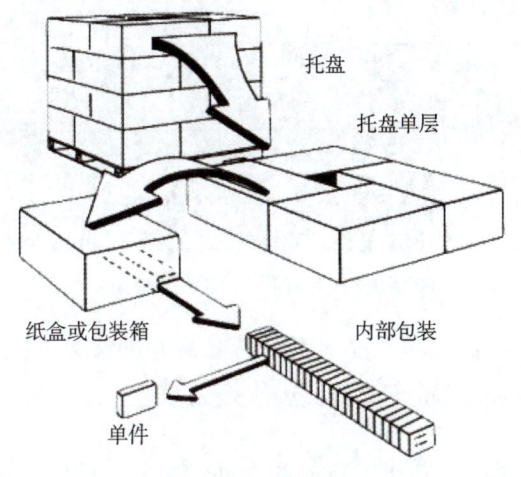

图 8-14 储存单元

由于在供应链不同环节的货物包装形态有所不同，也就是 SKU 不同，所对应的不同节点内的储存空间的规划要求与规划侧重点也会有所不同。

8.3.1 定性分析（管理层面）

1. 立体空间的利用

（1）高货架

当合理化设置好梁柱后，在有限的立体空间中，面积固定，要增加利用空间就只有向上发展。或许大家会认为仓库空间向上发展会影响货物搬运工作的安全与困难程度，增加盘点困难，但堆垛技术日新月异，堆高设备更是不断出新以应所需，且非常普及，因此向上发展的困难已不大。

堆高的方法为多利用货架，如驶出/驶入式货架便可叠高 10 m 以上，而窄道式货架更可叠高 15 m 左右，利用这些可叠很高的货架把重量较轻的货物储放于上层，而把较笨重的货物储放于下层，或借托盘来多层堆放，以提高储物量，增加利用空间。还可以利用架上平台等形式。向上拓展空间的竖向布置。具体可采取以下形式：

①使用料架。将物品直接或装入料箱、托盘后存入料架。

②托盘、集装箱堆码。将物品装入集装箱或码放在托盘上，然后把集装箱或托盘进行堆码。

③空中悬挂。将某些物品悬挂在库墙或库房的上部结构上。

④采用架上平台，即阁楼式货架。在料架上方铺设一层承载板，构成二层平台，可直接堆放物品或摆放料架。有的可以设置多层平台，如图 8-15 所示。

图 8-15 架上平台（阁楼式货架）

储存空间的竖向布置潜力很大，在不增加库房面积的情况下，商品的存放向高度方向发展，向空间要货位，可扩大储存能力，节约建筑投资。

（2）自动化立体仓库

自动化仓储系统出现后，获得了迅速的发展，主要是因为这种仓库具有一系列突出的优点，它在整个企业的物流系统中具有重要作用。自动化仓库能够大幅度地增加仓库高度，减少占地面积。用人工存取货物的仓库，货架高 2 m 左右。用叉车的仓库可达 3~4 m，但是所需通道至少要 3 m 宽。用这种仓库储存机电零件，单位面积储存量一般为 0.3~0.5 t/m^2；而高层货架仓库目前最高的已经超过 40 m，它的单位面积储存量比普通的仓库高得多。一座货架 15 m 高的高架仓库，储存机电零件和外协件，其单位面积储存量可达 2~15 t/m^2，是普通货架仓库的 4~7 倍。对于一座拥有 6 000 个货位的仓库，如果托盘尺寸为 800 mm×1 200 mm，则普通的货架仓库高 5.5 m，需占地 3 609 m^2；而 30 m 高的高架仓库，占地面积仅 399 m^2。

在储存空间的利用率上是最高的，但并不表示它就是最合适的，因为其建设投资较高。对于自动化立体仓库的选用，必须在了解自己仓储系统的货物特性、量的大小、作业频率的高低以及单元化的程度后，进行严谨的成本效益评估。

2. 平面空间的有效利用

①非储存空间设置于角落。即将厕所、楼梯、办公室、清扫工具室等设施尽量设置在保管区域的角落或边缘，以免影响保管空间的整体性，这样可以有效增加储存货物的保管空间。

②减少通道面积。前文中提到，减少通道面积相对就增加了保管面积。但是，可能会因通道变窄变少而影响作业车辆的通行及回转，因此在空间利用率与作业影响两个条件中，需要根据自己的需求取得平衡点，不要为一时的扩展保管空间而影响了整个作业的方

便性。一般的做法是把通道设定成保管区中行走搬运车辆的最小宽度需求，再于适当长度中另设一较宽通道区域来供搬运车辆回转。表8-2举堆垛机的例子说明了装搬设备与通道宽度间的匹配问题。

表8-2 通道宽度与适用的堆垛机类型

通道形式	通道宽度/m	堆垛机类型
宽道式	3.0~4.5	配重式堆垛机
窄道式	2.1~3.1	直达式堆垛机 跨立式堆垛机 转柱式堆垛机
超窄道式	<2.1	转叉式堆垛机 拣取机

③货架的安装设置应尽量采取方形配置，来减少因货架安置而剩下的无法利用的边角空间。

④储存空间顶上的通风管路及配电线槽，宜安装于最不影响存取作业的角落上方，以减少对货架的安置干涉。

8.3.2 定量分析

下面分成托盘作业区、纸箱作业区和单件作业区进行储存空间有效利用的定量分析。

1. 托盘作业区域规划

(1) 进出货频率高的货物应放在"方便进出"的位置

下面探讨货物"方便进出"的评价方法。假设一个仓库的入库门位于仓库的下边缘，而出库门位于上边缘，搬运车可以停在任何门口，假设出库或入库的平均位置为仓库的中心位置。每次将托盘储存在特定位置时，将产生以下可变的人工成本：从入库门到储存位置的搬运成本；从储存位置到出库门的搬运成本。因此，每个位置 i 都伴随着使用它所产生的人工成本。不失一般性，由于人工成本与运输距离成正比，此处首先讨论搬运距离。在单位负载仓库中，每个位置的搬运距离与其他地点的储存无关，因此，如果一年中使用过 i 个存储位置，那么每年的总搬运量为：

$$C = \sum_{i=1}^{n} d_i n_i \tag{8-27}$$

式中，i——位置编号；

d_i——搬运距离；

n_i——年平均搬运次数(年需求总量/平均存储量)

人力成本与 C 成正比，距离 d_i 由仓库的布局决定，不容易更改。但是年平均搬运次数 n_i 取决于客户的订单以及对存储位置的选择。通过调整存储策略，保证最常访问的位置是最方便的位置(最小总行程 d_i)，从而可使表达式(8-27)简化。

(2) 收货区和发货区的位置

仓库的布局决定了每个存储位置的搬运成本，因此收货区和发货区的设置非常重要。收货区对应于货物的入口，发货区对应于货物的出口。常用的收货区与发货区的布局有贯通式和同端出入式两大类，这两类通常分别对应了仓储内部布局中的直线型布局和U型布局。

①贯通式。在图8-16的布局中，收货区和发货区分别设置于仓库一个直通道的两端，所有货物都从设施的一侧流向另一侧，因此也被称为贯通式。在该情形下，沿着过道一侧的所有存储位置便利程度相同。

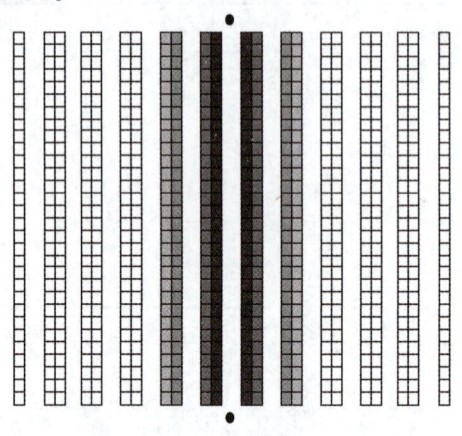

图8-16 贯通式

想象一下，如果接货区和发货区都向右移动，那么各储存位置的便利性将如何变化？此时，左侧的存储位置将变得不太方便，而右侧的存储位置将更加方便；但是最好的位置的便利程度不会提高，而最糟糕的位置的便利程度将变得更差，从而导致整体的效率降低。

贯通式有以下的特点：许多储存位置具有同等的便利性；保守的设计；有较多合理方便的储存位置，但很少非常方便；更适合于具有极高货物量的情形；适用于狭长的建筑物；可以通过采用复合作业降低不便利性。

②同端出入式。如果收货区和发货区都在仓库的同一侧，则会在内部产生不同的经济便利性，如图8-17所示。因为货物从仓库的同一侧流入和流出，所以有时将其称为U型流配置。

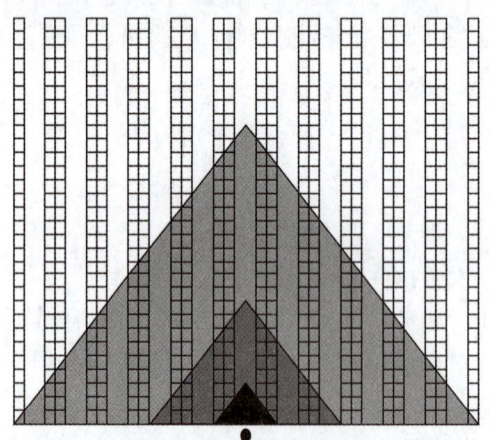

图8-17 同端出入式

在该情形下，最好的存储位置位于收货区和发货区的附近，因为收货和发货的位置也非常接近运输，使得该区域的储存位置非常便利。同端出入式有以下的特点：收货和发货位于仓库的同一侧;使最方便的地点更方便,不方便的地方更糟;当货物的搬运呈现ABC分布时更加适用;为出入库作业提供了灵活性;可以随时调整出库和入库的位置,较好地适应储存区不同时间段出入库作业峰值的变化;可以更有效地使用叉车:可为叉车同时安排存货和取货作业任务,从而减少叉车的空驶时间;可减少卡车停车位和道路;允许沿仓库的其他三个侧面扩展。

③单程作业和复合作业。仓库内入库和出库作业通常可采用两种作业方式,即单程作业和复合作业。叉车在仓库内空车行驶,不会增加价值,就像汽车空驶一样浪费人力物力,叉车要到某个货位取货出库,首先需要空驶到该货架位置,随后才能将货物叉送至发货区。

第一,单程作业。单程作业是叉车运行的最简单、最常见的模式,要求每台叉车在完成每个任务后都返回到控制点以进行新的任务分配。在单位装载的仓库中,所有托盘的移动都是存放或拣取,在单程作业下运行的叉车至少有一半的时间处于空驶状态,因为它必须不断返回空位以便接收或卸载另一个托盘,否则必须空驶拣取另一个托盘进行运输,如图8-18所示。叉车的行程只有一半是有效率的。在此示例中,存放和拣取均在底部,向左的行程将托盘存放在可用位置,要求叉车返回时空载(虚线);向右的行程(要拣取一个托盘)要求行程以空载开始。

减少劳力的一种方法是将产品存放在方便的位置,以减少行程。另一种方法是通过交错存放和拣取物品来减少空驶,以便在存放之后,叉车直接行驶拣取另一个托盘。

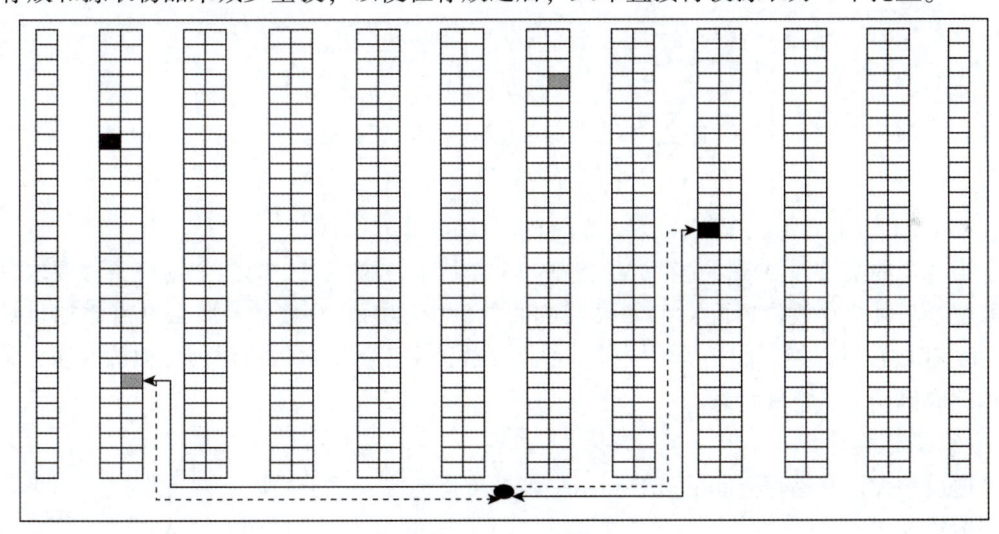

图 8-18　单程作业

第二,复合作业。复合作业是将存放与拣取作业安排给同一个叉车的一个回路中,从而减少空驶的作业方式。为了使复合作业最有效,可以将存放和拣取作业进行合理配对以最大限度地减少空驶,这就需要额外的IT支持来协调任务。如图8-19所示,实线表示叉车在有装载的情形下的行驶路线,虚线表示叉车的空载行驶路线。在同端出入式的仓库中(见图8-19左图),复合作业可以更大程度上减少空驶距离,而在贯通式的仓库中(见图8-19右图),复合作业虽然能够减少叉车一次运行过程中空驶距离,但是由于接货区和发货区位于仓库的两端,叉车取货至发货区后需要空驶至接货区进行下一次作业。因此,其空驶距离较同端出入式仓库的更长。

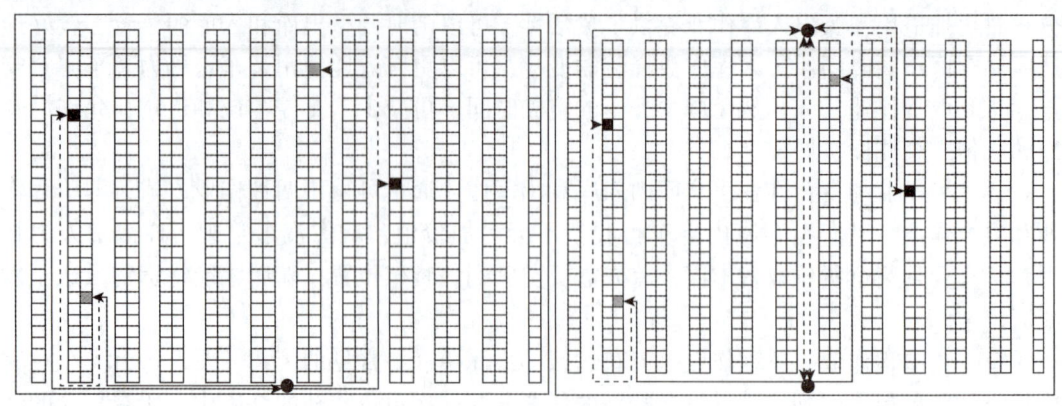

图 8-19 复合作业

有了更多的技术支持，便可以构建配对以最大限度地减少空驶。假设有一个任务列表，其中包含存放位置 $i = 1, 2, \cdots, m$ 和拣取位置 $j = 1, 2, \cdots, n$。设存放位置 i 和拣取位置 j 之间的最短距离为 d_{ij}。为最大程度减少空驶距离进行存放和拣取作业配对的问题的数学模型如下：

$$\min \sum_{i=1}^{m} \sum_{j=1}^{n} d_{ij} x_{ij} \tag{8-28}$$

$$\sum_{i=1}^{m} x_{ij} = 1, \ \forall j = 1, 2, \cdots, n \tag{8-29}$$

$$\sum_{j=1}^{n} x_{ij} = 1, \ \forall i = 1, 2, \cdots, m \tag{8-30}$$

$$x_{ij} \in \{0, 1\}; \ \forall i = 1, 2, \cdots, m; j = 1, 2, \cdots, n \tag{8-31}$$

其中，$x_{ij} = 1$ 表示叉车从存放位置 i 直接行驶到拣取位置 j。

第一个约束条件要求每个存放位置都与某个拣取位置配对，第二个约束条件要求每个拣取位置与某个存放位置配对。如果存放的数量少于拣取的数量，那么只需添加足够的"虚拟"存放数量以使它们相等。同样，如果存放区多于拣取区，将添加虚拟拣取区，每个虚拟拣取区均表示空驶状态。

(3) 通道设计

通道的设计在储存空间的有效利用中占据重要地位，常采用以下两种形式：中央直穿式和斜边式。

① 中央直穿式。

为了减少在存放和拣取位置之间的行程，通常最好将走道的方向定为平行于物料流的方向。但是，有时支持在存放位置之间移动是有利的，例如，叉车在复合作业下直接从存放一个托盘移动到拣取另一个托盘，如图 8-20 所示。

中央直穿式的成本较高，存放相同数量的托盘位置需要更多的地面空间，因此增加了额外的行程。如果存放和拣取位于通道的相对两侧，则每个位置的便利性会略有降低，因为中央直穿式的每个托盘作业都必须穿过通道一次。而且，如果存放和拣取在通道的同一侧，则近处位置不会受到影响，但远距离位置的便利性就更差了，因为在那里存放的每个托盘都必须穿过过道两次：一次要存放，另一次则要拣取托盘。

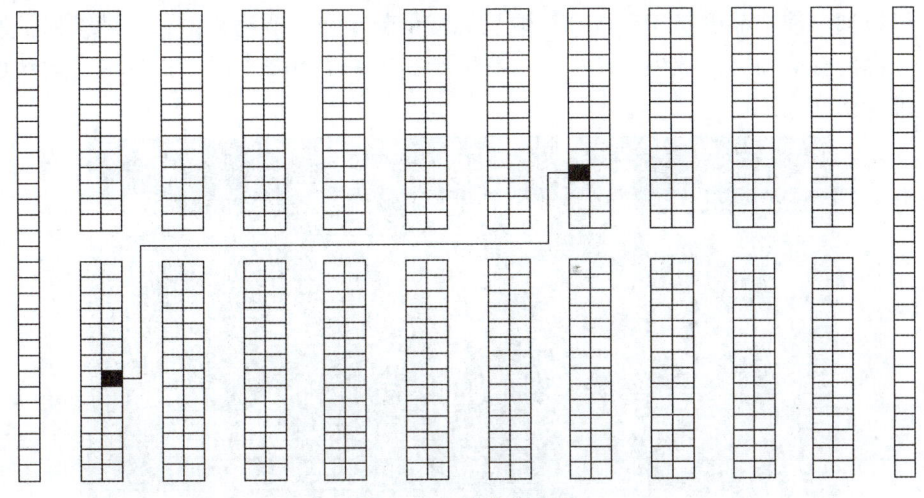

图 8-20 中央直穿式

② 斜边式。

斜边式通道如图 8-21 所示，采用斜边式通道布局的仓库必须稍大一些，以弥补额外通道损失的空间，但这可以通过更直接地往返于存放和拣取集中点的效率来弥补。斜边式通道可以将行程时间最多减少 20%。

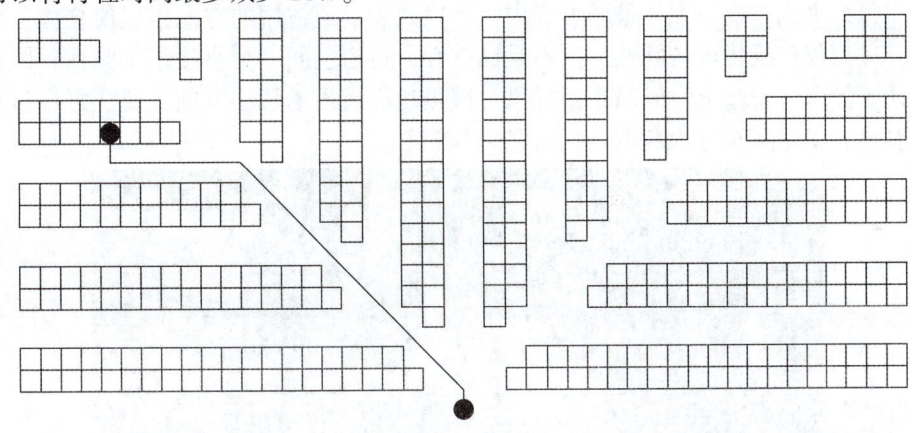

图 8-21 斜边式

如果大多数托盘移动是往返于中央调度点，则可以利用这种更直接的行程。但是，如果叉车完成了存放一个托盘的工作，然后又必须拣取另一个托盘，那么斜边式通道根本没有帮助，实际上可能是一个障碍。但是，这种可能的效率低下可由直接往返于中央调度点的行程所弥补。

(4) 空间设计

仓库的一种收入来源是按托盘每月收取租金。但是由于仓库通常以平方米来计算自己的费用（例如，建筑物的租金、气候控制、清洁等），仓库自然希望每单位面积有许多托盘位置，以获得更多收益，为实现目的，可以采用两种方式：利用高度和货位层叠深度。

① 高度：利用托盘货架。可以堆叠的托盘可以在单位面积的地面上放置许多托盘。但异常沉重或易碎的或顶部不平坦的托盘不能堆得很高，因此上方的所有空间都无法使用。

为避免空间浪费，可以安装货架，使得托盘可以彼此独立地存放。利用托盘货架有以下的好处：可以通过使产品更易于存放和拣取从而减少劳动力，节约成本；有助于保护产品使其不受地面潮湿等损害，减少财产损失；有助于提供一个更安全的工作环境，避免不稳定的托盘堆垛砸伤员工。

图 8-22 托盘货架

②货堆深度。在无货架仓库中，为了最大程度地提高空间利用率，可以将货物在深度上层叠堆码。如图 8-23，通道两侧各有三排货物，即货堆深度为三个货位，每排货物有若干列，每列堆码三层。在该堆码方式中，可以减少过道占用的空间，以使仓库空余空间最小化。过道仅仅提供可访问性，而不是储存性，过道空间不会直接产生收入，因此仓库空间设计更倾向于将过道空间减小到提供足够可达性所需的最小空间。要注意，过道必须至少足够宽，以供叉车进入和取出托盘。

图 8-23 货物层叠深度

但是货堆深度并不是越深越好，因为为了存取的便利性，一般一列货堆只存放同一种货物，随着货物的出库，可能会导致一列货堆中的多个货位无法利用。

货物层叠深度越多，同等存储能力下，过道占用的面积就越少。但不能使用的货位也可能越多。可以通过评估所有可能性以确定最优的货堆深度，如图 8-24 所示。

对于同一种货物，假设其出库量是每天一个货位的货物量，考察其存放在四种不同货堆深度的仓库中时，浪费掉的仓库空间与时间的大小关系。未被占用但无法使用的区域是浪费的。面积以托盘位置为单位；a 是一列货位前过道的面积，即一个货位面积的 a 倍。注意一个过道面积会由两边的货位平摊，因此一边的货位对应的浪费的面积仅为过道面积的一半。

在一层深度的情况下，第一天浪费掉的未使用空间为四个过道面积的一半，即 $4\left(\dfrac{a}{2}\right)$；第二天，由于一个货位的货物出库了，该货位空间被释放，第二天未使用的空间为 $3\left(\dfrac{a}{2}\right)$；以此类推，第三天和第四天未使用的空间分别为 $2\left(\dfrac{a}{2}\right)$ 和 $\dfrac{a}{2}$。因此，当货堆深度为 1 时，四天总的未使用空间·天数为 $10\left(\dfrac{a}{2}\right)$。

在二层深度的情况下，第一天浪费掉的未使用空间为 $2\left(\dfrac{a}{2}\right)$，第二天除了过道占用的空间 $2\left(\dfrac{a}{2}\right)$ 以外，还有一个货位由于无法存放其他货物而被浪费了，第二天的未使用空间为 $2\left(\dfrac{a}{2}\right)+1$；第三天和第四天未使用的空间分别为 $\dfrac{a}{2}$ 和 $\left(\dfrac{a}{2}\right)+1$。因此，当货堆深度为 2 时，四天总的未使用空间·天数为 $6\left(\dfrac{a}{2}\right)+2$。

同理，可以计算出当货堆深度分别为 3 和 4 时，四天总的未使用空间·天数分别为 $5\left(\dfrac{a}{2}\right)+5$ 和 $4\left(\dfrac{a}{2}\right)+6$。

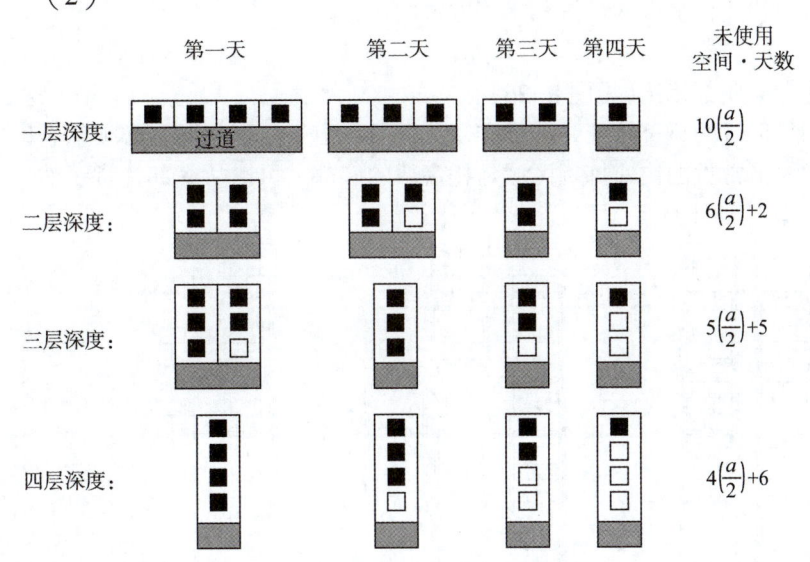

图 8-24 不同货堆深度的空间使用效率

为了比较不同货堆深度对应的未使用空间·天数的大小，绘制未使用空间·天数与过道面积之间的关系图，如图 8-25 所示。可以看出，当过道的宽度小于 4 个托盘面积时，货堆深度为 2 时的空间效率最高。否则，货堆深度为 4 时的空间效率是最好的。

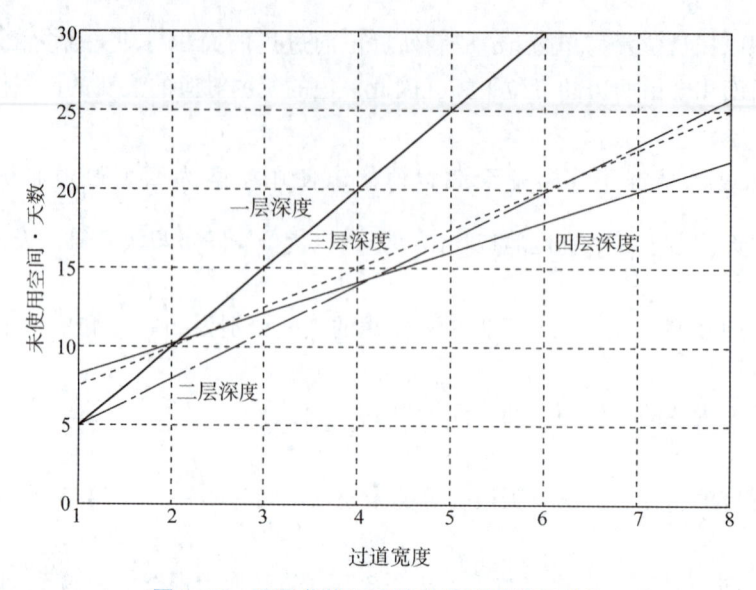

图 8-25　不同货堆深度的空间使用效率对比

为了得到不同出货量情形下的最优货堆深度，可以建立以使浪费的未使用空间·天数最小化为目标的模型并求解得到。

2. 纸箱作业区域规划

装卸单元的纸箱或箱子不是标准化的，但通常是指具有以下特征的矩形盒子：重约 2~25 kg；可以由一个人处理；可运输的（取决于运输机的类型）；可以存放在托盘上。

批量运输时，纸箱通常储存在托盘上，因此补货是一个单位装载的过程，但拣货却不是，这就涉及快速拣货区的设置和零拣方式的选择。

（1）零拣的方式

①从托盘架底部拣选（见图 8-26）。

快速拣货区域的显著特征是拣货方便，但是，由于空间有限，必须从仓库中的其他地方进行补货。最常见的快速拣货区域是托盘架的底部。可以从底部拣货，然后通过从上方"掉下"的托盘进行补充。

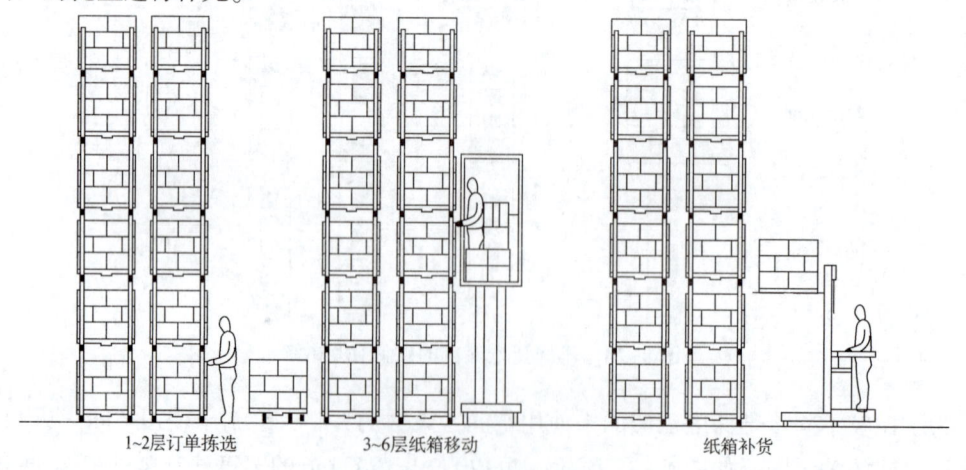

图 8-26　托盘架底部拣选

②从托盘货架拣至传送带(见图8-27)。

为了实现货物的大量配送,可将纸板箱从托盘货架拣选到传送带上,如图8-27所示。在此种情形下,拣货员可以在过道上来拣选纸箱,在纸箱上贴上目的地标签,并将纸箱放到传送带上,由传送带将其运送出去。

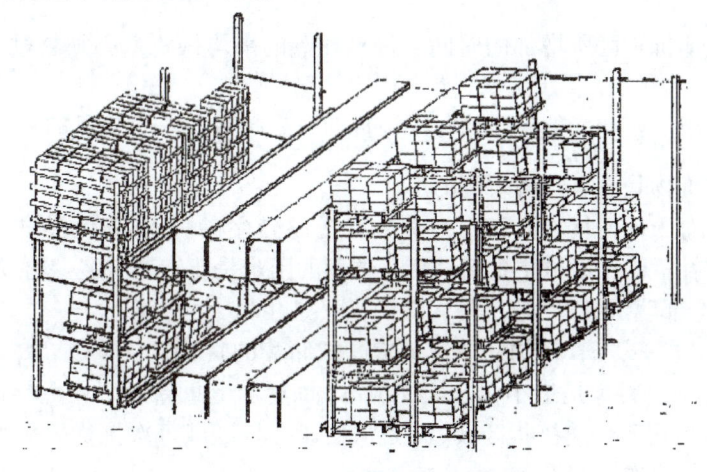

图8-27 从托盘货架拣至传送带

这两种拣货的方式都具有相同的配置:都需要一块能够方便拣选和补给货物的区域。在第一种拣货情形下,拣货区域就是第一层货架的托盘,而高层的货架则作为补给货物的区域。而在第二种拣货情形下,拣货的区域包括了所有货架上的托盘,而补给货物的区域则是仓库的另外一个地方,有可能是更高的货架。

(2)拣货区的设置

哪些货物应储存在快速拣货区域?一旦决定将产品储存在快速拣货区域,如果超出最低需求,给其额外的储存位置,便没有任何好处;因为不会增加快速拣货区域的拣货数量,也不会减少再补货的数量。如果将一种货物需要的托盘放在快速拣货区域,就不需要重新补货(即不需要从储存区到快速拣货区域的内部移动),这样将节省额外的成本。因此,需要考虑的问题是应该在拣货区放每种货物多少托盘单位数量的物品。拣货区存放托盘数量模型如下:

$$\text{净效益} = \begin{cases} 0 & if\ x_i = 0 \\ s\,p_i - c_r\,d_i & if\ l_i < x_i < u_i \\ s(p_i + D_i) & if\ x_i = u_i \end{cases} \quad (8-32)$$

式中:p_i——从拣货区零拣的货物数量;

d_i——从储存区补货到拣货区用于零拣的货物数量;

D_i——从拣货区整托盘拣货的货物数量;

l_i——在拣货区储存的最少托盘数;

u_i——最大的库存量;

s——从拣货区拣货与从储存区拣货节省的时间;

c_r——从储存区到拣货区补货的单位时间;

x_i——存放在拣货区的数量。

如果某些货物储存在快速拣货区域的数量少于其最大数量,则可能会降低效率。当货

物 i 满足式(8-33)，其净效益 $sp_i - c_r d_i$ 为负。

$$\left(\frac{p_i}{d_i}\right)s < c_r \tag{8-33}$$

换句话说，对于这样的货物，每个托盘的平均拣货量所带来的时间节省不足以抵销从储存区补货至快速拣货区所增加的时间。每个托盘的平均拣货量必须超过 $\frac{c_r}{s}$，才值得储存在快速拣货区域。同样，如果平均每次拣货的数量超过了一个托盘的 $\frac{s}{c_r}$ 倍，则在快速拣货区域储存该货物是没有经济效用的。

另一方面，对于任何货物而言，将其所有托盘储存在快速拣货区域的净效益始终为正，则不需要从补货储存区域中重新补货。这里的困难是要知道有多少构成"全部"。

现在假设"全部"相对于快速拣货区域的大小是相当大的，取 $u_i = \infty$。选择变量 $x_i \in \{0, 1\}$, $i = 1, 2, \cdots, n$，来描述快速拣货区域储存的货物选择问题，$x_{i=1}$ 表示将货物 i 储存在快速拣货区。目标是最小化总人工成本(拣货加上重新补货)，受到空间限制，只有 N 个储存位置可用于快速拣货区域。c_1 是从快速拣货区域每次拣货的平均成本，c_2 是从储存区拣货的平均成本。假设 $c_1 < c_2$。

$$\min \sum_{i=1}^{n} (c_1 p_i + c_r d_i) x_i + c_2 p_i (1 - x_i) \tag{8-34}$$

$$\sum_{i=1}^{n} l_i x_i \leq N \tag{8-35}$$

$$x_i \in \{0, 1\}, \quad i = 1, 2, \cdots, n \tag{8-36}$$

从快速拣货区拣货与从存储区拣货节省的时间用 $s = c_2 - c_1$ 替换，则以上模型可改写成：

$$\max \sum_{i=1}^{n} (s p_i - c_r d_i) x_i \tag{8-37}$$

$$\sum_{i=1}^{n} l_i x_i \leq N \tag{8-38}$$

$$x_i \in \{0, 1\}, \quad i = 1, 2, \cdots, n \tag{8-39}$$

上述模型是一个背包问题的模型，可采用一些启发式算法对其进行求解。

3. 单件作业区域规划

拣货是仓库中劳动强度最大的活动，因为产品以最小的计量单位进行处理。此外，由于在扩大产品线的同时要减少库存的压力，拣货的重要性已大大提高。20 年前可以将纸箱直接运送给客户，但现在可能需要更加频繁地进行拣货活动。

仓库应首先考虑是否将存储和拣选活动分开。仓库的一个子区域是一个单独的拣选区域，有时称为快速拣货区或快速拣货区域或主要拣货区域。在该子区域中，人们将订单拣选集中在很小的空间内。这样可以带来很多好处，包括降低拣货成本和提高对客户需求的响应速度。如何配置快速拣货区域是一门科学。

(1) 什么是快速拣货区域

仓库的快速拣货区域也被称作"仓库中的仓库"：许多受欢迎的货物以相对较小的数量存储在此处，因此大多数拣选都可以在相对较小的区域内完成。这意味着拣货员减少了行程,并且可能更容易受到监督。需要权衡的是,快速拣货区域可能需要从备货区域进行补充。

快速拣货区域设计中的基本问题是快速拣货区域中应储存哪些货物和每种货物要储存多少。这决定了快速拣货区域的价值,因为如果货物储存在快速拣货区域的数量不足,那么重新进行补充的成本将超过所节约的拣货成本。首先可以通过流体模型来回答这些问题,该模型将每种货物视为不可压缩的、连续可分的流体,但这将忽略一个事实,即货物实际上是离散的,例如托盘、箱子或独立的单元。在这个模型中可以认为仓库是一个水桶,其中存储各种流体,可以简单地测量每种货物专用的存储空间量。

更详细的产品布局(通常称为"开槽")将明确说明存储的几何形状,并准确告知每种货物的位置,可以轻松实现流体模型的优点,例如在电子表格上。

(2)估计补货

快速拣货区域需要通过补货来维持运营,因此首先必须估算补货成本,补货的成本取决于仓库的具体情况,包含以下几个方面:

①每种货物需要补货的次数。
②要补充的储存单元数。
③补货发生的时间。

补货成本主要取决于所需的补货数量。一方面,重新补货的数量取决于存储单元的类型,例如将货物放于托盘上储存,则每个托盘将需要单独处理。另一方面,如果将货物存储在较小的容器中,则可以通过流体模型估算补货数量。考虑存储在快速拣货区域中的拣货区的容量 v_i,多久补充一次货物取决于它流经仓库的速度 f_i(货物 i 的年需求量),流量以每年的体积(例如每年立方米)为单位进行度量,并可以根据以下仓库数据确定:

如果在快速拣货区域中为货物 i 预留 v_i 单位的拣货位置,每年从该区域中拣货的需求量为 f_i,则货物 i 每年将需要拣货 $\dfrac{f_i}{v_i}$ 次。

在此模型中,存在一些隐含的假设。假设拣货数量永远不会超过快速拣货区域中货物的全部数量。但在实践中,通常会从补货区域中去满足大量的订单。并且如果拣选数量超过当时快速拣货区域中的可用数量,则会需要补货。此外,假设一种货物的全部补货数量可以一次运送,在这种情况下,对相应的货物补货包括以下作业:

①在快速拣货区域和补货区域之间作业:此成本的大小通常由仓库布局决定,而不是由各个独立的货物的位置决定。

②在补货区域内找到库存的作业:这是可变的,但是无法预测,这是因为补货区域中的所需要补货的 SKU 是随机的,在此假设平均值是更合理的。

③在快速拣货区域中进行补货的作业:这是很小的一部分成本,因为快速拣货区域在仓库中所占的比例很小。

④处理存储单元的作业:此成本由所售产品的总数量决定,并根据要储存多少储存量的决定确定。例如,如果一个 SKU 每年从快速拣货区出售 100 个纸箱的货物量,则必须处理所有 100 个纸箱,而与长期存储的数量无关。

由于这些作业组成的成分相对于要存储的数量决定而言是很小的或固定的,因此采用了重新补货的数量来衡量维持快速拣货区域的成本。

(3)每种货物中有多少要存储在快速拣货区域中

假设已经选择了某种货物存储在快速拣货区域中，那么唯一的可变成本是必要时需要补货的人工成本。下面将可用的存储量进行归一化处理，并相应地缩放 f_i，令 v_i 为分配给货物 i 在快速拣货区域的存储空间。

①尽量减少人工以维持快速拣货区域。

在 n 个货物之间分配空间以最小化每年的补货量的问题，用最小拣货成本模型表示为：

f_i ——货物 i 的年需求量；

v_i ——拣货区的容量；

$\dfrac{f_i}{v_i}$ ——每年补货次数(从存储区到快速拣货区域)

假设：每次拣货不会超过 v_i 的量；每次补货成本为常数；

$$\sum_{i=1}^{n} v_i = 1 \tag{8-40}$$

最小拣货成本模型：

$$\min \sum_{i=1}^{n} \dfrac{f_i}{v_i} \tag{8-41}$$

$$\sum_{i=1}^{n} v_i \leq 1 \tag{8-42}$$

$$v_i > 0, \ i=1, \cdots, n \tag{8-43}$$

只需考虑两个 SKU，就可以预测结果的性质，称它们为 A 和 B，则问题就变成了

$$\min \dfrac{f_A}{v_A} + \dfrac{f_B}{v_B} \tag{8-44}$$

$$v_A + v_B \leq 1 \tag{8-45}$$

$$v_A, v_B > 0 \tag{8-46}$$

代入：

$$v_A + v_B = 1 \tag{8-47}$$

$$\min \dfrac{f_A}{1-v_B} + \dfrac{f_B}{v_B} \tag{8-48}$$

对 v_B 求导，使其等于 0，得到

$$v_A^* = \dfrac{\sqrt{f_A}}{\sqrt{f_A}+\sqrt{f_B}} \tag{8-49}$$

$$v_B^* = \dfrac{\sqrt{f_B}}{\sqrt{f_A}+\sqrt{f_B}} \tag{8-50}$$

在快速拣货区域中，为了最小化所有货物的总补货成本，那么货物 i 的可用存储空间的比例应为：

$$v_i^* = \dfrac{\sqrt{f_i}}{\sum_{j=1}^{n}\sqrt{f_j}} \tag{8-51}$$

②两种常用的存储策略。

为每个 SKU 分配相同数量的空间，称其为平等空间(EQS)策略，并通过 $v_i = \dfrac{1}{n}$ 对其进

行建模，由此可以得出，每年货物 i 的库存量为 nf_i。

存储每个 SKU 的时间相等，称其为平等时间策略（EQT），令 K 为每个计划期间的常用补货数量，在"等时分配"下，货物 i 将被补货的次数是相同的，因此 $\frac{f_i}{v_i} = K$，因为在快速拣货区域中所有的空间都会被使用，因此可以假定 $1 = \sum_{j=1}^{n} v_j = \frac{\sum_{j=1}^{n} f_j}{K}$，由此可得：$K = \sum_{j=1}^{n} f_j$ 和 $v_i = \frac{f_i}{K} = \frac{f_i}{\sum_{j=1}^{n} f_j}$。

这两种库存策略的理想模式也是流体模型，因此可以在某些细节上比较两种策略。均等空间分配忽略了货物的需求度和大小上的所有差异，因此通常认为它不如均等时间分配有效。在调查中，仓储行业的人们一致认为"平等时间"分配可以减少补货，因为需求更高的货物将被分配更多的空间。这种观察是业界的民间智慧，但这是错误的。

针对一组给定的货物组合，均等时间分配需要相同的总补货 $n\sum_{j=1}^{n} f_j$ 作为均等空间分配，两种策略下，拣货空间与补货次数的对比如表 8-3 所示。

表 8-3　不同存储策略下拣货区空间与补货次数对比

对比项	均等空间分配	均等时间分配
拣货区的容量	$\frac{1}{n}$	$\frac{f_i}{\sum_{j=1}^{n} f_j}$
每年补货次数	nf_i	$\sum_{j=1}^{n} f_j$
总补货次数	$n\sum_{j=1}^{n} f_i$	$n\sum_{j=1}^{n} f_j$

可以看到，相等空间和相等时间分配之间还有一个有趣的对偶。

在两种储存策略下，拣货区域中货物 i 占用的空间和劳动力如表 8-4 所示。

表 8-4　不同存储策略下拣货区空间与补货工作量对比

对比项	均等空间分配	均等时间分配
货物 i 的空间	$\frac{1}{n}$	$\frac{f_i}{\sum_{j=1}^{n} f_j}$
货物 i 的补货工作量	$\frac{f_i}{\sum_{j=1}^{n} f_j}$	$\frac{1}{n}$

为了进行比较，在最佳策略下，货物 i 得到空间比例为 $\frac{\sqrt{f_i}}{\sum_{j=1}^{n} \sqrt{f_j}}$，并因此获得相同比例

的补货。

③与最优策略比较。

均等空间分配和均等时间分配均提供一种可简化仓库管理的制度。例如，在均等空间分配下，存储的统一性可以简化空间管理，尤其是在逐步淘汰旧货物和引入新货物的情况下。因为所有存储空间的大小均相同，所以新到达的货物总是适合快速拣货区域中的空间。但是，这样做是有代价的。也就是说，均等的空间分配将需要高度不均匀的补货频率，这可能会使补货过程更加难以管理。

另外，通过补货来维持快速拣货区域需要多少工作量尚不明显。同样，在均等时间分配下，每种货物的补货频率相同，因此，更容易估算维持快速拣货区域所需的补货劳动力。例如，如果快速拣货区域的每种货物都有 3 周的供应，那么每周必须补充大约三分之一的货物。在某些情况下，这可以节省资金，因为它可以允许补货。但是，均等时间分配在分配给货物的空间量上相差很大，因此根据此策略存储的快速拣货区域的货架上可以具有许多不同大小的分配给货物的空间。当停产旧产品并推出新产品时可能会比较麻烦，因为新到达的货物不太可能具有与即将退出的货物相同的流量值。如果空间较大，则新的货物需要比旧的货物更多的空间；如果将其存储在较小的空间中，则必须比预期频率更频繁地补充新的货物。这样补货频率的均匀性大概是均等时间分配的吸引力之一，但是它会随着时间的推移而降低。

最佳策略：对于每种货物 i，均等时间分配的大小和均等空间分配的频率都直接取决于值 f_i。但最优分配的数量和频率取决于值 $\sqrt{f_i}$。如果 f_i 非常大，则 $\sqrt{f_i}$ 较小；如果 f_i 非常小，则 $\sqrt{f_i}$ 较大。因此，最佳分配倾向于避免可能由均等时间分配或均等空间分配所得的极值。

在最佳分配策略种，各种货物分配的空间差异将小于按均等时间策略分配的差异，这样更易于在仓库中进行补货作业。同样，在最佳策略分配下，各种货物补货频率的差异将小于按均等空间分配的补货频率差异。

8.4　自动化仓库规划

微课视频：自动化立体仓库规划与设计

8.4.1　自动化仓库的概述

目前许多行业的仓库都朝着大型化的方向发展，大型化仓库带来的好处就是能够实现规模效应，降低单位物流运作成本。但是仓库规模更大时，可能出现的问题会更严重，这些问题包括：

第一，由于装卸时间过长，导致装运货车的排队等待。如果装卸的是冷链货物，那么过长的装卸时间会还可能使得冷冻货物品质下降，造成货损。

第二，人工成本越来越高。在目前中国人口红利逐步消失的大环境下，仓库装卸人工的费用将变得越来越高。

第三，由于装卸的失误操作，导致货物破损。尤其在人工装卸过程中，多次的搬运腾挪会增加货物破损的概率。

这些问题的出现，使得仓库运作难以满足客户的日益严苛的需求。如果采用自动化立体仓库进行仓储管理，可以在一定程度上缓解这些问题。

自动化立体仓库系统，也叫自动存取系统，英文名为 Automated Storage and Retrieval System，简称 AS/RS。它是由高层立体货架、堆垛机、输送系统、计算机控制系统、信息识别系统、通信系统、监控系统等组成的自动化仓储管理系统。自动化立体仓库由于能充分利用仓库面积与空间，大幅提高仓库的自动化和管理水平，且能方便地纳入整个企业的物流系统，使企业物流更加通畅，因此自动化立体仓库在国内外受到人们的普遍关注和重视，自动化立体仓库的规模、数量和自动化水平都得到飞速发展。

自动化仓储系统这一新技术的出现，使有关仓储的传统观念发生了根本性的改变。原来那种固定货位、人工搬运和码放、人工管理、以储存为主的仓储作业已改变为优化选择货位，按需要实现先入先出的机械化、自动化仓库作业。在这种仓库中，在储存的同时可以对货物进行跟踪以及必要的拣选和组配，并根据整个企业的需要，有计划地将库存货物按指定的数量和时间要求送到合适的地点，以满足均衡生产的需求。从整个企业物流的宏观角度看，货物在仓库中短时间的逗留只是物流中的一个环节，在完成拣选、组配以后，将继续流动。高架仓库本身就是整个企业物流的一部分，是它的一个子系统。可以认为它使整个"静态仓库"变成了"动态仓库"。

自动化仓库的功能一般包括收货、存货、取货和发货等。

收货：这是指仓库从原材料供应方或生产车间接收各种材料或半成品，供工厂生产或加工装配之用。收货时需要提供站台或场地供运输车辆停靠，需要提供站台和载货车辆之间的过桥，需要机械设备完成装卸作业。卸货后需要检查货物的品名和数量以及货物的完好状态，确认货物完好后方能入库存放。

存货：将卸下的货物存放到自动化系统规定的位置，一般是存放到高层货架上。存货之前首先要确认存货的位置。在某些情况下可以采取分区固定存放的原则，即按货物的种类、大小和包装形式等实行分区分位存放。随着移动货架和自动识别技术的发展，已经可以做到随意存放，这样既能提高仓库的利用率，又可以节约存取时间。存货作业一般通过各种装卸机械完成。系统对保存的货物还可以定期盘查，控制保管环境，减少货物受到的损伤。

取货：这是指根据需求情况从库房取出所需的货物。可以有不同的取货原则，通常采用的是先入先出方式，即在出库时，先存入的货物先被取出。对某些自动化仓库来说，必须能够随时存取任意货位的货物，这种存取方式要求搬运设备和地点能频繁更换，这就需要有一套科学和规范的作业方式。

发货：这是指将取出的货物按照严格的要求发往用户。根据服务对象不同，有的仓库只向单一用户发货，有的则需要向多个用户发货。发货时需要配货，即根据使用要求对货物进行配套供应。因此，发货功能的发挥不仅要靠运输机械，还要靠包装机械的配合，当然，各种检验装置也是不可缺少的。

信息查询：这是指能随时查询仓库的有关信息。信息查询包括查询库存信息、作业信息以及其他相关信息。这种查询可以在仓库范围内进行，有的可以在其他部门或分厂进行。

自动仓储系统出现以后，获得了迅速的发展。这主要是因为这种仓库具有一系列突出的优点，它在整个企业的物流系统中具有重要的作用。

①大幅度增加仓库高度，减少占地面积。

②提高仓库出入库频率。自动化仓库采用机械化、自动化作业，出入库频率高并能方便地纳入整个企业的物流系统，成为它的一环，使企业物流更为合理。

③提高仓库管理水平。借助于计算机管理能有效地利用仓库储存能力，便于清点盘库，合理减少库存，节约流动资金。对用于生产流程中的半成品仓库，还能对半成品进行跟踪，成为企业物流的一个组成部分。

④由于采用了货架储存，并结合计算机管理，可以很容易地实现先入先出，防止货物自然老化、变质、生锈。高架仓库也便于防止货物的丢失，减少货损。

⑤采用自动化技术后，能较好地适应黑暗、有毒、低温等特殊场合的需要。例如：胶片厂储存胶片卷轴的自动化仓库，在完全黑暗的条件下，通过计算机控制自动实现胶片卷轴的入库和出库。

随着中国生产和经济的不断发展，对立体仓库数量和质量的需求将会越来越大，而如何规划和设计立体仓库，使之既能满足物流系统的要求，又能充分利用资源，最大限度地减少投资，将会是一个非常重要的问题。

1. 发展概况

世界上第一座高层货架仓库 1959 年出现于美国，高 8.5 m，使用由司机操纵的巷道堆垛起重机。1962 年西德把计算机控制技术应用到高层货架，建成第一座自动化仓库。由于它有许多显著的优点，工业发达国家竞相发展。特别是日本，在 1965 年建设第一座立体仓库后，平均每年以 200 座的速度大规模兴建，到 1986 年它已拥有大小立体仓库 5 800 座，占世界总数一半以上。中国从 20 世纪 70 年代中期起，也进行高层货架仓库的试点工作。工业系统以郑州纺机厂和北京汽车制造厂为起点，在上海宝钢、石化等厂陆续设计建造了规模大小不等的高层货架仓库，多用于模具备件、零部件库和中间库。

自动化发展趋势包含以下几点：

①自动化程度不断提高。近年来，采用可编程序控制器（PLC）与微机控制搬运设备的仓库和采用计算机管理与 PLC 联网控制的全自动化仓库在全部高架仓库中的比重不断增加。日本 1991 年投产的 1 628 座自动化仓库中，64%是计算机管理和控制的全自动化仓库。在生产企业，自动化仓库作为全厂计算机集成制造系统（CIMS）的一部分与全厂计算机系统联网的应用也日渐增多，成为今后的趋势。

②与工艺流程结合更为紧密。AS/RS 高架仓库与生产企业的工艺流程密切结合，成为生产物流的组成部分，例如，柔性加工系统中的自动化仓库就是一个典型例子。在配送中心，自动化仓库与物品的拣选、配送相结合，成为配送中心的一个组成部分。

③储存货物品种多样化。大到储存长 6 m 以上、重 4~10 t 的钢板与钢管等长大件，小到储存电子元器件的高架仓库，还有专门用作汽车储存的高架仓库等均已出现。

④提高仓库出入库周转率。除管理因素外，技术上主要是提高物料搬运设备的工作速度。巷道堆垛起重机的起升速度已达 90 m/min 速度达 240 m/min 伸缩速度达 30 m/min 的高度较大的高架仓库中，采用上下两层分别用巷道堆垛机进行搬运作业的方法以提高出入

库能力。

⑤提高仓库运转的可靠性与安全性及降低噪声。在自动控制与信息传输中采用高可靠性的硬、软件,增强抗干扰能力;采用自动消防系统,货架涂刷耐火涂层;开发新的更可靠的检测与认址器件;采用低噪声车轮和传动元件等。

⑥开发可供实用的拣选自动化设备和系统。在拣选作业自动化方面正加紧研究开发,但尚未真正达到能可靠地实用的阶段。目前,提高拣选作业自动化程度的途径主要仍限于计算机指导拣选,包括优选作业路线、自动认址、提示拣选品种和数量等,而当前拣选动作大多仍由人工完成。

思政教学案例

国家自动化领域首席科学家吴澄院士

思考题:作为物流管理领域的青年人还需要做出哪些努力才能进一步推动中国物流的自动化发展?

2. 基本组成

由于物流系统的多样性,决定了自动化仓库的多样性,但总的来说,它主要包括下面四个部分:货架结构、堆垛机、货物传输设备以及配套的控制系统。自动化仓库如图8-28所示。

图 8-28　自动化仓库

第一部分,货架结构,也称为储存结构,它是自动化仓库的基础。货架结构根据货格的移动形式大体上可分为 3 种:单元式货架、活动式货架、旋转式货架。

第二部分,堆垛机,也称为货物存取机,是单元式货架 AS/RS 系统的重要组成部分。

其作用是在立体仓库的通道内来回运行,将位于巷道口的货物存入货架的货格,或者取出货格内的货物运送到巷道口。为了适应各种不同形态的货物存取,堆垛机具有相应的各种各样的尺寸与构造。堆垛机的速度决定了 AS/RS 系统的吞吐能力,一般情况下,堆垛机的水平速度可以超过 200 m/min,升降速度超过 50 m/min。

第三部分,货物传输设备。这套设备是 AS/RS 的主要外围设备,负责将货物运送到堆垛机或从堆垛机将货物移走。输送设备的种类包括辊道输送机、链条输送机、升降台、分配车、提升机、皮带机等。输送设备的选择一般根据仓库作业量大小、装卸货物类型、装运、收发以及其他作业之间的配合情况来决定。

第四部分,控制系统。它是自动化立体仓库的神经中枢,把所有仓库设备有机地连接在一起,形成一个整体协同工作。控制系统还可以与其他系统(如 ERP 系统等)进行联网或集成工作。

3. 分类

(1)按照建筑形式分类

①整体式自动化仓库:一般高度>12 m;货架与仓库建筑物构成一个整体;结构重量轻、整体性好、抗震性强。

②分离式自动化仓库:一般高度<12 m;施工安装灵活方便。

(2)按仓库高度分类:高层>12 m,中层 5~12 m,低层<5 m。

(3)按货架的形式分类

①旋转式货架仓库

旋转式货架设有电力驱动装置(驱动部分可设于货架上部,也可设于货架底座内)。货架沿着由两个直线段和两个曲线段组成的环形轨道运行,由开关或用小型电子计算机操纵。存取货物时,货物所在货格编号由控制盘按钮输入,该货格则以最近的距离自动旋转至拣货点停止。拣货路线短,拣货效率则可以提高。整体式与分离式仓库如图 8-29 所示。

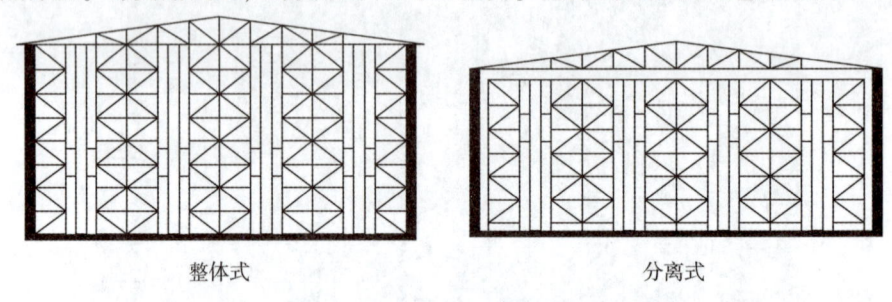

整体式　　　　　　　　　　分离式

图 8-29 整体式与分离式仓库

旋转式货架的货格样式很多,一般有提篮状、盆状、盘状等,可根据所存货物的种类、形态、大小、规格等不同要求选择。货格可以由硬纸板、塑料板制成,也可以是金属架子。透明塑料密封盒则适合于储存电子元件等有防尘要求的货物。旋转式货架适合于小物品的存取,尤其对于多品种的货物更为方便,它储存密度大、货架间不设通道、易管理、投资少,由于操作人员位置固定,故可采用局部通风和照明来改善工作条件,并且节约了大量能源。

如果仓库的空间利用不作为主要问题,而从便于拣货和库存管理的目的出发,那么就显示出旋转式货架的优越性了。

旋转式货架分为整体旋转式(整个货架是一个旋转整体)和分层旋转式(各层分设驱动设置,形成各自独立的旋转体系,如图8-30所示)。其中整体旋转式又分为水平旋转式(货架的旋转轨迹平行于地面,即旋转轴垂直于地面)和垂直旋转式(如图8-31所示,货架的旋转轨迹垂直于地面,即其旋转轴与地面平行),可根据具体要求进行选择。

图8-30　分层旋转式货架　　　图8-31　垂直旋转式货架

②移动式货架仓库(见图8-32)

移动式货架易控制,安全可靠。每排货架有一个电机驱动,由装置于货架下的滚轮沿铺设于地面上的轨道移动,其突出的优点是提高了空间利用率。一组货架只需一条通道,而固定型托盘货架的一条通道,只服务于通道内两侧的两排货架。所以在相同的空间内,移动式货架的储存能力比一般固定式货架高得多。移动式货架可分为以下两类:

敞开式移动货架:敞开式移动货架其传动机构设于货架底座内,操作盘设于货架端部,外形简洁,操作方便。货架的前后设有安全分线开关,一遇障碍物整个货架立即停止。

封闭式移动货架:封闭式移动货架当不需要存取货物时,各货架移动到一起后,全部封闭,并可全部锁住。在各货架接口处装有橡皮封口,也称为封闭式货架。封闭移动式货架仅需设一条通道,空间利用率极高,安全可靠,移动方便,根据承重可分为重型、中型和轻型三种,一般重型货架采用电动控制便于移动,轻型、中型一般采用手摇移动。

产品特点:适用于库存品种多,但出入库频繁率较低的仓库,或者库存频率较高,但可按巷道顺序出入库的仓库。通常只需要一个作业通道,可大大提高仓库面积的利用率,所以广泛应用于传媒、图书馆、金融、食品等行业仓库。

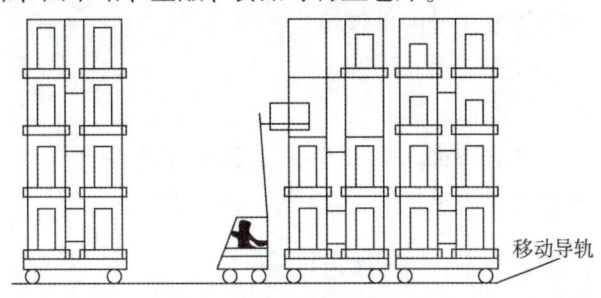

图8-32　移动式货架仓库

③单元货格式货架仓库(见图8-33和图8-34)

单元货格式货架仓库应用最为广泛,货物以集装单元的形式储存。

单元货格式仓库特点：货架沿仓库的宽度方向分为若干排，每两排货架为一组，其间有一条巷道，供堆垛机作业。每排货架沿仓库纵长方向（L）分为若干列，沿垂直方向（H）分为若干层，从而形成大量货格。

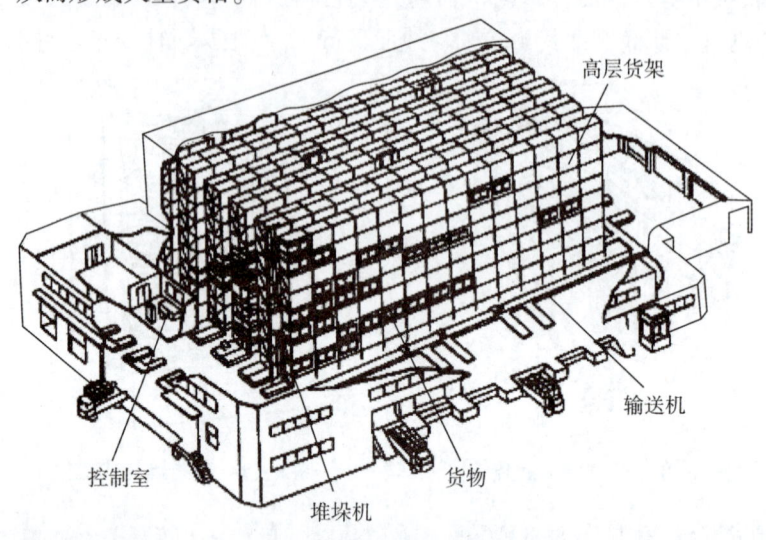

图 8-33　单元货格式货架仓库

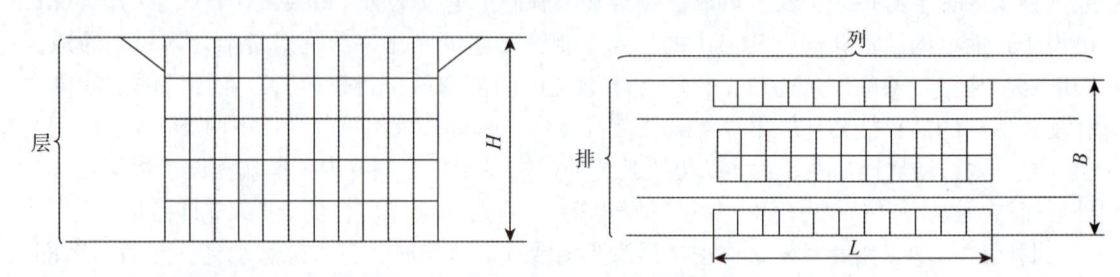

图 8-34　单元货格式货架仓库平面

通常，单元货格式货架仓库，有以下一些概念与术语：
货格：货架内储存货物的单元空间；
货位：货格内存放一个单元货物的位置；
排：宽度方向（B 向）上货位数的单位；
列：宽度方向（L 向）上货位数的单位；
层：高度方向（H 向）上货位数的单位。

(4)按仓库的作业方式分类
①单元式仓库：出入库作业都以货物单元（托盘或货箱）为单位。
②拣选式仓库：根据货单要求从货物单元中拣选出库。

8.4.2　立体仓库规划设计步骤与内容

由于自动立体化仓库的建设投资资金需求较大，因此实施建设之前，需要进行详细的规划，一般包括以下几个阶段，如图 8-35 所示。

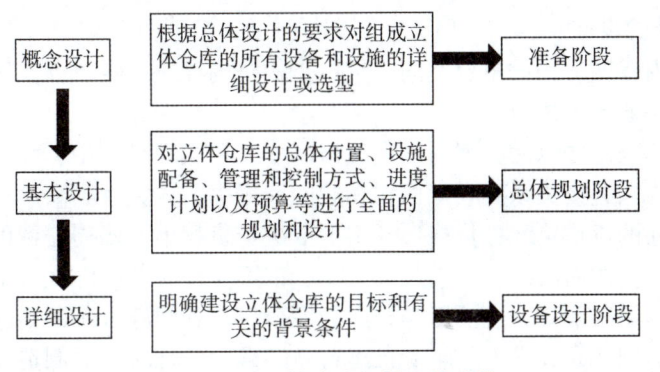

图 8-35 立体仓库规划设计阶段

1. 规划的准备阶段

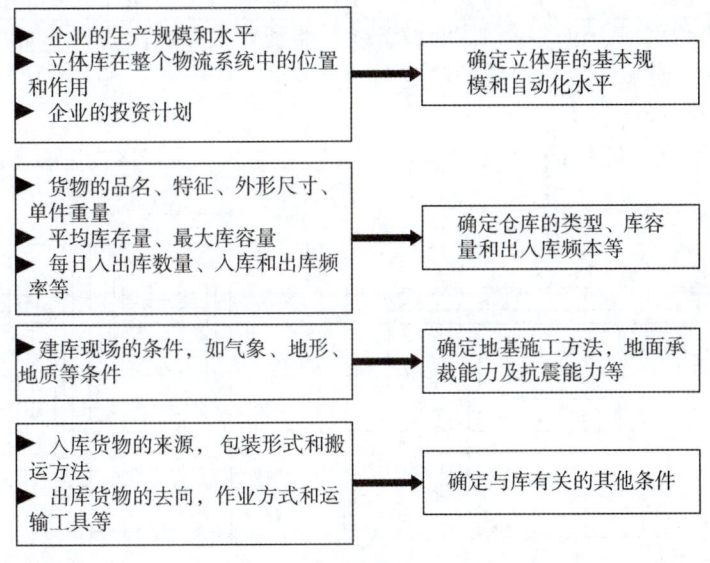

图 8-36 准备阶段

2. 规划设计阶段

①确定货物单元的形式、尺寸和重量。
②确定仓库型式和作业方式。
③确定货格尺寸。
④确定仓储作业设备及其主要参数。
⑤确定货架的总体尺寸。
⑥确定仓库的总体布置。
⑦设计控制系统及仓库管理系统(WMS)。
⑧选定控制方式和仓库管理方式。
⑨提出土建、公用设施的要求。

3. 单元式立体仓库的设计

单元式立体仓库的设计主要包含以下几个方面：

(1)货格尺寸的设计

货格是货架内存储货物的单位空间,货位是货格内存放一个单元货物的位置。每个货格内可有一个货位或多个货位。

货物单元尺寸确定好以后,就可确定货格尺寸。在立库设计中,货格尺寸是一项极其重要的内容,因为它直接关系到仓库面积和空间利用率,也关系到仓库能否顺利地存取货物。对于给定尺寸的货物单元,货格尺寸主要取决于货物单元四周需留的间隙的大小和货架构件的有关尺寸。四周间隙留得太大或太小,都不合理。若间隙太大的话,会造成空间浪费,使得空间利用率下降,进而影响仓库的库容量。若间隙太小的话,未留出足够的空隙容纳由于货架的制造安装误差、堆垛机运行轨道误差、堆垛机的制造误差及重复定位误差、货箱在巷道口的位置误差、认址片的误差等等所引起的尺寸偏移,而影响堆垛机的存取作业的顺利完成。

在立体仓库设计中,恰当地确定货格尺寸是一项很重要的设计内容,它直接关系到仓库面积和空间的利用率,也关系到作业设备能否顺利完成存取作业。下面就横梁式货架与牛腿式货架为例介绍单元货格尺寸的确定。

①横梁式货架货格尺寸。

对于横梁式货架,每个货格一般可存放两个以上的货物,其货格载货示意如图8-37所示。

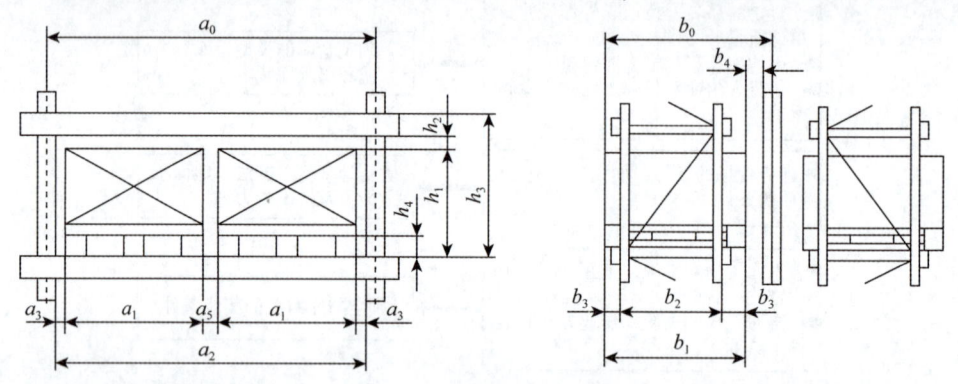

图8-37 横梁式货架货格

②牛腿式货架货格尺寸。

对于牛腿式货架,每个货格只能放一个单元货,其货格载货示意如图8-38所示。

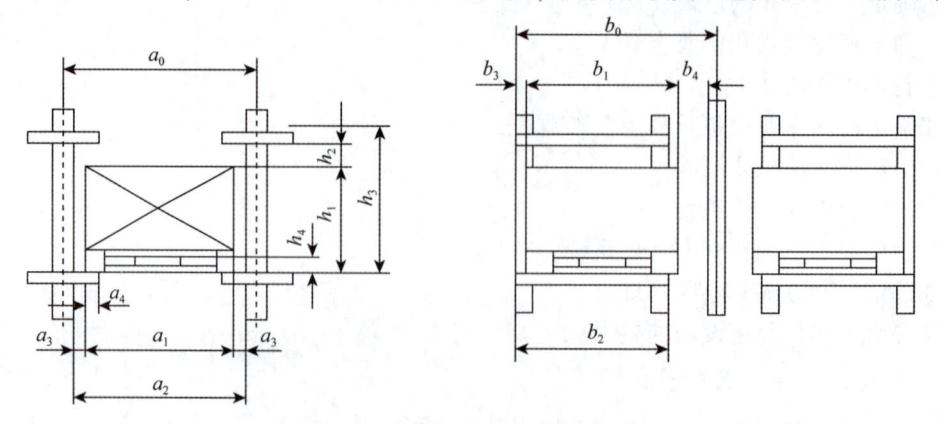

图8-38 牛腿式货架货格尺寸

当单元货物的尺寸确定后，货格尺寸的大小主要取决于各个间隙尺寸的大小。下面介绍各间隙尺寸的选取原则，如表 8-5 所示。

表 8-5　货格与货位间的尺寸代号及名称

代号	名称	代号	名称
a_0	货格长度	b_2	货格有效宽度
a_1	货物长度	b_3	前面间隙
a_2	货格有效长度	b_4	后面间隙
a_3	侧向间隙	h_1	货物高度
a_4	支承货物的宽度	h_2	单元货物上部垂直间隙
a_5	货物间的水平间隙	h_3	层高
b_0	货格宽度	h_4	单元货物下部垂直间隙
b_1	货物宽度		

①侧面间隙。

侧向间隙 a_3 与 a_5 的确定，主要应该考虑以下各项误差：

来自堆垛机的误差有：堆垛机的停车误差和重复定位误差、堆垛机立柱的垂直度误差、堆垛机运行地轨的不平度误差（这两项误差均造成堆垛机立柱顶部产生横向偏移，位于货架顶层的货物相对于底层的货物，其横向偏移量最大）。

来自货架的误差有：货架立柱的垂直度误差（使柱顶产生横向偏移）、货架在偏载作用下的变形误差。

来自货箱的误差有：货箱的尺寸误差（按规定，货物单元的外形尺寸偏差不得大于 5 mm）、货箱最初停在巷道口时的位置偏差。

除以上各项误差外，还要留一定的安全裕度。

侧向间隙 a_3 的取值一般在 50~100 mm 范围内选用。对于高度在 5 m 以下的低层货架、低速堆垛机的仓库，a_3 不大于 50 mm；对于高度在 5~12 m 之间的中高层货架、中高速型的堆垛机的仓库，a_3 不大于 75 mm；对于高度在 12 m 以上的高层货架、高速型的堆垛机的仓库，a_3 不大于 100 mm。对于横梁式货架，一般 $a_5 > a_3$；对牛腿式货架，要求 $a_4 \geqslant a_3$。

②垂直间隙。

影响垂直间隙 h_2 和 h_4 大小的各种误差包括：

堆垛机起升机构的停准误差：在确定 h_2 时，首先，要考虑货叉的微升降行程，第二，要考虑以下几项误差累积：货叉升降时的定位误差、货物高度误差、认址误差、货架托梁（或横梁）的高度误差等。第三，要考虑货叉在伸出以后的下垂量，该值由货叉各节之间的间隙和货台的倾斜量组成，还要考虑在货箱压力作用下，货叉的弹性下挠。最后，要加上一个安全裕度。

货格高度的确定，主要取决于单元货物上部垂直间隙场和下部垂直间隙场的尺寸。在确定垂直间隙时，上部垂直间隙 h_2 应保证货叉叉取货物过程中微起升时不与上部构件发生干涉。一般 $h_2 \geqslant$（货叉上浮动行程+各种误差）。下部垂直间隙 h_4 应保证堆垛机货叉自由进出货架货位存取货物，一般 $h_4 \geqslant$（货叉厚度+货叉下浮动行程+各种误差）。

③宽度方向间隙。

前面间隙 b_3 的选择应根据实际情况确定,对牛腿式货架,应使其尽量小;对横梁式货架,则应使货物不致因各种误差而掉下横梁。后面间隙 b_4 的大小应以货叉作业时不与后面拉杆发生干涉为前提。

根据图 8-37 和图 8-38 所示,单元货格尺寸长度、宽度与高度分别由 a_0、b_0、h_3 表示。

(2)仓库总体尺寸的确定

确定仓库总体尺寸的关键是确定货架的总体尺寸,也就是货架的长、宽、高等尺寸,当货格尺寸确定后,只要知道货架的排数、列数、层数和巷道宽度,即可计算出其总体尺寸。

$$长度 L = 货格长度 \times 列数 \quad (8-52)$$

$$宽度 B = (货格宽度 \times 2 + 巷道宽度) \times \frac{排数}{2} \quad (8-53)$$

$$高度 H = H_0(底层高度) + H_i(i = 1, 2, \cdots, n)(各层高度,共 n 层) \quad (8-54)$$

$$巷道宽度 = 堆垛机最大外形宽度 + (150 \sim 200 \text{ mm}) \quad (8-55)$$

值得注意的是,总体尺寸的确定除取决于以上因素外,还受用地情况、空间制约、投资情况和自动化程度的影响。故需根据具体情况和设计者的实际经验来综合考虑,统筹设计,而且在设计过程中需要不断地修改和完善。

第一,静态法(见图 8-39)。

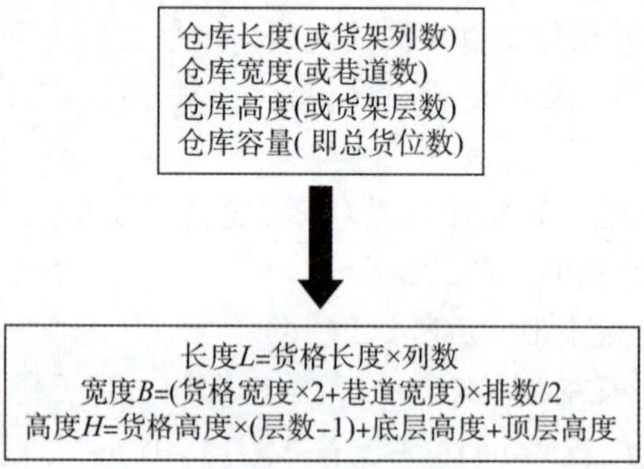

仓库长度(或货架列数)
仓库宽度(或巷道数)
仓库高度(或货架层数)
仓库容量(即总货位数)

↓

长度 L=货格长度×列数
宽度 B=(货格宽度×2+巷道宽度)×排数/2
高度 H=货格高度×(层数−1)+底层高度+顶层高度

图 8-39 静态法

第二,动态法。

根据所要求的出入库频率和所选堆垛机的速度参数来确定。

原理:由于库容量(总货格)Q 和货架高 H(或层数 NH)、出入库频率 P_0、堆垛机的速度 V 参数(V运、V起、V叉)已定,只要求出能满足出入库频率(出入库作业能力)要求的最小的巷道数(NB),就可以确定货架尺寸。

计算方法:试算法。

试算法步骤如下:

①假定巷道数(NB)= 1,2,3…,则

$$货架列数 NL = \frac{库容量 Q}{2 \times 巷道数 NB \times 层数 NH} \quad (8-56)$$

$$货位总数 Q = 排(2NB) \times NL \times 层 NH \quad (8-57)$$

②根据层数 NH 和列数 NL 以及堆垛机的速度参数,计算每台堆垛机平均作业周期 t_m。

③计算整个仓库的出入库能力。

$$P\left(\frac{盘}{小时}\right) = NB \times \frac{3\,600\,s}{t_m} \qquad (8\text{-}58)$$

1 小时 = 3 600 秒；t_m = 平均作业周期

④比较 P 和要求的入库频率 P_O，直到 $P \geq P_O$，此时的巷道数(NB)为最佳。

(3)立体仓库出入库能力计算(见表 8-6)

表 8-6　立体仓库出入库能力计算

作业方式	每台堆垛机的出入库能力(盘/小时)	仓库的出入库能力(盘/小时)
单循环作业方式	$P_1 = 3600/t_{ms}$	$P = nP_1$
复合作业方式	$P_1 = (3600/t_{md}) \times 2$	$P = nP_1$

表中：

P_1——堆垛机每小时出库或入库货物单元数；

t_{ms}——平均单作业周期(s)；

t_{md}——平均复合作业周期(s)；

n——仓库内堆垛机的数量(即巷道数为 n 个)。

(1)单循环作业方式(见图 8-40)

$$t_{ms} = \frac{1}{2}[t(P_1) + t(P_2)] \qquad (8\text{-}59)$$

或

$$t_{ms} = t_{P_1} + t_{P_2} + 2t_f + t_a \qquad (8\text{-}60)$$

式中：

$t(P_1)$——堆垛机完成 P_1 货位的作业周期(s)；

$t(P_2)$——堆垛机完成 P_2 货位的作业周期(s)；

t_{P_1}——O 点到 P_1 点的运行时间(s)；$t_{P_1} = \max(t_1, t_h)$；

t_{P_2}——O 点到 P_2 点的运行时间(s)；$t_{P_2} = \max(t_1, t_h)$；

t_1——为从 O 点到 P 点的水平运行时间；

t_h——为从 O 点到 P 点的垂直运行时间(s)；

t_f——货叉叉取(或存放)作业时间(s)；

t_a——堆垛机作业的附加时间。

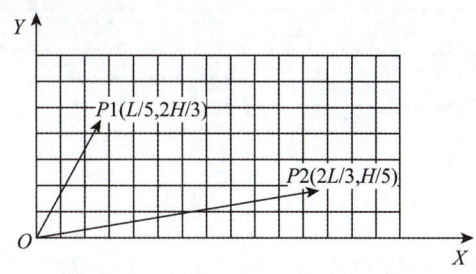

图 8-40　单循环作业方式

(2)复合作业方式(见图 8-41)

$$t_{md} = t_{P_1} + t_{P_2} + t_{P_1P_2} + 4t_f + 2t_a \qquad (8\text{-}61)$$

式中：$t_{P_1P_2}$——堆垛机从 P_1 点到 P_2 点的运行时间(s)；

t_{md}——平均复合作业周期(s)；

t_{P_1}、t_{P_2}、t_f、t_a 同前。

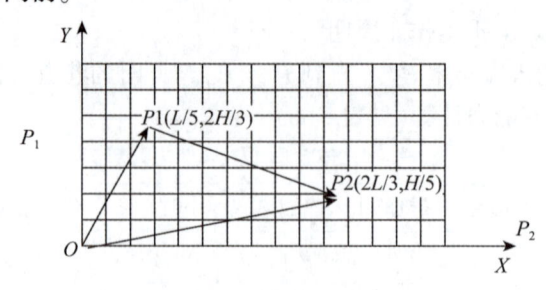

图 8-41 复合作业方式

8.4.3 立体自动化仓库的总体布置

1. AS/RS 总体物流模式

（1）平面物流布置

货物在立体仓库的流动形式有三种，即同端出入式，贯通式和旁流式（见图 8-42）。在立体仓库实际设计中，究竟采用哪一种布置方式，应视仓库在整个企业物流中空间的位置而定。

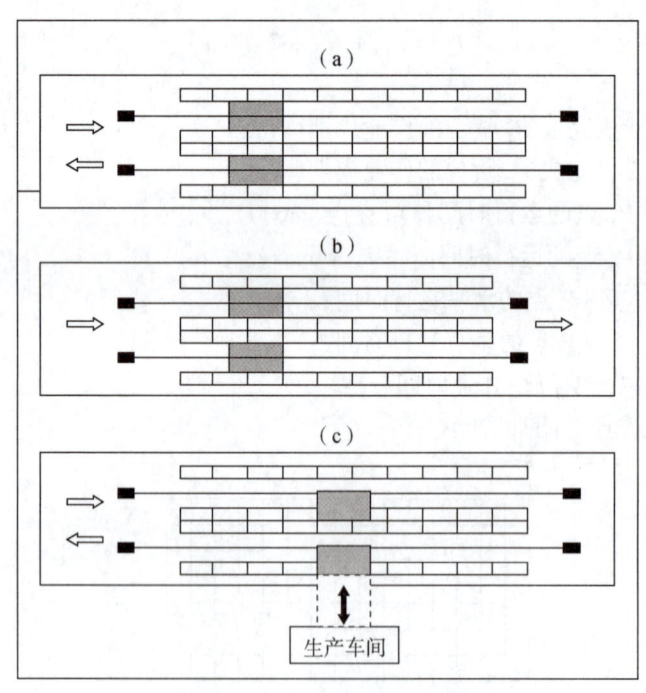

(a)同端出入式；(b)贯通式；(c)旁流式。

图 8-42 平面物流布置

①同端出入式。同端出入式是货物的入库和出库在巷道同一端的布置形式，包括同层同端出入式和多层同端出入式两种。这种布置的最大优点是能缩短出入库周期。特别在仓

库存货不满,而且采用自由货位储存时,优点更为明显。此时,可以挑选距离出入库口较近的货位存放货物,缩短搬运路程,提高出入库效率。此外,入库作业区和出库作业区还可以合在一起,便于集中管理。

②贯通式。贯通式即货物从巷道的一端入,从另一端出库。这种方式总体布置比较简单,便于管理操作和维护保养。但是,对于每一个货物单元来说,要完成它的入库和出库全过程,堆垛机需要穿过整个巷道。

③旁流式。旁流式立体仓库其货物是从仓库的一端(或侧面)入库,从侧面(或一端)出库。这种方式是在货架中间分开,设立通道,同侧门相通。这样就减少了货格即减少了库存量。但是,由于可组织两条路线进行搬运,提高了搬运效率,方便了不同方向的出入库。

(2) 高架区的布置

在单元货格式立体仓库中,其主要作业设备是有轨巷道式堆垛机,简称堆垛机。立体库中堆垛机的布置有三种方式如图8-43所示:直线式,每个巷道配备一台堆垛机;U型轨道式,每台堆垛机可服务于多条巷道,通过U型轨道实现堆垛机的换巷道作业;转轨车式,堆垛机通过转轨车服务于多条巷道。通常,以每巷道配备一台堆垛机最为常见。但当库容量很大,巷道数多而出入库频率要求较低时,可以采用U型轨或转轨车方式以减少堆垛机的数量。

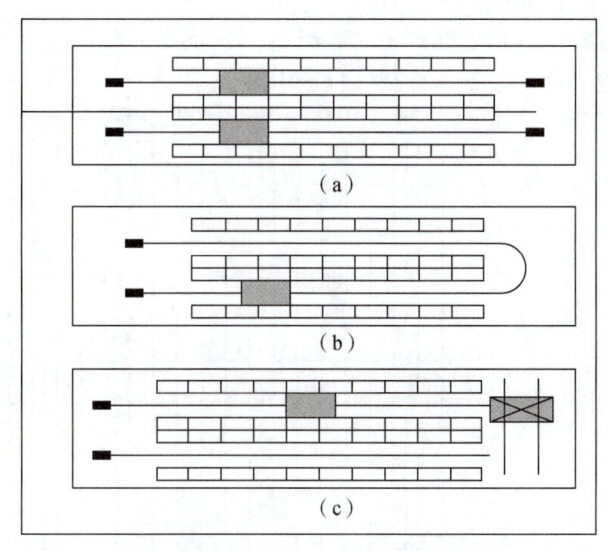

(a) 直线轨道;(b) U型轨道;(c) 转轨车式。

图8-43 堆垛机布置示意图

(3) 出入库输送系统

对于采用巷道式堆垛机的立体仓库,巷道式堆垛机只能在高架区的巷道内运行,故还需要各种搬运设备与之配套衔接,使入库作业区、出库作业区(包括检验、理货、包装、发运等作业)与高层货架区联结起来,构成一个完整的物流系统。究竟采用什么搬运设备与之配套,是总体设计中要解决的问题。一般来说,高层货架区与作业区之间常见有以下四种衔接方式:

①叉车-出入库台方式,如图8-44所示。

配置:叉车+出入库台。

特点：结构简单，效率低，投资小。
适用于手动或单机自动的立体库内。

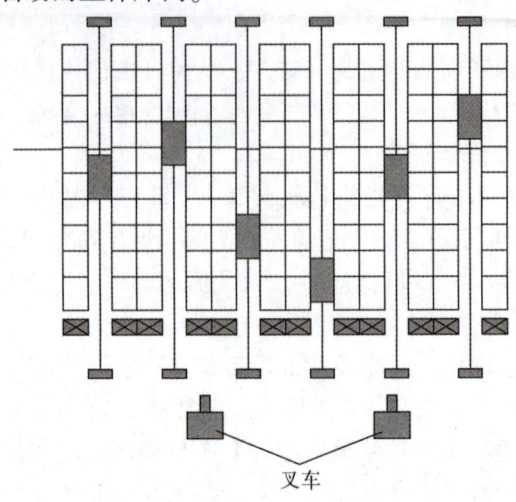

图 8-44　叉车-出入库台方式

②连续输送机方式，如图 8-45 所示。
配置：巷内输送机+进/出货输送机+辊子升降台/辊子回转台。
特点：连续输送，自动控制和检测，投资中等。

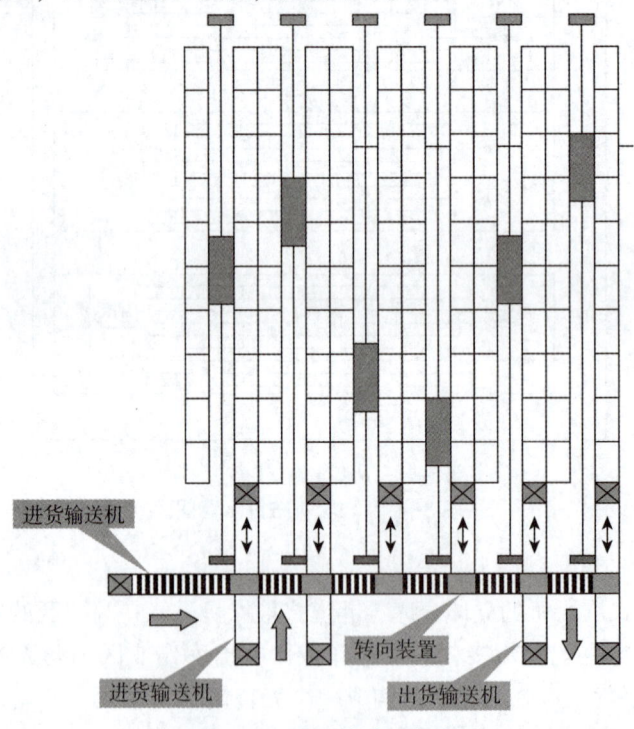

图 8-45　连续输送机方式

③AGV 方式，如图 8-46 所示。
配置：AGV 小车+巷内输送机。

特点：柔性好，自动控制和管理，投资最大。

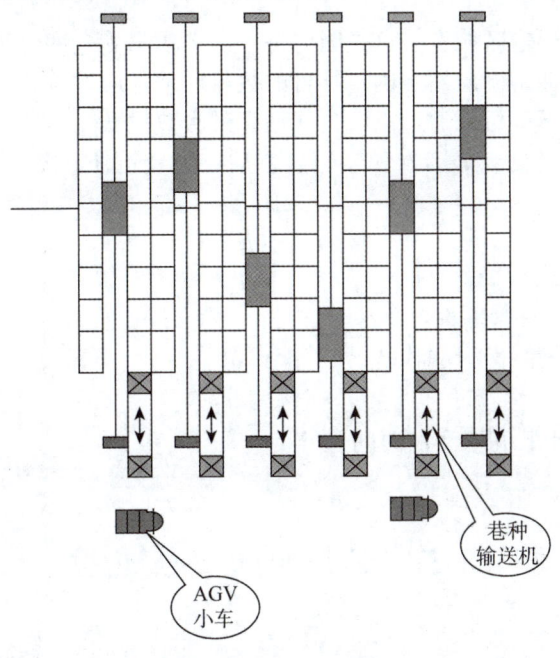

图 8-46　AGV 方式

④穿梭车方式，如图 8-47 所示。
配置：有轨小车+巷内输送机+进出货输送机/出入库台。
特点：柔性好，自动控制和管理，投资中等。

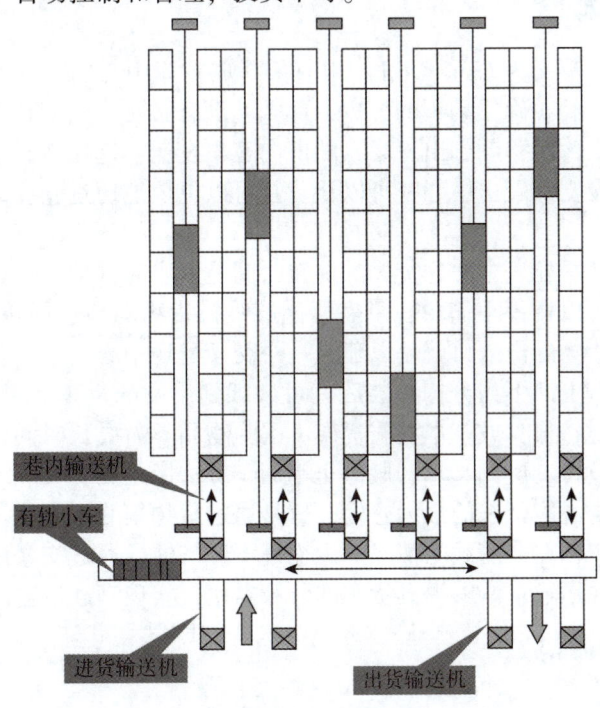

图 8-47　穿梭车方式

2. 月台数量的确定

接收区域通常比运输区域宽。这是因为进来的车辆不受仓库经理的控制,而且可以规划出库货物,以避免拥挤输出站。确定月台的数量通常是通过铁路或卡车来接收和运输货物的。在后一种情况下,可以通过以下公式估算月台数量 n_D。

货物通常通过铁路或卡车接收和装运。在后一种情况下,可通过以下公式估算月台数量

$$n_D = \left[\frac{dt}{qT}\right] \tag{8-62}$$

d ——所有订单的日常需求;
t ——装卸卡车所需的平均时间;
q ——卡车容量;
T ——每天可用于装卸卡车的时间。

8.5 交叉配送中心规划

微课视频:交叉配送中心规划

8.5.1 基本概念

交叉配送中心,英文为 Cross Dock,也有翻译成越库中心的,其本质上是个高速流转的仓库。如果货物已经明确了购买的客户,那么就没有必要将它们存入仓库的货架里,而应该直接从仓库的入库区移动到出库区,随即向客户发运,这样节省了中间的仓库入库存储和出库作业。建设交叉配送中心,可以让货物可以更快地通过仓库,从而避免仓储作业环节发生的成本。

在大多数的交叉平配送中心,货物的周转时间是以小时计的,周转速度相当快。因此一个交叉配送中心可以建得很简单,只需要能够维持货物的高速周转,几块混凝土板墙,安装上屋顶和装卸货物的出入口就可以建成一个交叉配送中心。

货物到达后从车上卸下,分拣包装后就可装载到出发的货车上,没有中间存储环节。因此在交叉配送中心,很少或基本没有货架,因为物品不需要长时间保存,但是通常配置有许多货物的搬运设备,例如叉车、搬运车等用于货物搬运。

使用交叉配送中心能带来的最大好处,就是通过货物集并来实现车辆的满载运输,降低运输成本。由于车辆在非满载的情况下运输是不经济的,通过交叉配送中心,将相同目的地的货物进行集并运输,能够提升货车的装载效率,实现满载运输。

8.5.2 主要作用

1. 时间效益

在交叉配送中心,产品自接收开始,通往最终目的地的线路就已被设定好避免了产品

以库存的形式在仓库停留等待指令,加速了加工和分拣流程,使产品在供应链上的流动变得迅速,从而带来巨大的时间效益。能够极大地减少入库、储存、拣货等作业的时间,加快鲜活农产品的流通速度,降低其变质损耗。

2. 降低库存费用

在交叉配送中心,产品能最大限度地实现迅速接收和发运,从而实现存货的减少甚至存储过程的消除,这就降低了仓储设施与仓库空间等方面的固定成本。

3. 优化配送路线

在交叉配送中心,能够提供一种更为快捷经济的运输路线安排策略,它使得配送中心能够将同一目的地的货物从多个上游供应商统一发运给下游的客户,从而能够很容易地使用更智能快速的运输模式,以实现更经济的配送路径优化。

4. 提高服务水平

在交叉配送中心,允许企业能够满足并支持客户的各种特殊需求,如准时制(JIT)生产,多个供应商的共同配送等。

8.5.3 规划设计

交叉配送中心规划,需要关注的主要问题是如何保证货物的快速流转,而不是存储空间的优化利用问题。交叉配送中心运作效率的高低取决于以下几个因素:

1. 大小

卸下容易装上难。一个好的经验法则是,装载一辆拖车所需的工作量是卸载一辆拖车所需工作量的两倍。交叉配送中心规模越大(进出门的数量越多),则中间的进出门越繁忙。

2. 形状

建筑物形状是在交叉配送中心的规划设计阶段决定的,一旦确定之后在后期的运营中是比较难以改变的,因此,在交叉配送中心规划中,其建筑物的形状是规划的重点。不同的建筑形状会影响各出入库门之间的行程距离,而狭窄的空间也往往会更加拥挤,造成物流作业效率的下降,交叉配送中心有以下几种形状,如图 8-48 所示。

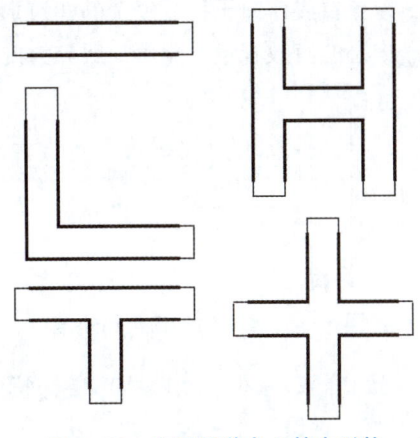

图 8-48 交叉配送中心基本形状

(1)基本形状(见图 8-49~图 8-51)

图 8-49　芝加哥山脊的 L 型交叉配送中心

图 8-50　波特兰的 U 型交叉配送中心

图 8-51　亚特兰大的 T 型交叉配送中心

(2)形状的选择

那么什么样的建筑形状是好的形状呢？一般而言，人们希望能够实现直接从入口搬运到出口的高效作业，建筑物周围的出入口越多，吞吐能力就越大，但值得注意的是，各个出入口间应该留有足够长的距离，以免造成作业干扰。复杂的建筑形状会增加建筑的角落，每增加一个角落都会降低交叉配送中心的有效容量。角落一般分为内角和外角，如图 8-52 所示。

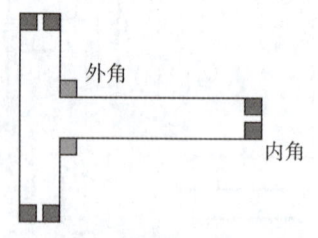

图 8-52　建筑物的内角和外角

①内角和外角：内角会导致仓门数减少，每辆货车装卸货的位置变小，叉车会在建筑物内部相互干扰，因此这类角落不宜设置出入口，如果要保证足够多的出入口，则需要增加建筑物的面积，这就意味着叉车在配送中心行走的平均距离会增加。这类角落通常可以

用来设置行政空间或者充电区域等辅助空间；外角会导致内部储存空间少，因为外角对应的仓门会共用存储的空间。例如 L 型的建筑物，形成了一个外角，这个角落里货车停靠的位置变小，增加了车辆拥堵的概率，会造成装卸货作业的干扰。这个区域适合于整托盘作业而无须集并的出入库操作，适用于处理发往同一目的地的货物处理。

②形状与内部运输距离、拥挤程度之间的关系：最小化棱角的建筑形状增加了行驶的距离，使得位于最中心位置的门内会发生交通拥堵。

(3) 形状选用建议

一般情况下，很难断定哪种形状是好是坏，这取决于实际处理货物的类型、设备选用水平等因素。但从物流作业效率的角度而言，L 型的建筑物是应该避免的，因为这种形状相比普通的长方形建筑增加了一个外角和一个内角，同时，由于内角一般不设置出入口，为了保证有足够多的出入口，将增加整体建筑面积，从而总体上延长了叉车在交叉配送中心行走的距离。同样，U 型的建筑物更应该避免，因为它比长方形建筑增加了两个内角和两个外角。而对于 T 型和 H 型，虽然也会增加内角和外角，但是它们能带来额外的好处，就是 T 型和 H 型的各出入口的集中度提升了，也就是说与长方形相比，T 型和 H 型的建筑物能够缩短各个出入口之间的平均距离，这可以提升内部物流运作效率。

建筑物的形状通常是由其他因素决定的，例如：可用土地、现有建筑物、周边交通环境等。那么建设交叉配送中心，到底采用哪种形状的建筑物合适呢？一个经验做法就是：对于小型的交叉配送中心，出入口 150 个左右，最好采用长方形建筑；而 T 型建筑适用于中等大小配送中心，出入口在 150~250 个之间的规模；对于出入口超过 250 以上的交叉配送中心，最好选用 H 型建筑。

3. 仓门的布局(见图 8-53)

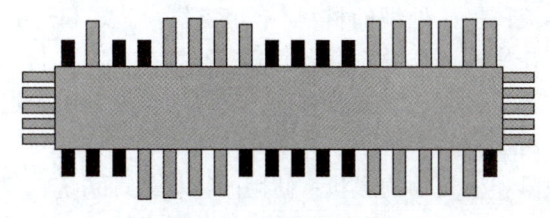

图 8-53 仓门的布局

上图中较短矩形称为进货门：满载拖车停放和卸载的门。任何即将到来的拖车可以卸载到任何门。上图中较长矩形称为出货门：放置空拖车的门，用来收集特定目的地的货物。每个堆垛门被永久地分配到一个不同的目的地。典型的物料搬运模式：小件物品手动推车；托盘装载用托盘千斤顶和叉车；推车拖绳(减少步行时间但影响叉车行程)。

(1) 典型的仓门布局(见图 8-54)

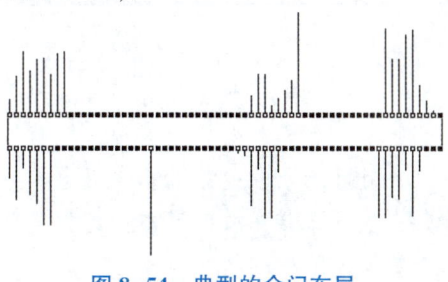

图 8-54 典型的仓门布局

一个典型的交叉配送中心如图 8-54 所示。整体呈长方形，宽度应设置为货车长度的两倍多一点，因为物流作业过程中需要保证每个入口货车的货物都有足够的空间来堆放，同时还需要考虑中央区域，预留叉车通道的宽度，因此合理的宽度应该为货车长度的两倍多一点。太窄的话，可能造成拥挤和物流作业的相互干扰，而太宽则会无谓增加出入口之间的搬运距离。

(2)最好的布局(见图 8-55)

图 8-55 最好的布局

将活动集中在码头中心，但如预期的那样，不要太多，特别是在流量强度高的时候。

在中心的任何一侧的最高流区轻微偏移。优点：它减少了交叉配送中心的拥堵，并支持交叉停靠。终点处的角落往往被出货门所占据，而且少有活动性，它减少了角落占地空间拥挤。

(3)有效部署交叉配送中心操作的主要要求

显著和稳定的产品流；易于处理的材料/单元装载；良好和可靠的信息流经整个供应链；预配送交叉对接：在货物离开供应商之前分配给客户，因此货物到达交叉配送中心时已装袋并贴上标签以便转运；配送后交叉对接，交叉对接过程中分配材料到订货部。

(4)影响交叉配送中心性能的因素

长期决策：门的数量和建筑物的形状；使用的物料处理系统；停车设施。

中期决策：交叉配送中心布局，即将各种门描述为进货门或出货门，并将前往特定目的地分配到出货门。

短期决策：进站拖车调度。

本章小结

本章介绍了传统仓储规划的基本方法，包括储存区规划的影响因素，仓储区面积规划、容量设计、通道宽度规划、柱子间距规划、库房高长宽规划，并用定性和定量分析方法讨论了储存空间的有效利用，分别针对托盘作业区域、纸箱作业区域和单件作业区域的规划问题进行了探讨。本章还阐述了自动化仓库的基本概念和分类，对自动化仓库的规划与设计进行了简要论述。介绍了交叉配送中心的基本概念和主要作用，对交叉配送中心的规划设计要点进行了探讨。

案例分析

苏宁云仓

[二维码]

思考题：苏宁云仓自动化仓库系统建设过程中用到了哪些规划方法？哪些是值得深入学习的？

翻转课堂讨论话题

每组根据给定的仓储布局规划的资料，进行仓储布局规划方案的设计。

已知某仓库平均每周的 EIQ 信息，其 IQ 与 IK 的交叉分析如图 8-56 所示。已知该仓库所存储的所有品项的尺寸相同，单个商品外包装尺寸（长宽高）约为：44 cm×25 cm×23 cm，占地面积约 0.11 平方米。中国的托盘标准有 1 000 mm×1 200 mm 和 1 100 mm×1 100 mm 这两种规格。所有商品在托盘上最高堆叠 3 层，且货架的最高层次为 3 层。请为该仓库进行仓储方案规划，画出货架位置、通道、出入口、分拣区域示意图，计算出所占用的总面积，并阐述你们规划设计的理念，预计采用的出入库设备、仓储、拣货的策略。

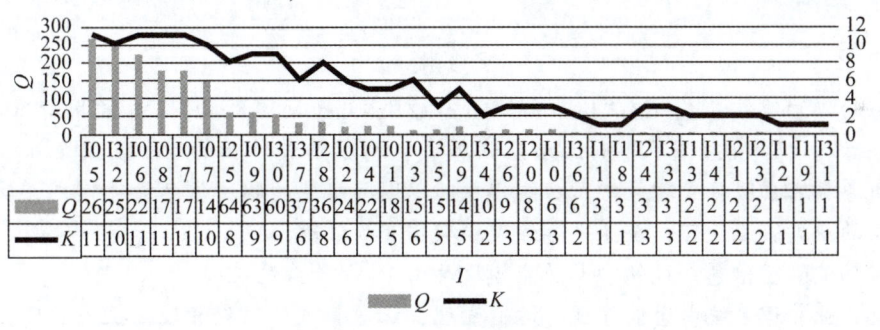

图 8-56　IQ&IK 交叉分析

第 9 章　物流信息系统规划与设计

学习目标

- 能够描述物流信息及物流信息系统的概念。
- 能够阐述物流信息系统的构建原则。
- 能够选择物流信息系统规划与设计的方法。

开篇案例

中海物流

中海物流管理信息系统在"Internet/Intranet/Extranet 网络结构"下，采用标准浏览器/应用服务器/数据库服务器(B/S)三层应用模式，构成物流作业管理、物流企业管理、物流电子商务和客户服务管理等四大功能模块，以国际规范的物流信息管理模式，实现现代物流企业的业务流程管理、企业平台管理和数据交换管理。

中海物流管理信息系统的四大功能模块共由 18 个子系统组成。

物流作业管理系统由仓储管理、运输管理、配送管理、货代管理、报关管理、采购管理、数据交换管理、调度管理等子系统组成，实现了各个物流环节的信息集成，并通过 EDI 系统实现了物流供应链上下游企业、政府、海关的数据实时交换。

物流企业管理系统由商务管理、合同管理、客户关系管理、结算管理、财务管理、办公管理、统计管理、决策支持等子系统组成，为提高物流企业内部管理水平提供了强大的、高效的支持平台。

物流电子商务系统则通过 B2B 电子商务模式实现了企业与客户之间的网上下单、清单录入、远程实时查询等网上信息交换和服务功能；

客户服务系统则通过客户服务中心的建立，加强和客户的沟通和联系，为客户提供"安全、优质、快捷、准确"的物流服务。

中海物流管理信息系统在技术上遵循 J2EE(Java 2 Platform Enterprise Edition)规则，在流程上则总结了国内外先进物流企业业务流程，具有集成化设计、流程化管理、组件式开发、跨平台运行、多币种结算、多语言查询、基于因特网的数据交换等特点。

思考题：物流信息系统与企业管理信息系统的关系是什么？

9.1 物流信息系统概述

微课视频：物流信息系统规划

现代物流理论认为，现代物流服务的核心目标是在物流整个运营过程中以最低的综合成本满足顾客的需求。现代物流具有及时化、信息化、自动化、智能化、服务化和网络化等特征。在传统的企业管理活动中，管理者注意的是人力、财力、物力这三种基本资源。但在现代企业中，信息已经与人、财、物等资源一样，成为企业的第四种资源。人们开始懂得，忽视了对信息的管理，就不能提高效率，就难以保持企业的竞争力，难以提供良好的服务，也就谈不上是现代化的管理。特别是信息技术高度发展的今天，只有运用先进的信息技术，才能对以上四种资源进行有效的管理，在激烈的竞争中掌握主动权。近年来，企业的信息化已成为一种非常普遍的发展趋势。

9.1.1 物流信息与物流信息系统

1. 物流信息

现代物流可以理解为物品的"物理性流通"与"信息性流通"的结合，信息在实现物流系统化、物流作业一体化方面发挥着重要作用。物流的信息化也成为现代物流的重要特征之一。从物流信息来源看，一部分直接来自物流活动本身；另一部分则来自商品交易活动和市场。广义的物流信息是指与物流活动有关的一切信息。物流信息是反映物流各种活动内容的知识、资料、图像、数据、文件的总称。物流信息是物流活动中各个环节生成的信息，一般是随着从生产到消费的物流活动的产生而产生的信息流，与物流过程中功能要素和各种职能有机结合在一起，是整个物流活动顺利进行所不可缺少的。

2. 物流信息系统

信息系统是一种由人、计算机(包括网络)和管理规则组成的集成化系统。该系统利用计算机软硬件、手工规程、分析、计划、控制和决策用的模型、数据库，为一个企业或组织的作业、管理和决策提供信息支持。

物流信息系统是企业管理信息系统一个重要的子系统，是通过对与企业物流相关的信息进行加工处理来实现对物流的有效控制和管理，并为物流管理人员及其他企业管理人员提供战略及运作决策的人机系统。物流信息系统是提高物流运作效率、降低物流成本的重要基础设施。

物流信息系统根据不同企业的需要可以有不同层次、不同程度的应用和不同子系统的划分。一般来说，一个完整、典型的物流信息系统可由作业信息处理系统、管理信息处理系统、决策支持系统三个子系统组成，如图9-1所示。

作业信息处理系统	例如： ①采购作业信息系统 ②运输作业信息系统 ③自动仓储作业信息系统 ④配送作业信息系统 ⑤货代作业信息系统 ⑥报关作业信息系统 ⑦EOS与POS业务系统
管理信息处理系统	例如： ①订单管理系统 OMS ②仓库/仓储管理系统 WMS ③运输管理系统 TMS ④货代管理系统 FMS ⑤采购管理系统
决策支持系统	例如： ①管理驾驶舱 ②综合类管理系统 ③大数据平台

图 9-1　物流信息系统组成部分

9.1.2　物流信息系统的技术基础

物流信息系统是 IT 技术在物流领域的具体应用，其关键技术包括自动识别技术、数据库技术、EDI 技术、GIS 技术、GPS 技术和区块链技术等，用来实现数据的自动、快速、批量采集，满足业务处理和决策的需要，因而是构成物流信息系统的技术基础。

1. 自动识别技术

自动识别技术（Automatic Identification and Data Capture）就是应用一定的识别装置，通过被识别物品和识别装置之间的接近活动，自动地获取被识别物品的相关信息，并提供给后台的计算机处理系统来完成相关后续处理的一种技术。

自动识别技术将计算机、光、电、通信和网络技术融为一体，与互联网、移动通信等技术相结合，实现了全球范围内物品的跟踪与信息的共享，从而给物体赋予智能，实现人与物体以及物体与物体之间的沟通和对话。自动识别技术包括：

①光学。条码（包括二维条码）、OCR 和视觉系统。条码技术（Bar Code）是在计算机与信息技术基础上发展起来的一门集编码、印刷、识别、数据采集和处理于一身的新兴的信息采集技术。其核心内容是利用光电扫描设备识别条码符号，从而实现机器的自动识别，并快速准确地将信息录入计算机进行数据处理，以达到自动化管理之目的。它是实现 POS 系统、EDI 技术、电子商务、物流信息系统的基础。在物流系统中，由于条码技术输入速度快、准确率高、成本低、可靠性强等优点而得到广泛应用，解决了数据录入和数据采集的"瓶颈"问题，大幅提高了物流效率，并为物流信息系统的设计与应用提供了有力的技术支持。

②磁。磁条、磁墨字符识别。

③电磁。

④生物识别。语言识别、指纹识别、视网膜扫描。

⑤触摸。触摸屏。

⑥智能卡。由卡的储存与阅读设备等开发的技术构成。

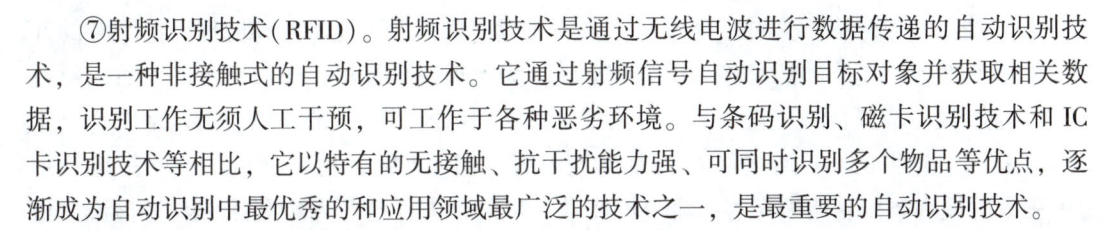

⑦射频识别技术（RFID）。射频识别技术是通过无线电波进行数据传递的自动识别技术，是一种非接触式的自动识别技术。它通过射频信号自动识别目标对象并获取相关数据，识别工作无须人工干预，可工作于各种恶劣环境。与条码识别、磁卡识别技术和 IC 卡识别技术等相比，它以特有的无接触、抗干扰能力强、可同时识别多个物品等优点，逐渐成为自动识别中最优秀的和应用领域最广泛的技术之一，是最重要的自动识别技术。

2. 电子数据交换技术

电子数据交换（Electronic Data Interchange，EDI）技术是指按照协议，对具有一定结构特征的标准经济信息，经过数据通信网络，在贸易伙伴的电子计算机系统之间进行交换和自动处理。利用 EDI 能使信息在不同职能部门之间通畅、可靠地流通，有效减少低效工作和非增值业务；还可以快速地获得信息，更好地进行通信联系、交流和更好地为用户提供服务。EDI 是计算机之间结构化的事务数据交换，它是通信技术、网络技术和计算机技术的结晶。它的应用大大提高了物流工作的效率和效益，为物流信息系统提供了支持。

3. 分布式数据库系统

分布式数据库系统（Distributed Data Base Systems，DDBS）是物理上分散而逻辑上集中的数据库系统，它支持分布式数据库。分布式数据库是由一组数据组成的，这组数据可分布在由计算机网络连接在一起的不同计算机上，网络上的每个节点均具有独立处理的能力，可以执行局部应用，同时每个节点也可以通过网络执行全局应用。分布式数据库是数据库技术和网络技术的有机结合。物流企业采用分布式数据库技术进行物流信息管理，可以提高实时化水平。

4. 全球卫星定位系统

全球卫星定位系统（Global Positioning System，GPS）是利用通信卫星、地面控制部分和信号接收机对对象进行动态定位的系统。GPS 是一项高科技，20 世纪 90 年代以来，全球卫星定位系统在物流领域得到越来越广泛的应用。可用于汽车自定位、跟踪调度、陆地救援；内河及远洋船队最佳航程和安全航线的测定、航向的实时调度、监测及水上救援；空中交通管理、精密进场着陆、航路导航和监视；铁路运输管理等。

思政教学案例

北斗系统的研发与使用

思考题：北斗系统的研发与使用对中国物流业的发展有什么作用？

5. 地理信息系统

地理信息系统（Geographic Information System，GIS）是以地理空间数据为基础，采用模型分析方法，适时地提供多种空间以及动态的地理信息，为地理研究和地理决策服务的计算机技术系统。其基本功能是将表格型数据转换为地理图形显示，通过地理决策然后对显示结果进行浏览、操作和分析。其显示范围可以从洲际地图到非常详细的街区地图，显示对象包括人、销售情况、运输线路以及其他内容。GIS 应用于物流分析，主要是指利用 GIS 强大的地理数据功能来完善物流分析技术。目前，国外已开发出利用 GIS 为物流分析提供专门分析的工具软件。完整的 GIS 物流分析软件集成了车辆路线模型、最短路径模型、物流网络模型、分配集合模型和设施定位模型等来实现车辆路线的选择、物流网点的布局和设施的定位等功能。

6. 区块链技术

区块链是一个信息技术领域的术语。从本质上讲，它是一个共享数据库，存储数据或信息。从科技层面来看，区块链涉及数学、密码学、互联网和计算机编程等很多科学技术问题。从应用视角来看，区块链是一个分布式的共享账本和数据库，具有去中心化、不可篡改、全程留痕、可以追溯、集体维护、公开透明等特点。这些特点保证了区块链的"诚实"与"透明"，为区块链创造信任奠定基础。基于这些特征，区块链技术奠定了坚实的"信任"基础，创造了可靠的"合作"机制，具有广阔的运用前景。区块链在物联网和物流领域天然结合。通过区块链可以降低物流成本，追溯物品的生产和运送过程，并且提高供应链管理的效率。该领域被认为是区块链一个很有前景的应用方向。

区块链通过节点连接的散状网络分层结构，能够在整个网络中实现信息的全面传递，并能够检验信息的准确程度。这种特性在一定程度上提高了物联网交易的便利性和智能化。区块链+大数据的解决方案就利用了大数据的自动筛选过滤模式，在区块链中建立信用资源，可双重提高交易的安全性，并提高物联网交易便利程度。为智能物流模式应用节约时间成本。区块链节点具有十分自由的进出能力，可独立参与或离开区块链体系，不对整个区块链体系有任何干扰。区块链+大数据解决方案就利用了大数据的整合能力，促使物联网基础用户拓展更具有方向性，便于在智能物流的分散用户之间实现用户拓展。

7. 智能化物流业务体系

智能物流就是利用条码、射频识别技术、传感器、全球定位系统等先进的物联网技术通过信息处理和网络通信技术平台广泛应用于物流业运输、仓储、配送、包装、装卸等基本活动环节，实现货物运输过程的自动化运作和高效率优化管理，提高物流行业的服务水平，降低成本，减少自然资源和社会资源消耗。物联网为物流业将传统物流技术与智能化系统运作管理相结合提供了一个很好的平台，进而能够更好更快地实现智能物流的信息化、智能化、自动化、透明化、系统化的运作模式。智能物流在实施的过程中强调的是物流过程数据智慧化、网络协同化和决策智慧化。智能物流在功能上要实现 6 个"正确"，即正确的货物、正确的数量、正确的地点、正确的质量、正确的时间、正确的价格，在技术上要实现物品识别、地点跟踪、物品溯源、物品监控、实时响应。具体如图 9-2 所示。

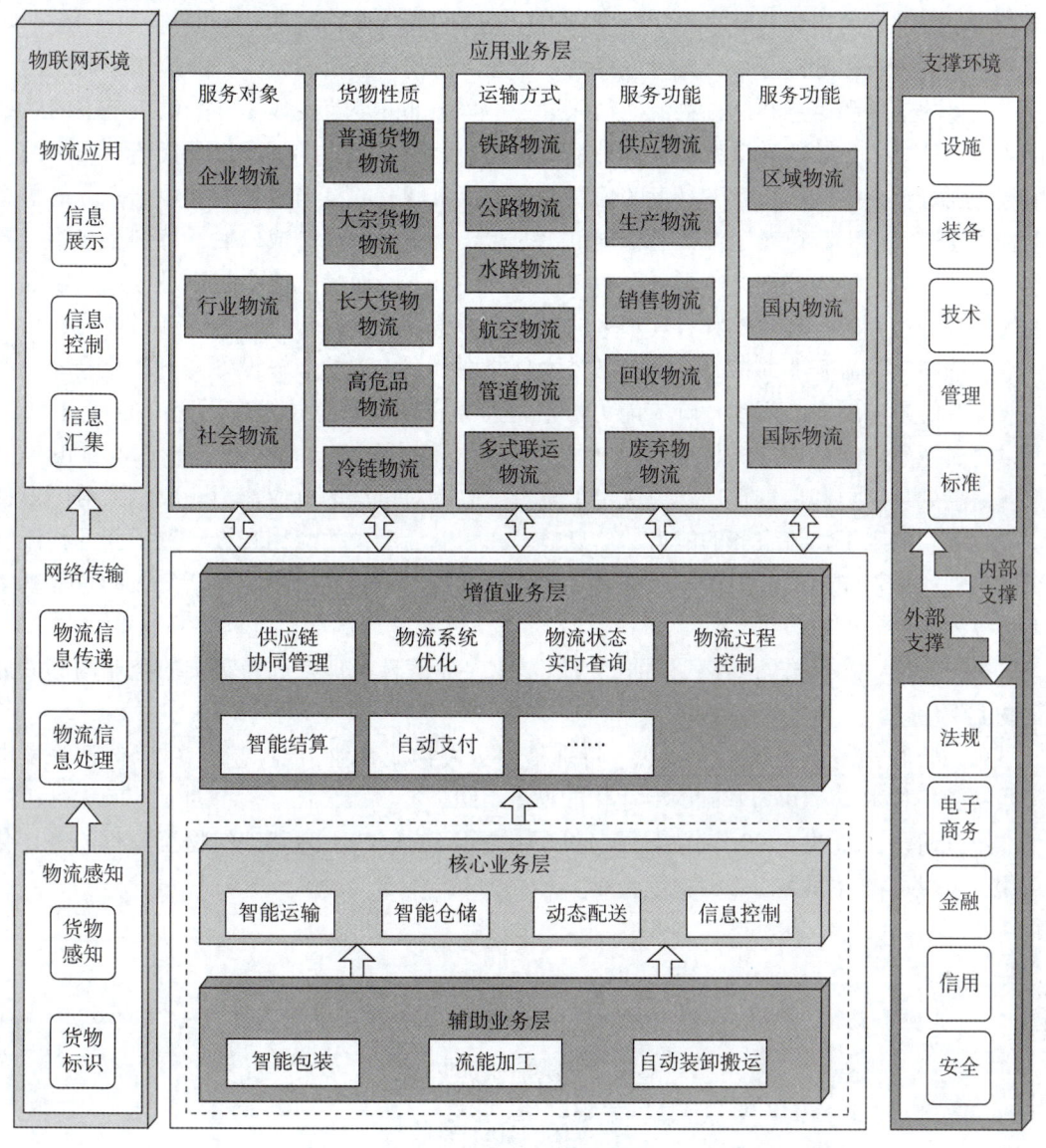

图 9-2　智能化物流业务体系

9.1.3　信息技术对现代物流产生与发展的影响

传统的物流活动被分散在不同的经济部门或一个企业内部不同的职能部门，从生产到消费的过程中，物流活动被分解为若干个阶段和环节来进行。由于没有信息技术的支持，物流信息本身也被分散在不同的环节和不同的职能部门之中，物流与信息之间的交流与共享变得十分困难，经常滞后于许多管理活动。随着计算机软/硬件技术、网络通信技术、信息采集技术等信息技术的群体性突破，信息技术开始广泛应用到企业物流管理活动中，使物流活动发生了根本性的变化。由于信息采集技术、网络通信技术的广泛应用，物流信息不再局限于某个物流环节上，在整个物流活动中，所有的企业、管理者都能得到所需要的信息，并根据这些信息进行有关的管理、协调和组织工作。信息的共享开始超越企业内部不同职能部门的边界乃至企业的边界，信息资源的共享使物流活动可以与原有的生产过程和商品销售过程分离开来，成为一种独立的经济活动。在信息技术广泛应用以后，由于有了完整的信息和信息共享，物流活动从过去一个局部的环节变成了整个供应链上的系统化活动，从过去分散的活动变成了一种系统化的、全程化的活动。通过现代信息技术的应用，特别是整个供应链所有参与者的信息共享，使得所有的参与者都能够根据充分的信息来合理地进行分工和市场定位，进行规范化的运作。在供应链形成以后，特别是在第三方物流企业形成以后，这种竞争不再停留在单一的环节上，而是把整个物流过程或大家经常说的供应链过程的管理效率和管理水平的提高作为竞争的主要焦点。所以到目前为止，在西方发达国家物流企业的核心竞争力已经不是使用多么先进的运输设备和自动化仓库，而是对顾客的响应能力。而这种响应能力恰恰是建立在现代信息技术广泛应用的基础上的，所以物流竞争已经从原来关注物流设施水平转向了信息管理能力和信息技术水平的提高上。信息处理能力和信息管理能力决定了整个供应链对市场的响应能力，决定了对顾客提供高效率、高水平物流服务的能力。信息技术在物流活动中的应用直接导致了新的物流组织的出现，使物流组织的层次不断提高。现代信息技术影响物流组织逐渐升级的过程基本上可以划分为三个阶段。

第一阶段：20世纪80年代以前，为以企业内部信息管理系统为基础的企业内部一体化物流组织。

第二阶段：20世纪八九十年代，特别是第三方物流企业出现以后，可以概括为以电子数据交换技术或EDI为基础的专业化的物流组织。

第三阶段：20世纪90年代以后，发展为以网络通信技术为基础的物流流程的一体化组织，以供应链管理为核心的物流企业。

案例分析

德邦物流：集业务流程管理、数据传输管理于一体的信息管理系统

思考题：信息技术对德邦物流的发展有什么作用？

9.1.4 物流信息化的意义

1. 物流信息资源的整合与共享

现代物流活动已成为整个供应链上的系统化、全程化的活动。物流系统信息化首先要对物流活动中的各类信息资源进行整合，并在全社会范围内对这些信息资源进行共享。信息共享将超越企业内部不同职能部门的边界、企业的边界，使供应链上所有的参与者都能够根据充分的信息来进行合理的分工和市场定位，进行规范化的运作。供应链上所有的企业、管理者、工作人员都能得到所需要的信息，根据这些信息进行有关的管理、协调和组

织工作。

2. 物流资源的整合

20世纪80年代，西方发达国家在提高物流管理水平和管理效率方面，主要是围绕对物流设施的投资进行的。例如，很多物流活动都是通过对自动化仓库、多式联运等物流设施的改进来提高自身效率。在信息技术不发达的情况下，物流的很多技术手段都停留在设施设备能力和水平的提高上。随着信息技术的发展，特别是供应链管理出现以后，更重要的不是单一的设施水平的提高，而是通过信息技术把资源整合到一起，来提高整体的运作效率，也就是说，信息处理能力、信息管理能力决定了整个供应链对市场的响应能力，决定了对顾客提供高效率、高水平服务的能力。

3. 物流系统运行的优化

随着市场经济和社会化的发展，一方面专业化分工越来越细，另一方面各专业之间合作越来越密切。生产企业与零售行业所需的原材料、中间产品、最终产品大部分由不同的物流中心、批发中心与配送中心提供，以实现少库存和零库存。现代物流社会化趋势是社会经济活动发展、物流规模经济效益、物流资源综合利用的必然结果。物流系统信息化可以减少物流信息的传递层次和流程、提高物流信息利用程度和利用率，以最简单的流程、最快的速度、最少的费用完善物流系统的正常运行，实现物流系统运行的优化。

4. 物流服务水平的提升

物流信息化在一定程度上将解决政府和行业间信息互通、企业间信息沟通及企业与客户间交流的问题，实现对客户的个性化服务，从根本上提升物流服务水平。

5. 社会物流技术水平的提高

公共物流信息平台通过政府和社会各界的力量，能够实现单个或某几个企业所不能实现的技术，有利于社会物流技术水平的提高。

6. 物流企业信息化进程的加速

公共物流信息平台将促进中小物流企业向现代化、网络化、信息化发展，特别是为中小物流企业提供实现信息化的有效途径。

7. 电子商务的发展

公共物流信息平台的建立将从整体上提升全社会物流服务水平，从根本上解决困扰电子商务发展的物流服务问题，从而有力地推动电子商务的发展。

9.1.5 物流信息系统的分类

按服务领域、支撑环境、技术要素和运营主体等可以将物流信息系统分为企业物流信息系统、物流园区(中心)信息平台、公共物流信息平台等不同层次，公共物流信息平台又可以划分为港口或行业公共物流信息平台、城市物流公共信息平台和区域物流公共信息平台等类型。

1. 企业物流信息系统

企业物流信息系统主要根据物流企业、生产企业、商业企业的内部物流信息一体化、网络化、高效化的需求，构建企业信息系统，提高物流运作效率，并逐步要求在供应链上、下游企业及合作伙伴之间实现信息共享，以实现供应链的协同运作，增强供应链的竞争优势。生产企业、商业企业的物流信息系统根据不同的发展阶段，一般有以下三种形态：

①初级阶段。实现企业核心部门的信息化，解决信息处理问题，提高物流运营效率，减小错误率，降低成本。

②发展阶段。随着客户对企业柔性和快速反应能力需求的不断提高，企业对内部各系统进行跨职能的整合，实现内部物流系统的一体化。

③高级阶段。供应链管理是现代物流的发展方向，随着企业客户的全球化及 JIT 等方法的应用，企业需要对内部信息与供应商、客户等外部信息进行整合，利用信息技术实现全球供应链管理。

物流企业通过对内部系统的信息化建设，如优化配载、货物跟踪、车辆调度、路线安排、库存管理等，以及与被服务企业间的信息共享和交互，来提高服务效率、服务质量和服务能力。

2. 物流园区(中心)信息平台

物流园区(中心)信息平台整合物流园区(中心)内企业的信息资源，为物流园区(中心)内企业提供信息共享和增值物流服务，实现物流园区(中心)内企业间的信息共享，并促进物流园区(中心)内企业的信息化建设。根据不同物流园区(中心)的功能特点，信息平台的作用也有所不同，主要表现在以下几个方面：

①促进物流园区(中心)内中小企业的物流系统信息化建设。根据物流园区(中心)的性质，为物流园区(中心)内的中小企业提供企业物流系统的 ASP(应用服务提供)租赁服务，为中小企业节约在信息化方面的投资，加速企业信息化进程。

②信息共享。实现物流信息共享(物流园区内物流企业间的信息共享、物流园区内物流企业与社会物流企业间的信息共享、物流企业与客户间的信息共享)；在物流企业内部进行集中管理和信息共享，实现物流企业对客户关系、物流中心、配送中心、仓储中心、停车场、网络化运输的集中管理，以及对物流服务的全过程优化，为物流企业客户提供对物流服务全过程的动态跟踪和查询。

③物流园区(中心)管理信息化。通过对物流园区(中心)进行网络化、信息化、高效化管理，提升物流园区(中心)的管理水平，提高物流园区(中心)的运营效率和吸引力。

3. 公共物流信息平台

公共物流信息平台整合城市或区域的物流资源和社会资源，为城市或区域内各物流节点和企业提供信息服务，优化整个社会物流系统。公共物流信息平台以其跨行业、跨地域、技术密集、多方参与、扩展性强、开放性好等特点对现代物流业的发展构成了有力的支撑。利用网络技术建立公共物流信息平台，通过信息技术和网络技术整合社会物流资源和管理物流行业，可以使中国物流产业产生质的提高。公共物流信息平台的作用主要包括以下几方面：

①公共基础信息共享。现代物流是一个整合的过程，涉及很多行业、部门的资源和信息的优化整合，其中交通、海关、银行等部门基础信息的获取对于企业现代物流发展的作

用越来越大，因此企业非常需要对公共基础信息进行共享。但这些信息的获得涉及各行业、部门间的协调问题及资金投入问题，企业依靠自身难以获得，因此需要由专门的公共物流信息平台来提供这些信息的共享服务。

②物流信息资源和社会物流资源的整合和共享。公共物流信息平台能够对社会物流系统中的各类信息资源进行整合，并在全社会范围内对这些信息资源进行共享；对物流资源信息进行整合与共享，对社会物流资源进行重组，提高社会物流资源的利用率，实现对社会物流资源的整合。

③物流信息互通。公共物流信息平台可促进行业间信息互通、企业间信息沟通及企业与客户间的交流，提升全社会物流服务水平。

9.1.6 物流信息系统的规划建设模式

企业物流信息系统的规划建设有自建和租用两种形式。大型企业或业务比较复杂的企业可以采用自建的方式，构建充分体现本企业特点的物流信息系统。对于中小企业，可以采用租赁物流园区信息平台或公共物流信息平台提供的 ASP 系统的方式，节约信息化投入，加快信息化建设步伐。因此，企业物流信息系统的规划由企业根据自身的条件进行，不需要政府的干预。物流园区(中心)信息平台和公共物流信息平台的建设可以采用以下三种模式：

1. 商业运营机构全资拥有模式

该模式比较有利于市场的培养和发展，但该商业运营机构必须能保证提供公平的竞争环境和持续的经费投入。

2. 政府参与的业界协作组织模式

该模式能保持平台的中立性和支持平台总体目标的实现，但在市场培育和经费方面有所欠缺。

3. 政府主导模式

该模式在平台的中立性、经费、支持总体目的发展等方面有较好的保证，但在促进市场培育和发展方面有所欠缺。由于公共物流信息平台涉及面广、用户群体广泛，不管采用哪种建设模式，都需要在政府的统一规划下进行。因此，公共物流信息平台一般由政府进行统筹规划。

9.2 物流信息系统规划与设计

9.2.1 规划与设计的原则

1. 系统性原则

企业物流信息系统规划与设计不能局限于某个物流系统甚至某个物流功能，必须充分考虑周边环境并从整个系统的角度去规划，从而使物流信息管理的功能与整体物流系统的运作有机联系，使物流信息系统能够提升企业整体甚至整个供应链的运作效率。同时，在物流信息系统规划时，也要注意功能的系统性和开发过程的完整性。所谓功能的系统性，是指根据企业物流管理的实际功能需要来设计物流信息系统，数据格式规范、报表文件规范等，以保证系统开发和操作的完整性和系统性。

2. 经济性原则

物流信息系统的开发费用必须在保证质量的情况下尽量压缩，如在物流信息系统规划时必须充分利用现有资源，考虑在已有业务应用系统和数据库等资源的基础上进行完善与整合，最大限度地降低成本。同时，物流信息系统投入运行后，必须保持较低的运行维护费用，减少不必要的管理费用。

3. 实用性原则

物流信息系统规划与设计必须以实用为原则，使开发的物流信息系统真正能够满足和贴近实际需要，提供友好的用户操作界面，从而使系统操作方便、快捷、易用，符合业务人员日常工作习惯和流程。

4. 可靠性原则

物流信息系统规划的可靠性原则是指开发的物流信息系统保证在正常情况下和非正常情况下都能可靠运行。这就要求物流信息系统能够在正常情况下达到系统设计的预期精度要求，实现系统的准确性和稳定性。而在软/硬件环境发生故障的非正常情况下，物流信息系统也能够保持一定的灵活性，能够针对一些紧急情况提出应对措施，实现部分使用和运行。

5. 开放性和协同性原则

物流信息系统的规划和开发是一项庞大的系统工程，涉及组织日常管理工作的各个方面，既是一个管理决策过程，又是管理与技术相结合的过程，因此相关部门的广泛参与是开发成功的首要条件，这就需要物流信息系统规划与设计时能够保持开放性和协同性。此外，开放性还表现在物流信息系统本身应具备与公司内部其他系统如财务、人事等管理系统相连接的性能。同时，系统不仅要在物流企业内部实现数据的整合、顺畅流通，还应具备与企业客户、外部供应链的各个环节及其他相关部门、企业的协同，实现数据交换等方面的无缝连接。

6. 标准化原则

在物流信息系统规划的每个环节，必须遵循有关国际、国家主流技术标准，并采纳行业通行的业务模式和业务处理方法，按照标准化、工程化的方法和技术来设计和开发系统。

7. 可扩展性原则

物流信息系统规划与设计是一个复杂的发展完善过程，需要逐渐认知实际物流系统的需要，还要考虑环境的变化。这就要求在物流信息系统规划与设计时充分遵循可扩展性原则，即充分考虑企业未来的物流管理及业务发展的需求，在设计、功能和界面上尽可能留有接口，使功能可进一步扩展，便于维护、修改、衔接及增加新的功能，以便在原有的系统基础上建立更高层次的管理模块，使物流信息系统具有一定的适应环境变化的能力。

9.2.2 规划与设计的步骤

物流信息系统的规划与设计可以按照时间顺序分为四个阶段：物流信息系统分析阶段、物流信息系统设计阶段、物流信息系统构建阶段、物流信息系统运行与维护阶段。

1. 物流信息系统分析阶段

（1）用户调查

物流信息系统规划与设计能否成功，需求分析是关键和基础。但很多客户不能确定他们到底需要什么，而且提出的需求又有可能经常变动，或者不能准确表达想法，所以在系统需求分析时，开发人员要同客户一起共同分析现状、挖掘问题、研究解决办法，同时避免交流过程的信息干扰与误解。因此，物流信息系统的需求分析是建立在用户调查的基础上，通过分析讨论，逐步明确用户对系统需求的一个过程。它是系统规划和开发的依据，对用户需求是否准确把握，将直接关系到开发出来的系统能否得到用户认可，用户能否真正运用该系统解决业务或管理问题。

①信息需求。信息需求定义未来物流信息系统使用的所有信息，包括用户将向系统输入的信息数据、从数据中要求获取的信息内容、将要输出的信息内容等。

②处理需求。处理需求定义未来系统数据处理的操作需求，描述操作的优先次序，包括操作执行的频率和场合。处理需求还包括弄清用户要完成什么样的处理功能、要求的响应时间及安全性和完整性的约束。

（2）数据需求整理与分析、数据处理需求分析

物流信息系统需求分析的基本任务是准确地回答"系统必须做什么"这个问题。需求分析所要做的工作是对数据需求进行整理和分析，了解数据的结构和数据的流程，然后对数据处理的需求进行分析，深入描述系统的功能和性能，分析功能与数据之间的关系，确定系统设计的限制和定义系统的其他有效性需求，提出分析处理方式和系统逻辑方案。

（3）系统总体分析

系统总体分析的基本任务是在系统目标要求和约束下，以系统的应用需求描述为基础，与客户一同利用系统分析方法和工具，分析并优化系统的信息流程，建立系统的功能模型和信息模型，设计系统的总体结构和功能，进行系统软/硬件、网络、组织机构的配置，最后制订项目管理计划，对所要做的工作、所要用的资源、所要花费的全部经费进行分析和描述，并进行预期效益分析。

（4）系统分析成果形成

需求分析的阶段成果是系统需求说明书，系统需求说明书是系统设计开发的重要依据文件。在需求分析时，可以和客户进行交谈、文档交流、会议、情景分析、模拟演示等方式的沟通，在需求说明书中尽可能地明确客户需要什么样的物流信息系统产品。不同客户对物流信息系统的要求是有差别的，通过调研、分析、交流及了解客户物流业务活动的现状，可以明确客户的目标、需要解决的问题、希望实现的功能、业务需要的信息、管理决策需要的信息、信息的表现方式及操作习惯等。

系统总体分析的阶段成果是系统总体分析报告。系统总体分析报告包括与客户之间的

一项规格说明文档合同，它明确表明了物流信息系统必须做什么，物流信息系统必须满足的约束条件有哪些，应该采用怎样的解决问题的策略，同时它也是系统最终交付使用的验收标准集。在系统总体分析报告中，还必须根据系统的功能模型、信息模型及物理结构制订明确的项目规划，包括系统的总目标，系统的功能、结构及所需的接口等方面的规划，并对可供使用的资源(如计算机软硬件、人力等)、成本、可取得的效益和开发的进度做出评估，制订开发任务的实施计划。在物流信息系统项目管理计划中，最重要的是估计项目的开发周期和开发成本。

2. 物流信息系统设计阶段

物流信息系统设计是物流信息系统规划与设计的技术核心，其基本任务是将用户要求转换成一个具体的物流信息系统的设计方案。设计过程的输入是物流信息系统需求说明书及总体规格说明文档，主要描述物流信息系统要做什么；输出是设计文档，说明如何完成物流信息系统的构建。物流信息系统设计文档包括以下三方面：

(1) 系统设计定义

系统设计定义主要包括定义系统目标、系统功能、数据分类及信息结构四方面。其中，定义系统目标需要确立各子系统的统一目标，局部目标要服从总体目标；定义系统功能需要确立系统设计的物流管理与经营活动的主要内容与决策；定义数据分类需要在定义系统功能的基础上，把数据按支持一个或多个功能分类；定义信息结构需要确定信息系统各个部分及其数据之间的相互关系，推导出各个独立性较强的模块，确定模块实现的优先关系，划分子系统。

(2) 逻辑设计

逻辑设计在系统调研的基础上，从整体上构造出物流信息系统的逻辑模型，对各种模型进行优选，确定最终方案。主要研究物流信息系统的模块划分，在物流信息系统总体规格说明文档的基础上建立软件和系统结构，包括数据结构和模块结构。模块结构中的每个模块要意义明确且和某些用户需求相对应。

(3) 物理设计

物理设计以逻辑模型为框架，对每个模块进行具体的设计与描述，确定所需要的算法和数据结构，确定模块的功能、接口和实现方法，以便为程序编写打下基础。物理设计的目标不仅是逻辑上正确地描述每个单元的实现算法，更重要的是设计出的处理过程要尽可能简明，其结果基本决定了最终程序代码的质量，使后续的物流信息系统构建阶段能够利用各种编程实现系统的输入、输出、存储及处理方法。

3. 物流信息系统构建阶段

物流信息系统构建阶段的工作主要包括物流信息系统软件的编程和测试。

编程是将系统需求和功能模块的设计及接口规范映射为可执行代码的过程。其主要任务是把软件转换成计算机可以接受的程序，即写成以某程序设计语言表示的"源程序清单"。在编程阶段写出来的程序应该结构良好、清晰易读，与设计相一致，并且要按照系统分析中提出的需求和验收标准进行严格的测试和审查，审查通过后才可以交付使用。为保证软件的可靠性和程序的正确性，应该采用科学的程序设计方法和技术。

编码阶段完成后，在系统上线使用之前必须先进行严格、科学的测试，找出其中的错

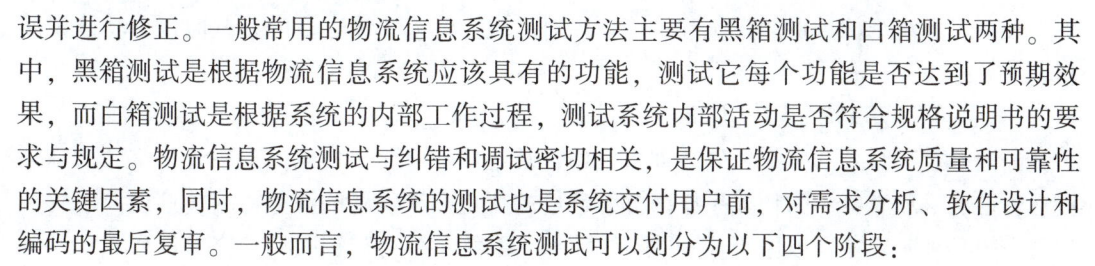

误并进行修正。一般常用的物流信息系统测试方法主要有黑箱测试和白箱测试两种。其中，黑箱测试是根据物流信息系统应该具有的功能，测试它每个功能是否达到了预期效果，而白箱测试是根据系统的内部工作过程，测试系统内部活动是否符合规格说明书的要求与规定。物流信息系统测试与纠错和调试密切相关，是保证物流信息系统质量和可靠性的关键因素，同时，物流信息系统的测试也是系统交付用户前，对需求分析、软件设计和编码的最后复审。一般而言，物流信息系统测试可以划分为以下四个阶段：

（1）数据准备及测试方案的确定

这里可以根据现有的作业处理数据来测试各子系统是否能满足原先的设计。现有作业数据及历史数据较符合实际情况，往往能为系统修正提供正确判断。

（2）单元测试

系统的测试从各程序模块的单元测试开始，这样便于集成测试时减少错误检查点。

（3）集成测试

集成测试结合各模块的单元测试对整个系统做完整的测试。

（4）验收测试

验收测试即最后验收交付时的测试，验收测试需要确定该系统是否满足开发人员所提交的规格说明，主要测试方法包括正确性测试、健壮性测试、性能测试和文档测试。系统通过了验收测试，就标志着物流信息系统设计开发阶段结束了，同时进入了运行与维护阶段。

4. 物流信息系统运行与维护阶段

在建立物流信息系统架构，完成了其功能设计并通过了验收测试后，即可交付用户使用，物流信息系统规划工作也就进入了系统运行与维护阶段。这一阶段主要包括以下四个方面的工作：

（1）编写用户手册

为了使系统上线后可以顺利运行，必须编写用户手册以指导使用者如何正确维护及操作系统，包括系统安装手册、操作手册和维护手册等。系统安装手册主要用于指导系统安装人员设置系统，其内容包含硬件运行环境要求，如服务器的规格、内存容量、辅助输入输出设备，应选择安装的子系统、网络管理程序、特殊的编译程序等，并且将系统设置步骤一一列举并举例说明。使用者操作手册用于说明如何从系统输入/输出数据及如何利用各项系统功能。而对系统的维护应具有维护手册，内容包括从系统分析、系统设计阶段开始的所有文档、数据格式、程序流程、算法说明等。

（2）系统安装与数据导入

系统安装设置好后通常无法马上上线运行，主要是因为现有数据尚未经过有效整理，无法适合系统所设计的输入/输出格式或因必要的历史数据还没有输入而无法发挥系统功能。因此，系统初次使用时应将必要的数据输入或采用其他方式导入系统，并进行一定时间的调试，待稳定后正式投入运行。

（3）用户培训

系统设置好后应对各类使用者进行不同程度的培训，好的培训工作不但有利于新系统的投产运行，对以后的维护工作也有很大的帮助。用户培训的工作主要包括对使用者的操作培训、对系统维护人员的系统维护培训、对高层主管或决策人员的系统应用和功能说明培训等。

(4) 物流信息系统维护与更新

经过上述一系列的工作，系统即可开始正常运作。然而，物流信息系统常常会面临一些运行错误，或者会因为物流系统内外部环境的变化而产生新的业务需求，这也要求物流信息系统必须随之更新或修正。因此在物流信息系统运行与维护时期的主要任务不仅需要维护系统的正常运行，不断改进物流信息系统的性能和质量，还必须做好物流信息系统的进一步推广应用和更新换代。

9.2.3 规划与设计的方法

1. 需求分析方法

(1) 关键成功因素法

关键成功因素法(Critical Success Factors，CSF)是信息系统开发规划方法之一，是在1961年由 D. Ronald Daniel 在 McKinsey & Company 开发的。这个过程定义是由 John F. Rockart 在1979年和1981年创立的。关键成功因素法就是通过分析找出使企业成功的关键因素，然后围绕这些关键因素来确定系统的需求，并进行规划。关键成功因素法的优点是能够使所开发的系统具有很强的针对性，能够较快地取得收益。应用关键成功因素法需要注意的是，当关键成功因素解决后，又会出现新的关键成功因素，就必须再重新开发系统。这种方法的缺点是通常只在确定管理目标阶段最为有效。

关键成功因素法的主要步骤如图9-3所示。

识别企业或管理系统的目标 → 识别关键成功因素 → 识别各关键成功因素的性能指标和评估标准 → 识别测量性能的数据 → 建立数据字典

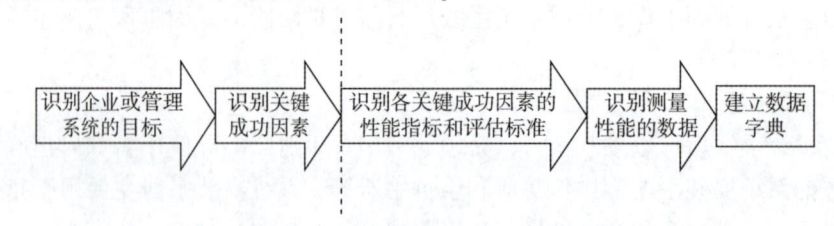

图9-3 关键成功因素法的主要步骤

① 识别企业或管理信息系统(MIS)的目标。

② 识别关键成功因素。该步骤主要是分析影响企业和物流信息系统目标的各种因素和影响这些因素的子因素，然后确定关键成功因素。识别关键成功因素所用的工具主要是树状因果分析图。识别一个组织的关键成功因素需要与管理人员做一系列的访谈，并通过充分的讨论来确定这些目标与关键成功因素之间的内在联系，然后决定哪些关键因素可以合并、哪些因素可以删除、哪些因素需要重新阐释。

③ 识别各关键成功因素的性能指标和评估标准。

④ 识别测量性能的数据。

⑤ 建立数据字典。

(2) 企业系统规划法

企业系统规划法(Business Stem Planning，BSP)是由 IBM 公司于20世纪70年代提出

的一种管理信息系统规划的结构化方法论。企业系统规划法可以确定未来物流信息系统的总体结构，明确系统的子系统组成和开发子系统的先后顺序，并可以对数据进行统一规划、管理和控制，明确各子系统之间的数据交换关系，保证信息的一致性。企业系统规划法的优点在于利用它能保证物流信息系统独立于企业的组织结构，使物流信息系统具有对环境变更的适应性。

企业系统规划法的总体思路是先"自上而下"识别出企业战略目标和信息系统战略目标，然后"自下而上"设计出企业的物流信息系统架构，逐步将企业目标转化为物流信息系统的目标和结构，如图9-4所示。

①确定企业目标与系统目标。在确定企业目标和物流信息系统目标时，规划人员必须深入各级管理层，了解企业有关决策过程、组织职能部门的主要活动及存在的主要问题，要注意必须使所建立的物流信息系统支持企业的目标与战略。

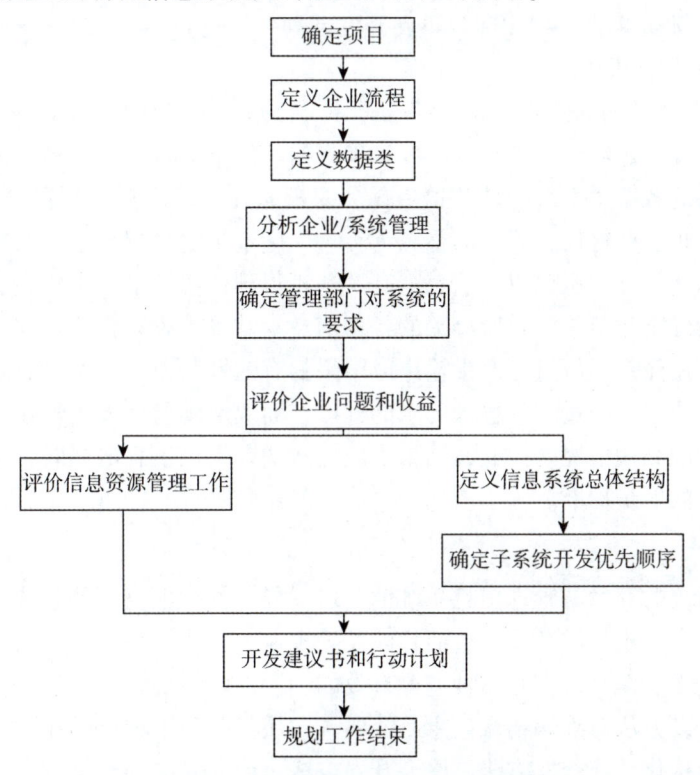

图9-4 企业系统规划法的总体思路

②分析企业物流过程。分析企业物流过程可对企业如何完成其物流服务目标有较深刻的了解，可以作为建立物流信息系统的基础。在分析企业物流业务流程时，首先，要识别出企业的物流产品与服务，以及支持这些产品与服务的相关资源（资金、材料、设备、人员等），然后定义与产品、服务及支持资源相关的作业流程。其次，还需要分析一些计划与控制类的管理流程。最后，需要将相关流程进行合并、补充、删减、修改或再细分，从而形成一组新的流程，以有效完成相关作业。同时，还要说明流程与组织各部门间的关系，并对重组后的新流程进行描述与说明，作为备查资料。

③管理物流数据和信息。管理物流数据和信息包括物流数据的分析、处理，并构建数

据库等内容。管理物流数据和信息首先需要确定每个流程所生成和使用的数据有哪些，即利用前面识别出来的企业物流流程，确定每个流程使用了什么数据，产生了什么数据，或者说每个流程输入、输出的数据各是什么，然后建立它们和某一实体的联系；其次，必须识别数据类，将所有数据进行分类、整合，将属性相同的数据组合成数据类；最后，定义并描述每个数据类，编写说明文件，构建数据库。

④定义系统结构和功能。识别出物流数据类后，就要建立数据类与企业物流流程之间的关系，这样做不但可以保证所有的数据类和流程都被完全识别出来，而且可以保证每个数据类有且仅有一个流程生成。用来建立数据类与企业物流流程之间关系的矩阵被称为过程/数据类矩阵或 U/C 矩阵。通过对 U/C 矩阵进行交互分析，可以检查流程与数据类之间的关系，再依照流程分组或简化，就可以定义出物流信息系统的结构和功能，即划分出物流信息系统的各个子系统。

⑤完成 BSP 研究报告，提出建议书和开发计划。

(3) 结果-手段分析法

结果-手段分析法(Ends-Means Analysis, E/M)是 1982 年由 Wetherbe 与 Davis 基于系统理论提出的一种确定组织、部门及个别管理者信息需求的方法。这种方法的出发点是企业组织及其内部的各个子系统与流程既有输入又有输出，输入就是手段，输出就是结果。采用结果手段分析法获得信息需求的步骤为：首先确定组织过程产生的结果或输出，这些输出可以是产品或服务，也可以是信息；其次分析得到这些结果的手段，这些手段包括输入和过程，最后确定与结果和手段相关的各种信息。结果手段分析法在注重分析输入、输出信息的同时，还注意分析过程产生输出或结果的有效性与效率。所谓有效性，是指一个过程的输出满足作为另一过程的输入要求的程度，而效率则指把输入转化为输出时所需的资源及这些资源的利用情况。因此，结果手段分析法在提供信息的同时，还提供了关于信息有效性及效率的度量标准。

2. 开发方法

物流信息系统的开发与管理信息系统的开发一样，是一项复杂的系统工程。它涉及的知识面广、部门多，不仅涉及技术，而且涉及管理业务、组织结构和行为特征，它不仅是科学，而且是艺术。至今还没有一种完全有效的、万能的系统开发方法，但软件开发实践中形成的一些开发方法对确保物流信息系统的开发质量起到了积极的作用。目前常用的系统开发方法有结构化系统开发方法、原型开发方法、面向对象的开发方法、计算机辅助开发方法等。

(1) 结构化系统开发方法

结构化系统开发方法(Structured Programming)是自顶向下结构化方法、工程化的系统开发方法和生命周期方法的结合，是迄今开发方法中应用最普遍、最成熟的一种。结构化开发方法的基本思路是用系统工程的思想和工程化的方法，按用户至上的原则，自顶向下地对系统进行分析与设计。具体来说，就是将整个信息系统开发过程划分出若干个相对独立的阶段，如系统规划、系统分析、系统设计、系统实施等。在前三个阶段应对系统再进行结构化划分，从宏观整体入手，先考虑系统整体的优化，然后考虑局部的优化问题。在系统实施阶段，则应自底向上逐步实施、逐渐构成整体系统。结构化系统开发方法如下几个特点：

①自顶向下整体性的分析与设计和自底向上逐步实施的系统开发过程。在系统分析与设计时要从整体考虑，从全局到局部逐步进行；而在系统实现时，则要根据设计的要求先编制一个个具体的功能模块，然后自底向上逐步实现整个系统。

②用户至上。用户对系统开发的成败是至关重要的，故在系统开发过程中要面向用户，充分了解用户的需求和愿望。

③深入调查。强调在设计系统之前深入实际，详细地调查研究，努力弄清实际业务处理过程的每个细节，然后分析研究，制定出科学合理的信息系统设计方案。

④分阶段工作。把整个系统开发过程划分为若干个工作阶段，每个阶段都有其明确的任务和目标，以便于计划和控制进度，有条不紊地协调展开工作。

⑤系统适应性强。因系统开发是项耗费人力、财力、物力且周期很长的工作，一旦周围的环境（组织的外部环境、信息处理模式、用户需求等）发生变化，就会直接影响系统的开发工作，所以，结构化开发方法强调在系统调查和分析时，对将来可能发生的变化给予充分的重视，强调所设计的系统对环境的变化具有一定的适应能力。

⑥开发过程工程化。要求开发过程的每步都按工程标准规范化，文档资料也要标准化。

相比较而言，结构化系统开发方法的优点是：从系统整体全局出发，保证了系统的整体性和目标一致性；根据用户需求开发，系统具有较强的适用性；严格区分工作阶段，每个阶段都有其明确的任务，每步工作都及时总结，发现问题及时反馈和纠正，避免了开发过程的混乱状态；每个阶段的工作成果是下一阶段的依据，便于系统开发的管理和控制；文档规范化在系统开发的每个步骤和每个阶段，都按工程标准建立了标准化的文档资料，有利于系统的维护。

结构化系统开发方法的缺点是：由于用户的素质或系统分析员和管理者之间的沟通问题，在系统分析阶段很难把握用户的真正需求，易导致开发出不是用户需求的系统；开发周期长，一方面，使用户在较短时间内不能得到一个实际可运行的系统，另一方面，难以适应环境变化，一个规模较大的系统经历较长时间开发出来后，其生存环境可能已经发生了变化；此外，结构化程度较低的系统，在开发初期难于锁定功能要求。

（2）原型开发方法（Prototyping）

原型开发方法是20世纪80年代随着计算机软件技术的发展，特别是在关系数据库系统、第四代程序设计语言和各种系统开发生成环境产生的基础之上，提出的一种从设计思想到工具、手段都全新的系统开发方法。与前面的结构化方法相比，它放弃了那种步步周密、细致调查分析后整理出文字档案，最后才能让用户看到结果的烦琐做法。原型开发方法从一开始就凭借着系统开发人员对用户要求的理解，在强有力的软件环境支持下，创建一个实实在在的系统原型，然后与用户反复协商修改，最终形成实际系统。原型开发方法的工作流程是：首先用户提出开发要求，开发人员识别和归纳用户要求，根据识别、归纳的结果，构造出一个原型（程序模块），然后同用户一起评价这个原型。如果不行，重新构造原型；如果不满意，则修改原型，直到用户满意为止。

原型开发方法的优点：从认识的角度来看，原型开发方法更多地遵循了人们认识事物的规律，因而更容易为人们普遍接受；原型开发方法将模拟的手段引入系统分析的初级阶段，沟通了人们的思想，缩短了用户与系统分析人员之间的距离，解决了结构化方法中最难解决的一环；充分利用了最新的软件工具，摆脱了老一套的工作方法，使系统开发的时间、费用大大减少了，效率、技术等都大大提高了。

原型开发方法的局限性：对于一个大型的系统，如果不经过系统分析来进行整体性划分，想要直接模拟是很困难的；对于大量运算的、逻辑性较强的程序模块，原型开发方法很难构造出模型来供人评价；对于一个批量处理系统，由于大部分是内部处理过程，这时用原型开发方法有一定困难。

(3) 面向对象的开发方法。

面向对象的开发方法(Object-Oriented Method，OOM)是从20世纪80年代各种面向对象的程序设计方法逐步发展而来的。OOM法的基本思想主要包括以下几方面：

①客观事物都是由对象组成的，对象是在原事物基础上抽象的结果。任何复杂的事物都可以通过对象的某种组合构成。

②对象由属性和方法组成。属性反映了对象的信息特征，如特点、值、状态等，方法则是用来定义改变属性状态的各种操作。

③对象之间的联系主要是通过传递消息来实现的，传递的方式是通过消息模式(Message Pattern)和方法所定义的操作过程来完成的。

④对象可按其属性进行归类。对象和类之间的结构层次靠继承关系维系。

⑤对象是一个被严格模块化了的实体，称为封装。封装了的对象满足软件工程的一切要求，而且可以直接被面向对象的程序设计语言所接受。

从面向对象的开发方法的基本思想可以看出，其主要优点是：OOM法与人类习惯的思维方法相一致；OOM法以对象为中心构造的软件系统稳定性好，不会引起软件结构的整体变化，往往仅需要做一些局部性的修改；OOM法的技术中因为对象具有封装性和信息隐藏等机理，具有很强的独立性，可提供比较理想的模块化机制和比较理想的可重用的软件成分，因而具有很好的可重用性；面向对象方法开发出的软件具有稳定性好、易于修改、易于理解及测试和调试等特点，因此，OOM法开发的软件维护性比较好。

(4) 计算机辅助开发方法。如果严格地从认知方法的角度来看，计算机辅助开发并不是一门真正独立意义上的"方法"。但目前就计算机辅助工具的发展和它对整个开发过程所支持的程度来看，计算机辅助开发方法又不失为一种适用的系统开发方法。

计算机辅助开发方法解决问题的基本思路是：任何一种系统开发方法中，如果自对象系统调查后，系统开发过程中的每一步都可以在一定程度上形成对应关系，那么就完全可以借助于专门研制的软件工具来实现上述一个个的系统开发过程。这些系统开发过程中的对应关系包括：结构化系统开发方法中的"业务流程分析—数据流程分析—功能模块设计—程序实现"，原型开发方法中的"业务功能一览表—数据、指标分析—数据、过程分析—数据分布和数据设计—数据库系统"等，面向对象的开发方法中的"问题抽象—属性、结构和方法定义—对象分析—确定范式程序实现"等。

上述基本思路决定了计算机辅助开发方法只是一种辅助的开发方法，在实际开发物流信息系统中，计算机辅助开发环境的应用必须依赖于一种具体的开发方法，如结构化开发方法、原型开发方法等，但由于计算机辅助开发方法采用了计算机来辅助开发，所以能帮助开发者方便、快捷地产生出系统开发过程中各类图表、程序和说明性文档。具体而言，计算机辅助开发工具的优点主要表现在如下几个方面：显著提高系统分析和设计人员的生产率；能够培训和指导用户应用软件工程方法开发系统；使用交互式图形技术支持结构化系统分析、设计，用户容易理解；由于计算机辅助开发工具自动化程度高且能自动生成程序代码，使开发者把系统开发重点转移到系统分析、设计上，能控制系统开发的质量与实现；计算机辅助开发工具的信息库、软件库、数据字典的可重用技术，使得系统的定义与描述可以从非冗余的数据字典、软件库中产生，具备系统分析、设计的一致性与完整性检验。

(5) 各种开发方法的比较。在上述四种常用的系统开发方法中，很难绝对地从应用角度来评价其优劣。虽然每种方法都是在前一种方法不足的基础上发展起来的，但就目前技术的发展来看，这种发展只是局部弥补了其不足，就整体而言很难完全代替。另外，这种发展和弥补不足还必须建立在一定的技术基础之上，没有一定的基础，一切都无从谈起。

具体而言，结构化系统开发方法是真正能够较全面地支持整个系统开发过程的方法。尽管其他方法有许多这样那样的优点，但都只能作为结构化系统开发方法在局部开发环节上的补充，暂时都还不能替代其在系统开发过程中的主导地位，尤其是在占目前系统开发工作量最大的系统调查和系统分析这两个重要环节。

原型开发方法由于要不断地对原型进行修改，因此不适合应用于大型物流信息系统的开发过程中的所有环节，一般多被用于小型局部系统或处理过程比较简单的物流信息系统设计环节。

面向对象的开发方法是一种围绕对象来进行系统分析和系统设计，然后用面向对象的工具建立系统的方法。这种方法可以普遍适用于各类信息系统开发，但不能涉足系统分析以前的开发环节。

计算机辅助开发方法是一种除系统调查外全面支持系统开发过程的方法，同时也是一种自动化的系统开发方法。因此，从方法学的特点来看，它具有前面所述方法的各种特点，同时又具有其自身的独特之处——高度自动化的特点。值得注意的是，在这个方法的应用及计算机辅助开发工具自身的设计中，自顶向下、模块化、结构化是贯穿始终的。

总之，在物流信息系统的开发过程中，可以根据实际情况选择采用结构化系统开发方法、原型开发方法或面向对象的开发方法和计算机辅助开发方法。这些开发方法可以适用于不同规模的物流信息系统，在每个阶段可根据实际情况对开发工作进行进一步细化或合并。

9.2.4 物流信息系统功能设计

由于物流系统的组织模式不同，它们的功能结构也是有差异的，但核心功能模式是类似的，只是侧重面有所不同。一般来说，典型的企业物流信息系统功能包括物品管理子系统、储存管理子系统、运输与调度管理子系统、配送管理子系统、客户服务管理子系统、财务管理子系统、质量管理子系统、人力资源管理子系统等，如图9-5所示。

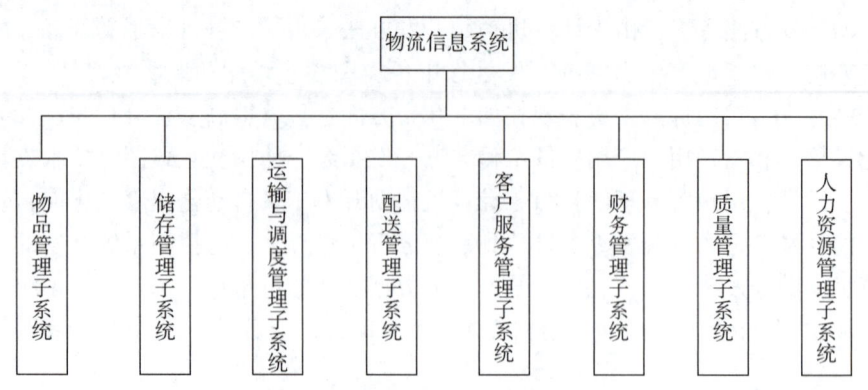

图 9-5　典型物流信息系统主要模块

9.2.5　物流信息系统实施与维护

企业实施物流信息系统，要有目的、有计划、有组织及在正确的方法指导下分步实施。"良好的开始是成功的一半"，物流信息系统实施的前期工作是关系到是否能够取得预期的效益的非常重要的一步。其物流信息系统实施与维护主要内容如图9-6所示。

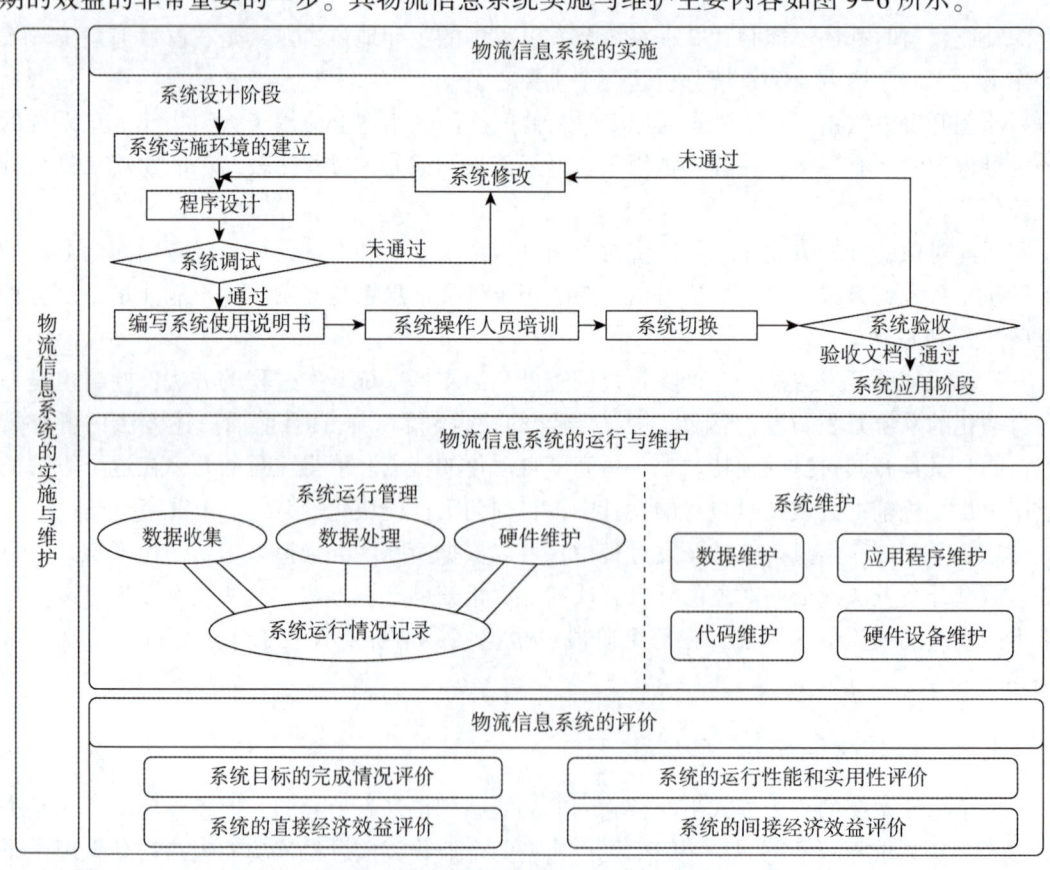

图 9-6　物流信息系统的实施与维护

本章小结

本章介绍了物流信息与物流信息系统的概念、物流信息系统的技术基础、分类与规划建设模式，讨论了信息技术对现代物流产生与发展的影响和物流信息化的意义。在介绍物流信息系统规划与设计的原则、步骤基础上，重点阐述了物流信息系统规划与设计的方法，包括需求分析方法中的关键成功因素法、企业系统规划法、结果-手段分析法，以及系统开发方法中的结构化系统开发方法、原型开发方法、面向对象的开发方法和计算机辅助开发方法等。最后简单介绍了物流信息系统的功能设计与实施维护。

案例分析

京东商城：基于 GIS 的配送监控调度系统

思考题：京东的配送监控调度系统的规划设计体现了哪些原则？

翻转课堂讨论话题

针对你们选取的案例，讨论其物流信息系统的功能、结构及其适用性。

第10章 物流系统建模与仿真

> **学习目标**
> - 能够描述物流仿真和离散系统仿真的概念。
> - 能够运用 FlexSim 软件进行物流系统建模与仿真分析。

> **开篇案例**

物流系统模拟仿真案例分析

1. 背景介绍

DHL 北京 DC 配送中心位于北京市东南四环外的大郊亭桥附近，主要为 Mars 集团、西门子和西安杨森制药的系列产品提供仓储、运输、配送等服务。随着合作伙伴的增多，日出货量呈上升趋势，老式的仓储模式已不能满足现代配送的发展需要，为适应现代化物流发展的趋势，必须对现有配送中心重新进行整体规划，以期达到理想的优化效果。

DHL 北京 DC 配送中心北京市内的配送点主要有两大类：①批发商——朝批和光彩批发；②销售商(KA 店)——沃尔玛、易初莲花和美廉美。其中约 95% 的货物配送集中在主城八区，剩余的约 5% 分散在昌平、密云、怀柔、平谷和房山等远郊区县。

2. 存在问题

（1）配送中心的需求

根据 DHL 北京 DC 配送中心的业务要求，结合将来的业务需要，物流配送中心必须满足下列方面的作业要求：①进货，包括车辆进货、进货卸货、边货点货、理货等。②储存保管，包括入库、调拨、补充、出理货等。③分拣，包括订单分拣、拣货分类、集货等。④出货，包括流通加工、品检、出货点收、出货装卸等。⑤运输，包括车辆调度、路线安排、车辆运输、交递货物等。⑥仓储管理，包括盘点(定期、不定期)、到期物品处理、移仓与储位调整。⑦逆向物流，包括退货、退货卸载、退货点收、退货责任确认、退货处理、退货补货等。⑧物流后勤，包括车辆货物出入管理、装卸车辆停车管理、包装中转容器回收、暂存、废物回收处理等。

（2）原配送中心存在的问题

该配送中心拥有 A、B 两个大库，A 库面积为 1 200 平方米，有 24 个通道，每个通道有 2 列 5 层货架；B 库面积为 800 平方米，有 16 个通道，每个通道也是 2 列 5 层货架。A、B 库每层货架高 1.5 米，宽 1 米，巷道间距约 4 米。该配送中心共有叉车 12 台，其中高叉 5 台，普叉 7 台。由于该配送中心仓库采用的是传统式通道仓储模式，没有采用现代化物流设备，仓库面积没有得到合理利用，配送效率不高，在旺季到来时通常靠增加人力、延长工作时间来满足实际需求。现以 A 库为例，对该配送中心进行优化。

（资料来源：http://www.gzhd56.com/wuliuzhishi/730.html）

思考题：可以用什么方法对该配送中心进行优化？

10.1　物流仿真的概念

所谓物流系统的仿真是指针对现实物流系统建立仿真模型，然后在模型上进行试验，用模型代替真实系统，从而研究物流系统性能的方法。通过仿真，可以一一仿效实际物流系统的各种动态活动并把系统动态过程的瞬间状态记录下来，最终得到用户所关心的系统统计性能。

由于物流系统自身的不完善或运作过程的不合理，一些物流系统设计上缺乏前瞻性和系统规划，在物流资源的配置、物流网络的结构等方面，很难保证其可靠性、合理性、协调性和最优化。在实际系统中常常包含有较多随机的因素，如物流系统中货物的到达、运输车辆的到达和运输事件等一般是随机的。对于这些复杂的随机系统很难找到相应的解析式来描述和求解，系统仿真技术成为解决这类问题的有效方法。物流系统运作的成败事关重大，而仿真方法是完善、推进物流系统的一个很好的方法，可以节省费用、减少浪费，消除物流环节中的瓶颈。

2003 年，吴耀华提出仿真技术的应用使物流系统设计处于更高的水平的观点，提倡物流仿真技术广泛的应用和推广。该观点认为要实现对物流工艺和设备更加有效的布局规划，目前一个很重要的工具就是仿真。仿真软件将凭经验猜测的一些无用的、冗余的工序和流程从物流系统中去除，对设计一个复杂的工艺流程非常有效。另外，从物流系统的管理和控制来看，计算机网络和数据库技术的采用是整个物流系统得以正常运行的前提。

10.1.1　物流系统仿真的类型

从技术与管理的角度来看，系统仿真在物流领域主要有以下几种类型：

1. 物流系统规划与设计

仿真多用于供应链设计、评价和优化，用来处理链中的不确定因素与动态性，此外有能力找出供应链各个成员之间的最优解决方案。在系统没有运行之前，把规划转化为仿真模型，通过运行模型，评价规划或设计方案的优劣并修改方案，仿真能够辅助决策者或策划者的决策活动，这是仿真经常用到的一方面。这样不仅可以避免不合理的设计和投资，而且也减少了投资风险，避免了人力、时间等的浪费。

2. 物流运输调度

复杂的物流系统经常包含若干运输。多种运输路线连接供应链上游与下游，是供应链运作过程中至关重要的一个环节,而运输调度与路线选择一直是物流系统的难点,其中包含了很多 NP(Non-Deterministic Polynomial,即多项式复杂程度的非确定性)问题。在解决调度问题、规划运输路线多使用启发式算法、不完全优化算法和遗传算法等,但在评价这些算法得到的策略哪个更有效、更合理时,遇到的问题更多。因运输调度是物流系统最复杂、动态变化最大的一部分,有许多不确定因素,很难用解析法描述运输的全过程。使用仿真建立运输系统模型,动态运行此模型,再结合图形,可以将运行状态、物料供应情况、配货情况、道路堵塞情况、配送路径等生动地呈现出来。仿真还提供了各种数据,包括车辆运输时间与效率,不同策略之间的比较、不同路径的比较等。

3. 物流成本估算

物流系统运作是一个复杂的系统,其中存在许多不确定因素。系统的总成本中包括运输成本、库存成本、订货成本和生产成本等。成本核算与所花费的时间有关。物流系统仿真是对物流整个系统运作的模拟。进程中每一个操作的时间,通过仿真推进被记录下来。因此,人们可以通过仿真,统计物流时间的花费,进而计算出物流的成本。

4. 库存控制

库存系统是供应链管理中的重要环节,起到缓冲、调解和平衡的作用。供应链上各节点企业库存水平的高低一方面影响产品的成本,另一方面影响客户服务水平和企业对市场波动的适应能力。企业运作时库存处理的好坏直接影响公司的效益,也决定了公司的竞争力。现实库存系统多数属于复杂的离散事件系统,具有诸多不确定因素,而且各部分之间的关系复杂。企业在确定安全库存量、采购订货方式的时候遇到了很大的困难,直接表现为没有适应的库存策略、库存积压与库存短缺并存等问题。随机性库存系统中有很多不确定的随机参数,解析方法的应用具有很大的局限性,很难采用数学规划或启发式算法进行准确分析。常用离散系统仿真技术,对库存系统全局或局部变量进行分析和优化,例如库存系统规划、库存成本分析、库存控制策略分析等。

10.1.2 物流系统仿真解决问题

不组装现实系统,利用计算机模型进行实验,可以在短时间、低成本下运行,而且不给现行系统带来任何中止或破坏的危险。现实系统与仿真模型之间的对比如图 10-1 所示,从成本、时间长短及业务连续性三个方面进行展示。

物流系统仿真解决的问题:

①引进新设备时的事先评价问题以及人员、设备的配置问题。例如:引进何种设备?多大性能的设备?引进设备后的场地规划和人员怎样配置才能合理?引进设备后瓶颈口能否缓解或清除?其他地方是否成为新的瓶颈口?

②场地布局的评价问题;工厂、仓库的规划设计;工厂、仓库的容量/库存问题。例如:需要扩建多大面积的仓库?如何合理地配置新建配送中心的设备和人员?已经有两套以上的方案,但不知怎样才能比较这些方案?

③作业工程计划改善的问题;几乎所有涉及时间、空间和效率的关系问题。例如:已有定性的认识,但如何才能进行定量分析?如何在定量分析的基础上进行改进、评估?作业方式选择哪些定量标准?

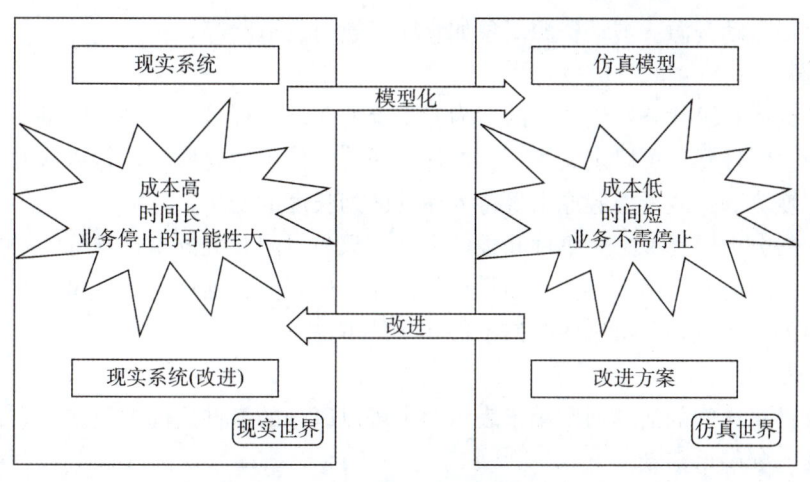

图 10-1　现实系统与仿真模型对比

10.2　离散系统仿真概述

10.2.1　离散系统仿真的基本要素

1. 基本要素介绍

(1) 实体

实体是主导系统活动的对象(Object)，它是描述系统的三个基本要素(实体、属性、活动)之一。

在离散事件系统中的实体可分为两大类：临时实体和永久实体。在系统中只存在一段时间的实体叫临时实体，如工件、货物。这类实体由系统外部到达系统、通过系统，最终离开系统。始终驻留在系统中的实体叫永久实体，如缓冲站、仓库。临时实体按一定规律不断地到达(产生)，在永久实体作用下通过系统，最后离开系统，这个系统呈现出动态过程。

实体还可以分为主动体(Acitve)和被动体(Passive)。主动体为系统中具有自主移动能力，如服务系统的顾客、AGV 小车，运输系统中的车辆。被动体不具有自主移动的能力，如产品、工件、托盘、容器等。

(2) 属性

实体所持有的特性称为实体的属性，分为固有属性和仿真属性。固有属性包括大小、颜色、形状、重量等，仿真属性包括到达时间间隔、到达批量等。

(3) 状态

在某一确定时刻，系统的状态是系统中所有实体的属性的集合。

(4) 资源

资源是系统中活动被执行时必搭配的载具，通常用来定义由哪个实体在什么地方执行活动。资源在系统中为定点位置，但是和实体一样可分为主动资源和被动资源。主动资源对象为本身具有自我驱动的能力，一般常见的为运输带、售货员、叉车、堆垛机等，一般讲到的资源指主动资源；被动资源对象如仓库、轨道、道路等。

(5) 事件

事件是引起系统状态发生变化的行为，系统的动态过程是靠事件来驱动的。例如，在物流系统中，工件到达可以定义为一类事件。因为工件到达仓库，进行入库时，仓库货位的状态从空变为满，或者引起原来等待入库的队列长度的变化。

事件一般分为两类：必然事件和条件事件。只与时间有关的事件被称为必然事件。如果事件发生不仅与时间因素有关，而且还与其他条件有关，则称为条件事件。系统仿真过程中最主要的工作就是分析这些必然事件和条件事件。

(6) 活动

离散事件系统中的活动通常用于表示两个可以区分的事件之间的过程，它标志着系统状态的转移，如等待活动。

(7) 进程

进程由若干个有序事件及若干有序活动组成，一个进程描述了它所包括的事件及活动间的相互逻辑关系及时序关系，如图 10-2 所示。例如，工件由车辆装入进货台，经装卸搬运进入仓库，经保管、加工到配送至客户的过程。

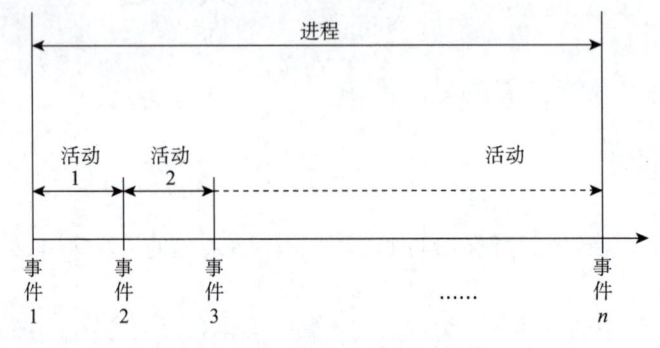

图 10-2 事件、活动与进程

(8) 仿真时钟

仿真时钟用于表示仿真时间的变化。在离散事件系统仿真中，由于系统状态变化是不连续的，在相邻两个事件发生之间，系统状态不断发生变化，因而仿真时钟可以跨越这些"不活动"区域。从一个事件发生时刻，推进到下一个事件发生时刻。仿真时钟的推进呈跳跃性，推进速度具有随机性。由于仿真实质上是对系统状态在一定事件序列的动态描述，因此，仿真时钟一般是仿真的主要自变量，仿真时钟的推进是系统仿真程序的核心部分，主要有固定步长推进法和变步长推进法两种推进方法。

① 固定步长推进法。

确定一个固定的时间增量，以此增量逐步推进仿真时钟。每推进一个增量，就在被推进的时刻观察有无事件发生。如果没有事件发生，就继续以相同的增量推进仿真时钟；如果有事件发生，就根据事件类型进入事件处理程序，对事件发生后的状态变化进行相应处理，然后再推进仿真时钟。

如果恰好在推进增量的中间时刻有事件发生，一般采取简化的方法，把该事件假定为是在增量推进的时刻发生的。

②变步长推进法。

变步长推进法即事先没有确定时钟推进步长，而是根据随机事件的发生而进行随机步长的推进，推进的步长为最后已发生事件与下一事件之间的间隔时间。由于离散事件系统的状态多数是随时间离散变化的，在仿真时不需要考虑那些没有发生状态变化的时段。因此，这种变步长的推进方法，其节奏性与系统状态变化更加吻合。

应当指出，仿真时钟所显示的是仿真系统对应实际系统的运行时间，而不是计算运行仿真模型的时间。仿真时间与真实时间将设定成一定比例关系，使得像物流系统这样复杂的系统，真实系统运行若干天、若干月，计算机仿真只需要几分钟就可以完成。

2. 系统要素举例分析

(1) 分析理发店的实体、状态、事件、活动

实体：顾客、服务员。

状态：服务员个数、顾客数、服务员忙闲。

事件：顾客到达、服务完毕。

活动：顾客等待、理发员服务。

(2) 分析柔性制造系统实体、状态、事件、活动

实体：工件、加工中心。

事件：(代加工工件)到达、机床完成加工。

状态：各加工中心的繁忙程度、各加工中心的等待队列。

活动：工件等待、加工。

10.2.2 离散事件系统仿真的组成与构造

仿真可以用来研究千差万别的现实世界，但是不同实际系统的离散事件仿真模型却具有一些相同的组成部分和这些部分之间的逻辑组织关系。对于大多数采用变步长时钟推进机制的离散事件系统仿真模型，通常都包含以下几个组成部分：

①系统状态：在特定时间用来描述系统的状态变量集。

②仿真时钟：表示仿真时间当前值的变量。

③事件列表：将发生各类事件时用来存放下次事件发生的时间和事件其他属性的表格。

④统计计数器：用来存放有关系统性能统计数据的各个变量。

⑤初始化子程序：在仿真开始时(即仿真时间为零时)初始化仿真模型的子程序。

⑥时间推进子程序：从事件列表中确定下次事件，然后将仿真时钟推进到该事件发生的时刻。

⑦事件发生程序：指用来更新系统状态的子程序。当某类型的特定事件发生后，根据该事件的类型，进行相应的系统状态更新。

⑧报告生成器：用来计算各种所期望的性能测度的量，并在仿真结束时输出结果。

⑨随机观测生成程序库：是一组用来根据概率分布产生随机观测值的子程序。

⑩主程序：用来唤醒时间推进子程序来确定下一个要发生的事件，然后将控制转向相应的时间程序，并对系统状态进行相应的更新。主程序还可能检查仿真的终止并在仿真结束的时候激活报告生成器。

10.2.3　离散事件系统仿真的基本步骤

离散事件系统仿真研究的一般步骤与连续系统仿真是类似的，它包括确定仿真目标、数据收集、系统建模、确定仿真算法、建立仿真模型、验证与确认模型、运行仿真模型、仿真结果分析和输出仿真结果。

1. 确定仿真目标

对同一个系统仿真目的可以各不相同。例如，研究一个物流配送中心，可以提出各种不同的问题，如管理调度策略问题、运作流程协同问题等。针对所关心的问题不同，建立的系统模型、设定的输入变量和输出变量等都各不相同。因此在进行系统仿真时，首先要确定仿真的目标，也就是仿真要解决的问题。这是数据收集和系统建模的依据。

2. 数据收集

数据收集的对象是仿真建模需要的相关数据。仿真建模的过程是一个从简单到详细的渐进过程，每个阶段都需要收集整理有关数据。需要收集数据的种类和数量与仿真对象及其复杂程度有关。这些数据大多是仿真模型中各种实体的属性，包括临时实体和永久实体，如客户到达时间间隔及其分布规律、服务时间及其分布规律等。

3. 系统建模

系统模型由模型和模型参数两部分组成。模型参数是对数据收集结果的整理。系统模型的形式可以是多样的，有文字叙述型、流程图型、图表型、数学表达式型。离散事件系统仿真模型最常用的是建立系统的流程图模型，也被称为流程模型。流程模型中应包含临时实体到达模型、永久实体服务模型和排队规则。

4. 确定仿真算法

离散事件系统虽然大多是随机的，但由于仿真模型中采用的是伪随机数，从理论上讲，其状态的转移是确定的，因而也可得到确定性的状态转移函数。但离散系统的模型难以用某种规范的形式写出，一般采用流程图或网络图的形式才能准确地定义实体在系统中的活动。在一个较为复杂的离散事件系统中，一般都存在诸多的实体，这些实体之间相互联系、相互影响，然而其活动的发生却统一在同一时间基上，采用何种方法推进仿真时钟，以及建立起各类实体之间的逻辑联系，是离散事件系统仿真中建模方法学的重要内容，称之为仿真算法或仿真策略。仿真策略决定仿真模型的结构。

5. 建立仿真模型

前面建立的系统模型只是对系统的抽象化描述，是仿真者对系统深入了解的必经过程。然而这种模型仅仅能够被人脑接受和理解，还无法在计算机上运行。为此还需要建立计算机可运行的模型，即仿真模型。仿真模型是将系统模型规范化和数字化的过程。同时也根据计算机运行的需要特定增加一些必要的部件。仿真模型的主要部件有初始化模块、输入模块、仿真时钟、随机数发生器、状态统计计数器、事件列表、事件处理程序和输出模块等。

6. 验证与确认模型

对建立的仿真模型必须进行验证，以保证通过仿真软件或仿真语言所建立的系统模型能够准确地反映所描述的系统模型。模型的验证主要检验所建立的仿真模型（包括系统组成的假设、系统结构、参数及其取值、对系统的简化和抽象）是否被准确地描述成可执行的模型，如计算机程序。

模型的确认则是考察所建立的模型及模型的运行特征是否能够代表所要研究的实际系统。实际上，没有哪个模型能够完全地代表所研究的实际系统，总是存在这样或那样的简化或者抽象。只要一个模型在研究关注的问题上能够代表实际系统，就是有效的。

7. 运行仿真模型

运行仿真模型时需要确定终止仿真的时间。一般有两种终止方法：一种方法是确定一个仿真时间长度，如仿真100h。系统仿真时钟推进100h后将自动终止仿真，并输出仿真结果。另一种方法是确定仿真事件的数量。以工件到达仓库为例，可以设定100批货物到达后终止仿真。选择哪种方法可依仿真系统的具体情况确定。

8. 仿真结果分析

由于离散事件系统固有的随机性，每次仿真运行所得到的结果仅仅是随机变量的一次取样。尽管仿真实验要进行多次，系统仿真结果的可信度仍然需要进行分析和判断，不同的仿真方式（终态仿真或稳态仿真）有不同的仿真结果分析方法。

9. 输出仿真结果

仿真结果输出有实时在线输出和在仿真结束时输出两种方式。当对系统进行动态分析时，往往需要了解各种中间变量或输出变量的实时变化情况。对于这些变量可以设定在仿真时钟推进的每一或某一时刻输出该变量的瞬时值，即实时在线结果输出，输出的是仿真阶段性的结果。最后在仿真结束时，需要输出最终的仿真结果。目前成熟的仿真软件一般都可以提供多种仿真结果输出方式，如表格输出、直方图、饼图、曲线图等图形以及数据文件等输出。

10.2.4 离散系统仿真方法

离散事件系统仿真与连续系统仿真的方法很不相同。

离散事件系统模型只是一种稳态模型，无须研究状态变量从一种状态变化到另一种状态的过程。而对于连续系统，主要是研究其动态过程，连续系统模型一般要用微分方程描述。

离散事件系统中的变量大多数是随机的，例如实体的"到达"和"服务"时间都是随机变量。仿真实验的目的是试图用大量抽样的统计结果来逼近总体分布的统计特征值，因而需要进行多次仿真和较长事件仿真。

连续系统仿真中采用均匀步长推进仿真时钟的原则，则离散事件系统仿真中时间的推进是不确定的，它决定于系统的状态条件和事件发生的可能性。

离散事件系统仿真实质上是对那些由随机系统定义的，用数值方式或逻辑方式描述的动态模型的处理过程。从处理手段上看，离散事件系统仿真方法可以分为两类。

1. 面向过程的离散事件系统仿真

面向过程的仿真方法主要研究仿真过程中发生的事件以及模型中实体的活动，这些事件或活动的发生是有顺序的。而仿真时钟的推进正是依赖于这些事件和活动的发生顺序，在当前仿真时刻，仿真进程需要判断下一个事件发生的时刻或者判断触发实体活动开始和停止的条件是否满足；在处理完当前仿真时刻状态变化操作后，要将仿真时钟推进到下一事件发生时刻或下一个最早的活动开始或停止时刻。仿真进程就是不断按发生时间排列事件序列，并处理系统状态变化的过程。

2. 面向对象的离散事件系统仿真

在面向对象仿真中，组成系统的实体用对象来描述。对象有三个基本的描述部分，即属性、活动和消息。每个对象都是一个封装了对象的属性及对象状态变化操作的自主的模块，对象之间靠消息传递来建立联系以协调活动。对象内部不仅封装了对象的属性还封装了描述对象运动及变化规律的内部和外部转化函数。这些函数以消息或时间来激活，在满足一定条件时产生相应的活动。消息和活动可以同时产生，即所谓的并发，但在单 CPU 计算机上，仍需按一定的仿真策略进行调度。在并行计算机和分布式仿真环境中，仿真策略则可以更加灵活、方便。

面向对象的仿真尤其适用于各实体相对独立、以信息建立相互联系的系统中，如管理系统、机械制造加工系统以及武器攻防对抗系统等。

10.2.5 物流仿真软件

1. 仿真软件的发展与概括

系统仿真技术在汽车、烟草、医药、化工、军事配送、机械、第三方物流、视频、电器、电子等各个行业取得了广泛的应用，且应用贯穿于产品设计、生产过程、销售配送、直到产品寿命结束废弃以及回收阶段。离散事件系统仿真在各行各业的物流管理技术与手段中已取得了不可替代的地位。随着日益增长的技术需求，提供功能强大、方便、灵活、可靠的决策支持工具成为物流软件商的时代使命。自 1995 年第一个仿真软件问世以来，目前市面已经涌现了多样化的仿真软件。

按照技术出现的时间顺序，可将仿真软件的发展分为五个阶段，即通过程序设计语言、仿真程序包及初级仿真语言、一体化（局部智能化）建模与仿真环境、智能化建模与仿真环境与支持分布交互仿真的综合仿真环境。

根据动画表现形式，可分为 2D 类（如：Arena、eM-Plant、Witness、Extend）和 3D 类（FlexSim、AutoMod、RaLC、Witness），2D 是指动画通过二维平面形式来表现，3D 是指动画通过三维立体形式来表现。大多数 3D 类仿真软件也能在 2D 形式下表现，例如 FlexSim，建模可在 2D 环境下进行，在 2D 环境下的建模过程中，自动生成了 3D 模型，建立 3D 模型不需另外花费时间。有些 2D 类仿真软件通过其他的工具辅助也可表现为 3D 形式，比如 Extend、Witness。根据建模方法，物流仿真软件可分为部件固定类（如：Arena、Witness、Extend、AutoMod、RaLC 等）和部件开放类（如：FlexSim、eM-Plant 等）。本质上，物流仿真软件的建模方法大同小异，都是通过组合预先准备好的部件来建模。其中用户不能够定制部件的软件为部件固定类，用户能够定制部件的软件为部件开放类。部件开放类的仿真软件更具有通用性和扩展性，由于用户定制的部件可被其他用户利用，部件库将会越来越大，从而加快建模速度。

根据仿真软件的来源，可分为普适性类和物流专业类。普适性类仿真软件指该软件不但可以用于物流仿真，而且可以应用到其他行业，Extend仿真软件既可用于政府流程、公共事业管理、认知建模和环境保护等仿真模拟，也可以用于工厂设计和布局、供应链管理、物流、生产制造、运营管理等物流行业应用。而专业物流仿真软件则专门针对物流行业应用开发，如FlexSim和AutoMod。

随着技术的发展进步，物流仿真软件的性能也得到了不断的完善和提升。其发展趋势主要体现在以下几个方面：一是动画功能强化趋势。随着计算机处理速度的提高，各仿真软件制造商都在不断提高模型的动画表演功能。特别是20世纪90年代后研制的仿真软件，更是将现代的图像处理技术融入了仿真模型中，可直接将大众化的3D图形文件（如3DS、VRML、DXF和STL）调到模型中，进行更直观的3D动画表演。二是附加优化功能的趋势。供需链管理目前正朝着优化和协同两个方向发展，由此带动了供需链系统建模技术的日益完善。建模手段和模型的求解方法更加丰富，引入了各种新的和改进的优化技术。仿真不是优化工具，它是对提出的方案进行评估的工具。但是仿真和优化相结合的情况越来越多。在仿真系统中，可以利用优化功能求出最佳的参数或逻辑。应用于仿真软件中的优化工具有OptQuest，许多仿真软件把OptQuest作为可选项，但也有个别的仿真软件（如FlexSim）将OptQuest同捆于软件之中。三是与其他工具（系统）连接的趋势。最新的仿真软件可与ERP系统、仓库管理系统、实时数据管理系统等相连接。在ERP系统、仓库管理系统、实时数据管理系统中设置若干个数据采集点，这些数据实时地被提供给仿真系统，达到实时仿真的效果。四是网络化趋势。随着物流供需链的发展，使得物理上供应链的分布越来越分散，越来越网络化，这使得仿真建模不能仅仅局限在定点、静态的方式下，需要网络化的发展，Internet条件下的供需链建模和仿真的研究已经迫在眉睫。

随着计算机技术的发展和新的建模方法、建模手段的产生，物流仿真软件的产生也将逐渐完善并更广泛地应用到物流系统设计、规划当中，取得更多的成果。

2. 仿真软件的比较

以上介绍的物流系统仿真软件都是市场上比较常见的，都具有虚拟现实、动态反映物流现实状况的显著优势，应用表现形式灵活多样，有些在某一国家或者某一领域得到了深入的应用，有些则应用比较广泛。这些仿真软件有各自的特色和优势。现将主流的仿真软件简单比较分析如下：

FlexSim、Arena、ProModel、Witness和AutoMod是市场上常见的模拟软件。

Arena、ProModel、Witness和AutoMod的模拟技术都开发自80年代中至90年代后期。Arena、Witness、ProModel都没有三元虚拟的技术，而AutoMod三元虚拟技术只限于线框模型（Wireframe）的代表，非实质模拟技术。有的软件只能代表性地而不能实质地反映实际的情况。在FlexSim的3D虚拟中，用户可以使用鼠标器（右击、左击和左右同时点击）来放大，缩小和改变视像的角度，在别的软件里是做不到的。

相对而言，AutoMod、Witness、eM-Plant等注重数据的统计分析，而忽略模型的可视性。虽然这些软件也带有三维显示功能，但是功能不强，而且该方面的功能模块过于昂贵，所以实际应用并不是很多。

除了Arena和Supplychainguru，其他都为三维软件，其中FlexSim和RaLC等有很好的面向对象性，Supplychainguru 是专门的供应链仿真软件，Classwarehouse 是专门的仓库仿真软件，Arena 是一种管理系统模拟软件。

FlexSim、Supplychainguru 等仿真软件的资料、图像和结果都可以与其他软件实现无缝联接，这是其他软件不能做到的。因此 FlexSim、Supplychainguru 等可以从 Excel 读取资料和输出资料(或任意 ODBC Database)，可以从生产线上读取现时资料以做分析。FlexSim、Quest 等也允许用户建立自己的模拟对象(Objects)，所以一些跨国际的大公司，可以共用这些对象而无须重新建立。

模拟方面，在 FlexSim 中，逻辑和资料是输入每一个对象中的，而不是在产品中。例如作业的资料是在乎制造的过程，不是经过的产品中。在建立模拟作业时，用户只需要把对象拖到所要的位置，然后放下。用户接下来把对象连接起来，最后把逻辑和资料输入对象，便完成整个建立的过程。用户也可以用 C++ 建立自己的逻辑，并输入对象中。

仿真运行速度方面，在最近的比较中，同一个铁路系统的模拟，FlexSim 比 Arena 快好几倍。在另一个实验当中，同一个半导体的物料管理系统，FlexSim 比 AutoMod 快 3~4 倍。对于其他仿真软件，因使用的硬件配置、仿真环境不一样，仿真运行的速度也有差异，尚未见相关报道。

查询系统(Query System)方面，FlexSim 允许用户在虚拟当中，同时做出任何的询问。而在其他仿真软件里，用户需要暂停或结束虚拟，才可以做出询问。

相比之下，参数化建模是 SIMAnimation 相较于其他软件的独特优势，它可以通过多元非线性参数设置，建立精确度较高的三维实体。

大多数仿真软件在运行结束后可根据统计数据生成仿真报告，仿真报告以表格、直方图、饼状图等形式表示，显示各个物流设备的利用率、空闲率、阻塞率等数据。用户可根据仿真报告提供的数据对物流系统的优缺点进行判断，做出科学的决策。主流仿真软件的比较如表 10-1 所示。

表 10-1　主流仿真软件比较

仿真软件	应用行业	动画功能	操作容易性	价格
FlexSim	几乎能为所有的产业定制特定的模型	3D	可用 C++ 创建和修改对象	一般
RaLC	专业面向物流、物流行业和工业工程领域	3D	建模简单直观，短时间内可熟练掌握	较低
eM-Plant	面向大型制造业领域的仿真群	2D	比较复杂	一般
Witness	平面离散系统生产线仿真器	2D	一般	一般
SIMAnimation	集成化物流仿真软件	3D	基于图像的仿真语言，建模简单	一般
ShowFlow	制造业和物流业	3D	功能简练，操作简单	较低
Delmia	汽车、航空、结构组装、电子电力、家用消费品、造船等行业	3D	可 3D 协同工作	较低
Quest	大型制造业生产线，对物流生产线不太适用	3D	快速有效地建模	昂贵

续表

仿真软件	应用行业	动画功能	操作容易性	价格
AutoMod	比较成熟的三维物流仿真软件	3D	需要编制程序才能做出作业流程	昂贵
ProModel	小型化工厂、大型工厂生产及现金的弹性制造系统	3D	不需要撰写任何程序	较贵
Arena	制造业、物流及供应链、服务、医疗、军事、日常生产作业、各类资源的配置、业务过程的规划、系统性能和计划结果的评价、风险预测	2D	用户容易得到的免费参考资料及服务	一般
Stream	物流生产线的仿真、单个机械设备的仿真	3D	技术支持较差	一般
Incontrol	交通仿真、物流配送、产能管理、政策分析和系统控制等	3D	技术支持较好	较贵
Supplychain-guru	专门的供应链仿真软件	3D	一般	较贵
Classwarehouse	专门用于仓库设计	3D	一般	一般
Extend	政府流程、工厂设计和布局、供应链管理、物流、公共事业管理、生产制造、认知建模、运营管理、环境保护	2D	用户需有行业经验，具备编程知识	一般

10.3　FlexSim软件在物流系统仿真中的应用

10.3.1　FlexSim综述

　　FlexSim是PC-Base开发的教学模拟企业的仿真系统，用于建立各种经营、管理、制造模型，可在微软Windows等不同作业平台上运行的全窗口3D专业仿真软件。FlexSim是工程师、管理者和决策人对提出的"关于操作、流程、动态系统的方案"进行试验、评估、视觉化的工具。它具有完全的C++面向对象（Object-Oriented）性，超强的3D虚拟现实（3D动画），直观的、易懂的用户接口，卓越的柔韧性（可伸缩性）。FlexSim是世界唯一的在图形的模型环境中应用C++IDE和编译程序的仿真软件。定义模型逻辑时，可直接使用C++，而且可立刻编译到FlexSim中。因为FlexSim具有高度的开放性和柔韧性，所以能为几乎所有产业定制特定的模型。FlexSim的主要特性如下：

　　1. 模型：FlexSim采用经过高度开放的部件来建模

　　部件表示商业过程中的活动、行列，即代表着时间、空间等信息。建立模型时，只需要将相应的部件从部件库拖放到模型视图中，各个部件具有位置(x, y, z)、速度($x, y,$

z)、旋转速度(rx、ry、rz)和动态的活动(时间)等属性。部件可以被制造、被消灭，也可以相互移到另一个部件里，除了具有自身的属性外还可以继承它的部件的属性。部件的参数是简单、快速、有效地建立生产、物流和商务过程模型的主要机能。通过部件的参数设置，可以对几乎所有的物理现象进行模型化。例如，机械手、操作人员、队列、叉车、仓库等全都可以用 FlexSim 来建立模型，信息情报等"软"的部分也可以很容易地使用 FlexSim 功能强大的部件库来建模。

2. 层次结构：FlexSim 可以使模型构造更具有层次结构

建立模型的时候，每一部件都使用继承的方法(即采用继承结构)，可以节省开发时间。FlexSim 可以让用户充分利用 Microsoft Visual C++ 的层次体系特性。

3. 量身定做

目前在市场上，像 FlexSim 一样能容用户自由自在量身定制的仿真软件非常罕见。软件的所有可视窗体都可以向定制的用户公开。建模人员可以自由地操作部件、视窗、图形用户界面、菜单、选择列表和部件参数，可以在部件里增加自定义的逻辑、改变或删掉既存的编码，也可以从零开始建立一个全新的部件。

值得一提的是，不论是用户设定的还是新创建的部件都可以保存到部件库中，而且可以应用在其他模型中。最重要的是，在 FlexSim 中可以用 C++ 语言创建和修改部件，同时利用 C++ 可以控制部件的行为活动。FlexSim 的界面、按钮条、菜单、图形用户界面等都是由预编译的 C++ 库来控制的。

4. 可移植性

因为 FlexSim 的部件是向建模者公开的，所以部件可以在不同的用户、库和模型之间进行交换。可移植性与量身定制相结合能带来超级的建模速度。定制的部件保存在部件库中，建模时，只要从部件库中拖拽相应部件，就能在新模型中再现这些部件。可移植性与量身定制延长了部件和模型双方的生命周期。

5. 仿真

FlexSim 具有一个非常高效的仿真引擎，该引擎可同时运行仿真和模型视图(可视化)，并且可以通过关闭模型视图来加速仿真的运行速度。仿真运行时，利用该引擎和 FlexScript 语言准许用户在仿真进行期间，改变模型的部分属性。

FlexSim 能一次进行多套方案的仿真实验。这些方案能自动进行，其结果存放在报告、图标里，这样用户可以非常方便地利用丰富的预定义和自定义的行为指示器，像用途、生产量、研制周期、费用等来分析每一个情节。同时很容易地把结果输出到微软的 Word、Excel 等应用软件中，利用 ODBC(开放式数据库连接)和 DDEC(动态数据交换连接)可以直接对数据库读写数据。

6. 可视性

相比图片，FlexSim 的虚拟现实动画以及模型视图能够表达更多的信息。FlexSim 能利用包括最新的虚拟现实图形在内的所有 PC 上可用的图形。如果是扩展名为 3ds、vrml、dxf 和 stl 的 3D 立体图形文件的话，可以直接调到 FlexSim 模型中使用。

FlexSim 属于分散型软件，具有面向对象技术建模、突出 3D 图形显示功能、建模和调试方便等功能特点。FlexSim 仿真环境包括主界面、实体对象库、菜单栏、工具栏及时间控件，利用鼠标操作和键盘交互操作可以实现对仿真的控制。在建模时，要有面向对象的思想，熟悉对象的层次结构、节点和树，同时对任务序列以及分配器、分配规则有一定了解。仿真模型的建立包括基本组成成分及建模的基本步骤。仿真模型包括对象、连接方式及仿真方法。要实现仿真模型运行，需要正确的仿真布局，定义物流流程，编辑对象参数和编译运行仿真。

10.3.2 FlexSim 的功能特点

模型软件一般可分为结构型和分散型两大类型，FlexSim 属于分散型模拟软件。它是由美国的 FlexSim Software Production 公司出品的，是一款商业化离散事件系统仿真软件。FlexSim 采用面向对象技术，并具有三维显示功能。建模快捷方便和显示能力强大是该软件的重要特点。该软件提供了原始数据拟合、输入建模、图形化的模型构建、虚拟现实显示、运行模型进行仿真试验、对结果进行优化、生成 3D 动画影像文件等功能，也提供了与其他工具软件的接口。图 10-3 是 FlexSim 软件及其构成模块的结构图。

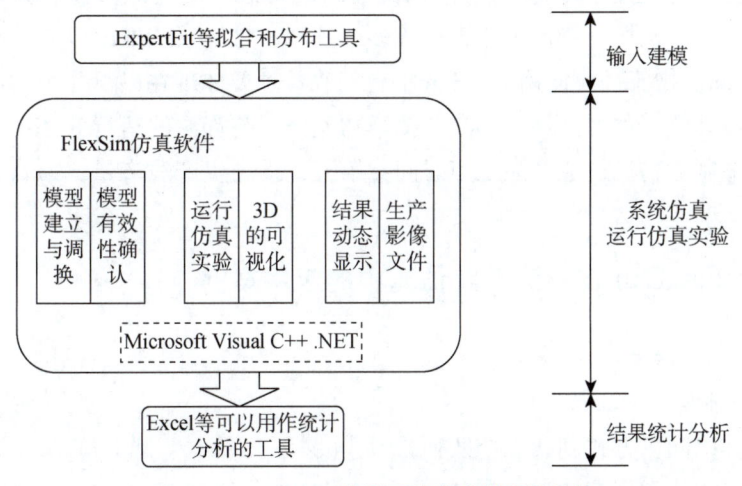

图 10-3 FlexSim 软件及其构成模块的结构

FlexSim 仿真软件的特点主要体现在面向对象技术，突出 3D 显示效果，建模和调试简单、开放、方便，模型的扩展性强，易于和其他软件配合使用等方面。

1. 基于面向对象技术建模

FlexSim 中所有用来建立模型的资源都是对象，包括模型、表格、记录、GUI（Graphical User Interface，图形用户界面）等。同时，用户可以根据自己行业和领域特点，扩展对象，构建自己的对象库。面向对象的建模技术使得 FlexSim 的建模过程生产线化，对象可以重复利用，从而减少了建模人员的重复劳动。

2. 突出的 3D 图形显示功能

FlexSim 是基于 OpenGI 开发的，也支持 3ds、wrl、dxf 和 stl 等文件格式，三维效果非常好，用户可以建立逼真的模型，从而可以帮助用户对模型有一个直观的认识，并帮助模型的验证。用户可以在仿真环境下很容易地操控 3D 模型，从不同角度、放大或缩小来观测。

3. 建模和调试方便

FlexSim 提供给使用者一个简洁的编排方式，通过拖拽的方式轻松地构建出图形化模式，功能齐全。元件库已详细分类为树状结构，通过 2D 图形化的模式建立，能自动产生 3D 实体化及 VR 虚拟实境模式。建模的过程简单快捷，不需要编写程序。

4. 建模的扩展性强

FlexSim 支持建立用户定制对象，融合 C++编程。用户完全可以将其当作一个 C++的开发平台来开发一定的仿真应用程序。C++不但能够直接用来定义模型，而且不会在编译中出现任何问题。这样，就不再需要传统的动态链接库和用户定义变量的复杂连接。

5. 开放性好

FlexSim 提供了与外部软件的接口，可以通过 ODBC 与外部数据库相连，通过 Socket 接口与外部硬件设备相连，与 Excel、Visio 等软件配合使用。

FlexSim 仿真系统已被广泛应用在诸如交通路线规划、交通流量控制分析、生产能力仿真与分析、港口、机场、物流中心设计等多个领域。自从系统推出以来，已有上千家企业在使用 FlexSim。物流行业使用 FlexSim 平台的收益主要体现在以下几个方面：第一，评估装备与流程设计的多种可能性；第二，提高物流公司与资源的运行效率；第三，减少库存；第四，缩短制造物流行业产品上市时间；第五，提高生产线产量；第六，优化资本投资等。

10.3.3 FlexSim 在物流系统仿真中的应用案例

1. 运输策略仿真模型

（1）问题描述与模型参数

①临时实体以随机方式到达三个队列。

②这些临时实体类型按均匀分布（Uniform 分布）被分配为 1、2、3 三种类型。

③所有三个队列都可以接收三种类型的临时实体。

④一个运输机从三个队列搬运临时实体到另外三个队列处，这三个队列每个只接收一类临时实体。

⑤然后，临时实体从这些队列到处理器，并到吸收器中。

⑥一台运输机可以同时搬运五个临时实体。

⑦运输机只能同时搬运多个相同的临时实体类型。

通过在从最近的装载站装载相同类型的临时实体直到为空、相同的装载站、相同的临时实体类型、相同的目的地四种方式下，比较其运输效率。

（2）FlexSim 仿真建模

根据以上问题描述，通过 FlexSim 建立模型。暂存区 1、2、3 分别表示可同时存放三种类型临时实体的队列，暂存区 4、5、6 分别表示只能接收第 1、2、3 种类型临时实体的队列，其连接关系如图 10-4 所示。

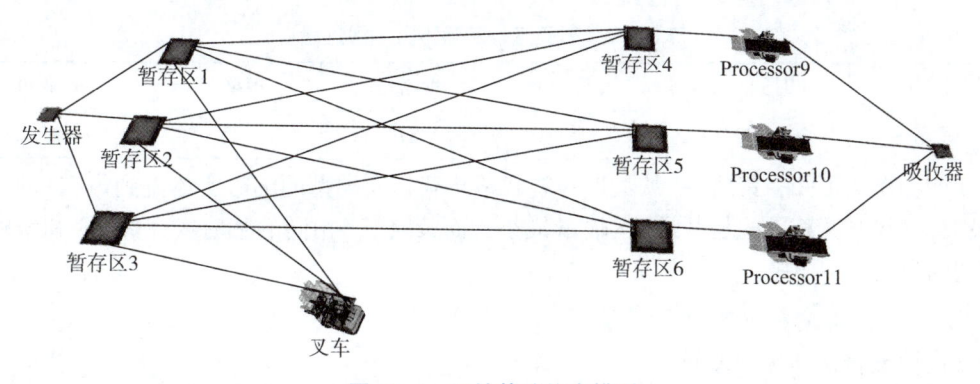

图 10-4　运输策略仿真模型

(3) 参数设置

分别设置四种不同的运输策略，统计输出不同策略下的运输量。类似于图 10-5，在叉车属性卡的"传递给"选项中分别设置"从最近的装载站装载相同类型的临时实体直到为空""相同的装载站""相同的临时实体类型""相同的目的地"，观察叉车的运输方式。

图 10-5　叉车"从最近的装载站装载相同类型的临时实体直到为空"选项卡

(4) 仿真结果分析

统计 1 000 s 仿真时间内四种不同的运输策略下叉车的运输量，从而分析其运输效率，如表 10-2 所示。

表 10-2　不同运输策略下叉车搬运量

工具	时间/s	策略一	策略二	策略三	策略四
叉车	1 000	125	87	95	95

由表 10-2 可知，策略一"从最近的装载站装载相同类型的临时实体直到为空"的运输量最大，策略二"相同的装载站"运输量最小，而策略三"相同的临时实体类型"和策略四"相同的目的地"居中。

2. 配送中心分拣策略仿真模型

(1) 问题描述与模型参数

某配送中心为一家快速消费品公司配送三种产品(单位为：箱)，产品的类型记为 A、B、C，三类产品分别存放在三个货架上，由三部叉车负责分拣工作，拣出的产品经过包装后，分别送往五个客户，每个客户分别对应一条出库的传输带。

配送工作由每天上午 8:00 开始，工作八个小时(8:00—16:00)，其中 12:00—12:30 为叉车休息时间。

三种产品由不同的供应商供应，产品库存与补货数据如表 10-3 所示。

表 10-3　三种产品的库存与补货数据

产品	配送中心初始库存	补货条件	补货速率	储运单位	颜色
A	100 箱	小于 100 箱	exponential(0, 1, 1)	箱	红
B	100 箱	小于 150 箱	exponential(0, 3, 1)	箱	绿
C	100 箱	小于 80 箱	exponential(0, 2, 1)	箱	蓝

有五家零售店客户订购这三种产品，客户订单按照随机方式到达，历史订单到达时间间隔如表 10-4 所示，假设五家零售店的订单随机到达情况一样。

表 10-4　客户订单到达的时间间隔

序号	数据	序号	数据	序号	数据	序号	数据	序号	数据	序号	数据	序号	数据
1	11.5	21	35.3	41	1.4	61	1.7	81	1.8	101	3.7	121	8.4	141	0.3
2	4.4	22	6.4	42	4.6	62	4.3	82	22.4	102	12.4	122	6.8	142	3.1
3	4.3	23	6.6	43	5.7	63	10.7	83	0.7	103	5.5	123	1.3	143	5.6
4	11.7	24	0.4	44	12.9	64	17.2	84	1.0	104	7.2	124	0.3	144	0.2
5	17.8	25	6.5	45	10.9	65	6.8	85	11.9	105	1.4	125	11.3	145	4.5
6	37.2	26	35.4	46	16.8	66	1.7	86	55.5	106	0.0	126	10.7	146	10.5
7	2.5	27	7.5	47	5.3	67	3.3	87	16.2	107	22.4	127	8.5	147	9.1
8	1.4	28	7.5	48	2.7	68	4.5	88	0.2	108	16.4	128	4.5	148	14.8
9	5.7	29	27.0	49	18.1	69	12.6	89	7.5	109	16.0	129	40.4	149	33.8
10	58.7	30	0.3	50	13.7	70	1.8	90	9.1	110	6.6	130	2.1	150	3.0
11	4.7	31	29.0	51	5.9	71	9.1	91	28.5	111	30.6	131	9.9	151	30.2
12	19.4	32	12.3	52	0.3	72	6.9	92	1.3	112	4.8	132	35.8	152	1.7
13	2.0	33	0.6	53	23.0	73	1.5	93	11.3	113	5.2	133	6.2	153	21.7

续表

序号	数据	序号	数据	序号	数据	序号	数据	序号	数据	序号	数据	序号	数据
14	4.5	34	26.0	54	9.0	74	6.5	94	4.1	114	9.6	134	0.4	154	12.1
15	0.7	35	0.1	55	15.5	75	1.2	95	3.0	115	2.2	135	16.0	155	19.7
16	8.5	36	14.4	56	9.8	76	11.6	96	10.3	116	11.4	136	10.2	156	0.7
17	11.0	37	2.9	57	12.6	77	23.2	97	0.5	117	4.4	137	2.0	157	2.8
18	28.4	38	8.5	58	10.2	78	21.2	98	18.3	118	0.1	138	18.5	158	17.1
19	4.6	39	34.5	59	27.6	79	6.6	99	18.8	119	3.4	139	19.8	159	2.3
20	6.0	40	2.6	60	64.1	80	29.6	100	4.0	120	1.7	140	2.1	160	3.5

每家客户的订单所需要的产品类型相对固定，如表10-5所示。

表10-5 订单所定产品组合情况

产品	订单1	订单2	订单3	订单4	订单5
A	2	5	4	0	8
B	1	8	4	10	0
C	6	0	4	0	2

从以上提供的数据中，已经知道配送中心补货的频率服从指数分布，可以直接用于仿真；而订单数据未提供理论分布，因此需要对所采样的订单数据进行数据拟合，找出合适的理论分布，用于仿真运行。

（2）数据导入

通过清理、筛选实际运行数据，辨识和明确仿真分析所需的关键系列数据，并进行数据格式转换，计算出系列数据各项统计指标，归纳数据特点，如图10-6所示。

由于五家零售店的订单随机到达，表10-4提供了160笔订单到达时间间隔数据，因此可利用这些数据作为样本，分析出订单到达配送中心的规律，找到合适的理论分布模型。

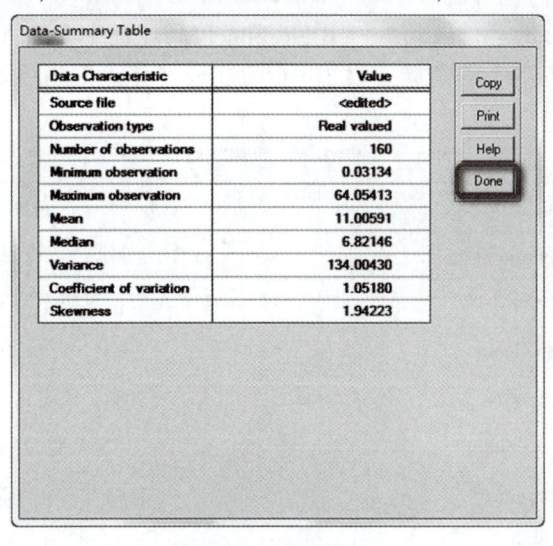

图10-6 数据导入

(3)数据拟合

运用数据拟合软件(ExpertFit)进行数据拟合,计算和观察各项拟合度指标,寻找最佳数据统计分布形式和参数,如图10-7所示。首先调整数据的分组,寻找合适分组值,观察数据符合何种分布。然后利用ExpertFit的自动拟合功能,找到最适合的理论分布,并观察数据的拟合情况。最后进行拟合度检验,可以分别进行K-S检验、A-D检验和卡方检验。观察是否拒绝拟合结果。若各项检验通过后,就可以使用数据拟合结果进行后面的仿真建模。

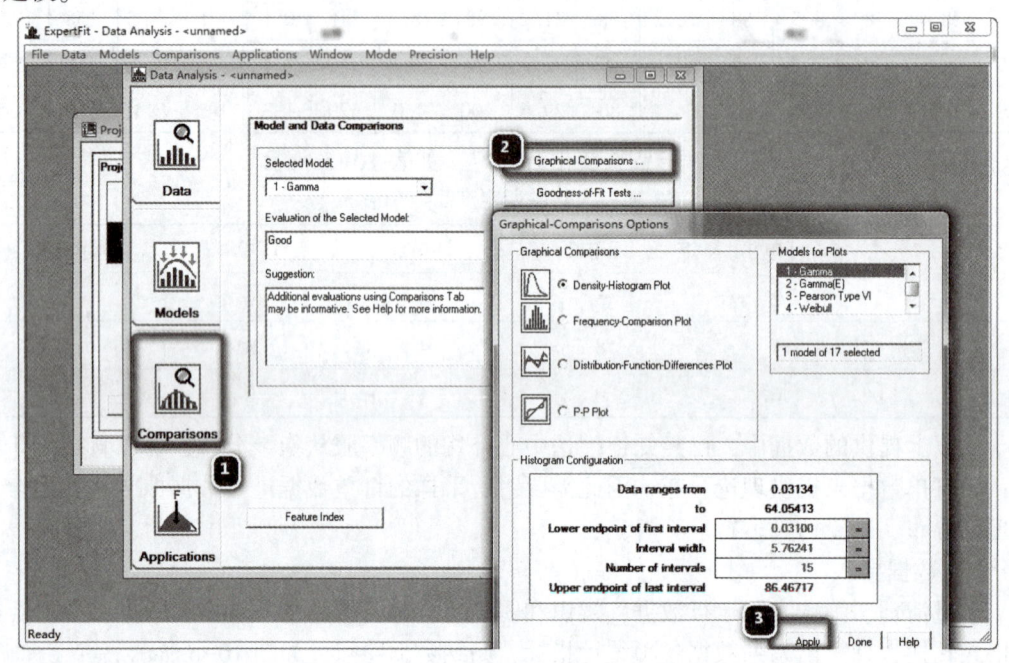

图 10-7 数据拟合

(4)设备布局

根据现有配送中心的运行模式,利用FlexSim布局配送中心内部的各项建筑和机械设备,实现配送中心内各实体的布局。表10-6为建模实体。配送中心仿真布局如图10-8所示。

表 10-6 建模实体

模型元素	备注
发生器/Source	5个,分别是货物和托盘的发生器
产品传输带/Conveyor	5条,对应不同的订单组合
产品暂存区/Queue	5个,订单的存放区
叉车/Transporter	3辆,负责订单的拣选
分配器/Dispatcher	车辆拣选的分配
合成器/Combiner	1~2个,订单的处理器
吸收器/Sink	1个

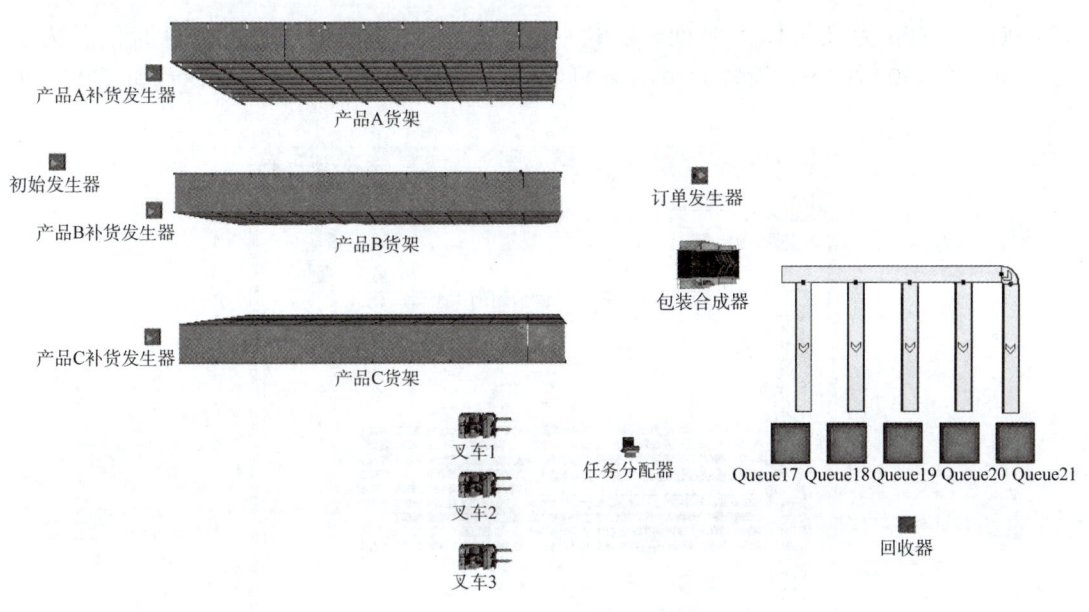

图 10-8　配送中心仿真布局

(5) 流程定义

根据进项物流、内部物流以及出项物流，设置分类产品的物流流程，明确产品的停留、暂存、输送等各项状态，并明确各项产品物流的先后顺序。注意初始发生器、补货发生器、货架、包装合成器、传输带、暂存区、吸收器、订单发生器、任务分配器与叉车之间的相互关系。配送中心仿真布局流程如图10-9所示。

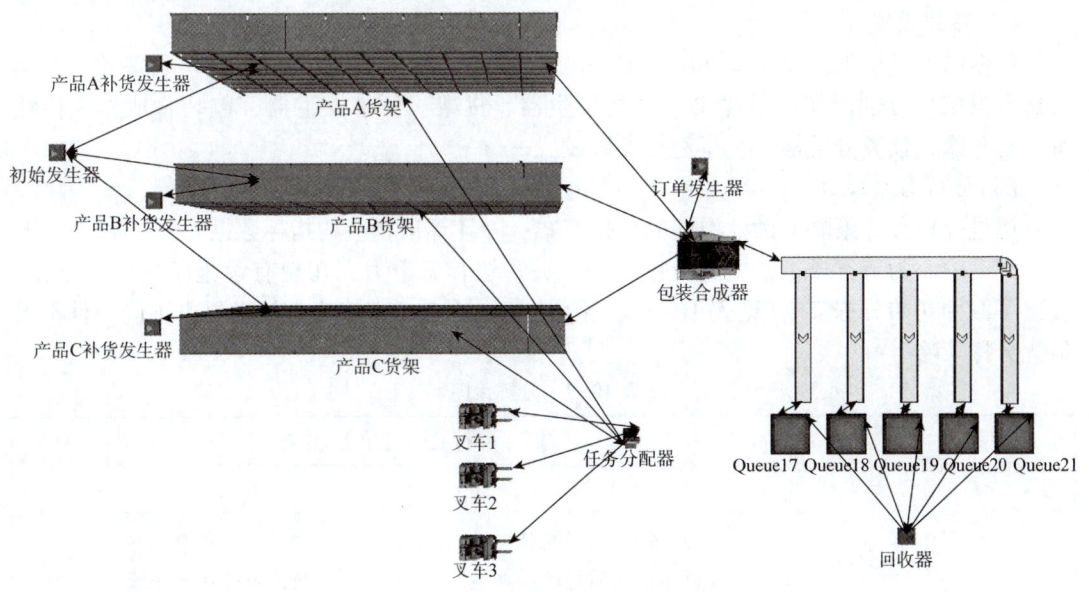

图 10-9　配送中心仿真布局流程

(6) 机械与人员配置

依据案例中的产出需求，配置相应的机械设备和工作人员，并制定设备、人员的工作时间排班计划。案例中，工作时间为 8 小时，因此设置仿真时间为8h(28 800s)。其中

12：00—12：30为叉车休息时间。新建一个时间表，并设置工作、休息时间。选中12：00—12：30时间段，设置为中断时间（休息时间）。叉车工作时间设置如图10-10所示。

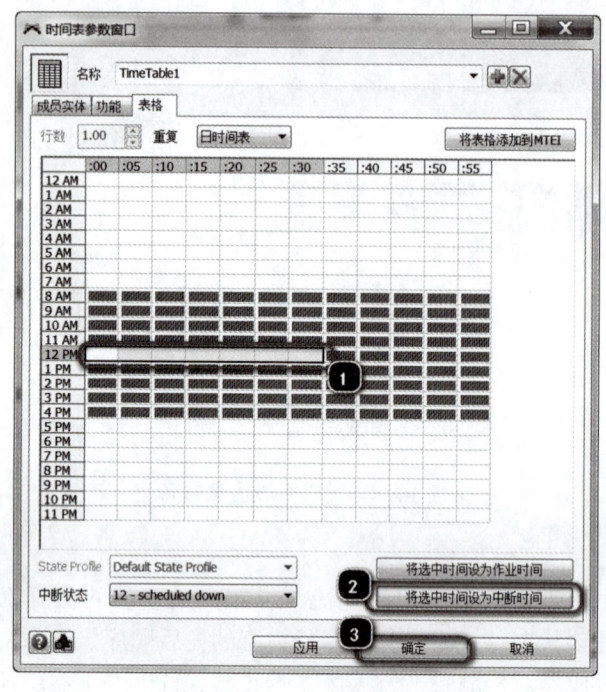

图10-10　叉车工作时间设置

（7）参数设置

根据以上基础工作以及实际配送中心运作的需要，在各实体节点设置仿真参数，并运行仿真模型。分别对初始发生器、补货发生器、货架、订单发生器、包装合成器、传输带、暂存区、任务分配器与叉车进行参数设置。

（8）分拣方案设计

通过分析分拣策略，设计不同的分拣方案；并计算出相应的指标数据。

配送中心为节省成本，提高分拣效率，提升核心竞争力，在现有设施条件的基础上，提出了四种初始分拣策略（见表10-7），希望通过FlexSim模拟仿真技术寻求不同条件下的最优分拣策略。

表10-7　分拣策略

策略		并行处理订单数量	
		1个	2个
分区拣选*	不分区	方案1：按单拣选：订单按先后顺序处理	方案3：按单拣选：两订单可并行处理**
	分区	方案2：每车负责一个货架：订单按先后顺序处理	方案4：每车负责一个货架：两订单可并行处理

注：*分区拣选：只需将分配器拆除，将三辆车分别连至三个货架即可。

　　**两订单可并行处理：即增加一台合成器，让两台合成器同时工作即可。

(9) 结果呈现

收集和统计各项物流运作效率指标，并作出各项物流效率分布图，明确物流运作的瓶颈所在，并以静态的报表、图形或动态图直观显示出来。

在每一种方案建模完毕后，令其运行 8h(28800s) 后，输出仿真统计数据，如图 10-11 中所示。在表中，提炼出有效的信息。

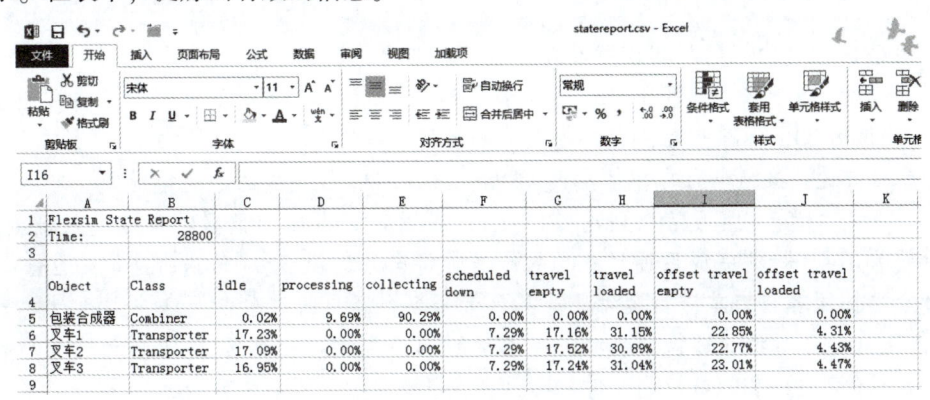

图 10-11 状态报告示例

(10) 方案效率比选

根据上面生成的报告，即可知道配送中心各个运行方案的效率，并比较四种分拣方案的分拣效果，如表 10-8 所示。

表 10-8 分拣方案效果比较

比较对象	衡量指标	不分区按单	分区按单	不分区并行	分区并行
分拣量	箱数	2576	1530	3123	2212
	订单数	238	141	290	204
车辆作业情况	平均搬运量	2.98%	1.77%	3.61%	2.56%
	平均空闲率	16.10%	46.97%	0.00%	26.95%
	平均空行率	20.60%	12.18%	26.76%	18.63%
	平均载行率	32.36%	19.26%	40.77%	28.96%

通过表 10-8 可以看出，在不分区策略下，并行分拣的分拣量高于按订单分拣的分拣量；在分区策略下，并行分拣方案的分拣量同样高于按单分拣方案的分拣量。由此可知，在其他条件相同时，订单并行处理方案具有优势。在并行处理策略下，不分区分拣方案的分拣量高于分区分拣方案的分拣量，同样地，在订单连续作业策略下，不分区分拣方案的分拣量也高于分区分拣方案的分拣量。由此可知，在其他条件相同时，不分区分拣方案具有明显优势。

本章小结

本章介绍了物流系统仿真的概念、类型和解决的问题，阐述了离散系统仿真的基本要素、组成与构造、基本步骤和方法。通过运输策略仿真模型和配送中心运作仿真与优化模型，展示了 FlexSim 软件在物流系统仿真中的应用。

翻转课堂讨论话题

每组根据给定的问题及其模型参数，进行配货系统的仿真。

生产线生产 5 种不同类型的产品，即 5 种不同类型的临时实体。临时实体将按照正态分布到达（均值为 20，标准差为 2）。临时实体的类型在类型 1~5 共 5 个类型之间均匀分布。之后 5 种产品被送到检测车间的暂存区 1，然后由 3 个操作员组成的小组协助搬运产品到检测装置上，并先预置产品（预置时使用操作员），预置时间为 6s，预置结束后进入检测过程，检测时间为 16s。检测完成后通过各自的传送带将产品运输出去（传送带速度为 2m/s），在传送带末端按照客户订单进行装盘。业务员带来 5 个客户的订单以及客户到达时间表如表 10-9 和表 10-10 所示。货物被装盘，装盘后的产品先放入暂存区 2（容量为 25），然后产品被运输机（速度为 2m/s）放到仓储中心的货架上（货架为 8 层 8 列）。

表 10-9 客户订单

	顾客 1	顾客 2	顾客 3	顾客 4	顾客 5
订单 1	4	4	4	4	4
订单 2	4	5	6	5	3
订单 3	5	4	3	4	5
订单 4	6	4	5	4	5
订单 5	5	6	4	5	4

表 10-10 客户到达时间

	到达时间	产品名称	产品类型	数量
顾客 1	0	A	1	2
顾客 2	1500	B	2	1
顾客 3	1800	C	3	3
顾客 4	2550	D	4	2
顾客 5	3600	E	5	3

（案例来源：马向国，孙佩健，吴丹婷. 物流系统建模与仿真实用教程[M]. 北京：机械工业出版社，2020.）

参 考 文 献

[1] 高举红, 王术峰. 物流系统规划与设计(第 2 版修订本)[M]. 北京: 清华大学出版社, 2015.
[2] 杨扬, 郭东军. 物流系统规划与设计(第 2 版)[M]. 北京: 电子工业出版社, 2020.
[3] 关高峰. 物流成本管理[M]. 北京: 北京大学出版社, 2014.
[4] 陈银. 2019 年中国物流园区行业数量及区域分布[EB/OL]. https://www.huaon.com/channel/trend/609055.html.
[5] 穆晓菲. 2019 年中国物流园区发展现状及趋势分析[EB/OL]. https://www.Qianzhan.com/analyst/detail/220/191106-64ed55ce.html.
[6] 前瞻产业研究院. 中国物流园区建设规划与经营模式分析报告[EB/OL]. https://bg.qianzhan.com/report/detail/b297ef7c802c4163.html?v=title.
[7] 方庆琯, 王转. 现代物流设施与规划[M]. 2 版. 北京: 机械工业出版社, 2009.
[8] 程国全. 物流系统规划概论[M]. 北京: 清华大学出版社, 2018.
[9] 毛计超, 张艳艳. 基于 SLP 方法的仓库布局优化研究——以 S 公司仓库为[J]. 大众投资指南, 2020(21): 187-188.
[10] 田源. 仓储管理[M]. 3 版. 北京: 机械工业出版社, 2016.
[11] 王转. 单元货格式立体仓库的总体设计[J]. 物流技术, 2015.
[12] 樊贵香, 闫执中. 自动化仓库的发展现状及展望[J]. 机械管理开发, 2010, 25(1): 121-124.
[13] 戴恩勇, 阳晓湖, 袁超. 物流系统规划与设计[M]. 北京: 清华大学出版社, 2019.
[14] 马向国, 孙佩健, 吴丹婷. 物流系统建模与仿真实用教程——基于 FlexSim 2018 中文版[M]. 北京: 机械工业出版社, 2020.
[15] 王雪梅, 胡思涛, 陈烨, 等. 新型城镇化背景下发达国家物流园区发展经验及对我国的启示[J]. 物流工程与管理, 2020, 42(11): 32-33, 31.
[16] 樊鹏, 刘彦虎, 张玉才. 中国大宗物资物流园区发展现状、问题及建议[J]. 冶金经济与管理, 2019(5): 16-17.
[17] 马胜铭, 沈文骥. "互联网+"环境下物流园区商业模式创新研究——以玖隆钢铁物流园区为例[J]. 江苏商论, 2019(8): 25-28.
[18] 朱金福. 运输经济学[M]. 南京: 东南大学出版社, 2016.
[19] 刘依萌. 5G 技术应用背景下京东物流配送环节发展对策研究[J]. 中阿科技论坛(中英文), 2020(8): 178-181.
[20] 何庆斌. 仓储与配送管理[M]. 上海: 复旦大学出版社, 2011.
[21] 王勇, 刘永. 运输与物流系统规划[M]. 成都: 西南交通大学出版社, 2018.

[22] 王长琼. 物流系统工程(第2版)[M]. 北京：高等教育出版社，2016.
[23] 2018 京东物流无界战略[EB/OL]. https://baijiahao.baidu.com/s?id=1598321295195802810&wfr=spider&for=pc.
[24] 经纪人杂志. 王卫详解顺丰战略[EB/OL]. http://blog.sina.com.cn/s/blog_4c4760a90102w086.html.
[25] 麦德龙的竞争战略[EB/OL]. https://www.docin.com/p-1168462622.html.
[26] 大快人心，中国邮政和与华为结为全面战略合作伙[EB/OL]. https://www.sohu.com/a/318998343_468636.
[27] 王品辉，龚里，张晓云，等. 菜鸟网络发展史[EB/OL]. http://m.sinotf.com/News.html?id=340086.
[28] 张金梦，刘慧君. 遗传算法优化 BP 神经网络的泊车位数量预测[J]. 重庆大学学报，2018，41(3)：80-85.
[29] D R S. Logistics of facility location and allocation[M]. Boca Raton：CRC Press, 2001.
[30] G G, L G, M R. Introduction to logistics systems planning & control[M]. Hoboken：J. Wiley, 2004.
[31] S-L D. Operations rules：delivering customer value through flexible operations[M]. Cambridge：MIT Press, 2010.
[32] B J J, H S T. Warehouse & distribution science：release 0.89[M]. Atlanta：Supply Chain and Logistics Institute, 2008.
[33] C S, M P. Supply chain management：strategy, planning, and operation, global Edition[M]. London：Pearson/Prentice Hall, 2001.